Sprachmittlung

Waxmann Verlag GmbH
Steinfurter Straße 555, 48159 Münster
info@waxmann.com

Münchener Arbeiten zur Fremdsprachen-Forschung

herausgegeben von
Friederike Klippel

Band 34

Elisabeth Kolb

Sprachmittlung

Studien zur Modellierung einer
komplexen Kompetenz

Waxmann 2016
Münster • New York

Bibliografische Informationen der Deutschen Nationalbibliothek
Die Deutsche Nationalbibliothek verzeichnet diese Publikation in der
Deutschen Nationalbibliografie; detaillierte bibliografische Daten sind
im Internet über http://dnb.d-nb.de abrufbar.

Münchener Arbeiten zur Fremdsprachen-Forschung, Band 34
herausgegeben von Friederike Klippel

ISSN 2196-4343
Print-ISBN 978-3-8309-3408-0
E-Book-ISBN 978-3-8309-8408-5

© Waxmann Verlag GmbH, 2016

www.waxmann.com
info@waxmann.com

Umschlaggestaltung: Anne Breitenbach, Münster
Gedruckt auf alterungsbeständigem Papier,
säurefrei gemäß ISO 9706

Printed in Germany

Vorwort

Das vorliegende Buch entspricht weitestgehend meiner Habilitationsschrift, die im Dezember 2015 von der Fakultät für Sprach- und Literaturwissenschaften der Ludwig-Maximilians-Universität München angenommen wurde. Es ist das vorläufige Ergebnis meiner langjährigen Beschäftigung mit Sprachmittlung im Englischunterricht: als Referendarin und Lehrerin an verschiedenen bayerischen Gymnasien, als Referentin bei regionalen und überregionalen Lehrerfortbildungen und als Forscherin an der Universität. Das Verfassen dieser Arbeit wurde mir durch vielfältige Unterstützung erleichtert. Dem Bayerischen Staatsministerium für Bildung und Kultus, Wissenschaft und Kunst danke ich für die Gewährung einer Abordnung an die LMU München, die mir ermöglichte, die Ausbildung zukünftiger Lehrkräfte, fremdsprachendidaktische Forschung und Tätigkeiten in der Lehrerfortbildung zu verbinden. Ganz besonders herzlich danke ich Frau Prof. Dr. Dr. h.c. Friederike Klippel, die mir – wie schon als Doktormutter – auch bei der Habilitation jederzeit und bei jedem Thema mit fachlichem und persönlichem Rat zur Seite stand. Dankbar bin ich auch meiner zweiten Fachmentorin, Frau Prof. Dr. Daniela Caspari, die von Anfang an Anteil an meiner Beschäftigung mit Sprachmittlung nahm und mir durch ihre eigenen Arbeiten wichtige Impulse gab. Frau Prof. Dr. Angela Hahn danke ich ebenfalls für ihre engagierte Unterstützung. Hilfreiche Kommentare erhielt ich auch von den beiden externen Gutachtern, Frau Prof. Dr. Bärbel Diehr und Herrn Prof. Dr. Frank G. Königs. All den Lehrkräften und Lernenden, mit denen ich in den vergangenen Jahren über Sprachmittlung diskutieren und Aufgaben erproben durfte, schulde ich ebenfalls Dank. Daher hoffe ich, dass meine Arbeit nun auch Anregungen für die Unterrichtspraxis liefern kann.

Inhalt

Che cosa vuole dire tradurre? La prima e consolante risposta vorrebbe essere: dire la stessa cosa in un'altra lingua. Se non fosse che, in primo luogo, noi abbiamo molti problemi a stabilire che cosa significhi „dire la *stessa* cosa", e non lo sappiamo bene per tutte quelle operazioni que chiamamo parafrasi, definizione, spiegazione, riformulazione, per non parlare delle pretese sostituzione sinonimiche. In secondo lugo perché, davanti a un testo da tradurre, non sappiamo quale sia *la cosa*. Infine, in certi casi, è persino dubbio che cosa voglia dire *dire*.

Umberto Eco, *Dire quasi la stessa cosa: Esperienze di traduzione*

1 Einleitung

Auch wenn der Anstoß für die vorliegende Arbeit von der Unterrichtspraxis ausgeht, so ist sie doch als theoretische Grundlagenforschung konzipiert. In der eigenen Unterrichtserfahrung wurde Sprachmittlung als das sinngemäße Zusammenfassen und Paraphrasieren in der jeweils anderen Sprache durch den neuen bayerischen Gymnasiallehrplan (2004) relevant. Da es zu diesem Zeitpunkt wenig Unterrichtsmaterial und große Unsicherheit über die konkrete Umsetzung gab, war Sprachmittlung ein Thema, das besonders ReferendarInnen wie mir Gelegenheit zur Kreativität gab (vgl. Kolb 2009). Eine weitere Anregung geht von den Praxiseindrücken von Lehrkräften in ganz Deutschland aus, die sich in den letzten zehn Jahren vermehrt mit Sprachmittlung auseinandergesetzt haben und dies noch immer tun. Während bei der regionalen bayerischen GMF-Tagung 2008 in Regensburg mit dem „Forum: Mediation" die wichtigsten Fragen für den bayerischen Fremdsprachenunterricht bereits geklärt schienen, ist Sprachmittlung erst in der Mitte des zweiten Jahrzehnts des 21. Jahrhunderts in *allen* Bundesländern zum Thema geworden. Dies zeigt sich daran, dass die Mitglieder des bundesweiten Fortbildungsnetzwerks des Cornelsen Verlags *Cornelsen English Network* Sprachmittlung für die Sekundarstufe I zum Thema für ihre zentrale Tagung in Berlin im Jahr 2016 erkoren haben (Cornelsen 2016). Genauso wie schon zu Beginn des 21. Jahrhunderts in Bayern stehen nun Lehrkräfte überall in Deutschland vor der Tatsache, dass sie in Unterrichts- und Prüfungspraxis Sprachmittlungsaufgaben stellen (und bewerten) sollen, die theoretischen Grundlagen jedoch teilweise noch als ungeklärt empfinden. Somit versucht die vorliegende Arbeit den Bogen zwischen Theoriebildung und Praxisrelevanz zu schlagen,[1] indem sie möglichst breit verschiedene Konzepte untersucht und scheinbare Gewissheiten hinterfragt, die – wie auch das obige Zitat aus Umberto Ecos Buch zum Übersetzen zeigt – bereits bei den Begrifflichkeiten beginnen.[2]

1.1 Erste Annäherung und Begriffsklärung

Sprachmittlung, Mediation (deutsch), *mediation* (englisch), sinngemäßes Übertragen, Paraphrasieren, Zusammenfassen, Übersetzen, Dolmetschen – für das hier behandelte Thema finden sich all diese Benennungen mit wechselnder Häufigkeit, teilweise mit vorangestellter Negation als ‚kein Übersetzen/Dolmetschen‘ in Lehrplänen, anderen bildungsadministrativen und -politischen Dokumenten, Unterrichtsmaterialien und Lehrwerken, Lehrerforen und -blogs sowie fremdsprachendidaktischen Veröffentlichungen. Daneben wird sehr selten von ‚Sprachmitteilung‘ und ‚Sprachmediation‘ gesprochen,[3] und in dem kritischen Blog eines bayerischen Gymnasiallehrers kann man die (nicht ganz ernstgemeinten) Verballhornungen ‚Sprachrüttelung‘ und ‚Sprachsetzen und übermitteln‘ lesen (Lüders 2009).[4] Was steckt also hinter diesen unterschiedlichen Bezeichnungen, und v.a. wie lassen sie sich voneinander abgrenzen? Es stellt sich sogar die Frage, ob eine Abgrenzung überhaupt eindeutig und überschneidungsfrei möglich ist, wie Königs fordert: „Mediation und Sprachmittlung sind ebenso zu unterscheiden wie Sprachmittlung und Übersetzen" (Königs 2013, 16).

Das englische Wort *mediation* wird in der englischsprachigen Version des *Common European Framework of Reference for Languages* (*CEFR*) als Oberbegriff für *simultaneous interpretation, consecutive interpretation, informal interpretation, exact translation, literary translation, summarising gist within L2 or between L1 and L2* und

---

1   Zum komplexen Verhältnis von Theorie und Praxis in der fremdsprachendidaktischen Forschung vgl. grundlegend Caspari 2011.

2   „Was heißt übersetzen? Die erste und einfachste Antwort könnte lauten: dasselbe in einer anderen Sprache sagen. Nur ist es leider so, daß wir erstens nicht ohne weiteres angeben können, was es heißt, das *selbe* zu sagen, und wir wissen es nur sehr ungenau bei all jenen Operationen, die wir Paraphrase, Definition, Erklärung, Umformulierung nennen, ganz zu schweigen von Ersetzungen durch angebliche Synonyme. Zweitens wissen wir angesichts eines zu übersetzenden Textes nicht immer, *was* eigentlich da gesagt werden soll. Und drittens ist in manchen Fällen auch ungewiß, was *sagen* heißt" (Eco 2006, 9; Kursivdruck im Original).

3   Erstgenannte Bezeichnung finden sich z.B. in der Online-Version der Englischlehrpläne der Sekundarschule in Sachsen-Anhalt (Sachsen-Anhalt 2012) und überrascht im Vergleich zu ‚Sprachmittlung‘ aufgrund ihrer Seltenheit. Im Vergleich mit der anderslautenden Druckversion muss man von einer ungewollten Verbesserung durch ein Autokorrekturwerkzeug ausgehen. Sprachmitteilung hat im Alltagsleben bereits eine andere Bedeutung, nämlich ‚auf einem Telefon o.Ä. aufgezeichnete Nachricht‘; auch sind im Fremdsprachenunterricht die meisten Tätigkeiten sprachliche Mitteilungen. Die Verwendung von ‚Sprachmediation‘ kritisiert Königs (2008, 303); sie lässt sich in der Tat in einem Blogbeitrag einer Internautin aus Hessen, in Verlagsmaterialien und einem schulinternen Curriculum eines niedersächsischen Gymnasiums nachweisen (Rau 2009; Estrada García/Wieser 2010; Gymnasium Bad Nenndorf 2008/2009).

4   So im Blog von Jochen English 2012.

paraphrasing (*CEFR* 2001, 87) verwendet. Es findet sich auch im Sprachgebrauch von Englischlehrkräften, entweder in der englischen Form oder eingedeutscht als ‚Mediation'. Vor eben diesem Sprachgebrauch warnt Königs, da ‚Mediation' im Deutschen aus der Psychologie stamme und Konfliktbearbeitung und -lösung oder Streitschlichtung bezeichne (Königs 2008, 304 und 2015, 32).[5] Diese Polysemie und Mehrdeutigkeit scheint jedoch im Englischen, Schwedischen und in romanischen Sprachen nicht als problematisch empfunden zu werden: Die Fassungen des *CEFR* in den entsprechenden Sprachen verwenden *mediation* (englisch), *médiation* (französisch), *mediación* (spanisch), *mediazione* (italienisch), *mediação* (portugiesisch) oder *mediering* (schwedisch), obwohl in den jeweiligen Sprachen diese Substantive bereits für die Vermittlung in Konflikten etabliert sind. Byram weist sogar besonders auf diese primäre Bedeutung der Vermittlung in „contexts of (industrial) strife or (for example, military) conflict" (Byram 2013, 456) hin. Er sieht die Vermittlung in Situationen, in denen zwei oder mehr Parteien miteinander in Kontakt treten wollen, die keine gemeinsame Sprache sprechen, als Sonderfall an. Sprecher einer Fremdsprache, die in derartigen Fällen vermitteln sollen, benötigen nicht nur (fremd-)sprachliche, sondern auch interkulturelle Kompetenzen, denn: „conflicts of interest and understanding arise in many everyday situations which language learners might encounter" (Byram 2013, 457). Damit wendet sich Byram gegen eine unrealistische Vorstellung der Verständigung zwischen Sprachen und Kulturen, die ohne jegliche Schwierigkeiten, Spannungen und Konflikte abläuft. Dies mag auch der unausgesprochene Grund dafür sein, warum de Florio-Hansen von „Sprachmittlung (oder besser: Mediation)" (de Florio-Hansen 2008, 3) spricht, auch wenn letztgenannte Bezeichnung nicht notwendigerweise ‚besser' ist.[6]

Tatsächlich hat sich im deutschen Sprachgebrauch in Bezug auf den Fremdsprachenunterricht eher die Bezeichnung Sprachmittlung etabliert, die auch in der deutschen Fassung des *Gemeinsamen europäischen Referenzrahmens* für Sprachen (*GER*) verwendet wird (Europarat 2001, 89f.).[7] Allerdings problematisiert Königs auch die Verwendung dieses Begriffs, der „durch die Übersetzungswissenschaft belegt und dort auch etwas anders besetzt ist. Dort fungiert er nämlich als Oberbegriff für Übersetzen und Dolmetschen und bezieht sich […] auf professionelles Übersetzen" (Königs 2008, 303). Interessant ist also, dass die Verfasser der deutschen Version des *GER* aus ungeklärten Gründen die mehrdeutige Bezeichnung *mediation* (englisch) durch die ebenfalls bereits

---

5   Interessanterweise wird 2003 im *Jahrbuch Deutsch als Fremdsprache* im thematischen Teil zu „Mediation und Vermittlung" ohne Bezug auf das *CEFR* genau die Bedeutung der vermittelnden Tätigkeit aktiviert. Die Aufgabe von Mediation bzw. Vermittlung in inter- oder transkultureller Interaktion wird als „Verstehen erzeugen und Verständnis wecken" (Eichinger 2003, 95) beschrieben. Sehr weite Verwendungen der Begriffe *médiation* oder *mediazione* finden sich auch bei Aden 2012; Lévy/Zarate 2003; Piccardo 2012 oder Saracino 2015.

6   Ungewöhnlicherweise verwendet de Florio-Hansen Sprachmittlung als Oberbegriff für Übersetzen und Dolmetschen, für Übersetzen als Lernhilfe im Fremdsprachenunterricht und für Mediation (de Florio-Hansen 2008, 3). Meist gelten Sprachmittlung und Mediation in Bezug auf den Fremdsprachenunterricht jedoch als Synonyme.

7   Bei einigen Autoren wie Hamm 2007, Horn 2007 oder Haß 2011a finden sich beide Bezeichnungen.

in einem anderen Kontext etablierte Bezeichnung Sprachmittlung ersetzt haben. Dabei ist der Verweis auf die Übersetzungswissenschaft richtig; die Bedeutung lässt sich jedoch noch genauer fassen, denn von einer eindeutigen Begriffsverwendung kann auch dort nicht die Rede sein. Neben Königs' Feststellung müssen zum einen besondere, individuelle Definitionen und zum anderen Unterschiede zwischen dem Sprachgebrauch der Übersetzungswissenschaft in Westdeutschland und der damaligen DDR berücksichtigt werden.[8]

So wurde die Bezeichnung 'Sprachmittler'

> bereits 1940 vom Leiter der Reichsfachschaft für das Dolmetscherwesen in Deutschland, Otto Monien, verwendet [...], der Bezeichnungen wie Dolmetscher, Übersetzer und Sprachkundiger unter dem Oberbegriff Sprachmittler zusammenfasste. (Sinner/Wieland 2013, 94)

Als individuelle Definition, die sich nicht mehrheitlich durchsetzen konnte, kann die spätere Verwendung von 'Sprachmittlung' bei Knapp und Knapp-Potthoff angesehen werden, die damit das nichtprofessionelle, mündliche Vermitteln im Alltag gegenüber dem professionellen Dolmetschen verstehen (Knapp/Knapp-Potthoff 1985). Mit der Unterscheidung von professioneller und nichtprofessioneller Tätigkeit ergibt sich jedoch ein Berührungspunkt mit dem fremdsprachendidaktischen Diskurs zur schulischen Sprachmittlung. Eine weitere, individuelle Verwendung von Terminologie findet sich bei House, die Übersetzen als Oberbegriff zu schriftlichem Übersetzen und mündlichem Sprachmitteln (House 2010, 323) wählt.

Nicht ganz korrekt ist schließlich die Aussage, dass Sprachmittlung als Oberbegriff für Übersetzen und Dolmetschen im Westen eingesetzt wurde, während in der DDR dafür Translation verwendet wurde, so dass beide Begriffe Synonyme seien (so bei Bausch [2]1980, 797; Prunč 2002, 11; vgl. aber Sinner/Wieland 2013, 94ff.): Für den Westen mag dies zutreffen, wie auch noch in den 1990er Jahren gelegentlich Bände attestieren, die das Übersetzen und/oder Dolmetschen thematisieren und 'Sprachmittlung' im Titel tragen (z.B. Schmitt 1991). In der DDR hingegen findet sich sehr wohl auch der Begriff der 'Sprachmittlung', der eine andere Bedeutung als 'Translation' hat. So belegen Sinner und Wieland anhand von ausführlichen Zitaten, dass der Leipziger Übersetzungswissenschaftler Gert Jäger zwischen 'kommunikativ äquivalenter Sprachmittlung', d.h. 'Translation', und 'kommunikativ heterovalenter Sprachmittlung' unterscheidet, womit der „Unterschied zwischen Inhaltskonstanz und Inhaltsbearbeitung bzw. -veränderung, der in der Translationswissenschaft lange Zeit debattiert wurde" (Sinner/Wieland 2013, 96), im Zentrum der Unterscheidung steht.

Die Grundlage für die heterovalente Sprachmittlung sieht Jäger in den Bereichen der Wissenschaft und Technik, in denen die große Zahl an Publikationen in unterschiedlichen Sprachen verschiedene Verfahren notwendig macht, damit interessierte Fachleute diese noch rezipieren können: Die Ausgangstexte werden durch Zusammenfassen oder

---

8   Die ausführlichste und am besten fundierte Darstellung der übersetzungswissenschaftlichen Terminologie liegt bei Sinner/Wieland 2013 vor. Vgl. auch Nied Curcio/Katelhön 2015.

‚Summieren' auf ihre wesentlichen Informationen reduziert, oder ihr kommunikativer Gehalt wird im Sekundärtext expandiert, wie in erweiterten Neuauflagen, oder es findet eine Kombination von Reduzierung und Expandierung statt, wie z.B. in überarbeiteten Neuauflagen (Jäger 1975, 31). Finden diese Prozesse innerhalb einer Sprache statt, spricht Jäger von ‚heterovalenter Transposition', bei einem Sprachwechsel von ‚heterovalenter Sprachmittlung' (Jäger 1975, 31ff.).[9] Somit haben Sinner und Wieland vollkommen recht, wenn sie die heterovalente Sprachmittlung der Leipziger Schule und die damit verbundenen Prozesse als Parallele zur Sprachmittlung im gegenwärtigen Kontext des schulischen Fremdsprachenunterrichts sehen (Sinner/Wieland 2013, 99).

Dieser kurze Überblick zeigt, dass die Bezeichnung Sprachmittlung in verschiedenen Bereichen verwendet wird, und zwar

- als Terminus in bestimmten Schulen der Übersetzungswissenschaft, der verschiedene Aktivitäten der Vermittlung bzw. des Transfers zwischen Sprachen oder auch innerhalb einer Sprache bezeichnet.

- als Oberbegriff im *GER*, der ebenfalls verschiedene inner- und zwischensprachliche Aktivitäten bezeichnet.

- als eigenständige Aktivität im schulischen Fremdsprachenunterricht, die aufgrund der vielfältigen Terminologie und Definitionsversuche noch einer genaueren Bestimmung bedarf.

Als erste Orientierung können die folgenden Feststellungen dienen:

- Die intralinguistische Vermittlung soll hier eher nicht berücksichtigt werden, da derartige Tätigkeiten im schulischen Fremdsprachenunterricht aufgrund des Sprachgefälles zwischen Lernern, Lehrenden und Texten naturgemäß bereits immer an der Tagesordnung sind (vgl. Eichinger 2003; Hallet 2008a).

- Sprachmittlung im schulischen Kontext wird bezogen auf „Tätigkeiten und Handlungen […], deren Ziel die Überführung eines ausgangssprachlichen Textes in einen zielsprachigen Text ist" (Königs 2007, 315).

- Sie setzt eine mindestens triadische Konstellation voraus: Zwei der mindestens drei Akteure, die als Kommunikanten bezeichnet werden sollen, möchten sich verständigen, teilen jedoch keine gemeinsame Sprache; der Sprachmittler beherrscht deren jeweilige Sprachen mehr oder weniger gut und kann daher nichtprofessionell vermitteln und ggf. Missverständnisse klären.

- Gleichzeitig wird davon ausgegangen, dass die schulische Form der Sprachmittlung nicht trennschaft vom professionellen Übersetzen oder Dolmetschen abgegrenzt werden kann. Sie muss jedoch auch im Kontext der Tradition des schulischen Übersetzens, des wenig beachteten Dolmetschens im Unterricht und des ebenfalls bekannten sinngemäßen Übertragens gesehen werden. Zu fragen ist, wie bei den ver-

---

9   Daher ist das Fazit im Blog von Jochen Lüders gar nicht so weit hergeholt: „Sprachmittlung = Summary in der jeweils anderen Sprache" (Lüders 2009).

schiedenen Aktivitäten jeweils mit Inhalt und Form des Ausgangstextes im Verhältnis zum Zieltext umgegangen wird. Daher erfolgen im Hauptteil dieser Arbeit genauere konzeptuelle Analysen zu Begriffen, Konzepten, Modellen und Prozessen.

1.2 Relevanz des Themas

Neben dem persönlichen Interesse gibt es drei Gründe, warum eine theoretische Beschäftigung mit dem Thema Sprachmittlung eine große Relevanz für die Englischdidaktik hat: Die Begründungszusammenhänge sind dabei bildungspolitischer, lebensweltbezogener und fremdsprachenunterrichtlicher Art. Erstens wurden Unterrichtspraxis und Fremdsprachendidaktik mit der Einführung der Sprachmittlung in bildungspolitischen und -administrativen Dokumenten vor vollendete Tatsachen gestellt. Im Gefolge des *CEFR* (2001), der verschiedene Formen der *mediation* (englisch) oder Sprachmittlung (deutsch) als eigenständige Aktivitäten anführt, ist Sprachmittlung zu einem wichtigen, neuen, teils umstrittenen Inhalt und Ziel im Fremdsprachenunterricht in deutschen Schulen geworden. Symptomatisch dafür ist auch die Einigung von sechs Bundesländern, ab 2014 eine gemeinsame Sprachmittlungsaufgabe im schriftlichen Englischabitur als länderübergreifenden Prüfungsteil zu stellen – ein Novum im föderalen Bildungssystem (vgl. Kolb 2014b). Dies ist eines der treffendsten Beispiel dafür, wie die Bildungsstandards der Kultusministerkonferenz (KMK 2003, 2004 und 2012a) und die Lehrpläne „Setzungen bis hinunter zur Mikroebene der Unterrichtsdiskurse und Aufgabenkonstrukte vorgenommen [haben], ohne an fremdsprachendidaktische Diskurse und Forschungen anzuknüpfen" (Hallet 2011a, 65). Daraus ergibt sich die Verpflichtung der Englisch- oder Fremdsprachendidaktik, sich nachträglich mit der Sprachmittlung auseinanderzusetzen und didaktisch-methodische Konzepte zu entwickeln, die über rein unterrichtspraktische Vorschläge hinausgehen, wie sie die Schulbuchverlage schon in großer Zahl geliefert haben (z.B. Aumann et al. 2011; Möckel et al. 2012; Oesterreicher 2013; Flach et al. 2014).

Der zweite Grund wird klar, wenn man die Relevanz verschiedener Formen des Vermittelns zwischen zwei oder mehr Sprachen (und Kulturen) in außerschulischen Kontexten betrachtet (vgl. Bellos 2011; Kelly/Zetzsche 2012). Wie Kelly und Zetzsche ausführlich belegen, ist Übersetzen eine schon immer dagewesene, allgegenwärtige und notwendige Tätigkeit, die sich aus der Koexistenz vieler Sprachen ergibt:

> [T]ranslation affects every aspect of your life – and we're not just talking about obvious things, like world politics and global business. Translation affects you personally, too. The books you read. The movies you watch. The food you eat. Your favorite sports team. The opinions you hold dear. The religion you practice. Even your looks and, yes, your love life. Right this very minute, translation is saving lives, perhaps even yours. (Kelly/Zetzsche 2012, xiii)

Andere Möglichkeiten zur Verständigung wären das Erlernen sehr vieler unterschiedlicher Sprachen, die Verwendung einer *lingua franca* in bestimmten Kontexten oder die Einführung einer einzigen gemeinsamen Sprache für alle Menschen (Bellos 2011, 7–

20). Dennoch würden durch diese – insgesamt wenig realistischen – Alternativen Inhalte und Bedeutungen verloren gehen, die durch das Übersetzen erhalten und weitergegeben werden. Dabei ist nicht nur an professionelles Übersetzen und Dolmetschen zu denken. Aufgrund der Zunahme von individueller und gesellschaftlicher Mehrsprachigkeit[10] durch gestiegene Mobilität, zunehmende internationale Kontakte und Begegnungen sowie kulturelle und sprachliche Mischung und Hybridität werden auch nichtprofessionelle Formen der Vermittlung zwischen Sprachen und Kulturen im Alltag, d.h. Sprach- und Kulturmittlung, immer wichtiger. Beiden Formen der zwischensprachlichen Vermittlung ist gemeinsam, dass sie den Schwerpunkt auf Bedeutungsinhalte und den Kontext legen (Bellos 2011, 71–77).

Dass der Fremdsprachenunterricht die Lernenden auch auf derartige zukünftige Realitäten vorbereiten muss, dürfte selbstverständlich sein. Damit hängt der dritte Grund für die Notwendigkeit der wissenschaftlichen Auseinandersetzung mit Sprachmittlung zusammen: Fremdsprachenunterricht und -didaktik haben in neuester Zeit (wieder einmal) eine verstärkte Alltags- und Anwendungsorientierung gezeigt, die sich z.B. im Konzept des *task-based language teaching* realisiert. Sprachmittlung als realitätsnahes Aufgabenformat bietet sich in diesem Kontext nicht nur im (zunehmend mehrsprachigen) Klassenzimmer förmlich als Thema an (vgl. Rössler/Reimann 2013, 14; Caspari 2014, 32). Weitere fremdsprachendidaktische und -unterrichtliche Gründe hängen mit der Einstellung zur Verwendung der Erstsprache im Unterricht sowie mit der Spracherwerbsforschung zusammen (vgl. G. Cook 2010, 85–103). Erkenntnisse aus der Beobachtung bilingualer Menschen oder bilingual aufwachsender Kinder legen den Schluss nahe, dass die kognitiven und metalinguistischen Vorteile des Kontaktes mit zwei oder mehr Sprachen überwiegen (vgl. V. Cook 2002; Butzkamm 2004; Hummel 2014). Einleuchtend ist auch, dass sprachliche Vorkenntnisse in einer oder mehreren Sprachen Einfluss auf die Entwicklung der individuellen *interlanguage* haben (vgl. z.B. Ellis 1994; Lightbown 2003). Weiterhin liegen einige Studien zum mentalen Übersetzen (z.B. Kern 1994) und zur positiven Einstellung von Lernenden gegenüber dem Übersetzen (z.B. Scheffler 2013) als Hilfe beim Sprachenlernen vor. Lewis verweist zur Begründung des *lexical approach* auf die Unvermeidbarkeit des Übersetzens, die sich in typischen Fragen der Lernenden wie „What's this called in (English)? How do you say … in (English)?" (Lewis 2008, 61) äußere. Schließlich hat die psycholinguistische Erkenntnis, dass sich die Erst- oder Muttersprache nicht deaktivieren lässt, dazu beigetragen, ihre Verwendung im Fremdsprachenunterricht teilweise wieder zu legitimieren (vgl. u.a. V. Cook 2001; Butzkamm 2003). Während diese spracherwerbstheoretischen und psycholinguistischen Ansätze zwar nicht Sprachmittlung propagieren, tragen sie doch zu einem Klima bei, in dem zwei- oder mehrsprachiges Vermitteln als eigenständige, realitätsnahe, nichtprofessionelle Aktivität im Fremdsprachenunterricht (wieder) hoffähig wird. Auch aus diesem Grund – und mit Blick auf die Tradition des Übersetzens im Fremdsprachenunterricht – ist die Englischdidaktik gefordert, sich konzeptuell mit Sprachmittlung auseinanderzusetzen.

---

10   Vgl. dazu die komplexe Debatte in den Beiträgen in Bausch et al. 2004.

1.3 Methodologische Positionierung und Aufbau der Arbeit

Diese Arbeit setzt es sich daher zum Ziel, einige Lücken der wissenschaftlichen Auseinandersetzung mit Sprachmittlung, wie sie in der Praxis bereits umgesetzt wird bzw. werden muss, zu schließen und dabei im Besonderen Mythen, Gemeinplätze und scheinbare Gewissheiten des bisherigen Diskurses einer genauen Analyse zu unterziehen, um neue Ideen für den theoretischen und praktischen Umgang mit Sprachmittlung zu generieren. Damit handelt es sich um theoretische Forschung, die als einer der drei Forschungsansätze fachdidaktischer Forschung gelten kann. Während gegenwärtig empirische oder evidenzbasierte Forschung zu dominieren scheint,[11] zeigt der 2016 erscheinende Überblicksband *Forschungsmethoden in der Fremdsprachendidaktik* (Caspari/Klippel/Legutke/Schramm 2016) die Gleichwertigkeit empirischer, theoretischer und historischer Forschung auf.[12] Dabei hängt die Auswahl des passenden Ansatzes vom Forschungsgegenstand und der Forschungsfrage ab.

Sprachmittlung ist in der Unterrichts- und Prüfungspraxis durch die Einführung von oben durch Bildungsverwaltung und -politik (*CEFR*, Bildungsstandards, Lehrpläne, Prüfungsordnungen) bereits fest verankert. Die Theoriebildung dagegen hinkt dieser rasanten Entwicklung noch hinterher.[13] Im historischen Vergleich lässt sich damit eine Parallele zur Konsolidierungsphase der Englischdidaktik in den 1970er und 1980er Jahren ziehen, die im Anschluss an die konzeptuelle Neuerung der „kommunikativen Wende" durch den hohen Stellenwert theoretischer Forschung gekennzeichnet ist (vgl. Doff 2008, 171–230). Auch wenn Sprachmittlung nicht unbesehen als konzeptuelle Neuerung bezeichnet werden kann, so darf sie nicht auf ihre methodische und unterrichtspraktische Umsetzung beschränkt werden, sondern muss auch theoretisch beleuchtet werden. Auch die Hauptforschungsfragen – nämlich:

- Inwieweit ist Sprachmittlung eine komplexe Kompetenz?

- Aus welchen Teilprozessen bestehen Sprachmittlungshandlungen, und welche Teilkompetenzen können bestimmt werden?

- Mit welchen Lernaufgaben kann diese Komplexität für verschiedene Lernstufen abgebildet werden?

---

11 Vgl. Doff 2012 und Settinieri et al. 2014 als aktuelle Einführungsbände. Siehe dazu auch Steininger 2014. Eine Problematisierung und Diskussion der Beschränkungen evidenzbasierter Forschung findet sich bei Tenorth 2012.

12 Vgl. auch Bayrhuber et al. 2012 mit dem eindeutigen Titel *Formate fachdidaktischer Forschung: empirische Projekte – historische Analysen – theoretische Grundlegungen*, der aus der GFD-Fachtagung 2011 hervorgeht. Dazu kommt in den Erziehungswissenschaften noch vergleichende Forschung (vgl. Tenorth 2000; Göhlich et al. 2014). Zur theoretischen Forschung vgl. grundlegend Legutke 2016.

13 Dies gilt besonders für die Englischdidaktik, während für die Didaktiken der romanischen Sprachen mit dem Sammelband *Sprachmittlung im Fremdsprachenunterricht* (Reimann/Rössler 2013) bereits ein wichtiger Beitrag zur konzeptuellen Aufarbeitung des Themas vorliegt.

erfordern eine Theorie- und Modellbildung. Erst wenn diese Grundlagenforschung geleistet ist, können sinnvollerweise empirische Arbeiten folgen, die z.B. untersuchen, welche Schwierigkeiten konkrete Sprachmittlungsaufgaben den Lernenden bereiten, welche mentalen Prozesse bei konkreten Sprachmittlungshandlungen tatsächlich ablaufen oder welche Kompetenzen aktiviert werden.[14] Auch die Konferenz der Vorsitzenden Fachdidaktischer Fachgesellschaften erkennt diese Aufgabe fachdidaktischer Forschung an, wenn sie als einen Forschungsbereich die Auseinandersetzung mit „der Auswahl, Legitimation und der didaktischen Rekonstruktion von Lerngegenständen" (KVFF 1998, 14) bestimmt. Der in der Praxis bereits bestehende und bildungspolitisch legitimierte Lerngegenstand Sprachmittlung muss theoretisch und konzeptuell modelliert und bestehende Forschungsansätze müssen kritisch evaluiert und weiterentwickelt werden, auch unter Einbezug anderer Disziplinen wie der Translationswissenschaft.

Theorie wird dabei in der vorliegenden Arbeit mit Kalthoff auf drei verschiedene Arten verstanden, nämlich als beobachtungsleitende Annahme, als aus empirischem Material entwickelte Kategorie und als beobachtbares Phänomen (Kalthoff 2008, 12f.). Die Annahmen, welche die Auseinandersetzung mit dem Konzept der Sprachmittlung leiten, sind erstens, dass diese aufgrund der Vielzahl von enthaltenen Teilprozessen und -kompetenzen sehr komplex ist und zweitens, dass sie trotz einiger Unterschiede auch entscheidende Gemeinsamkeiten mit dem professionellen Übersetzen und Dolmetschen aufweist. Als empirisches Material für die Generierung eigener Theorie dienen Lehrpläne, andere curriculare Referenzdokumente und Prüfungsvorschriften und fremdsprachendidaktische Veröffentlichungen. Genau in diesen Dokumenten, v.a. wenn sie Praxisbeispiele enthalten, wird Theorie schließlich auch beobachtbar.

Für die konkrete Arbeit an Theorien bestimmt Tenorth neben der Exegese drei weitere Verfahren: Kritik, Analyse und Konstruktion (Tenorth 2010, 89). „Kritik problematisiert, [...] was unbefragt Gewissheit und Geltung für sich beansprucht" (Tenorth 2010, 91). Die Auseinandersetzung mit der bestehenden wissenschaftlichen Literatur aus allen Fremdsprachendidaktiken deckt in der Tat Mythen und Gemeinplätze, aber auch Lücken auf, die aufgearbeitet werden sollen. Teil der Analyse ist es, aufzuzeigen, dass „Theorien, Argumentmuster oder Methoden [sich] in der Zeit und zwischen Kulturen und bei bestimmten Themen, Theoretikern oder Gruppen ausbilden und variieren" (Tenorth 2010, 94). Auch in der vorliegenden Arbeit wird dieses Vorgehen verwendet, wenn z.B. das Konzept der Sprachmittlung bei verschiedenen Akteuren der Bildungsverwaltung und der Fremdsprachendidaktik(en) in verschiedenen Ländern analysiert wird oder Vorläufer der Sprachmittlung im Diskurs um die Rolle der Übersetzung im Fremdsprachenunterricht ermittelt werden. Damit ergeben sich auch Überschneidungen zu historischer und empirischer Forschung.[15] Konstruktion als drittes Verfahren schließlich bedeutet die „Entdeckung des Neuen in der Arbeit an Theorien" (Tenorth 2010,

---

14   Vgl. Ferreira/Schwieter/Gile 2015 zu exakt dieser Abfolge in der translationswissenschaftlichen Forschung.

15   Zur Verbindung von Theorie und Empirie in den Sozialwissenschaften vgl. Kalthoff 2008. Zur Verbindung von theoretischer und historischer Forschung in der Fremdsprachendidaktik vgl. Doff 2008.

96). Durch die Integration von Erkenntnissen der Translationswissenschaft und Translationsdidaktik wird versucht, der Modellierung der Sprachmittlungskompetenz auf verschiedenen Niveaustufen zusätzliche Impulse zu geben.

Somit will die vorliegende Arbeit begonnene theoretische Konzepte, Modelle und Systeme diskutieren und auf ihrer Grundlage Sprachmittlung modellieren. Dabei verbindet sich ein beschreibender und erklärender Ansatz mit einem Vorschlag dazu, was Sprachmittlung sein könnte, d.h. wie ein komplexes Prozess- und Interaktionsmodell und eine Progressionsbildung aussehen könnte.[16] Diese Arbeit ist somit ein Angebot an die Fremdsprachendidaktik zur Diskussion, an die empirische Forschung zu Studien und an die Praxis zur Inspiration und zur Beantwortung offener Fragen.

Aus dieser Zielsetzung ergibt sich auch der Aufbau der Arbeit. Im zweiten Kapitel werden in der bestehenden wissenschaftlichen Literatur zum Thema Sprachmittlung offene Fragen, Gemeinplätze und scheinbare Gewissheiten aufgedeckt, welche die weitere Theorie- und Modellbildung leiten. Im dritten Kapitel wird Sprachmittlung auf Grundlage dieser Forschungsdesiderate räumlich, zeitlich und konzeptuell verortet; v.a. wird sie an Theorien der interkulturellen Kompetenz und an Konzepte der Translationswissenschaft angebunden. Im vierten Kapitel wird unter Einbezug der bereits gewonnenen Erkenntnisse ein komplexes Interaktions- und Prozessmodell entworfen, das der exemplarischen Aufgabenprogression im fünften Kapitel zugrundeliegt.

---

16   Auch wenn Theorie aus erkenntnistheoretischer Perspektive grundsätzlich nicht normativ sein soll, so ist fremdsprachendidaktische Theoriebildung, ebenso wie pädagogische Forschung, ohne „Bezug auf die *normativen Implikationen* kaum sinnvoll" (Schlömerkemper 2010, 34; Kursivdruck im Original).

2 Einordnung in den Forschungsstand und Ziele der Arbeit

Auch wenn seit ca. 2008 eine Vielzahl von Veröffentlichungen zur Sprachmittlung im Fremdsprachenunterricht erschienen ist, weist dieses Thema noch viele Forschungslücken auf. Dies liegt zum einen daran, dass neben theoriegeleiteten Publikationen v.a. Beiträge mit ausführlichen unterrichtspraktischen Vorschlägen vorliegen.[17] Zum anderen zeigen bereits die Ergebnisse der Recherche im Fachportal Pädagogik und beim Informationszentrum für Fremdsprachenforschung in Marburg, dass in der Englischdidaktik im Gegensatz zu den Didaktiken der romanischen Schulsprachen und der Didaktik des Deutschen als Fremdsprache bis 2015 insgesamt wenig und im Besonderen relativ wenig Grundlagenforschung betrieben wird. Während in den Didaktiken der romanischen Sprachen neben einzelnen Aufsätzen ein Sammelband mit grundlegenden Beiträgen (Reimann/Rössler 2013)[18] und verschiedene Themenhefte der einschlägigen unterrichtspraktischen Zeitschriften (*Der fremdsprachliche Unterricht Französisch* 2010; *Der fremdsprachliche Unterricht Spanisch* 2013; *Französisch heute* 2014) vorliegen sowie in der Didaktik des Deutschen als Fremdsprache ein Hand- und Übungsbuch (Katelhön/Nied Curcio 2012) existiert, gibt es in der Englischdidaktik bisher neben zwei Themenheften (*Der fremdsprachliche Unterricht Englisch* 2008; *Englisch 5 bis 10* 2013) lediglich verschiedene Aufsätze.[19] Daneben finden sich ein Themenheft von *Praxis Fremdsprachenunterricht* (2008) und zwei aktuelle Sammelbände, die theoretische und praktische Beiträge aus verschiedenen Fremdsprachendidaktiken bzw. Bezugsdisziplinen vereinen (Nied Curcio/Katelhön/Bašić 2015; de Florio-Hansen/Klein 2015),

---

17 Nicht alle rein unterrichtspraktischen Veröffentlichungen können hier berücksichtigt werden; es erfolgt eine Beschränkung auf Artikel, die auch ein Mindestmaß an theoretischen Überlegungen enthalten oder die in den einschlägigen Themenheften erschienen sind.

18 Vgl. zu diesem Sammelband Rezensionen von Nied Curcio 2014; Kolb 2014c; Leitzke-Ungerer 2014; Bösch 2014 und Schöpp 2015b.

19 Auch wenn die Didaktiken der romanischen Sprachen sich inzwischen stärker mit Sprachmittlung befassen, so stammen die ersten Veröffentlichungen doch aus der Englischdidaktik (vgl. das Themenheft von *Der fremdsprachliche Unterricht Englisch* von 2008). Gründe dafür, warum die Didaktiken der romanischen Sprachen ein großes Interesse an der Sprachmittlung zeigen, könnten z.B. die folgenden sein: Sprachmittlung bietet eine Chance zur Stärkung der Mündlichkeit im Französischen (vgl. Caspari 2014; Reimann 2014c), das unter dem Desinteresse der Lernenden aufgrund seiner Schwierigkeit (vgl. Küster 2007) leidet; die Didaktik des Spanischen als noch in der Etablierung befindliche Disziplin ist möglicherweise offener gegenüber Neuerungen; einige Autoren haben ein starkes persönliches Forschungsinteresse an der Sprachmittlung entwickelt.

und schließlich eine größere Anzahl an Staatsexamensarbeiten.[20] Aus der Russischdidaktik stammen neben einigen Unterrichtsvorschlägen, die hier nicht aufgeführt werden, lediglich zwei kurze Aufsätze und ein Kapitel in einem Einführungsband (Behr/Wapenhans 2008 und 2014; Wapenhans 2011). Die fremdsprachendidaktische Literatur zur Sprachmittlung in anderen Ländern ist mit einigen Aufsätzen und einer englischdidaktischen Monographie eher spärlich vertreten. Aus den Lücken, die in der vorhandenen Fachliteratur offensichtlich werden, ergeben sich somit Ansätze zu weiterer Forschung.

2.1 Überblick über die Forschung

Der folgende Überblick über die wissenschaftliche Beschäftigung mit dem Thema Sprachmittlung führt die verschiedenen Fremdsprachendidaktiken getrennt auf, um Unterschiede nicht zu verwischen, während in den weiteren Kapiteln der Arbeit dagegen alle wissenschaftlichen und unterrichtspraktischen Veröffentlichungen gemeinsam verwendet werden. Die Artikel, die Englisch im Zusammenhang mit weiteren Schulfremdsprachen behandeln, werden im Kapitel zur Englischdidaktik erfasst, Veröffentlichungen, die verschiedene Fremdsprachen gleichwertig untersuchen, werden gesondert aufgeführt. Außerdem finden sich einige Beiträge, die sprachenübergreifend angelegt sind oder aus translationswissenschaftlicher Außenperspektive auf die Sprachmittlung blicken. Insgesamt erfolgt eine Beschränkung auf Literatur, die explizit von ‚Sprachmittlung' oder ‚Mediation' spricht.

2.1.1 Englischdidaktik

Außer in Thalers *Englisch unterrichten* (Thaler 2012, 209–214) wird in den in Deutschland erschienenen Einführungsbänden in die Englischdidaktik Sprachmittlung nur sehr knapp oder gar nicht genannt (vgl. Klewitz 2015, 31). Dies verwundert, da seit der Jahrtausendwende mehrere Einführungen veröffentlicht worden sind. In englischsprachigen, englischdidaktischen Einführungs- und Überblicksbänden erscheint Sprachmittlung überhaupt nicht; Tony Lynch erwähnt Sprachmittlung nur nebenbei in einem Artikel über „traditional and modern skills" (Lynch 2012). Neben einigen wenigen empirischen, datengeleiteten Beiträgen dominieren in den einschlägigen Aufsätzen und Examensarbeiten zwei Vorgehensweisen, die meist gemeinsam auftreten: erstens Ausführungen zur terminologischen Definition von Sprachmittlung zusammen mit didaktischen Über-

---

20   Die Vergabe von Examensarbeiten zeigt einerseits die Praxisbedeutung und Aktualität des Themas Sprachmittlung an; andererseits ist sie ein Indiz dafür, dass Sprachmittlung als ‚neues' Thema wahrgenommen wird, zu dem sich noch unbearbeitete Fragestellungen finden lassen. Im vorliegenden Forschungsüberblick können nur diejenigen Examensarbeiten berücksichtigt werden, die als Online-Versionen zugänglich oder in Verlagen erschienen sind.

legungen zu ihrem Potential und ihrer Modellierung und zweitens praxisbezogene Konkretisierungen mit Aufgabenbeispielen.

So werden unter Bezug auf das *CEFR* bzw. in Deutschland auch die Bildungsstandards immer wieder mehr oder weniger identische Begriffsbestimmungen gegeben (Horn 2007 und 2013; Hallet 2008a; de Florio-Hansen 2008; Bischoff 2008; Weskamp 2008; Haß 2011a; Siepmann 2013; Raith 2013a; Hämmerling 2014; Mayer 2014; Kolb 2009, 2014a, 2014b und 2015; Stathopoulou 2009, 2013a und 2015; Dendrinos 2006 und 2013; Neagu 2008). Dabei werden wiederholt Unterschiede zwischen einer meist nicht näher bestimmten Aktivität namens Übersetzung und der Sprachmittlung im engeren Sinne schematisch gegenübergestellt (Hallet 2008a; de Florio-Hansen 2008; Bischoff 2008; vgl. aber Siepmann 2013 für eine andere Position) und gelegentlich für den schulischen Fremdsprachenunterricht die Relevanz der letztgenannten Tätigkeit als realitätsnahe Tätigkeit in einer mehrsprachigen Welt begründet (Hallet 2008a; Haß 2011a; Dendrinos 2006). Die Rolle von Mutter- und Fremdsprachen im Fremdsprachenunterricht wird gelegentlich angeschnitten (Dendrinos 2006; Kolb 2009). In vielen Beiträgen finden sich Ausführungen zu Interaktions- oder Prozessmodellen sowie zu den bei der Sprachmittlung aktivierten bzw. benötigten Teilkompetenzen oder Teilfertigkeiten (Hallet 2008a; Kolb 2009 und 2014b; Raith 2013a; Hämmerling 2014; de Florio-Hansen 2015; HIBB 2010). Auch liegen einige, sehr ähnliche Aufgabentypologien im Schriftlichen und Mündlichen vor (Bischoff 2008; Kolb 2009; Mayer 2014). Zu den Grundsatzüberlegungen gehören ebenfalls Veröffentlichungen, die sich auf Teilaspekte konzentrieren: So gibt es zwei Aufsätze zur Relevanz von Pragmatik und Diskurskompetenz in Sprachmittlungssituationen (Sarter 2008 und 2010); in einigen wenigen Beiträgen wird das Verhältnis von interkultureller Kompetenz und Sprachmittlung genauer thematisiert (Camerer 2008; Senkbeil/Engbers 2011; Kolb 2012; Siepmann 2013).

Die zweite große Gruppe von englischdidaktischen Beiträgen, die sich mit den theoretischen Überlegungen überschneidet, umfasst unterrichtsmethodische Beiträge. Es werden Aufgabenbeispiele für verschiedene Typen der mündlichen und schriftlichen Sprachmittlung und für verschiedene Lernniveaus vorgestellt (Hamm 2007; Horn 2007 und 2013; Royl 2007; Kolb 2008a und 2009; Gebauer/Kieweg 2008; Kieweg 2008b; Laserstein 2013; Raith 2013b und 2013c; Brose 2012; Platt-Fingas 2013; Pontinus 2013). Auch gibt es einige Beispiele für Aufgaben mit interkulturellem Schwerpunkt (Engbers/Senkbeil 2011), mit Fokus auf Mehrsprachigkeit (Leitzke-Ungerer 2005 und 2008; Hallet 2008b; Rössler 2012) oder zur Verbindung von Sachfächern und Englischunterricht durch Sprachmittlung (Raith 2013b; Klewitz 2015). Kriterien zum Entwurf von Lernaufgaben (Bischoff 2007; Wunderlich 2011; Mayer 2014) bzw. zur Erstellung von Prüfungsaufgaben und deren Bewertung (Gebauer/Kieweg 2008; Schnitter 2008; Gregorzewski 2010; Haß 2011b und 2013; HIBB 2010) werden erläutert. Außerdem werden methodische Überlegungen zur Phasengestaltung mit *pre-*, *while-*, *post-mediation activities* (Kolb 2009; Engbers/Senkbeil 2011) oder zur Entwicklung von Sprachmittlungsstrategien bei den Lernenden (Kolb 2008a; Kieweg 2008a und 2008b; Leitzke-Ungerer 2008; Straukamp 2011) vorgestellt.

Zu den wenigen datenbasierten Arbeiten gehören Beiträge, in denen Aufgaben aus Lehrwerken oder Abschlussprüfungen und Bewertungsraster für Prüfungsaufgaben analysiert werden (Kolb 2011, 2014a, 2014b und 2015). Im Bereich der Unterrichtsforschung liegt bisher eine einzige, nur ganz knapp erwähnte Befragung von Lernenden zu Schwierigkeiten bei der Sprachmittlung aus dem Deutschen bzw. ins Deutsche vor (Hämmerling 2014). In diese Kategorie fallen aber auch die Arbeiten der Griechin Maria Stathopoulou, die immer wieder die Aufgabenstellungen zur schriftlichen Sprachmittlung in den griechischen Sprachzertifikatsprüfungen (*KPG*) mit verschiedenen Kategorien analysiert sowie Prüfungsskripte auf die verwendeten Produktionsstrategien untersucht (Stathopoulou 2009, 2013a, 2013b und 2015; vgl. auch Dendrinos 2013).

2.1.2 Didaktiken der romanischen Sprachen

In den Didaktiken der romanischen Sprachen stammen die meisten Veröffentlichungen zur Sprachmittlung aus der Französisch- und Spanischdidaktik mit einer leichten Dominanz der Ersteren; nur wenige Veröffentlichungen beziehen sich auf das Italienische oder das Portugiesische. Dies entspricht dem Stellenwert, der den entsprechenden Sprachen als Schulfächern zukommt. Von den Einführungsbänden in die verschiedenen Fremdsprachendidaktiken enthält nur Leupolds *Französisch lehren und lernen* (Leupold 2010) in nennenswertem Umfang Ausführungen zur Sprachmittlung. Bei den spezialisierten Publikationen liegt auch hier eine Dreiteilung in theoretische, praxisorientierte und empirisch-datenbezogene Veröffentlichungen vor, wobei Quantität und Qualität etwas anders als in der Englischdidaktik verteilt sind.

Zu den theoretischen Abhandlungen gehören auch hier zahlreiche Definitionsversuche und Terminologiediskussionen, die in den meisten Fällen auf dem *CEFR* bzw. den Bildungsstandards basieren (Rössler 2008; Poïarkova 2009; Philipp/Rauch 2010a; Kolb 2010; Schöpp 2010; Alègre 2012; Bohle 2012; Rössler/Reimann 2013; Schrader 2013; Reimann 2013b und 2014a; Plath 2014), und verschiedene Aufgabentypologien (Rössler 2008; Schöpp 2010; Caspari 2013; Plath 2014). Auch hier finden sich ausführliche Kontrastierungen von ‚Übersetzung' und ‚Sprachmittlung' (Philipp/Rauch 2010a und 2014; Fäcke 2013; Gardenier 2015). Gelegentlich werden Verbindungen zur Translationswissenschaft hergestellt (Bohle 2012; de Florio-Hansen 2013a und 2013b; Reimann 2013a und 2013b) und Konzepte wie Adäquatheit und Äquivalenz erläutert (Plath 2014; Reimann 2013b). Eine ausführlichere Auseinandersetzung mit der Übersetzung im Fremdsprachenunterricht sowie übersetzungswissenschaftlichen Ansätzen findet sich in der Examensarbeit von Bohle (2012). Teilkompetenzen (Schöpp 2010; Philipp/Rauch 2010a und 2014; Caspari/Schinschke 2012; Bohle 2012) bzw. Komponenten (Caspari 2013) werden ausdifferenziert; und es liegt ein erster Entwurf eines Kompetenzmodells vor (de Florio-Hansen 2013a), der allerdings dadurch entstanden ist, dass lediglich in den Kann-Beschreibungen von *Profile deutsch* (Glaboniat et al. 2005) das Adjektiv ‚deutsch' durch ‚französisch' ersetzt wurde.

Stärker als in der Englischdidaktik wird Sprachmittlung mit anderen Prinzipien des Fremdsprachenunterrichts verknüpft, um ihre Relevanz zu betonen: Das interkulturelle oder – teilweise modischer ausgedrückt – das transkulturelle Potenzial der Sprachmittlung wird erläutert (Rössler 2008; Caspari/Schinschke 2010; Grünewald 2012; Kräling et al. 2013; Reimann 2013b und 2014b); eine ganze B.A-Arbeit zeigt für die Italienisch-Didaktik auf, wie die Teilkompetenzen der interkulturellen Kompetenz durch Sprachmittlungsaktivitäten realisiert werden können (Seidel 2012). Konzepte wie Handlungs- und Lernerorientierung (Kolb 2010), Authentizität (Kolb 2010), Differenzierung (Philipp/Rauch 2010a) und die Rolle von Muttersprache und Mehrsprachigkeit oder Sprachvernetzung (Philipp/Rauch 2010a; Erdmann 2012; Rössler 2012; Rössler/Reimann 2013; Jeske 2013a und 2013b) werden zumindest in Grundzügen diskutiert. Auch finden sich Plädoyers für einen Einbezug der Sprachmittlung bereits in den Anfangsunterricht (Kolb 2008b; Michler 2012 und 2013). Wie die Forderung nach Mündlichkeit durch Sprachmittlung realisiert werden kann, ist ein wichtiges Thema der Französisch- bzw. Spanischdidaktik (Caspari 2014; Reimann 2013b), das in der Englischdidaktik nicht angesprochen wird.

Die eher unterrichtspraktisch ausgerichteten Beiträge bieten wieder, wie auch in der Englischdidaktik, vielfältige Beispiele für kleinschrittige Teilaufgaben oder komplexere Lernaufgaben (Rössler 2008; Leupold 2008; Kolb 2010; Nöth 2010; Reimann 2010; Giese 2010; Bohle 2012; Caspari/Schinschke 2012; Grünewald 2012 und 2013; Philipp/Rauch 2014; Gardenier 2015) und auch den Versuch einer Progressionsbildung in einem Aufgabenzyklus (Michler 2013). Für die Spanischdidaktik gibt es eine Vielzahl von Unterrichtsvorschlägen nur für die mündliche Sprachmittlung (Ostermeier 2013; Jacobsen 2013; Jeske 2013b; Kräling et al. 2013; Pfeiffer 2013). Eine sehr spezielle Teilaufgabe kommt mit kontrastiver Lexik im mehrsprachigen Unterricht in den Blick (Konecny/Konzett 2013). Auch längere komplexe Unterrichtseinheiten zur Förderung der Mündlichkeit durch Sprachmittlung im Französischunterricht (Heindl 2009 in seiner Examensarbeit) oder zur Mehrsprachigkeit im Spanischunterricht sind bereits entwickelt worden (Erdmann 2012; Rössler 2012; Klein/Wilneder 2015), von denen einer weit über die Interkomprehensionsdidaktik hinausgeht (Jeske 2013a). Zahlreiche Unterrichtsvorschläge für das Strategietraining liegen vor (Kolb 2008b; Rössler 2009; Lück-Hildebrandt 2009; Zweck 2010; Giese 2010; Obeling 2011; Michler 2013; Philipp/Rauch 2014; Hoch 2015), wobei der Einsatz von Spiegeltexten (Philipp/Rauch 2010b) besonders interessant ist. Auch werden praxisorientierte Vorschläge zur Bewertung gemacht (Giese 2010; Philipp/Rauch 2010b). Präskriptive Kriterienkataloge sollen helfen, ‚gute‘ Sprachmittlungsaufgaben zu erstellen (Schöpp 2010; Philipp/Rauch 2010a; Rössler 2012; Pfeiffer 2013 und 2014).

Dagegen stellt Caspari ein deskriptives Modell von Sprachmittlung vor, das sie empirisch aus vorhandenen Lehrwerksaufgaben gewinnt (Caspari 2013). Insgesamt ist die empirische Forschung in den Didaktiken der romanischen Sprachen bereits stärker vertreten als in der Englischdidaktik. Es liegen verschiedene Analysen von griechischen *KPG*-Aufgaben (Alègre 2012) sowie deutschen Spanisch-, Französisch- und Italienisch-Lehrwerken oder auch von Lehrplänen und Prüfungsaufgaben vor (Schöpp 2010 und

2015a; Schädlich 2012; Fäcke 2013). Weiterhin gibt es eine Erprobung der hessischen Abituraufgaben zur Sprachmittlung im Fach Französisch (Schrader 2013). Außerdem existieren eine Fragebogenstudie bei Italienischlehrenden zur Bedeutung von Sprachmittlung und zur Aufgabenentwicklung (Otten 2013) sowie eine kombinierte Studie mit Interviews, Fragebögen und Schülerarbeiten, die sich mit dem Stellenwert der Sprachmittlung in der Sekundarstufe II befasst (Schädlich/Ramisch 2013). Auch die bestehenden Deskriptoren zur Bewertung von Sprachmittlungsleistungen werden analysiert und auf translationswissenschaftlicher Grundlage für die schriftliche (Reimann 2015) bzw. mündliche Sprachmittlung (Reimann 2013a und 2014a) weiterentwickelt.

2.1.3 Didaktik des Deutschen als Fremdsprache

Zwar liegen in der Didaktik des Deutschen als Fremdsprache (DaF) deutlich weniger Beiträge vor als in den anderen Fremdsprachendidaktiken, aber dafür bereichern die vorhandenen Publikationen die Forschungslandschaft deutlich. Bereits aus dem Jahr 2000 stammen Überlegungen zum „Übersetzen im Deutschunterricht? Ja, aber anders!" (Königs 2000), die auf das Sprachmitteln verweisen. Auch in dieser Disziplin finden sich die einschlägigen Definitionen mit Bezug auf den *GER* (Curci 2008; Weissmann 2012a und 2012b; Katelhön/Nied Curcio 2012 und 2013; Katelhön 2013 und 2015; Rega 2015). Mit *Profile deutsch* (Glaboniat et al. 2005) existieren für verschiedene Niveaus ausführliche Kann-Beschreibungen für die mündliche und schriftliche Sprachmittlung. Diese werden in dem *Hand- und Übungsbuch zur Sprachmittlung Italienisch-Deutsch* (Katelhön/Nied Curcio 2012) anhand von Beispielen sehr gut illustriert; dazu stellt dieser Praxisband die Verbindung zu kontrastiver Linguistik (vgl. auch Nied Curcio 2012), Textlinguistik, handlungsorientierten Ansätzen, der Bedeutung von Strategien sowie sprachlich basierter Interkulturalität her. Außerdem liegen auch Aufgabentypologien vor (Katelhön/Nied Curcio 2012; Katelhön 2015).

Die meisten Beiträge aus dem Bereich DaF beschäftigen sich mit der Rolle der Sprachmittlung im universitären Fremd- oder Fachsprachenunterricht und zeigen entsprechende Beispiele auf (Weissmann 2012a und 2012b; Katelhön 2013; Cinato 2015; Bickert 2015). Wie auch bei den Fremdsprachendidaktiken der deutschen Schulfremdsprachen finden sich in der Literatur Kriterien zur Aufgabenerstellung (Nied/Katelhön 2013). Darüber hinaus werden die Bedeutung von Textmusterwissen im produktiven Teil von Sprachmittlungsaufgaben (Katelhön 2015) und die Relevanz von Wörterbüchern bei der Sprachmittlung diskutiert (Nied Curcio 2015). Das Verhältnis von Übersetzung und Sprachmittlung wird je nach Blickwinkel unterschiedlich gefasst (Weissmann 2012a und 2012b; Katelhön 2015) bzw. in einer brasilianisch-deutschen Masterarbeit in Bezug zur historischen Rolle der Muttersprache und zur Skopostheorie der Translationswissenschaft gesetzt (Fischer 2012).

2.1.4 Allgemeine, übergreifende und translationswissenschaftliche Literatur

Einige Publikationen lassen sich nicht einer bestimmten Fremdsprachendidaktik zuordnen, sei es, weil sie allgemein gehalten sind, sei es, weil sie Aufgabenbeispiele für verschiedene Fremdsprachen liefern. Letzteres ist der Fall bei den Handreichungen einiger Bundesländer, die neben Beispielaufgaben meist auch auf das *CEFR* und die Bildungsstandards bezogene Definitionen der Sprachmittlung in Abgrenzung zur ‚Übersetzung‘ und u.U. auch Ausführungen zur Strategieentwicklung oder zur Bewertung enthalten (ISB 2005 und 2011; Thillm 2011a; LISUM 2006; HIBB 2010). Ersteres gilt für die Verbindungen, die Byram zur interkulturellen Kompetenz herstellt (Byram 2012), oder für ganz weite Auffassungen von ‚Mediation‘ (Lévy/Zarate 2003; Piccardo 2012; Aden 2012). Dies trifft auch auf Stichwörter in Handbüchern und Lexika und allgemeine Beiträge zu, die allesamt von Königs stammen und die Sprachmittlung definieren, ihr Verhältnis zur Übersetzung darstellen, Übungen zur Entwicklung der Sprachmittlung präsentieren oder ihre Bedeutung im Fremdsprachenunterricht und -erwerb erläutern (Königs 2007, 2010a, 2010b, 2010c, 2013 und 2015). Schließlich gehören in diesen Bereich auch Beiträge von Translationswissenschaftlern, die sich mit dem Begriff und dem Konzept der Sprachmittlung auseinandersetzen (B. Nord 2002; Sinner/Wieland 2013; Krause 2013); Bommel tut dies in ihrer B.A.-Arbeit ausführlich in Bezug auf die Sprachmittlung im schulischen Französischunterricht und vergleicht Definitionen und Aufgaben mit Positionen der funktionalen Translationswissenschaft (Bommel 2009).

2.2 Forschungsperspektiven der vorliegenden Arbeit

Der Überblick über die Veröffentlichungen, die sich explizit mit Sprachmittlung auseinandersetzen, könnte den Eindruck erwecken, dass es sich – neben den zahllosen unterrichtspraktischen, methodischen Vorschlägen – um ein gut erforschtes Thema der Fremdsprachendidaktik handelt. Allerdings sind die meisten Veröffentlichungen Aufsätze, in denen so viele Aspekte gleichzeitig angesprochen werden, dass ein Großteil der Themen nur angeschnitten wird. Auch zeigt der Literaturüberblick, dass ähnliche Positionen von denselben und neuen Autoren immer wieder vertreten und gegenseitig zitiert werden. So gilt für die Englischdidaktik noch mehr als für die Didaktik der romanischen Sprachen oder des Deutschen als Fremdsprache Leitzke-Ungerers Feststellung: „Sprachmittlung hat sich im Fremdsprachenunterricht mittlerweile fest etabliert; die wissenschaftliche Aufarbeitung lässt jedoch noch zu wünschen übrig" (Leitzke-Ungerer 2014, 115). Daher ist es nicht verwunderlich, dass Rössler und Reimann in der Einleitung zu ihrem Sammelband eine Reihe von Forschungsdesideraten nennen (Rössler/Reimann 2013; vgl. auch de Florio-Hansen 2013a und Caspari 2014). Bei der eingehenden Lektüre der bestehenden Literatur werden ganz besonders einige Gemeinplätze, die durch Wiederholung fast schon zu Mythen werden, und Lücken des fremdsprachendidaktischen Mehrheitsdiskurses derart auffällig, dass eine räumliche, zeitliche und konzeptuelle Fundierung der Sprachmittlung immer noch nötig erscheint. Auch die Forderung nach einer Progression von Sprachmittlungsaufgaben (vgl. Caspari 2014) lenkt die Aufmerksamkeit auf ein wichtiges Desiderat. Damit sind die Aspekte, denen sich die vorliegende Arbeit widmet, umrissen. Sie werden im Folgenden zuerst pointiert genannt, dann in der fremdsprachendidaktischen Literatur belegt und ausführlicher erläutert, um im Hauptteil der vorliegenden Arbeit ausgiebig untersucht, widerlegt bzw. geschlossen zu werden:[21]

Mythen und Lücken des fremdsprachendidaktischen Diskurses

1. Sprachmittlung ist genau definiert.
2. Sprachmittlung ist eine neue Aktivität, die durch das *CEFR* Eingang in den deutschen Fremdsprachenunterricht gefunden hat.
3. International ist Sprachmittlung kaum verbreitet.
4. ‚Sprachmittlung‘ ist von ‚Übersetzung‘ zu unterscheiden.
5. Sprachmittlung kann Anleihen bei der Translationswissenschaft nehmen.
6. Mit Sprachmittlung realisiert sich interkulturelle Kompetenz.
7. Sprachmittlung ist eine komplexe Tätigkeit.
8. Nötig ist eine Progression von Sprachmittlungsaufgaben über alle Niveaustufen hinweg.

Mythos: Sprachmittlung ist genau definiert.

Bereits die Frage, was ‚Sprachmittlung‘ im Fremdsprachenunterricht genau bedeutet, ergibt keine eindeutigen und klaren Antworten. Dabei sind zwei Unterfragen zu berücksichtigen: Die erste bezieht sich auf die Kategorisierung der Sprachmittlung; die zweite umfasst die tatsächliche Definition von Sprachmittlung. Eine Ursache für die unterschiedlichen Ansätze dürfte darin zu suchen sein, dass sich viele verschiedene Akteure mit Sprachmittlung beschäftigen. Rössler und Reimann ziehen in Bezug auf die zweite Frage folgendes Fazit: „‚Sprachmittlung‘ ist [...] präzise definiert worden“ (Rössler/ Reimann 2013, 11). Während diese Feststellung für die fremdsprachendidaktische Literatur weitgehend zutrifft,[22] ergibt sich, wenn man das *CEFR* als übergreifendes Referenzdokument, die Bildungsstandards bzw. Lehrpläne als nationale bzw. regionale Steuerungsdokumente, Lehrwerke und Muster- oder Prüfungsaufgaben betrachtet (vgl. Schrader 2013; Caspari 2013; Kolb 2014a, 2014b und 2015), ein vielfältigeres Bild. Bei Lehrplänen und Aufgaben in Abschluss- oder Zertifikatsprüfungen zeigen sich außerdem je nach Alters- oder Niveaustufe und Schulform weitere Unterschiede. Daher werden in Kapitel 3.1 unterschiedliche explizite und den existierenden Aufgaben implizit zugrundeliegende Definitionen ausführlich dargestellt und auf ihre Stimmigkeit untereinander untersucht.

---

21   Dabei sind Überschneidungen der Mythen und Forschungslücken unvermeidbar. Deshalb wird nicht jeder der aufgeführten acht Punkte in einem eigenen Kapitel bearbeitet.

22   Vgl. aber den Überblick über Definitionen bei Schrader 2013, 185.

Auch die Frage danach, „welcher fachdidaktischen Kategorie [..] die Sprachmittlung zuzuordnen [ist]" (Rössler 2008, 59), hat schon viele verschiedene Antworten gefunden. In den Bildungsstandards wird sie neben den vier bekannten Fertigkeiten zuerst als weitere „Fertigkeit" (KMK 2003, 8 und 2004, 8), später als eine der fünf „funktionalen kommunikativen Teilkompetenzen" (KMK 2012a, 15) erfasst, und auch in der fremdsprachendidaktischen Literatur wird sie gelegentlich als „fünfte (Grund-)Fertigkeit" (Haß 2011a, 42), als „komplexe Fertigkeit" (Reimann 2013a, 197) oder auch mit Fragezeichen als „sechste Fertigkeit?" (Rössler 2008, 53) bezeichnet.[23] Im *CEFR* selbst ist sie als eine der „communicative language activities" neben Produktion, Rezeption und Interaktion geführt (*CEFR* 2001, 57). Allerdings kann Sprachmittlung durchaus auch interaktiv sein, so dass Rössler bei ihrer Definition der Sprachmittlung als „komplexe, unter Umständen auch interaktive Aktivität" (Rössler 2008, 61) zuzustimmen ist. Außerdem wird Sprachmittlung immer wieder deutlich definitorisch und konzeptuell von den Fertigkeiten abgegrenzt (so bei Hallet 2008a, 3 und Rössler 2008, 59ff.). Daher gilt Sprachmittlung im fremdsprachendidaktischen Diskurs meist als „(komplexe) Kompetenz" (Hallet 2008a, 3; Philipp/Rauch 2010a, 5), als „Makro-Kompetenz" (Kolb 2014b, 97), als „fünfte Kompetenz" (Siepmann 2013, 189; Bösch 2014, 13; Koch 2014, 67) oder – wieder mit Fragezeichen – als „sechste Kompetenz?" (Caspari/Schinschke 2012, 40). Es finden sich auch Definitionen als „‚transversale' Fertigkeit" (Reimann 2013a, 197), die verschiedene Fertigkeiten im Mündlichen und Schriftlichen integriert, und als „kommunikative Aktivität, die rezeptive und produktive Grundfertigkeiten kombiniert" (Pfeiffer 2014, 19). Katelhön und Nied Curcio nennen Sprachmittlung in Anlehnung an die Kategorien des *GER* die „vierte Kompetenz in der DaF-Didaktik" (Katelhön/Nied Curcio 2013, 153). Während die Nummerierung der Sprachmittlung als Fertigkeit oder als Kompetenz eher eine unbedeutende Zahlenspielerei ist, sind Überlegungen dazu, ob Sprachmittlung eine Fertigkeit oder eine Kompetenz ist und v.a. inwiefern Sprachmittlung mehr ist als eine Kombination von rezeptiven und produktiven Teilfertigkeiten, sehr wichtig. Sie sind Thema des vierten Kapitels.

Mythos: Sprachmittlung ist eine neue Aktivität, die durch das <u>*CEFR*</u> *Eingang in den deutschen Fremdsprachenunterricht gefunden hat.*

Immer wieder ist die Feststellung zu lesen, dass Sprachmittlung eine neue Aktivität im Fremdsprachenunterricht sei (so z.B. de Florio-Hansen 2008, 3; Sarter 2008, 9 und 2010, 85; Rössler 2012, 138; Rössler/Reimann 2013, 17; Bösch 2014, 13) und auf dem *CEFR* und/oder auf den Bildungsstandards beruhe (Hallet 2008a, 2; Schnitter 2008, 34; Kolb 2009, 70; Haß 2011a, 42; Katelhön/Nied Curcio 2013, 151; Reimann 2013b, 4). Diese Aussage wird am besten durch dieses Fazit illustriert: „Gut zehn Jahre nach dem Erscheinen des GeR sind Sprachmittlungsaufgaben im Fremdsprachenunterricht angekommen" (Rössler/Reimann 2013, 17). Damit stellt diese Feststellung aber auch ein

---

23 Wenn Sprachmittlung als sechste Fertigkeit gilt, so liegt die Annahme zugrunde, dass die fünfte Fertigkeit das Hör-Seh-Verstehen ist.

weiteres Beispiel für den Topos der Neuheit dar, der eine lange Tradition hat und nicht nur in der Fremdsprachendidaktik weit verbreitet ist.

Eine historische Perspektive, die den Mythos des Neuen widerlegen oder zumindest relativieren könnte, nehmen nur Bohle (2012) und Plath (2014) ein, die allerdings beide einen stark vereinfachenden Blick auf die Geschichte des Fremdsprachenunterrichts werfen, wie die folgenden zwei Zitate zeigen:

> War es lange Zeit die GMÜ [Grammatik-Übersetzungs-Methode], durch die das Übersetzen und somit auch die Muttersprache im Fremdsprachenunterricht repräsentiert wurde, schaffte Wilhelm Viëtor mit seiner Publikation und der Aussage ‚Übersetzen ist eine Angelegenheit, die im Fremdsprachenunterricht nichts zu suchen hat‘ das Übersetzen nachhaltig ab. […] Unter anderem durch Wolfgang Butzkamm, der der Muttersprache wieder einen Stellenwert im fremdsprachlichen Lernen zuwies, wurde die Relevanz des Übersetzens im Fremdsprachenlernen neu überdacht. Das Resultat war eine flammende Diskussion über das Pro und Kontra von Übersetzen im Fremdsprachenunterricht. Die Debatte fiel zugunsten des Übersetzens aus. (Bohle 2012, 46f.)

und:

> Tatsache ist, dass mit der Ausdehnung der neueren Sprachen an den höheren Schulen gegen Ende des 19. Jahrhunderts im Zeichen der neusprachlichen Reformbewegung zunehmend Zweifel an manchen Mittler- und Zielfunktionen der Übersetzung aufkamen […], sodass eine kontroverse Diskussion über den Sinn oder Unsinn des Übersetzens im Rahmen schulischen Fremdsprachenunterrichts einsetzte. Diese Auseinandersetzung beruhigte sich in den Phasen des 20. Jahrhunderts, in denen die vermittelnde Methode dominierte. Es kann festgehalten werden, dass im Fremdsprachenunterricht allgemein […] die Fertigkeit des Übersetzens im schulischen Kontext über Jahrzehnte hinweg weder konzeptionell noch programmatisch in breitem Umfang thematisiert wurde. Gegen Jahrhundertende traten jedoch erneut Formen der Übersetzung in den Vordergrund – diesmal allerdings im Kontext der kommunikativen Methode –, die unter der harmlos klingenden Bezeichnung ‚Sprachmittlung‘ wieder auflebten, nunmehr jedoch kaum noch auf größere grundsätzliche Bedenken stießen. (Plath 2014, 5)

Im Anschluss stellt Plath eine „Wiedergeburt der Sprachmittlung" (Plath 2014, 6) fest, wobei offenbleibt, ob er diese auf die Rolle der Übersetzung im schulischen Unterricht der Vergangenheit oder auf die Übernahme der Bezeichnung ‚Sprachmittlung‘ aus der Translationswissenschaft bezieht. Auch andere Autoren sprechen ohne weitere Erklärungen von einer „Renaissance" (Rössler 2008, 56) oder einer „Wiederentdeckung" (Wapenhans 2011, 23). Letztgenannte Feststellung einer Russisch-Didaktikerin könnte auf eine Besonderheit des Fremdsprachenunterrichts der DDR anspielen, in dem sinngemäßes Übertragen ein wichtiges Ziel war; es gibt dafür jedoch keine Hinweise in Wapenhans' Aufsatz (vgl. aber Philipp/Rauch 2010a, 3). Zusammenfassend lässt sich festhalten, dass die Aussagen über die Neuheit bzw. Wiedereinführung der Sprachmittlung bisher recht oberflächlich bzw. ahistorisch sind, so dass ein Überblick über die Geschichte des Unterrichts der modernen Fremdsprachen vom Ende des 19. Jahrhunderts bis zur Gegenwart interessante Erkenntnisse verspricht: So werden in Kapitel 3.2 frühe Vorläufer der heute etablierten Form von Sprachmittlung ausfindig gemacht.

Lücke und Mythos: International ist Sprachmittlung kaum verbreitet.

Noch 2013 stellt Byram trotz eines Verweises auf die Praxis in Deutschland fest: „Mediation is as yet seldom included in language curricula" (Byram 2013, 457). Gleichzeitig legen die folgenden Aussagen zweier griechischer Englischdidaktikerinnen neben einem zeitlichen auch einen räumlichen Überblick nahe: „ELT has not been concerned with the notion or practice of mediation between two languages" (Dendrinos 2006, 12) und „[mediation] has seldom been included in foreign language curricula or featured in classroom activities until recently" (Stathopoulou 2013b, 211). Hier liegt eine auf Griechenland verengte Wahrnehmung vor, die sich besonders darin zeigt, dass die griechische *KPG*-Prüfung als „the only one to embrace the idea of assessing mediation and to implement the idea" (Stathopoulou 2013a, 6) bezeichnet wird. In der deutschen Fremdsprachendidaktik gibt es keine Aussagen dazu, ob und wie Sprachmittlung im Fremdsprachenunterricht in anderen (europäischen) Ländern praktiziert wird. So könnte man eigentlich vermuten, dass, wenn sich die Sprachmittlung in Deutschland im Gefolge der Rezeption des *CEFR* etabliert, dies auch in anderen (europäischen) Ländern der Fall sein müsste. Die Analyse der Bedeutung von Sprachmittlung im internationalen Kontext (Kapitel 3.3) geht dieser bisher vernachlässigten Frage nach.

Mythos: ‚Sprachmittlung' ist von ‚Übersetzung' zu unterscheiden.

Wie im obigen Überblick über die bisherigen Veröffentlichungen dargestellt, gehört es zu den Begriffsbestimmungen, Sprachmittlung in ihrem Verhältnis zur Übersetzung zu fassen. Lediglich Siepmann wendet sich gegen diese Unterscheidungsversuche und sieht eine „künstliche Grenzziehung, die vermutlich auf einer Unkenntnis der übersetzungswissenschaftlichen Diskussion beruht" (Siepmann 2013, 190); er selbst stellt diese Diskussion jedoch auch nur in einem kleinen Ausschnitt dar. Insgesamt dominiert eine Abgrenzung der ‚neuen' Aktivität Sprachmittlung gegenüber den bestehenden Aktivitäten des Übersetzens, die sich in ausführlichen, tabellarischen bzw. ausformulierten Kontrastierungen (z.B. bei Caspari 2008a; Hallet 2008a, 5; Bischoff 2008, 15; Philipp/Rauch 2010a, 3; Stathopoulou 2013a, 42–49; Philipp/Rauch 2014, 12; Katelhön 2015, 265) oder in knappen Feststellungen zu den Unterschieden (z.B. de Florio-Hansen 2008, 3; Gebauer/Kieweg 2008, 20; Kolb 2009, 70; Fäcke 2013, 117ff.; Dendrinos 2013) zeigt. Diese Gegenüberstellungen spiegeln subjektive, nicht immer offengelegte Meinungen darüber wider, was ‚Übersetzen' bedeutet. Dies zeigt sich z.B. bei Rössler, die schreibt:

> Eine Rückkehr zu traditionellen Übersetzungsübungen indes ist damit nicht intendiert. Zwar kann unter Sprachmittlung auch textäquivalentes schriftliches Übersetzen oder mündliches Dolmetschen im Sinne translatorischer Äquivalenz verstanden werden. Im schulischen Kontext aber haben sich in den letzten Jahren sowohl in Prüfungsformaten als auch in Übungskontexten im Unterricht Aufgaben durchgesetzt, in denen es nicht um translatorische Äquivalenz im engeren Sinne geht, sondern um am Kommunikationszweck orientierte Äquivalenz. (Rössler 2012, 139)

Diese und andere Aussagen, die sich auf ein recht vages Konzept von Äquivalenz bzw. Adäquatheit beziehen (z.B. Reimann 2013b, 6f.; Rössler/Reimann 2013, 12; de Florio-Hansen 2013a, 66; Plath 2014, 9; Lange/Reinfried 2014, 4) oder von „loyalties" gegenüber dem Ausgangstext bzw. dem Gesprächspartner sprechen (Dendrinos 2013), lassen es geboten erscheinen, sich mit diesen in der Translationswissenschaft ausführlich diskutierten Begriffen genauer auseinanderzusetzen (Kapitel 3.5). Dafür sprechen auch diejenigen Fälle, in denen von Wort-für-Wort-Übersetzungen, wörtlichem oder wortgetreuem Übersetzen bzw. Dolmetschen gesprochen wird (z.B. Hallet 2008a, 7; Kolb 2009, 70; Bischoff 2008, 15; Dendrinos/Stathopoulou 2010).

Insgesamt wird bei der Lektüre der existierenden Literatur klar, dass mit den Bezeichnungen ‚Sprachmittlung', ‚Mediation', ‚Dolmetschen' und ‚Übersetzen' teilweise ungenau und auch widersprüchlich umgegangen wird. Diese Ungenauigkeiten sind sicher in den unterschiedlichen Definitionen begründet, die in den bildungsadministrativen und fremdsprachendidaktischen Veröffentlichungen verwendet und die in Kapitel 3.1 vorgestellt werden. Eine weitere Ursache sind Einschränkungen, die z.B. in Formulierungen wie „Abgrenzungen zum traditionellen […] Übersetzen" (Kolb 2009, 70), „Wiedereinführung der bilingualen oder der Übersetzungsmethode" (Hallet 2008a, 4), „Übersetzungsübungen im Fremdsprachenunterricht" (Rössler 2008, 55), „herkömmliche[s] Übersetzen im Fremdsprachenunterricht" (de Florio-Hansen 2008, 3), „prototypischer Übersetzung und prototypischer Sprachmittlung" (Philipp/Rauch 2014, 12) oder „[t]raditionelle Übersetzungs- und Dolmetschaufgaben im [Fremdsprachenunterricht]" (Katelhön 2015, 265) implizit enthalten sind. Die schematischen Abgrenzungen von Übersetzen und Sprachmitteln müssen nicht nur im Hinblick auf translationswissenschaftliche Konzepte (vgl. hierzu Sinner/Wieland 2013), sondern auch und ganz besonders im Kontext der Formen des Übersetzens (und Dolmetschens) gesehen werden, die für den Fremdsprachenunterricht spezifisch sind und dort eine lange Tradition haben. Auch hierbei muss den Vorläufern der Sprachmittlung im heutigen Sinn im Unterricht der modernen Fremdsprachen nachgespürt werden, wobei schon hier gesagt sei, dass Siepmann trotz seiner grundsätzlich richtigen These in seinem Fazit zur Bestimmung von Sprachmittlung im fremdsprachendidaktischen Diskurs bei weitem nicht weit genug zurückblickt, wenn er für den fremdsprachendidaktischen Diskurs Folgendes konstatiert:

> ein Konstrukt ‚Sprachmittlung' […], das von einer […] ahistorischen Vorstellung vom Übersetzen zeugt, und das obwohl bereits Hallet (1995) die Möglichkeiten kommunikativen Übersetzens im Fremdsprachenunterricht (d.h. des Übersetzens als Fertigkeit statt als Übungsform) vor einem übersetzungswissenschaftlichen Hintergrund skizziert hatte. (Siepmann 2013, 190f.)

Dieser Thematik widmet sich, wie bereits weiter oben bereits gesagt, Kapitel 3.2.

Lücke: Sprachmittlung kann Anleihen bei der Translationswissenschaft nehmen.

Zeitlich etwas später als die meisten Gegenüberstellungen von ‚Sprachmittlung' und ‚Übersetzen' erscheinen auch einige fremdsprachendidaktische Beiträge, die verschiedene Anknüpfungspunkte für die schulische Praxis der Sprachmittlung bei der wissenschaftlichen Beschäftigung mit dem professionellen Übersetzen und Dolmetschen und deren Didaktiken sehen. Diese Anknüpfung findet z.B. im Hinblick auf die Aufgabenstellungen an schulische Sprachmittler bzw. professionelle Mittler (Kolb 2014b, 101) oder in Bezug auf die Konzepte der Äquivalenz bzw. Adäquatheit statt (Reimann 2013a, 202; Siepmann 2013, 191ff.). Auch werden Bezüge im Hinblick auf die Bewertung von Sprachmittlungsaufgaben (so z.B. Kolb 2011, 183f. und 2014a, 98; Reimann 2013a, 206–211), aber auch mit Blick auf Kompetenzmodelle aus der Translationswissenschaft (Reimann 2013a, 203ff. und 2013b, 7) hergestellt. Weiterhin wird der Blick auf den Erwerb einer weit gefassten translatorischen Kompetenz im Fremdsprachenunterricht gerichtet (de Florio-Hansen 2015, 17–26). In diesem Bereich des Diskurses wird mit einem anderen Übersetzungsbegriff operiert als in den Beiträgen, die implizit Sprachmittlung und Übersetzung in der Tradition der fremdsprachlichen Schulfächer kontrastieren. Dabei werden in den bisher erschienenen Artikeln v.a. Parallelen zur Skopostheorie, zum funktionalen Übersetzen nach Christiane Nord und zu inhaltsbearbeitenden Verfahren aufgedeckt (vgl. Sinner/Wieland 2013) sowie Überlegungen zu Teilkompetenzen von professionellen Übersetzern und Dolmetschern herangezogen. Diese Ausführungen sind jedoch aufgrund der Kürze der entsprechenden Beiträge recht knapp und haben bisher nur einige Aspekte angeschnitten, bei denen die Fremdsprachendidaktik für die weitere Modellierung der Sprachmittlung Gewinn aus translationswissenschaftlichen Theorien ziehen könnte. Ein deutlich ausführlicherer Überblick über relevante translationswissenschaftliche Ansätze und Erkenntnisse wird daher in Kapitel 3.5 gegeben.

Lücke: Mit Sprachmittlung realisiert sich interkulturelle Kompetenz.

2011 konstatierten Senkbeil und Engbers in einem Aufsatz trotz der häufig postulierten engen Verbindung von Sprachmittlung und interkultureller Kompetenz ein Defizit:

> Die führende Literatur, die sich mit diesem Thema beschäftigt, nennt zurecht die ‚interkulturelle Kompetenz' als eine zentrale Teilkomponente des Sprachmittelns. Leider belässt es jene sprachdidaktisch geprägte Literatur häufig bei dieser – durchaus richtigen – Bemerkung, ohne im Detail darauf einzugehen, was ‚interkulturelle Kompetenz' genau bedeutet, und wo ihre Schnittmengen mit der Didaktik der Sprachmittlungskompetenz liegen. (Senkbeil/Engbers 2011, 43)

Zwar war diese Feststellung schon 2011 nicht völlig zutreffend, da bereits einige Beiträge vorlagen, die – wenn auch relativ knapp – interkulturelle Kompetenz und Sprachmittlung miteinander verbinden (so Rössler 2008, 66ff.; Hallet 2008a, 5; Caspari/ Schinschke 2010, 32; Philipp/Rauch 2010a, 7). Gegenwärtig existieren noch weitere Beiträge, die mehr oder weniger ausführliche Grundsatzüberlegungen anstellen oder diese Verbindung anhand von Beispielen illustrieren (Grünewald 2012, 63–68; Katelhön/Nied Curcio 2012, 30ff.; Sarter 2010, 98f.; Caspari/Schinschke 2012, 45; Kolb 2012, 8f. und 2014b, 105ff.; Pfeiffer 2013, 59; Philipp/Rauch 2014, 13). Dennoch stimmt es, dass Aussagen wie „Sprachmittlung als ein Sonder- und Glücksfall interkulturellen Lernens" (Rössler 2008, 66)[24] oder „Sprachmittlung fordert und fördert interkulturelle Kompetenzen" (Caspari/Schinschke 2010, 30) eine genauere Auseinandersetzung wünschenswert machen. Dazu kommt, dass zusätzlich Begriffe wie „transkulturelle kommunikative Kompetenz" (Reimann 2014b, 659) oder „intra-cultural mediation" (Dendrinos 2006, 21) auftauchen, die jedoch die hier interessierende Problematik nicht entscheidend erhellen und auf die daher bei der Diskussion der Definitionen und der Teilkompetenzen (Kapitel 3.1 und Kapitel 4) eingegangen wird.

Auffallend ist bei Senkbeil und Engbers der Hinweis auf die Sprachdidaktik. Zwar übergeht ihre Kritik die Tatsache, dass Sprache und Kultur nicht getrennt werden können, so dass eben auch sprachliche und interkulturelle Kompetenz miteinander verschränkt sind. Andererseits sind sprachliche Aktivitäten bei sprachmittelnden Tätigkeiten zumindest auf den ersten Blick sichtbarer, so dass durchaus die Gefahr besteht, (inter-)kulturelle Aspekte in den Aufgabenstellungen zu vernachlässigen. Dies zeigt sich auch in den vorliegenden Artikeln, die häufig auf die Erklärung von kulturspezifischen Konzepten oder Begriffen fokussieren (z.B. Rössler 2008, 67; Hallet 2008a, 5; Philipp/Rauch 2010a, 5; Rössler/Reimann 2013, 16; Pfeiffer 2013, 59) und den „Umgang mit der eigenen sprachlichen Begrenztheit" (Caspari/Schinschke 2010, 32) hervorheben. Weitere Aspekte wie Wissen oder Einstellungen, Perspektivwechsel und der Umgang mit Missverständnissen werden in der fremdsprachendidaktischen Literatur meist deutlich knapper angesprochen (z.B. Rössler 2008, 66; Kolb 2014b, 106; Rössler/Reimann 2013, 16; Philipp/Rauch 2014, 13). Da bisher nur für die Italienisch-Didaktik eine vertiefte Darstellung der Verbindung von Sprachmittlung und interkultureller Kompetenz vorliegt (vgl. die B.A.-Arbeit von Seidel 2012) und auch die beiden Theorie- und Praxisartikel von Senkbeil und Engbers (Senkbeil/Engbers 2011 und Engbers/Senkbeil 2011) nur einige Aspekte besprechen, ist eine vertiefte Darstellung der konzeptuellen Verbindung dieser beiden Teilbereiche des Englischunterrichts immer noch vonnöten und findet sich in Kapitel 3.4.

Lücke: Sprachmittlung ist eine komplexe Tätigkeit.

Unabhängig davon, wie man Sprachmittlung definiert, herrscht in der fremdsprachendidaktischen Literatur Einigkeit, dass es sich dabei um eine komplexe Tätigkeit oder Kompetenz handelt, die vielfältige Herausforderungen an die Lernenden stellt (vgl. de Florio-Hansen 2008, 4; Hallet 2008a, 3; Rössler 2008, 61; Kolb 2008b, 40; Leupold 2008, 17; Philipp/Rauch 2010a, 5; Caspari/Schinschke 2012, 40f.; Pfeiffer 2013, 47f.; Caspari 2014, 32). Diese richtige Feststellung spiegelt sich in der Literatur darin wider,

---

24   Schon 1995 sprach Hallet von einem „Sonderfall interkultureller Kommunikation" in Bezug auf kommunikatives Übersetzen (Hallet 1995, 292).

dass wiederholt nötige Teilkompetenzen genannt werden (z.B. Hallet 2008a, 4f.; Schöpp 2010, 93ff.; Philipp/Rauch 2010a, 5 und 2014, 13; de Florio-Hansen 2015, 19). Außerdem gibt es einige Beiträge, die Strategien und Prozesse im rezeptiven oder produktiven Teilbereich von Sprachmittlungstätigkeiten bestimmen (z.B. Rössler 2008, 64ff. und 2009, 161–165; Kolb 2014b, 107f.; Philipp/Rauch 2014, 15). Auch die Analyse bestehender Bewertungsraster, Kritik an deren geringer Differenzierung verschiedener Teilaspekte und die Erstellung neuer Bewertungsraster mit einer großen Anzahl an Kategorien (z.B. Kolb 2011 und 2015; Reimann 2014a und 2015) ist ein Indiz dafür, dass Sprachmittlung für eine komplexe Tätigkeit gehalten wird.

Auch wenn es einige (bildliche) Darstellungen gibt (z.B. Hallet 2008a, 4f.; Caspari 2013, 39; Kolb 2014b, 100), fehlt bisher ein vollständiges Modell, das in Anlehnung an Überlegungen der Dolmetsch- und Übersetzungswissenschaft (vgl. z.B. Pöchhacker 2004, 84–109; C. Nord 2010, 29–36) folgende, sich ergänzende Anforderungen erfüllt: In einem Kommunikations- und Interaktionsmodell werden alle Teilkomponenten, die bei Sprachmittlungstätigkeiten vorhanden sein können (jedoch nicht müssen!) dargestellt (Kapitel 4.2); gleichzeitig ist ein Prozessmodell nötig, das die Vorgänge abbildet, die beim Sprachmittler bei der Überführung vom Ausgangs- zum Zieltext ablaufen müssen (Kapitel 4.3). Auf der Basis dieser beiden Typen von Modellen lassen sich die Teilkompetenzen, Fähigkeiten, Fertigkeiten und Einstellungen, die ein Sprachmittler benötigt, im Detail aufführen (Kapitel 4.4). Je stärker diese Modelle aufgesplittet sind, desto eher können sie die Komplexität der Sprachmittlung erfassen. Gleichzeitig gilt jedoch die folgende Feststellung über Dolmetschmodelle auch für die Darstellung der komplexen Sprachmittlungstätigkeit:

> Given the complexity of the phenomenon, models [...] can hardly be comprehensive and are thus difficult to 'verify' by their predictive power. Rather, most models [...] primarily aim to describe and explain, and are thus 'validated' by their usefulness in guiding teaching and further inquiry. (Pöchhacker 2004, 108)

Der intendierte Nutzen der ausführlichen Darstellung der Komponenten, Prozesse und Teilkompetenzen der Sprachmittlung liegt in dieser Arbeit also nicht in einer empirischen Überprüfung des Modells, sondern darin, auf Basis ihrer genauer bestimmten Komplexität auch Überlegungen zu einer Progression von Sprachmittlungsaufgaben anzustellen (Kapitel 5).

Lücke und Mythos: Nötig ist eine Progression von Sprachmittlungsaufgaben über alle Niveaustufen hinweg.

Mehrfach wird nämlich in der Literatur das Desiderat genannt, für die Sprachmittlung eine Progression für die verschiedenen Niveaustufen der Sekundarstufe I und II zu erstellen (Rössler 2008, 74; Rössler/Reimann 2013, 18; Caspari 2013, 41; Fäcke 2013, 129; Michler 2013, 172f.). Am treffendsten formuliert Caspari die Problematik, die mit der o.g. Komplexität zusammenhängt:

Eine wesentlich größere Herausforderung besteht darin, eine Progression für Sprachmittlung in der Sekundarstufe I und II zu entwerfen. Gerade weil es sich [...] um einen integrativen und außerordentlich komplexen Kompetenzbereich handelt, dürfte es schwierig sein, eine Stufung der für die Sprachmittlung notwendigen (Teil-)fertigkeiten zu entwerfen, die sich nicht im isolierten Fertigkeiten- bzw. Strategientraining erschöpft. (Caspari 2014, 35)

Gleichzeitig wird immer wieder darauf hingewiesen, dass auch das *CEFR* für die Sprachmittlung keine Skalen für die einzelnen Kompetenzniveaus enthält (Kolb 2009, 83; Fäcke 2013, 129; de Florio-Hansen 2015, 13). Im fünften Kapitel soll gezeigt werden, dass es außerhalb des *CEFR* bereits verschiedene Ansätze einer Progressionsbildung gibt: Neben *Profile deutsch* und den Beispielen bei Katelhön und Nied Curcio (2012) ist dabei in erster Linie an Lehrpläne und ähnliche Dokumente zu denken. Aber auch in den griechischen Sprachprüfungen (*KPG*) und einigen fremdsprachendidaktischen Veröffentlichungen finden sich knappe Überlegungen zur Progression (vgl. Hallet 1995, 300ff.; Dendrinos/Stathoupoulou 2010; Klewitz 2015, 44f.).

Es sei bereits vorweggenommen, dass es generell schwierig ist, eine Progression zu jeglichem fremdsprachenunterrichtlichen Aspekt zu erstellen, da viele verschiedene Faktoren zu berücksichtigen sind. Daher ist folgende Aussage Hallets etwas zu oberflächlich und pauschal:

Anforderungsprogression

Über die Lernjahre hinweg und bei kontinuierlicher Übung steigert sich der Schwierigkeitsgrad der Sprachmittlungsaufgaben. Dieser misst sich am inhaltlichen und sprachlichen Schwierigkeitsgrad der Ausgangs- und Zieltexte sowie am zunehmenden Verzicht auf Hilfen und sprachstützende Maßnahmen (*scaffolding*). (Hallet 2008a, 7)

Weder kann eine derartige Steigerung der Anforderungsprogression so automatisch ablaufen, noch lässt sich der Schwierigkeitsgrad mit derart wenigen Faktoren bestimmen. Daher will Kapitel 5.5 Vorschläge machen, wie eine Progression von Sprachmittlungsaufgaben aussehen könnte im Spannungsfeld von systematischer Kompetenzentwicklung sowie aufbauendem schulischem (Fremdsprachen-)Lehrgang und vielfältigen und komplexen Anforderungen an die Lernenden.

3 Räumliche, zeitliche und konzeptuelle Kontextualisierung

Die ersten sechs der in Kapitel 2.2 identifizierten Forschungslücken bzw. Gemeinplätze oder Mythen in der wissenschaftlichen Auseinandersetzung mit Sprachmittlung werden im folgenden Kapitel geschlossen bzw. analysiert und widerlegt. In konzeptueller Hinsicht geht es um bestehende Konzeptionen von Sprachmittlung (Kapitel 3.1), um ihr Verhältnis zu interkultureller Kompetenz (Kapitel 3.4) und um ihre Schnittmengen mit translationswissenschaftlichen Ansätzen (Kapitel 3.5). Die räumliche Perspektive betrachtet Sprachmittlung im Einflussbereich des *CEFR* in anderen europäischen Ländern und im Kontext englischsprachiger Überlegungen zum Übersetzen im Fremdsprachenunterricht (Kapitel 3.3). Die zeitliche Perspektive deckt Vorläufer der Sprachmittlung im deutschen Fremdsprachenunterricht seit Ende des 19. Jahrhunderts auf (Kapitel 3.2). Dabei erscheint es sinnvoll, an die an erster Stelle stehende Diskussion des Status quo einen knappen Rückblick in den deutschen Fremdsprachenunterricht anzuschließen. Der Blick in andere Länder ergibt weitere Anknüpfungspunkte, bevor abschließend mit Interkulturalität und Translationswissenschaft zwei spezielle Teilaspekte in den Blick kommen.

3.1 Ein Blick auf den Rahmen: Bildungsadministration und Fremdsprachendidaktik

Mit der Rezeption des *CEFR* richten ab 2001 Lehrplanautoren und Fremdsprachendidaktiker ihr Augenmerk auch auf Sprachmittlung als sprachliche Aktivität. Dabei fällt erstens auf, dass die Auseinandersetzung mit Sprachmittlung häufig zeitlich verzögert erfolgt; zweitens zeigt sich, dass die Definitionen im *CEFR*, in den von der Kultusministerkonferenz (KMK) verantworteten Bildungsstandards für allgemeinbildende Schulabschlüsse und den Sprachzertifikatsprüfungen für die berufliche Bildung sowie in den Lehrplänen für verschiedene Schulformen in den einzelnen Bundesländern zum Teil stark divergieren, während die in den Fremdsprachendidaktiken vertretenen Positionen eher übereinstimmen. Es wäre wenig ergiebig, alle regionalen Lehrpläne für alle Schularten im Detail zu analysieren;[25] sie wurden jedoch gesichtet, um gemeinsame Hauptaussagen und regionale Besonderheiten wiedergeben zu können (vgl. auch Kolb 2014a und 2014b). Zu den Normen der Bildungsstandards und der Lehrpläne werden konkrete Umsetzungen in zentralen Abschlussprüfungen bzw. Musteraufgaben in Bezug gesetzt. Dadurch werden die teilweise recht knappen und allgemeinen Aussagen der Lehrpläne

---

25 Hier wie im Folgenden wird „Lehrplan" als weiter Begriff verstanden, der synonym für regional spezifische andere Bezeichnungen wie „(Rahmen-)Richtlinien", „Kerncurricula" o.Ä. verwendet wird.

konkretisiert bzw. Unterschiede zwischen der Konzeptualisierung und der Umsetzung von Sprachmittlung aufgezeigt.

Ziel dieses Teilkapitels ist es, einen Überblick über Definitionen der Sprachmittlung auf verschiedenen Ebenen der europäischen Sprachenpolitik sowie der deutschen Bildungsadministration und Fremdsprachendidaktik zu geben. Dadurch kann gezeigt werden, dass gegenwärtig viele unterschiedliche Interpretationen und Vorstellungen von Sprachmittlung konkurrieren. Die vorwiegend beschreibende Darstellung bestehender Konzeptionen der Sprachmittlung kommt an verschiedenen Stellen dennoch nicht ohne wertende Kommentare aus. Diese beruhen auf dem eigenen, umfassenden Prozess- und Interaktionsmodell der Sprachmittlung, das in Abb. 16 (S. 137) zusammengefasst und in den Kapiteln 4.2 und 4.3 differenziert dargestellt wird. Vorweggenommen seien hier lediglich als wichtigste Definitionsmerkmale die Situation mit Ort, Zeit, der Zweck und Anlass der Sprachmittlungshandlung, der (interkulturelle) Kontext, der Adressat und Sender, die Ziel- und Ausgangssprache, der Ziel- und Ausgangstext und deren jeweiliger Modus. Gleichzeitig entwickelt sich aber auch die eigene Vorstellung von Sprachmittlung durch die Auseinandersetzung mit den hier vorgestellten Konzeptionen – gleichsam im hermeneutischen Zirkel – weiter und wird dadurch geschärft.

3.1.1 Das *Common European Framework of Reference for Languages* als Basis

Die umfassendste Definition von Sprachmittlung bzw. *mediation* (englisch) findet sich im *CEFR*, das diese sprachliche Aktivität neben Rezeption, Produktion und Interaktion als vierte Kategorie nennt. Dies mag überraschen, da Sprachmittlung einerseits sowohl rezeptive als auch produktive Komponenten umfasst und andererseits in der Vermittlungssituation auch Interaktion zwischen den Gesprächspartnern und dem Sprachmittler stattfinden kann. Dennoch ist die gesonderte Beschreibung von Sprachmittlung sinnvoll, da diese erstens verschiedene Aktivitäten integriert und zweitens weitere Anforderungen an den Sprachmittler stellt. Die in der Definition des *CEFR* implizit enthaltene Begründung für die Sonderstellung von Sprachmittlung ist allerdings nicht ganz überzeugend:

> In mediating activities, the language user is not concerned to express his/her own meanings, but simply to act as an intermediary between interlocutors who are unable to understand each other directly – normally (but not exclusively) speakers of different languages (*CEFR* 2001, 87)

Zwar generiert der Sprachmittler nicht primär eigene inhaltliche Aussagen, sondern übermittelt vorgegebene Inhalte zwischen Gesprächspartnern unterschiedlicher Sprache, doch nimmt er – je nach Kommunikationssituation, Vermittlungsauftrag und Sprachmittlungsform – durchaus eine eigenständige Rolle ein. Dies wird auch im weiteren Text des *CEFR* klar, wenn zur Sprachmittlung Dolmetschen und Übersetzen, aber auch das Zusammenfassen und Paraphrasieren von Texten gezählt werden (*CEFR* 2001, 87). In der Übersetzungswissenschaft wird diskutiert, inwieweit Übersetzen überhaupt möglich ist und inwiefern Übersetzungen dem Original gerecht werden (vgl. Kapitel 3.5.3).

Nicht nur das italienische Sprichwort „traduttore, traditore" spiegelt die Rolle des Übersetzers wider, dem im Übersetzungsprozess Untreue unterstellt wird. Noch eindeutiger greifen Sprachmittler beim Zusammenfassen und Paraphrasieren in den Ausgangstext ein, da sie – wenn auch auf Grundlage des Vermittlungsauftrags und der Situation – entscheiden, welche Informationen sie auswählen und in welcher Form sie diese weitergeben.

Im weiteren Text des *CEFR* werden die sprachmittelnden Aktivitäten nach dem Modus der Mündlichkeit und Schriftlichkeit genauer beschrieben. Zur mündlichen Sprachmittlung zählen folgende Realisierungen:

- simultaneous interpretation (conferences, meetings, formal speeches, etc.);
- consecutive interpretation (speeches of welcome, guided tours, etc.);
- informal interpretation:
  o of foreign visitors in own country
  o of native speakers when abroad
  o in social and transactional situations for friends, family, clients, foreign guests, etc.
  o of signs, menus, notices, etc. (*CEFR* 2001, 87)

Die drei Typen des mündlichen Sprachmittelns mit Simultan-, Konsekutiv- und informellem Dolmetschen erscheinen logisch, wenn man die ersten beiden Typen als vollständige Wiedergaben und den dritten Typ als zusammenfassenden, auswählenden Typ versteht. Die Erläuterungen bei Letzterem sind jedoch etwas disparat, da sie abwechselnd Akteure, Situationen und mögliche Inhalte nennen. Ähnlich sehen die Details für die schriftlichen Realisierungen der Sprachmittlung aus:

- exact translation (e.g. of contracts, legal and scientific texts, etc.);
- literary translation (novels, drama, poetry, libretti, etc.);
- summarising gist (newspaper and magazine articles, etc.) within L2 or between L1 and L2;
- paraphrasing (specialised texts for lay persons, etc.) (*CEFR* 2001, 87)

Hier kann man nur erschließen, inwiefern sich exakte und literarische Übersetzungen unterscheiden: Es ist anzunehmen, dass in ersterem Fall alle Inhaltselemente erhalten bleiben und möglichst genau das Original widerspiegeln sollen, während bei literarischen Übersetzungen mehr Anpassungen an die Zielkultur und die Rezipienten erfolgen können. Dennoch sind die Aussagen ohne zumindest den Verweis auf Äquivalenztheorien (s. Kapitel 3.5.3) zu knapp. Die beiden restlichen Realisierungen im schriftlichen Modus nennen vor allem Beispiele, ohne Zusammenfassen und Paraphrasieren voneinander abgrenzen zu können. Bemerkenswert ist die Möglichkeit, innerhalb einer Sprache zu vermitteln, da dies eine Aussage ist, die in den meisten anderen Definitionen nicht auftaucht.[26] Noch interessanter wären die Ausführungen zu Strategien, die bei der

---

26 Vgl. jedoch *Profile deutsch* (Glaboniat et al. 2005) und griechische Definitionen (Dendrinos 2006). In den dort gegebenen Beispielen zeigt sich ganz deutlich, dass bei einer derart breiten Definition von ‚Sprachmittlung' *jede* Aktivität, die im Fremdsprachenunterricht stattfindet, als Sprachmittlung klassifiziert werden könnte – was jedoch kaum sinnvoll wäre.

Sprachmittlung nötig sind, doch außer der Feststellung, dass darunter Verfahren zu verstehen sind, wie mit begrenzten Mitteln äquivalente Bedeutung produziert wird und außer der Nennung von vier Schritten bei diesem Prozess – Planung, Ausführung, Evaluation und Korrektur – werden nur einige Beispiele genannt (*CEFR* 2001, 87f.). Insgesamt wird festgestellt: „No illustrative scales are yet available" (*CEFR* 2001, 88).[27] Dies liegt sicher auch daran, dass in der Übersetzungswissenschaft nicht allzu viele Skalen zur Einschätzung von Übersetzungsleistungen existieren, dort meist das Produkt bewertet wird bzw. Übersetzen und Dolmetschen nicht auf verschiedenen Niveaustufen angesetzt werden, sondern ein ausgebildeter, professioneller Experte auf diesen Gebieten angenommen wird.

3.1.2 Aussagen in den Bildungsstandards

Anders als im *CEFR* versuchen die Bildungsstandards der Kultusministerkonferenz (KMK 2003, 2004 und 2012a) und die sich an diesen orientierenden Lehrpläne eine Stufung der Sprachmittlungskompetenz für verschiedene Abschlussprofile bzw. Jahrgangsstufen und weisen in der Folge auch unterschiedliche Definitionen für verschiedene Niveaustufen auf. So lautet die Anforderung für den Hauptschulabschluss (HSA) in den entsprechenden Bildungsstandards wie folgt: „Die Schülerinnen und Schüler können mündlich einfache sprachliche Äußerungen von der einen in die andere Sprache sinngemäß übertragen" (KMK 2004, 13). Während sehr wohl in beide Richtungen gemittelt werden soll, liegt eine Beschränkung auf den mündlichen Modus vor. Beim mittleren Schulabschluss (MSA) wird auch die schriftliche Sprachmittlung genannt: „Die Schülerinnen und Schüler können mündlich in Routinesituationen und schriftlich zu vertrauten Themen zusammenhängende sprachliche Äußerungen und Texte sinngemäß von der einen in die andere Sprache übertragen" (KMK 2003, 14).

Das hier zusätzlich genannte, wenn auch unbestimmt bleibende, Definitionselement der Vertrautheit erscheint auch für Sprachmittlung auf dem Niveau der Hochschulreife wieder. Dort heißt es:

> Die Schülerinnen und Schüler können – auch unter Verwendung von Hilfsmitteln und Strategien – wesentliche Inhalte authentischer mündlicher oder schriftlicher Texte, auch zu weniger vertrauten Themen, in der jeweils anderen Sprache sowohl schriftlich als auch mündlich adressatengerecht und situationsangemessen für einen bestimmten Zweck wiedergeben. (KMK 2012a, 18)

Die höheren Anforderungen auf dem Niveau B2 (Produktion) bzw. für Englisch auch C1 (Rezeption) kommen in der geringeren Vertrautheit der Themen zum Ausdruck. Diese Definition ist insgesamt präziser, da sie explizit Situation, Adressat und Zweck der Sprachmittlung anführt. Im *CEFR* sind diese Definitionsmerkmale nur implizit in der Nennung verschiedener Gesprächspartner, für die gemittelt wird, enthalten. Die wesentlichen Inhalte, die zu vermitteln sind, müssen in Verbindung mit der Adressaten-

---

27   Die Ausnahme stellen die Kann-Beschreibungen für das Niveau A1 (*Breakthrough*) dar, die jedoch nicht offiziell veröffentlicht sind (vgl. Kapitel 5.1.1).

orientierung gesehen werden. Dass im Kontext von Realitätsnähe, Anwendungs- und Aufgabenorientierung authentische Texte in die jeweils andere Sprache übertragen werden, sollte eigentlich selbstverständlich sein. Die gesonderte Nennung in den Abiturstandards lässt jedoch annehmen, dass auf niedrigeren Niveaus auch didaktisierte oder didaktische Texte verwendet werden können. Auch wenn dies zu Lern- und Übungszwecken gelegentlich nützlich sein mag, sollten bei einer Aktivität, die derart deutlich auf reale Anwendungssituationen ausgerichtet ist, authentische Texte auf allen Niveaustufen verwendet und dabei einerseits die Aufgabenstellungen an den Lernstand angepasst und andererseits geeignete, dem Lernstand angepasste, authentische Texte ausgewählt werden.[28] Mit der definitorischen Festlegung auf die Wiedergabe der wesentlichen Inhalte wird in den Abiturstandards deutlicher als in den Bildungsstandards für HSA und MSA, die nur von der sinngemäßen Wiedergabe sprechen, ausgedrückt, dass es sich nicht um die Übertragung kompletter Texte mit allen Einzelheiten, sondern um auswählende Zusammenfassungen handeln soll. Somit wird ein Unterschied zum Übersetzen und Dolmetschen (vgl. aber Kapitel 3.5) geschaffen, bei denen oft von einer vollständigen inhaltlichen Wiedergabe ausgegangen wird; dieser Unterschied wird aber, anders als in vielen Lehrplänen, nicht explizit thematisiert.

Im weiteren Text der Bildungsstandards für die Hochschulreife wird die o.g Definition auf dem grundlegenden Niveau (d.h. Grundkurs) und dem erhöhten Niveau (d.h. Leistungskurs) detaillierter ausgeführt. Für Ersteres gilt:

Die Schülerinnen und Schüler können mündlich und schriftlich
- Informationen adressatengerecht und situationsangemessen in der jeweils anderen Sprache zusammenfassend wiedergeben
- interkulturelle Kompetenz und entsprechende kommunikative Strategien einsetzen, um adressatenrelevante Inhalte und Absichten in der jeweils anderen Sprache zu vermitteln
- bei der Vermittlung von Informationen gegebenenfalls auf Nachfragen eingehen
- Inhalte unter Nutzung von Hilfsmitteln, wie z. B. Wörterbüchern, durch Kompensationsstrategien, wie z. B. Paraphrasieren, und gegebenenfalls Nutzung von Gestik und Mimik adressatengerecht und situationsangemessen sinngemäß übertragen
(KMK 2012a, 18)

Somit werden einige Hilfsmittel und Strategien aus der Basisdefinition etwas genauer bestimmt. Wieso und in welchem Ausmaß interkulturelle Kompetenz beim Sprachmitteln nötig ist, wird jedoch nicht erklärt. Dies lässt sich erst aus dem ersten Unterpunkt des erhöhten Niveaus erschließen:

Die Schülerinnen und Schüler können darüber hinaus
- für das Verstehen erforderliche Erläuterungen hinzufügen
- zur Bewältigung der Sprachmittlung kreativ mit den beteiligten Sprachen umgehen
(KMK 2012a, 18)

---

28 Die Losung „Grade the task not the text" ist Teil der Debatten um Authentizität, in diesem Fall um die Authentizität der Aufgabenstellung (vgl. Mishan 2005, 62f.). Mishan weist allerdings auch darauf hin, dass natürlich auch authentische Texte, d.h. Texte, die ursprünglich nicht für den Unterrichtsgebrauch entstanden sind, unterschiedliche Schwierigkeitsgrade aufweisen (Mishan 2005, 63f.). Vgl. Kapitel 6.2.

Erklärungen, die über das im Ausgangstext explizit Gesagte hinausgehen, setzen voraus, dass sich die Sprachmittler in die Rezipienten hineinversetzen und wissen, welche ausgangskulturellen Selbstverständlichkeiten erläutert werden müssen. Dieses Elaborieren gehört gleichzeitig auch zu den kommunikativen Strategien ebenso wie der an zweiter Stelle genannte kreative Umgang mit den Sprachen. Darunter sind, wie in einem Aufgabenbeispiel der Abiturstandards gezeigt wird, möglichst treffende, idiomatische deutsche Wiedergaben zu verstehen, die sich vom englischen Original lösen (KMK 2012a, 219). Gemeint sein könnte aber neben der Kombination von bekannten sprachlichen Einheiten in neuen Kontexten (vgl. Nunan 2013, 70) z.B. auch die Verwendung von Wortschöpfungen oder (mehrsprachigen) Sprachmischungen. Auch damit wird eine Brücke zu Kompensationsstrategien geschlagen. Eine weitere Form der Kreativität umfasst Wortspiele, Metaphern oder Abwandlungen von Phraseologismen (vgl. Carter 2004, 89–143), die jedoch bei Fremdsprachenlernern eher selten zu finden sein dürfte.

3.1.3 Sprachmittlung in Lehrplänen der allgemeinbildenden Schulen

Während die Aussagen der Bildungsstandards einen Orientierungsrahmen für ganz Deutschland bieten, spiegelt sich in den Lehrplänen der verschiedenen Schulformen in den einzelnen Bundesländern die Vielfalt der möglichen Interpretationen und Definitionen von Sprachmittlung wider.[29] So gibt es Lehrpläne mit eigenständigen Bestimmungen zur Sprachmittlung und Lehrpläne, die teilweise wortwörtlich oder nur mit leichten Abwandlungen die Vorgaben der Bildungsstandards übernehmen. Letzteres trifft beispielsweise für die Englischlehrpläne für die Sekundarstufe II in Berlin, Brandenburg, Nordrhein-Westfalen zu (Brandenburg 2014; Berlin 2014; Nordrhein-Westfalen 2014a). In Rheinland-Pfalz erfolgte 2014 eine Ergänzung der bereits gültigen Lehrpläne, um u.a. auch Sprachmittlung im Wortlaut der Abiturstandards einzufügen (Rheinland-Pfalz 2014). Lediglich in Schleswig-Holstein gibt es seit 2015 eine Übersicht über die Fachanforderungen im Fach Englisch, die Sprachmittlung enthält, aber es fehlen aktuell in den Lehrplänen sowohl für die Sekundarstufe I als auch für die Sekundarstufe II Ausführungen zur Sprachmittlung. Dies ist umso überraschender, als sich Schleswig-Holstein zusammen mit fünf anderen Bundesländern bereits 2013 entschlossen hat, eine länderübergreifende, gemeinsame Sprachmittlungsaufgabe im Englischabitur zu stellen (vgl. Kolb 2014a). Von den Standards für die Allgemeine Hochschulreife, die ab 2017 eine vereinheitlichende Wirkung auf die Abiturprüfungen haben sollen, geht insgesamt eine stärkere Signalwirkung aus als von den Bildungsstandards für HSA und MSA. So finden sich für die Sekundarstufe I, teilweise aber auch für die Sekundarstufe II, in vielen Bundesländern eigene Definitionen.

Interessant ist, dass nur einige wenige Bundesländer, z.B. Bayern, Bremen, Mecklenburg-Vorpommern oder Thüringen (Bayer. Staatsmin. 2014; Bremen 2013; Meck-

---

29 Eine exemplarische Übersicht von Lehrplanaussagen findet sich in der Tabelle ab Seite 287. Ausgewählt wurde die 9. Jahrgangsstufe verschiedener Schulformen als Grundlage für den ersten allgemeinbildenden Schulabschluss (vgl. KMK 2004).

lenburg-Vorpommern 2007; Thür. Min. 2010), bereits in der Primarstufe Sprachmittlung im Lehrplan aufführen.[30] In der Primarstufe handelt es sich um ganz einfache, kurze, mündliche Vermittlungshandlungen. Exemplarisch heißt es im Thüringer Lehrplan für funktionale Sprachmittlung im *classroom discourse*:

> Auch in fremdsprachlichen Situationen erlebt der Schüler, dass es notwendig ist, das Wesentliche von fremdsprachlichen Äußerungen in deutscher Sprache an andere weiterzugeben. Dies kann im Unterrichtsverlauf, auch in Rollenspielen, stattfinden, z. B. wenn ein Kind etwas nicht verstanden hat und ein anderes hilft. (Thür. Min. 2010, 11)

Einzig in Niedersachen wird im Grundschullehrplan nicht nur die Sprachmittlung ins Deutsche, sondern in Anerkennung der Multikulturalität in deutschen Klassenzimmern auch die Sprachmittlung in andere Herkunftssprachen genannt (Niedersächs. Kultusmin. 2006a, 14).

In der Sekundarstufe I sind die Anforderungen komplexer. Für diese Jahrgangsstufen gibt es deutlich weniger Bundesländer, die Sprachmittlung bisher noch nicht in Lehrplänen regeln. Dies ist der Fall in den bereits auslaufenden hessischen Haupt- und Realschullehrplänen, die Sprachmittlung noch nicht explizit nennen (Hess. Kultusministerium 2002a und 2002b), obwohl die hessischen Abschlussprüfungen dieses Aufgabenformat sehr wohl enthalten. Ansonsten finden sich in den verschiedenen regionalen Lehrplänen mehr oder weniger ausführliche Angaben zu der sinngemäßen, zusammenfassenden Wiedergabe von Informationen. Während beispielsweise Brandenburg und Baden-Württemberg in der Sekundarstufe I v.a. das mündliche Sprachmitteln nennen (Brandenburg 2008; Baden-Württemberg 2004a), gibt es auch Bundesländer wie Sachsen, das auch für die Mittelschule schon in der 7. Jahrgangsstufe die schriftliche Sprachmittlung fordert (Sächs. Staatsmin. 2004a, 17), oder Bayern, wo für das Gymnasium in vielen Jahrgangsstufen offen bleibt, in welchem Modus die Sprachmittlung erfolgen soll (Bayer. Staatsmin. 2009a). Grundsätzlich ist es so, dass analog zu den Bildungsstandards in der Sekundarstufe I häufiger eher mündlich gemittelt werden soll, während in der Sekundarstufe II auf jeden Fall beide Modi erscheinen. Was die Richtung der Sprachmittlung betrifft, so soll in unteren Jahrgangsstufen tendenziell ins Deutsche vermittelt werden und erst in höheren Klassen in die Fremdsprache. Als Beispiel kann der Hamburger Gymnasiallehrplan dienen, in dem am Ende von Klasse 6 die Übertragung ins Deutsche, am Ende von Klasse 8 die Übertragung ins Englische gefordert wird (Hamburg 2007, 24 und 27). Allerdings ist diese Tendenz in den verschiedenen Lehrplänen nicht besonders deutlich ausgeprägt, da das Vermitteln in mündlichen

---

30 Viele Bundesländer übergehen bisher Sprachmittlung in der Grundschule; im Hamburger Grundschullehrplan heißt es: „[Sprachmittlung] ist nicht explizit in der Grundschule zu vermitteln" (Hamburg 2011a, 12). Dies schließt jedoch nicht aus, auch ohne systematisches Training von Sprachmittlung unterrichtliche Situationen zu informeller, spontaner Vermittlung zu nutzen. Auch in Berlin wird festgestellt, dass „elementare Formen der Sprachmittlung [...] erst gegen Ende der Sekundarstufe I eine größere Bedeutung erhalten" (Berlin 2006, 12). Warum dies so sein soll, wird nicht gesagt. Es ist anzunehmen, dass sowohl die Komplexität der Aktivität als auch die erforderlichen sprachlichen Mittel für die späte Einführung verantwortlich sind.

Kontaktsituationen automatisch wohl in beide Richtungen erfolgen wird und außerdem viele Lehrpläne insgesamt lediglich mehr oder weniger explizit auf Begegnungssituationen (z.B. Nordrhein-Westfalen 2014a, 21), auf alltägliche Kommunikationssituationen (Bayer. Staatsmin. 2009a) oder auf die Adressaten- und Kontextorientierung (Rheinland-Pfalz 2000, 55) hinweisen.

Insgesamt ist die Idee der Sprachmittlung an sich seit der Veröffentlichung des *CEFR* somit eindeutig in den Lehrplänen der allgemeinbildenden Schulen angekommen. Allerdings sind die Aussagen nicht immer systematisch.[31] Dies liegt wohl vorwiegend daran, dass Lehrpläne grundsätzlich knapp und oft vage sind und somit immer nur einige Merkmale in den jeweiligen regionalen Lehrplänen genannt werden. Interessant sind jedoch besonders diejenigen Lehrpläne, die Sprachmittlung in ihrem Verhältnis zur Übersetzung erfassen wollen. Nach dem *CEFR* ist Letztere eine mögliche Realisierungsform von Ersterer; in den Bildungsstandards für HSA und MSA wird Letztere überhaupt nicht thematisiert, sondern Sprachmittlung als die sinngemäße, zusammenfassende, situative Wiedergabe wesentlicher Information aufgefasst. In den *Einheitlichen Prüfungsanforderungen für die Abiturprüfung* (*EPA*) aus dem Jahr 2002, die also zehn Jahre vor den Abiturstandards erschienen sind, wird von Übersetzung als „einer spezifischen Form der Sprachmittlung" (KMK 2002, 13) gesprochen; dort geht die Tendenz jedoch schon hin zu Sprachmittlung als sinngemäßer und zusammenfassender Wiedergabe. In den Abiturstandards von 2012 wird nur noch diese Art der Sprachmittlung im engeren Sinne thematisiert, gleichzeitig aber häufiger von Übersetzungsleistungen gesprochen, so dass sich auch hier die schwierige, möglicherweise gar unmögliche und unsinnige, Grenzziehung verwischt. Sicher problematisch ist die folgende Feststellung aus den *EPA*: „Veränderungen in den sprachlichen Strukturen des Originaltextes sind unzulässig" (KMK 2002, 13). Auch beim Übersetzen im herkömmlichen Sinn werden sprachliche Strukturen verändert; man wird allerdings eher nicht verkürzend tätig werden. Inkohärenzen prägen auch die föderalen Lehrpläne der allgemeinbildenden Schulen. Während der Berliner Lehrplan für Englisch in der Sekundarstufe I des Gymnasiums darauf besteht, Sprachmittlung von Übersetzen und Dolmetschen zu unterscheiden (Berlin 2006, 31), der nordrhein-westfälische Hauptschullehrplan „keinesfalls wörtliche Übersetzungen" (Nordrhein-Westfalen 2011, 12) zulässt und im Saarland „[d]ie textnahe Übersetzung [...] im Rahmen einer praxisorientierten Ausrichtung des Englischunterrichts weiterhin keine zentrale Rolle" (Saarland 2014, 71) hat, sieht es in weiteren Bundesländern anders aus: So sollen beispielsweise in Thüringen und Sachsen-Anhalt im Gymnasium teilweise inhaltliche Details auch genau übersetzt werden (Thür. Min. 2011a, 14; Sachsen-Anhalt 2015, 19). Damit dürfte gemeint sein, dass nicht zusammengefasst wird, sondern der Umfang von Ausgangs- und Zieltextpassage ungefähr identisch ist. Diese Einsatzmöglichkeit von Übersetzungen geht mit der Definition des *CEFR* konform.

---

31 Auch fehlt, anders als in *Profile deutsch* (s. Kapitel 5.1.1), meist eine durchgängige Progression, selbst wenn Sprachmittlung in allen Jahrgangsstufen erscheint.

Weitere Formen der Übersetzung in anderen Lehrplänen dienen weniger der Verständigung zwischen Gesprächspartnern als vielmehr didaktischen Zwecken. Zum einen handelt es sich um Sprachreflexion und -vergleich, wenn z.B. in Baden-Württemberg die Anforderung lautet: „einzelne Sätze und Wendungen ins Deutsche übersetzen und dabei durch den Vergleich mit der Muttersprache grammatische und idiomatische Besonderheiten erfassen" (Baden-Württemberg 2004a, 111). Zum anderen gibt es in Bayern als Sonderfall im gymnasialen Lehrplan ab Jahrgangsstufe 10 noch die Version als schulische Übungs- und Prüfungsform (Bayer. Staatsmin. 2009a), die jedoch nach einer Übergangszeit weggefallen ist. Daneben gibt es auch Lehrpläne, die ihre eigene Terminologie verwenden. Dafür ist Rheinland-Pfalz der Musterfall: Im Lehrplan für die Sekundarstufe I wird „Kommunikatives Übersetzen" gefordert, gleichzeitig von sinngemäßen Übertragungen gesprochen und vor „Wortgleichungen" gewarnt (Rheinland-Pfalz 2000, 16).[32] Ähnlich sieht es in der dortigen Lehrplanergänzung für die gymnasiale Oberstufe aus, in der „Dolmetschen und Übersetzen […], verstanden als sinngemäßes mündliches oder schriftliches Übertragen" (Rheinland-Pfalz 2014, 10) beschrieben wird. Andererseits wird in der Sekundarstufe I jedoch auf die durchaus situativ nötige Übersetzung bestimmter nichtfiktionaler Texte eingegangen:

> Eine Systematik des Übersetzens, das einen sehr hohen Grad an Sprachbeherrschung erfordert, geht an Zielsetzung und Möglichkeiten des Fremdsprachenunterrichts vorbei. Dahingegen wird das Übersetzen von Gebrauchstexten (z.B. Spielregeln, Gebrauchsanweisungen, Kochrezepte) oder Kurzinformationen (z.B. Durchsagen, Ansagen, Nachrichten) als sinnvolle Vorbereitung auf außerschulische Anwendung in lebensechten Situationen aufgegriffen. (Rheinland-Pfalz 2000, 55)

So kann als Fazit aus den vielfältigen Aussagen festgehalten werden, dass wortwörtliche, unidiomatische Wiedergaben verpönt sind, in den bildungsadministrativen Dokumenten aber durchaus in einigen Spezialfällen an textnaher, kompletter Übertragung festgehalten wird, ohne dass jedoch ‚Übersetzen' genau definiert würde. Die wegweisende Handreichung aus Berlin und Brandenburg fasst dies gut zusammen, indem sie auf sinngemäße Wiedergabe fokussiert, textnahe Wiedergaben jedoch nicht völlig ausschließt:

> Sprachmittlung ist die adressaten-, sinn- und situationsgerechte Übermittlung von mündlichen oder schriftlichen INFORMATIONEN von einer Sprache in eine andere.

> Im Vergleich zur Übersetzung ist Sprachmittlung freier: Man muss sich nicht an die Satzstrukturen, den Ton oder die im Original verwendeten stilistischen Mittel halten, es sei denn, die vorgegebene Kommunikationssituation erfordert dies. (LISUM 2006, 3, Großdruck im Original)

Weitere Besonderheiten über den Mehrheitsdiskurs hinaus offenbaren den Interpretationsspielraum, den das Konzept der Sprachmittlung bietet. Als wiederum bayerische Ausnahme findet sich für die gymnasiale Oberstufe der Hinweis auf die Integration von

---

32   Der Begriff „Kommunikatives Übersetzen" könnte auf den einflussreichen Artikel von Hallet (1995) zurückgehen, der selbst lange im Schulsystem von Rheinland-Pfalz tätig war.

Mehrsprachigkeit in die Sprachmittlung, da Lernende „ggf. Texte aus anderen Sprachen in englischer Sprache zusammenfassen" (Bayer. Staatsmin. 2009a) sollen. Ebenfalls Ausgangstexte nimmt Hessen in den Blick, wenn dort im allgemeinbildenden Gymnasium auch studien-, berufs- und fachbezogene Texte gemittelt werden sollen (Hess. Kultusmin. 2010, 10). Das Saarland hingegen listet besonders ausführlich Kontakt- und Begegnungssituationen, in denen Sprachmittlungshandlungen erbracht werden können (Saarland 2014, 72). Auf die interkulturelle Komponente der Sprachmittlung verweisen einige Lehrpläne, so für das Hamburger Gymnasium, wo „kulturbedingte Missverständnisse" (Hamburg 2007, 20) von den Lernenden erkannt und gelöst werden sollen, oder im auslaufenden hessischen Gymnasiallehrplan, in dem Sprachmittlung als „ganzheitlicher, kreativer Prozess, der insbesondere der interkulturellen Verständigung in der Ausgangs- und Zielsprache dient" (Hess. Kultusmin. 2010, 10), bezeichnet wird. In beinahe allen regionalen Lehrplänen wird Sprachmittlung als eigenständiger Kompetenzbereich geführt; in Sachsen im Gymnasium ist sie allerdings in die Beschreibung der Fertigkeiten Sprechen bzw. Schreiben eingeordnet (Sächs. Staatsmin. 2004b). Dies zeigt an, dass nicht immer klar ist, inwieweit Sprachmittlung sich von den grundständigen Fertigkeiten unterscheidet. So hält auch der Gymnasiallehrplan von Niedersachsen fest, dass Sprachmittlung immer in Zusammenhang mit dem bestehenden Niveau in den rezeptiven und produktiven Fertigkeiten gesehen werden müsse (Niedersächs. Kultusmin. 2015a, 21). Einen konträren Ansatz findet man in den Thüringer Gymnasiallehrplänen, die Sprachmittlung besonders genau fassen wollen, indem sie dafür Sach-, Methoden- und Selbst- bzw. Sozialkompetenz in Kann-Beschreibungen detailliert aufführen: Es wird erläutert, welche Sprachmittlungshandlungen Lernende mündlich oder schriftlich ausführen, welche Strategien und Hilfsmittel (z.B. Vereinfachungen, Notizen, Wörterbücher, Überarbeitungen, Selbstevaluation) sie einsetzen und inwieweit sie bereit sein sollen, sich mit ihren beschränkten sprachlichen Mitteln auf komplexe, neue Situationen einzulassen (Thür. Min. 2011a, 28f.).[33]

3.1.4 Sprachmittlung in Lehrplänen beruflicher Schulen und in beruflichen Fremdsprachenzertifikatsprüfungen

Die oben dargestellte Unsicherheit, was die Abgrenzung von Sprachmittlung und Übersetzung bzw. Dolmetschen betrifft, ist in einigen Lehrplänen beruflicher Schulen kein Thema, da diese, wie auch das *CEFR*, eine breite Definition wählen. Natürlich ist auch hier wieder die regionale Vielfalt sehr groß; dazu kommt, dass in den Bereich berufliche Schulen sowohl die zur Hochschulreife führenden Fach- und Berufsoberschulen (FOS/BOS) fallen als auch Berufs(fach-)schulen, in denen Englisch nur *ein* Fach im Rahmen der Berufsausbildung ist. Die Mehrheit der Lehrpläne bestimmt Sprachmittlung als die sinngemäße, zusammenfassende Wiedergabe von Inhalten. Als Beispiel kann der Sächsische Lehrplan für die Berufsfachschule gelten, der folgende Beschreibung gibt:

---

33   Dies erinnert an die Auffächerung der Teilbereiche interkultureller Kompetenz bei Caspari/Schinschke (2007 und 2009), die in Kapitel 3.4.2 dargestellt ist.

Die Schüler können berufsbezogene Sachverhalte zwischen Partnern, die unterschiedliche Sprachen sprechen, vermitteln. Sie sind in der Lage, in Englisch dargestellte Sachverhalte unter Verwendung von Hilfsmitteln auf Deutsch wiederzugeben oder in Deutsch dargestellte Sachverhalte ins Englische zu übertragen. Dabei kommt es nicht auf sprachliche und stilistische, sondern auf die inhaltliche Übereinstimmung an. (Sächs. Staatsmin. 2007, 30)

Allerdings gibt es im beruflichen Bereich auch Lehrpläne, die sowohl Zusammenfassen als auch Übersetzen und Dolmetschen nennen, wie das z.B. in den Lehrplänen Niedersachsens für FOS und BOS sowie Berufsschulen der Fall ist (Niedersächs. Kultusmin. 2006b, 2009 und 2010). Auch in Baden-Württemberg heißt es für die BOS: „Dies schließt auch eine sinngetreue, sprachlich korrekte Übersetzung aus der Zielsprache in die Muttersprache mit ein" (Baden-Württemberg 2009, 6). In anderen Bundesländern wird diese ziemlich pauschale Feststellung differenzierter dargestellt, indem auf gewisse Ausgangstexte und -situationen verwiesen wird, so beispielsweise in Thüringen für alle beruflichen Schultypen gleichermaßen: „Textabschnitte mit Aussagen zu bestimmten inhaltlichen Details übersetzen; einzelne, ggf. fachrichtungs- bzw. berufsspezifische Informationen ins Englische übersetzen" (Thür. Min. 2012, 14). Ähnliches gilt für die FOS in Brandenburg, für welche die entsprechende Lehrplanpassage wie folgt lautet: „Dieses kann sich auf den gesamten Text, auf Hauptaussagen oder Details beziehen. Dabei kommt es auf die korrekte Wiedergabe des wesentlichen Inhalts und eine angemessene sprachliche Gestaltung an" (Brandenburg 2011, 12). Je nach Informationsinteresse der Kommunikationspartner oder Textsorte kann statt zusammenfassender eine ausführliche Wiedergabe nötig sein. Daneben gibt es auch wieder Lehrplandokumente, deren Terminologie unscharf ist: So wird in Berlin für FOS und BOS von „nichtprofessionelle[m] Dolmetschen und Übersetzen" (Berlin 2012, 8) gesprochen. In Bayern sollen in der BOS „Dolmetschen" als „die inhaltsgetreue Wiedergabe von alltäglichen Äußerungen" (Bayer. Staatsmin. 1998, 15) und in der Berufsschule Sprachmittlung als „Vorstufe des Dolmetschens, bei der es in erster Linie um Verständlichkeit und inhaltliche Korrektheit geht" (Bayer. Staatsmin. 1997, 17) praktiziert werden. Hier werden offensichtlich Kommunikationssituation und sprachliche Genauigkeit der Wiedergabe zur Abgrenzung von Sprachmittlung und Dolmetschen bzw. Übersetzen eingesetzt.[34] Eine scharfe Trennlinie kann jedoch nicht gezogen werden.

Neben dem regulären Unterricht gibt es seit 1998 die Möglichkeit für Berufsschulen, Fremdsprachenkenntnisse in verschiedenen Ausbildungsrichtungen mit einer KMK-Prüfung auf vier Stufen entsprechend den Niveaus A2 bis C1 zu zertifizieren. In den entsprechenden Dokumenten findet sich eine klare Definition von Sprachmittlung, die in den regionalen Lehrplänen oft fehlt: „Fähigkeit, durch Übersetzung oder Umschreibung schriftlich zwischen Kommunikationspartnern zu vermitteln" (KMK 1998/2008, 2). Eine von verschiedenen Bundesländern gemeinsam erarbeitete Handreichung be-

---

34 Dies wird deutlich, wenn man zum Vergleich z.B. den Lehrplan der bayerischen Fachakademie für Fremdsprachenberufe heranzieht, in dem „Gesprächsdolmetschen" berufliche Situationen und Themen umfasst und „Übersetzen" in beide Richtungen „inhaltlich korrekt und sprachlich angemessen" sein soll (Bayer. Staatsmin. 1992, 22, 24 und 33).

schreibt die geforderten Sprachmittlungsleistungen näher, versucht eine Abstufung der verschiedenen Niveaus und umfasst damit sowohl freiere Zusammenfassungen als auch sprachlich-stilistisch enger am Original liegende Übertragungen:

> Grundsätzlich sollte nicht schwerpunktmäßig übersetzt oder gedolmetscht werden (Dolmetschen kann Teil der Interaktionsaufgabe sein). Auf Stufe I wird die Wiedergabe eines Textes in eigenen Worten als angemessene Aufgabe erachtet. Auf Stufe II sollte diese Wiedergabe inhaltlich genau bzw. übereinstimmend sein und auf Stufe III dann auch die stilistischen Merkmale des Ausgangstextes beinhalten. Die Sprachmittlung vom Englischen ins Deutsche kann bei Mediationsaufgaben aller Stufen erfolgen. Auf den Stufen II und III sind Sprachmittlungen vom Deutschen ins Englische zur Überprüfung der sprachlich-mediativen Kompetenz sinnvoll. (ISB et al. 2005/2006, 71)

Als absolut notwendig erachtet wird die Nennung von Sender und Empänger, deren Fehlen in anderen Schulformen bemängelt wird (ISB et al. 2005/2006, 71).

Auf Stufe I sollen z.B. Kochrezepte oder Computerfehlermeldungen aus dem Englischen ins Deutsche gemittelt werden, wobei die Informationen vollständig sein müssen, die sprachliche Gestaltung jedoch relativ frei ist (ISB et al. 2005/2006, 72f.). Auf Stufe II hingegen müssen die Informationen nicht nur übertragen, sondern diese auch nach ihrer Relevanz für die jeweilige Sprachmittlungssituation gewichtet werden. Eine exemplarische Aufgabenstellung für Arzthelferinnen lautet so:

> Sie müssen Ihrem englischen Austauschpartner vom Auslandspraktikum Hilfestellung leisten bei der Übermittlung der wichtigsten Informationen für Erwachsene (Art des Medikaments, Indikation, Kontraindikation, Wechselwirkung mit anderen Medikamenten, Dosierung, Nebenwirkungen, Verhalten bei Nebenwirkungen, Verwendbarkeit) des Medikaments, das er in Deutschland erhalten hat. (ISB et al. 2005/2006, 79)

Diese Aufgabe soll wohl schriftlich durchgeführt werden; dies ist nicht ganz gelungen, da es überzeugender erscheint, einen Beipackzettel mündlich mit den relevanten Informationen zusammenzufassen. Während in dieser Aufgabe nur Informationen, die Erwachsene betreffen, auszuwählen sind, muss teilweise auch eine vollständige Übermittlung erfolgen, wenn z.B. technische Beschreibungen in der anderen Sprache wiederzugeben sind. Stufe III zeichnet sich im Idealfall durch einen „Kreativanteil" (ISB et al. 2005/2006, 80) aus: Dies bedeutet, dass beispielsweise Stichpunkte in kompletten Sätzen wiedergegeben werden müssen oder bei der Sprachmittlung die Textsorte vom Ausgangs- zum Zieltext verändert werden muss (ISB et al. 2005/2006, 80ff.). Die Kombination aus rezeptiven und produktiven Anteilen bei der Sprachmittlung wird explizit thematisiert, doch das Fazit fällt recht allgemeingültig aus: „Ein zu hoher sprachproduktiver Anteil macht die Mediationsaufgabe zu einer Produktionsaufgabe, und ein zu geringer sprachproduktiver Anteil macht sie zu einer Rezeptionsaufgabe" (ISB et al. 2005/2006, 71). Ganz deutlich grenzt dagegen das Hamburger Institut für Berufliche Bildung (HIBB) Rezeption, Produktion und schriftliche Sprachmittlung voneinander ab: Der Hauptunterschied zwischen rezeptiven und sprachmittelnden Aufgaben wird im Bereich der zu erbringenden Leistung darin gesehen, dass bei Letzteren die Informationen nicht einfach wiedergegeben, sondern aufbereitet werden müssen und dass evtl. umformuliert werden muss. Bei produktiven Aufgaben ist anders als bei

Sprachmittlung Informationsentnahme aus dem Ursprungstext, der v.a. als Input dient, nicht immer nötig und der Grad der Eigenständigkeit beim Produzierenden ist hoch, auch eine eigene Meinung kann möglicherweise eingebracht werden (HIBB 2010, 8). Diese und weitere, eher graduelle Unterschiede sind sicher in gewissem Maße zutreffend, beruhen aber auf einer bestimmten Vornahme davon, wie Rezeption, Produktion bzw. Mediation definiert sind: Rezeption und Produktion werden eher als unterrichtliche Aktivitäten angesehen, während Sprachmittlung an außerschulische Realsituationen angelehnt wird. Auch berücksichtigt diese Unterscheidung nicht alle möglichen Aufgabentypen der Sprachmittlung. Insgesamt ist es jedoch ein sehr wichtiges Unterfangen, Sprachmittlungsaufgaben genau zu definieren. Auch wird in dieser Veröffentlichung ebenso sinnvollerweise eine eindeutige Vorgabe für die Operatoren gemacht: „grundsätzlich nicht ‚übersetzen', sondern z.B. ‚übertragen' – es sei denn, die beruflichen Anforderungen (z.B. bei Fremdsprachenassistenten) erfordern dies" (HIBB 2010, 8).

3.1.5 Exemplarische Sprachmittlungsaufgaben in den allgemeinbildenden Schulen

Die geringe Beachtung der Definitionsmerkmale der situativen Einbettung und der Abgrenzung zu rezeptiven und produktiven Tätigkeiten bestätigt sich, wenn man Prüfungsaufgaben für die Schulabschlüsse der allgemeinbildenden Schulen betrachtet (vgl. Kolb 2014b). Da die Gestaltung der Abschlussprüfungen in den unterschiedlichen Schulformen der verschiedenen Bundesländer stark variiert, werden hier exemplarisch Beispiele aus den Bildungsstandards (KMK 2003, 2004 und 2012a) betrachtet und durch ausgewählte Aufgaben aus einzelnen Bundesländern ergänzt, wenn Letztere stark von Ersteren abweichen. Auffällig ist, dass sich kaum mündliche Sprachmittlungsaufgaben in (Abschluss-)Prüfungen finden lassen. Mündliche Abschlussprüfungen werden überwiegend dezentral an den einzelnen Schulen erstellt, so dass nicht ausgeschlossen ist, dass es vereinzelte Ansätze für mündliche Sprachmittlungsprüfungen gibt. Dazu liegen z.B. Beispiele aus Baden-Württemberg vor, wo sowohl in der 9. als auch in der 10. Klasse in Werkreal- und Hauptschule in der dezentralen mündlichen Prüfung Sprachmittlung als Format erscheint: Entweder soll auf Basis von dialogischen Vorlagen vermittelt werden, oder es ist monologische Vermittlung von Kochrezepten, Gebrauchsanweisungen o.Ä. gefordert (vgl. Royl/Schütz 2008). Dennoch dürfte Sprachmittlung bislang überwiegend im schriftlichen Teil von Abschlussprüfungen geprüft werden. Gründe hierfür könnten der unklare Status zwischen Rezeption und Produktion, die organisatorische Schwierigkeit, eine Vermittlungssituation im Mündlichen zu simulieren und die fortdauernde Orientierung an dem Postulat der Einsprachigkeit sein.

In den Bildungsstandards für den HSA bzw. den MSA sind allerdings sehr wohl auch mündliche Formate vorgesehen. Erstens sollen englischsprachige Informationen aus einem authentisch wirkenden, aber wohl didaktischen Text ins Deutsche gemittelt werden:

Lies die Broschüre über London. Dein Großvater kann kein Englisch. Du sollst ihm helfen, sich in London zurecht zu finden. Erzähle ihm auf Deutsch
- welche verschiedenen Verkehrsmittel er benutzen kann,
- wie er mehr Informationen erhält, um nachts sicher nach Hause zu kommen,
- wie teuer der Eintritt in den Tower of London ist,
- wo er eine Eintrittskarte in den Tower kaufen kann. (KMK 2004, 38)

Mit dem Großvater, der kein Englisch spricht, ist ein Adressat gegeben, der allerdings nicht selbst in Erscheinung tritt, so dass hier keine echte triadische Situation vorliegt, sondern unter dem Vorwand der Sprachmittlung eher eine Leseverstehensaufgabe, die statt in der Fremdsprache auf Deutsch bearbeitet werden soll.[35] Dieses Aufgabenformat findet sich beispielsweise auch in der schriftlichen Pürfung für den HSA in Niedersachsen, wo 2012 zu einem adaptierten Informationstext aus dem Internet über Windsor Castle die Fragen der Mutter zu beantworten waren: „Deine Mutter, die kein Englisch spricht, stellt dir im Vorfeld Fragen, die du mit Hilfe der unten stehenden Broschüre beantworten sollst" (*Stark* 2012-10). Die Fragen sind anders als in dem Beispiel aus den Bildungsstandards direkte statt indirekte Fragen, aber die schriftliche Durchführung dieser genuin mündlichen Aufgabe erscheint wenig sinnvoll, auch wenn sie natürlich den Prüfungszwängen geschuldet ist.[36] Anders liegt der Fall bei einem ähnlichen Aufgabenbeispiel des ISB, in dem ein deutscher Text, die Hausordnung der Bahn, in einem Rollenspiel, in dem die Lehrkraft oder ein Mitlernender einen französischsprachigen Partner spielt, gemittelt werden soll (ISB 2005, 202f.).

Der zweite Aufgabentyp verlangt ein Rollenspiel, in dem die Lernenden „Informationen auf Deutsch bzw. Englisch wiedergeben" (KMK 2003, 19); ein Beispiel aus den Bildungsstandards lautet wie folgt:

A family from Nairobi, Kenya, mother, father and two children, (one your age) has moved into the flat next to yours. They speak English fluently. Your landlord knows that you have learned English at school and asks you to interpret what is said during the landlord's and the family's first meeting. Translate either the German parts or the English parts of the conversation or answer in English when required.

Landlord: Willkommen hier in Hamburg. Ich freue mich, dass Sie hier bei uns wohnen.
You: ...
Father: Oh, thanks. That's very kind of you. As we are new in this neighbourhood I'd like to ask you some questions. Is there a kindergarten? Our daughter is four years old.
You: ...
(KMK 2003, 46)

---

35   In den Abiturprüfungen der bayerischen FOS/BOS wird nicht einmal die Illusion einer triadischen Situation aufrechterhalten, wenn dort Fragen zum englischen Lesetext auf Deutsch zu beantworten sind (Bayer. Staatsmin. 2010).
36   In Implementierungsbeispielen zum bayerischen Gymnasiallehrplan ist sogar die Umsetzung eines Dolmetschdialogs explizit in schriftlicher Form gefordert: „Write down Jenny's answers in English" (ISB 2004). Abgesehen von der Frage, warum die Lernenden nicht als sie selbst, sondern als „Jenny" Sprachmittler sind, ist die schriftliche Realisierung eines Dialogs wenig günstig.

Hier liegt tatsächlich eine direkte Vermittlungssituation zwischen verschiedenen fiktiven Gesprächspartnern vor.[37] Auch ergeben diese direkt realisierten Rollen eine triadische Situation. Problematisch erscheint jedoch die Aufgabenstellung „Translate" sowie die formale Gestaltung, da dieser Dolmetschdialog schriftlich realisiert ist; hier ist die Lehrkraft methodisch gefordert, den Dialog so aufzubereiten, dass er weder den Kommunikationspartnern noch den Sprachmittelnden als Lesetext vorliegt, damit tatsächlich eine rein mündliche Situation gegeben ist (vgl. Kolb 2009, 74). Diese Forderung bedeutet nicht zwangsläufig, dass muttersprachlich gesteuerte Impulse für Dialoge vorliegen müssen, wie in diesem Beispiel: „Sie fragen, ob sie zum ersten Mal in Deutschland ist, wie es ihr hier gefallen hat, ob ihr auch die deutsche Küche gefällt" (ISB 2005, 190). Vielmehr handelt es sich um Rollenspiele, bei denen im Idealfall ein *(near) native speaker* die Rolle der Person, die nur Englisch spricht, einnehmen sollte.

Schriftliche Sprachmittlungsaufgaben finden sich in den Bildungsstandards für den MSA sowie für die Hochschulreife. Das Beispiel in Ersteren ist nicht sehr geschickt gewählt: Ausgehend von einem englischsprachigen Text, bei dem nicht klar ist, ob er authentisch ist, sollen ausgewählte Informationen schriftlich festgehalten werden:

> Your neighbour doesn't speak English very well and asks you for help. Make notes in German for him about the following points:
> a) ... welches Mindestalter man haben muss,
> b) ... welche Papiere er braucht,
> c) ... welche Fahrzeugklassen er mieten kann [...]
> (KMK 2003, 49)

Wahrscheinlicher wäre es in der außerunterrichtlichen Realität, dass diese Informationen mündlich zu geben sind. Ähnlich ungeschickt scheint es, wenn z.B. Informationsschilder schriftlich wiedergegeben werden sollen, wie in der niedersächsischen Prüfung zum HSA (*Stark* 2012-22).

Auf dem Niveau der Hochschulreife finden sich überwiegend Aufgaben, bei denen längere schriftlich realisierte deutsche Texte in englischer Sprache wiedergegeben werden sollen. Folgende exemplarische Aufgabenstellung stammt aus den Abiturstandards:

> Together with an American and a Polish partner school, your class is working on a project about sports. Some of your Polish partners express the desire to study sports either in the USA or in Germany. You have found the following information on the Internet. Using this information, write an article in English for your project's website in which you inform your Polish partners how to get a sports scholarship. Compare the situation in the USA and Germany. (KMK 2012a, 37)

---

37 Dies ist nicht immer der Fall, wie ein Beispiel aus Bremen zeigt, in dem der deutsche Part z.B. wie folgt lautet: „Deine Eltern wollen wissen, warum nicht" (LIS 2006/2007, 3). Als Begründung wird angeführt: „Um wörtliche Übersetzungen zu vermeiden, sind die deutschsprachigen Äußerungen in nicht-wörtlicher Rede verfasst" (LIS 2006/2007, 2). Allerdings ließen sich wörtliche Übersetzungen auch durch die sprachliche Gestaltung der deutschen Dialogteile oder deren Länge vermeiden; damit könnte eine tatsächliche Vermittlungssituation eher nachgestellt werden.

Der deutsche Ausgangstext ist umfangreicher als der englische Zieltext, so dass zusammengefasst werden muss; außerdem ist auf Adressat und Kommunikationszweck einzugehen. Auch die Bundesländer, die bereits Sprachmittlung im Abitur prüfen, stellen ähnliche Aufgaben. Allerdings kommt es vor, dass die adressatenorientierte Situierung weitgehend fehlt, so z.B. in den Musteraufgaben aus Sachsen-Anhalt, wenn die Aufgabenstellung lautet: „You are an exchange student at a British school. As part of a project on drug abuse you are asked to contribute a text on binge drinking in Germany. Summarise the newspaper article as a basis for further discussion" (LISA 2012, 18). Auch wenn hier ein Kommunikationskontext genannt wird, ist dieser v.a. als Vorwand für einen *summary* zu sehen. In Nordrhein-Westfalen sind die Musteraufgaben für das Abitur noch so abgefasst, dass der deutsche Ausgangstext nur geringfügig länger ist als der Zieltext (Nordrhein-Westfalen 2014b, 1), so dass die Möglichkeit des zusammenfassenden Sprachmittelns eingeschränkt ist. Dagegen werden z.B. für die länderübergreifende Abituraufgabe oder für das bayerische Abitur teilweise den Lernenden in einer Musteraufgabe zwei thematisch ähnliche Texte präsentiert, die diese zu einem einzigen zielsprachigen Text kürzen und umgestalten müssen (ISB 2010; Bayer. Staatsmin. et al. 2012).

Obwohl für den Erwerb der Hochschulreife meist Aufgaben gestellt werden, bei denen ein schriftlicher deutscher Text schriftlich in die Fremdsprache gemittelt werden muss, gibt es auch einige abweichende Anregungen. So hat Sachsen-Anhalt im Englischen mit der Sprachmittlung in die Fremdsprache begonnen, im Französischen, Russischen, Italienischen und Spanischen aber als erstes Sprachmittlungsaufgaben ins Deutsche entwickelt; die jeweils andere Richtung soll folgen (LISA 2012, 8). Dies deutet darauf hin, dass ein Zusammenhang angenommen wird zwischen Schwierigkeitsgrad der Sprachmittlung, die mit rezeptivem Teil in der Fremdsprache als leichter gilt,[38] und Sprachniveau, das im Englischen als erster Fremdsprache für höher gehalten wird. Besonders innovativ erscheint der Vorschlag in den Abiturstandards, ausgehend von einem französischen Podcast eine deutsche Email zu erstellen, in der die relevanten Inhalte des Hörtextes vermittelt werden:

> Vous passez vos vacances en Suisse et vous écoutez la radio. Sur RSR (Radio Suisse Romande), il y a l'émission «On en parle». Vous pensez que cette émission pourrait intéresser votre grand frère, qui est actuellement à la recherche d'un emploi.

> [...] Vous allez sur Internet pour réécouter le podcast. Prenez des notes et rédigez ensuite un e-mail (en allemand) à votre frère dans lequel vous lui donnez les informations qui pourraient lui être utiles pour la recherche d'un emploi. Vous allez écouter l'émission deux fois. Entre les deux écoutes, vous aurez deux minutes pour compléter vos notes. (KMK 2012a, 118)

Diese Aufgabenstellung mit einem auditiven Ausgangstext und einer von den Lernenden nachvollziehbaren Sprachmittlungssituation ist recht plausibel und realitätsnah.

---

38 Dabei wird jedoch nicht beachtet, dass es immer mehr Lernende gibt, deren Erstsprache nicht Deutsch ist, so dass ihnen die Sprachmittlung ins Deutsche möglicherweise unerwartete Schwierigkeiten bereitet. Vgl. auch Caspari 2014.

3.1.6 Fremdsprachendidaktische Definitionen von Sprachmittlung

In der Fremdsprachendidaktik zeigt sich eine stärkere Einigkeit als bei den Aussagen der Curricula und anderer Steuerungsdokumente. Zwei Strömungen lassen sich ausmachen, zum einen deskriptive, weite Begriffsbestimmungen, zum anderen eher präskriptive Definitionen, wobei Letztere deutlich häufiger sind. Das folgende Zitat fasst den Stand des Diskurses gut zusammen:

> Trotz dieser terminologischen Unschärfen hat sich in den letzten Jahren in fremdsprachendidaktischen Zusammenhängen der Begriff ‚Sprachmittlung' durchgesetzt und ist zudem präzise definiert worden. Sprachmittlung im Fremdsprachenunterricht wird derzeit als informelle, alltägliche und nicht-professionelle Aktivität in mündlichen und schriftlichen Kommunikationssituationen verstanden, in denen eine sinngemäße interlinguale Vermittlung von Inhalten einer Ausgangssprache in eine Zielsprache und gegebenenfalls viceversa [sic] notwendig wird. Damit werden das professionelle Dolmetschen und das textsortenadäquate und literarische Übersetzen, die noch im GeR – translationswissenschaftlich korrekt – als Spielarten der Sprachmittlung genannt werden, als Zielkompetenzen bzw. Übungsformen im Fremdsprachenunterricht an den Rand gedrängt oder ganz ausgeschlossen. (Reimann/Rössler 2013, 11f.)

Dennoch wirft diese Feststellung auch Fragen auf. Zwar mögen viele entsprechende Definitionen in der Fremdsprachendidaktik vorliegen (z.B. Hallet 2008a; de Florio-Hansen 2008; Gebauer/Kieweg 2008; Leupold 2008; Rössler 2008; Weskamp 2008; Kolb 2009; Philipp/Rauch 2010a und 2014), doch wird nicht völlig klar bestimmt, was unter ‚informeller' und ‚nicht-professioneller' Vermittlung zu verstehen ist. Dazu müsste die Bedeutung des sinngemäßen gegenüber dem text- bzw. wortgetreuen Übertragen klarer gefasst werden. In dieser Zusammenfassung des fremdsprachendidaktischen Konsenses hätte auch das Definitionsmerkmal der Adressaten- und Situationsorientierung genannt werden können, wie bei vielen Autoren üblich (z.B. Hallet 2008a; Rössler 2009 und 2012; Kolb 2009). Auch die Beschreibung von Dolmetschen und Übersetzen als ‚Spielarten' der Sprachmittlung ist etwas ungenau. Vor allem aber zeigt sich, dass die Vielfalt der tatsächlich existierenden Aufgabentypen in verschiedenen Schulformen und Prüfungen sowie die weiten Interpretationsmöglichkeiten der Aussagen von *CEFR* und Bildungsstandards in Widerspruch zu der o.g. recht engen Konzeption stehen, so dass deskriptive Definitionen durchaus auch ihre Berechtigung haben.

Die Abgrenzung von Übersetzen und Dolmetschen, die in dem angeführten Zitat angedeutet wird, steht in mehreren Artikeln im Vordergrund (Hallet 2008a; Caspari 2008a; Philipp/Rauch 2010a; Reimann 2013; Katelhön 2015). Diese Unterscheidung wirkt jedoch teilweise konstruiert und zweifelhaft (vgl. auch Siepmann 2013, 190–193). So stellt z.B. Hallet Übersetzungs- bzw. Dolmetschkompetenz und Sprachmittlungskompetenz unter den Gesichtspunkten Genauigkeit, Terminologiekonsistenz, Lesbarkeit, Professionalität, Empfänger- und Anwendungsorientierung, schulische Relevanz und Alltagsrelevanz, Hilfsmittel sowie Realisierungsmodus gegenüber (Hallet 2008a, 5). Während Sprachmittlung sinngemäße Übertragung durch „sog. translatorische Laien" (Hallet 2008a, 5) meine, bei denen es um kommunikative Äquivalenz und weniger um formale Genauigkeit gehe, zeichne sich die Übersetzung durch volle Entsprechung der Inhalte, fachsprachliche Kompetenz, Recherchierkompetenz und das Vorhandensein vieler Hilfsmittel aus (Hallet 2008a, 5). Allerdings kann auch durchaus ein sprachmittelnder Laie Recherchierkompetenz und Hilfsmittel einsetzen. Ähnlich liegt der Fall bei der Gegenüberstellung von Philipp und Rauch, wenn diese z.B. das zweisprachige Wörterbuch beim Übersetzen anführen und bei der Sprachmittlung eher nicht verwendet sehen, Übersetzungen für nicht kontextualisiert halten oder lediglich bei der Sprachmittlung die „Berücksichtigung des interkulturellen Wissens des Adressaten" nennen (Philipp/Rausch 2010a, 3). Auch inhaltliche Vollständigkeit, die für das Übersetzen oder Dolmetschen als charakteristisch gilt, ist in alltäglichen Sprachmittlungssituationen denkbar, z.B. bei der Wiedergabe von Rezepten oder Gebrauchsanweisungen. Empfänger- und Anwendungsorientierung, die der Sprachmittlungskompetenz zugeordnet werden (vgl. auch Caspari 2008a, 60), ist sicher auch für professionelle Übersetzer und Dolmetscher relevant, so dass dieses Kriterium schwerlich zur Unterscheidung herangezogen werden kann.

Königs versucht, den Unterschied zwischen (schulischer) Sprachmittlung und (professionellem) Übersetzen durch verschiedene Arten der Konstanz – man könnte auch sagen: Äquivalenz – zu fassen:

> Mit Sprachmittlung wird die Übertragung von Inhalten von einer Sprache in eine andere bezeichnet, wobei es ausschließlich um Inhalts- und nicht um Form- oder Funktionskonstanz eines zu mittelnden Textes geht. Damit unterscheidet sich das Sprachmitteln deutlich vom Übersetzen, das in aller Regel die Inhalts- und Formkonstanz einschließt und überdies auf der Schriftlichkeit des Vorgangs beruht. Demgegenüber kann Sprachmittlung sowohl mündlich als auch schriftlich realisiert werden. (Königs 2015, 36)

Auch er definiert Sprachmittlung also anders als das *CEFR*. Während diese Definition einen eindeutigen Gegensatz zu formulieren scheint, schlägt Königs an anderer Stelle in demselben Beitrag zurückhaltender vor, „dass Sprachmittlung auf einem Kontinuum darstellbar ist, das anfangs sehr nahe an mentalen Planungsaktivitäten ist und mit zunehmender Beherrschung sich der Übersetzung immer weiter annähert (ohne sie wirklich zu erreichen!)" (Königs 2015, 39). Dabei versteht Königs unter „mentaler Sprachmittlung" das Vorplanen einer Äußerung im Rahmen der vorhandenen sprachlichen Mittel, auch im Wechsel von Mutter- zu Fremdsprache (Königs 2015, 35–38). Dies ist ein Aspekt, der sonst in der Fremdsprachendidaktik bei der Erörterung der Sprachmittlung nicht auftaucht, wohl aber in Debatten um (aufgeklärte) Einsprachigkeit und Spracherwerbshypothesen (vgl. z.B. Butzkamm 2002).

Sinnvoll kann es manchmal sein, nach beruflichen oder politischen bzw. alltäglichen Anwendungssituationen zu unterscheiden (vgl. Caspari 2008a, 60; Caspari/Schinschke 2016, 180). Dass Übersetzen und Dolmetschen „für den schulischen Fremdsprachenerwerb zu anspruchsvoll" (Hallet 2008a, 5) seien, ist jedoch eine recht pauschale Aussage. Zutreffend ist sicher, dass professionelle Übersetzer und Dolmetscher eine weit höhere fremdsprachliche Sprachkompetenz haben als schulische Lerner und dass beim professionellen Übersetzen muttersprachliche Kompetenz in der Zielsprache erwartet wird. Aber die Feststellung, dass Sprachmittlung meist konsekutiv stattfinde (Hallet 2008a, 5), könnte so auch für viele Realisierungsformen des Übersetzens und Dolmetschens gelten. Zutreffend ist allerdings das Charakteristikum, dass häufig *negotiation of meaning* (Hallet 2008a, 5) erfolgen wird, wenn der nichtprofessionelle Sprachmittler nachfragt oder Erklärungen einfügt.[39] Das Problem bei derartigen Gegenüberstellungen ist jedoch insgesamt, dass unterschiedliche, nicht vergleichbare Kriterien gegeneinander gestellt werden oder spezielle Definitionen von ‚Sprachmittlung‘ bzw. ‚Übersetzen‘ oder ‚Dolmetschen‘ angesetzt werden, die entweder nicht mit der Übersetzungswissenschaft abgeglichen sind (vgl. Kapitel 3.5) oder die Übersetzen nur in einer häufigen schulischen Ausprägung als pädagogisches oder philologisches Übersetzen (vgl. Kapitel 3.2) wahrnehmen. Daher verwundert es nicht, dass aus der Translationswissenschaft Kritik an binären Unterscheidungen von Sprachmittlung und Übersetzung geäußert wird (vgl. Sinner/Wieland 2013). Nur wenn Übersetzen lediglich als schulische Aktivität mit dem Ziel der Überprüfung des Verständnisses bzw. Erwerbs von Wortschatz und Grammatik verstanden wird, dann sind diese Gegenüberstellungen (siehe dazu am ausführlichsten Katelhön 2015) zumindest begrenzt sinnvoll. Verwunderlich ist allerdings trotzdem, warum Reimann der Meinung ist, dass schulische Sprachmittlung im Gegensatz zur „klassischen Version“ eine erhöhte kognitive Kompetenz verlange, da bei Ersterer Informationen aufgefunden, ausgewählt und strukturiert werden müssen (Reimann 2013, 197). Es fragt sich jedoch, inwiefern diese kognitive Leistung höherwertig sein soll als das Verständnis der sprachlichen und inhaltlichen Tiefenstruktur eines Textes, das bei einer Version doch ebenso notwendig ist oder sein sollte.

Hilfreicher erscheinen Ansätze, welche die Teilkompetenzen der Sprachmittlung (Hallet 2008a; Rössler 2008) oder Merkmale guter Sprachmittlungsaufgaben (Philipp/Rausch 2010a; Erdmann 2012; Pfeiffer 2013; Rössler 2012) zu fassen versuchen (vgl. Kapitel 4.1). Damit wird auch indirekt definiert, was Sprachmittlung ist, d.h. „singetreue Übertragung“, „interlinguale Kommunikation“ (Hallet 2008a, 2) bzw. „eine komplexe, unter Umständen auch interaktive Aktivität in einer mindestens zweisprachigen Sprechhandlungssituation, zu deren Realisierung sowohl rezeptive als auch produktive Fertigkeiten beherrscht und angewandt werden müssen“ (Rössler 2008, 61). Analog lassen sich aus Kriterienkatalogen zur Aufgabenerstellung Rückschlüsse auf das zugrundeliegende Konzept von Sprachmittlung ziehen. Kriterien, die häufig genannt werden, sind Authentizität der Situation und der Ausgangstexte, Realitätsnähe sowie klare Arbeitsaufträge mit Benennung von Situation, Kommunikationspartnern und deren Informationsinteressen (Philipp/Rauch 2010a, 4; Erdmann 2012, 73f.; Pfeiffer 2013, 52). Zusätzlich dazu nennt Pfeiffer auch Kriterien, die sicherstellen können, dass Aufgaben der fremdsprachendidaktischen Idealvorstellung von Sprachmittlung entsprechen: Dies sind z.B. unterschiedliche Textsorten und Register von Ausgangs- und Zieltext, Fehlen von Vokabelhilfen oder visuelle Unterstützung (Pfeiffer 2013, 52). Sowohl die

---

39   Dies bringt in der griechischen Fremdsprachendidaktik Dendrinos auf den Punkt, die Sprachmittlung von professioneller Übersetzung unterschieden sehen will: „I view it [i.e. mediation] as a form of everyday social practice which involves meaning-making agents (that is, event participants who create social meanings during the process), in acts of communication that require negotiation of meaning and relaying of information across the same or different languages“ (Dendrinos 2006, 16).

Ansätze, die Teilkompetenzen benennen, als auch diejenigen, die Kriterienkataloge für gute Sprachmittlungsaufgaben auflisten, haben jedoch ein Problem: Sie neigen dazu, so ausführlich zu werden, dass sie Selbstverständlichkeiten enthalten – wie „Möglichkeit zur Einbettung in den Unterricht" und „Transparenz der Bewertungskriterien" (Pfeiffer 2013, 52) – oder zumindest so umfassend, dass sie für viele Bereiche des Fremdsprachenunterrichts gleichermaßen gültig sein könnten – wie „Überfachliche Kompetenzen (z.B. Medienkompetenz" (Philipp/Rauch 2010a, 5), „Sprachlernkompetenz" (Caspari/Schinschke 2012, 41) oder „Lernerorientierung", „Transparenz und Stimmigkeit" und „Prozessorientierung" (Rössler 2012, 141).

Anders als in diesen präskriptiven Aussagen wählt Caspari (2013) einen deskriptiv-empirischen Ansatz, mit dem sie die Vielfalt der Aufgaben in Lehrwerken und Prüfungen erfasst, welche jeweils Interpretationen der Lehrplanaussagen darstellen.[40] Dabei unterscheidet sie nach dem Modus mündlich und schriftlich zwei Hauptkategorien und gelangt zu folgender Typologie, die viele der oben dargestellten Aufgabenformate, auch die eher randständigen oder diskussionswürdigen, erfasst:

1.   Sprachmittlung als mündliche Produktion
1.1   Sprachmittlung als situativer Rahmen zur Überprüfung des fremdsprachigen Lese- bzw. Hörverstehens
1.2   Sprachmittlung als situativer Rahmen für eine Sprechübung/sprechvorbereitende Übung in der Zielsprache
1.3   Sprachmittlung als Paraphrase
1.4   Sprachmittlung als Übertragung von Sprechakten bzw. Sprechintentionen in einer Gesprächssituation
2.   Sprachmittlung als Produktion schriftlicher Zieltexte
2.1   Sprachmittlung als situativer Rahmen für die schriftliche Textproduktion
2.2   Sprachmittlung als Überprüfungsform lexikalischer und grammatischer Kenntnisse
2.3   Sprachmittlung als Anwendung interkultureller Kenntnisse
2.4   Sprachmittlung als Zusammenfassung eines Textes in einer anderen Sprache
2.4.1 Sprachmittlung als situativer Kontext für ein „résumé"
2.5   Sprachmittlung als mündliche bzw. schriftliche Zusammenstellung wichtiger Informationen (Caspari 2013, 36)

Während nicht alle dieser empirisch vorgefundenen Aufgaben voll dem Konzept von Sprachmittlung in den Bildungsstandards entsprechen, plädiert Caspari dennoch für eine weite Begriffsdefinition, indem sie an einem Beispiel der realistischen Alltagssituation der Wohnungssuche für einen ausländischen Freund zeigt, „dass es in der Realität viele unterschiedliche Formen von Sprachmittlung gibt, die mit nur einem, normativen Konzept [...] nicht adäquat zu fassen sind" (Caspari 2013, 37). Abgesehen von dem im *CEFR* angeführten Übersetzen und Dolmetschen sowie intralingualer Vermittlung er-

---

40   Vgl. dagegen Fäcke 2013, die zwar zunächst auch deskriptiv vorgeht, dann jedoch die Ergebnisse ihrer Lehrwerksanalyse an normativen Vorgaben zum Konzept der Sprachmittlung misst.

fasst dieser Vorschlag, den Caspari mit einem Modell der Sprachmittlungskompetenz abrundet (vgl. Kapitel 4.1.1), die größte Vielfalt an Aufgabentypen.

3.1.7 Fazit: Divergente, weite und enge Begriffsbestimmungen

Die Analyse der Positionen im übernationalen *CEFR*, in den nationalen Bildungsstandards als Orientierungsrahmen, den regionalen Lehrplänen und Prüfungsaufgaben sowie in den fremdsprachendidaktischen Veröffentlichungen zeigt, dass das Konzept der Sprachmittlung in Deutschland weit davon entfernt ist, eindeutig definiert zu sein. Dies mag daran liegen, dass die knappen und allgemeinen Aussagen des *CEFR* großen Interpretationsspielraum lassen. Dabei ist der fremdsprachendidaktische Diskurs bis auf wenige Ausnahmen durch starke Übereinstimmung charakterisiert, während in der Unterrichts- und Prüfungsrealität Vielfalt vorherrscht. Allerdings engen der fremdsprachendidaktische Konsens und die Bildungsstandards die Definition des *CEFR* ein, während gleichzeitig unter der Bezeichnung ‚Sprachmittlung' auch traditionelle Aufgabenformen der Version oder pädagogischen, didaktischen Übersetzung weitergeführt werden. Somit erscheinen gegenwärtig folgende Formate unter der Bezeichnung ‚Sprachmittlung':

- Kontrastive Sprachbetrachtung zum Zweck des Sprachlernens, meist vom Deutschen ins Englische
- (Schriftliches) Übersetzen von schriftlich vorliegenden Texten ohne Kontextualisierung bzw. mit mehr oder weniger vager Kontextualisierung, wobei der Inhalt vollständig übermittelt werden soll, meist vom Englischen ins Deutsche
- (Mündliches) Dolmetschen in mündlichen Situationen mit mehr oder weniger präziser Kontextualisierung
- Identifizierung und schriftliche oder mündliche Wiedergabe von ausgewählten Informationen mit gering ausgeprägter Kontextualisierung
- Schriftliche oder mündliche Vermittlung mit relativ konkreter Kontextualisierung (Nennung von Adressat, Situation, Zweck o.Ä.), ausgehend von
  o schriftlichen Texten
  o mündlichen Texten
  o Bildern oder Bild-Text-Kombinationen, d.h. visuellen Elementen, evtl. in Kombination mit Hör- oder Lesetexten

Diese letztgenannte Form kann als prototypische schulische Sprachmittlung angesehen werden, während die anderen Typen eher randständige Formen sind. Beachtet werden sollte allerdings, dass diese Art der Sprachmittlung nicht notwendigerweise zusammenfassend, paraphrasierend oder inhaltlich oder sprachlich vereinfachend erfolgen muss, wie dies z.B. Reimann (2015) anzunehmen scheint, sondern dass das Kriterium, das am ehesten die Unterscheidung zu traditionellen Übersetzungsübungen ermöglicht, meines Erachtens die (möglichst konkrete) Nennung von Situation, Adressat und Zweck der Sprachmittlungshandlung ist. Damit lassen sich die verschiedenen Formen der Sprachmittlung graphisch wie folgt darstellen (Abb. 1): Mit horizontalen Wellenlinien sind die zentralen Formen der Sprachmittlung unterlegt, wobei im Vorgriff auf Kapitel 3.5 auch das funktionale Übersetzen (inkl. der Realisierung als literarisches Übersetzen) und Simultandolmetschen als Tätigkeiten professioneller Sprachmittler aufgenommen wurden. Mit vertikalen Strichen sind die jeweiligen Formen unterlegt, die für den schulischen Unterricht wenig oder nicht relevant sind. Weiß dargestellt sind die nicht als „Sprachmittlung" im inzwischen etablierten Sinne zu verstehenden Unterrichtsverfahren der Version und der kontrastiven Wortschatz- und Grammatikübungen (vgl. Kapitel 3.2).

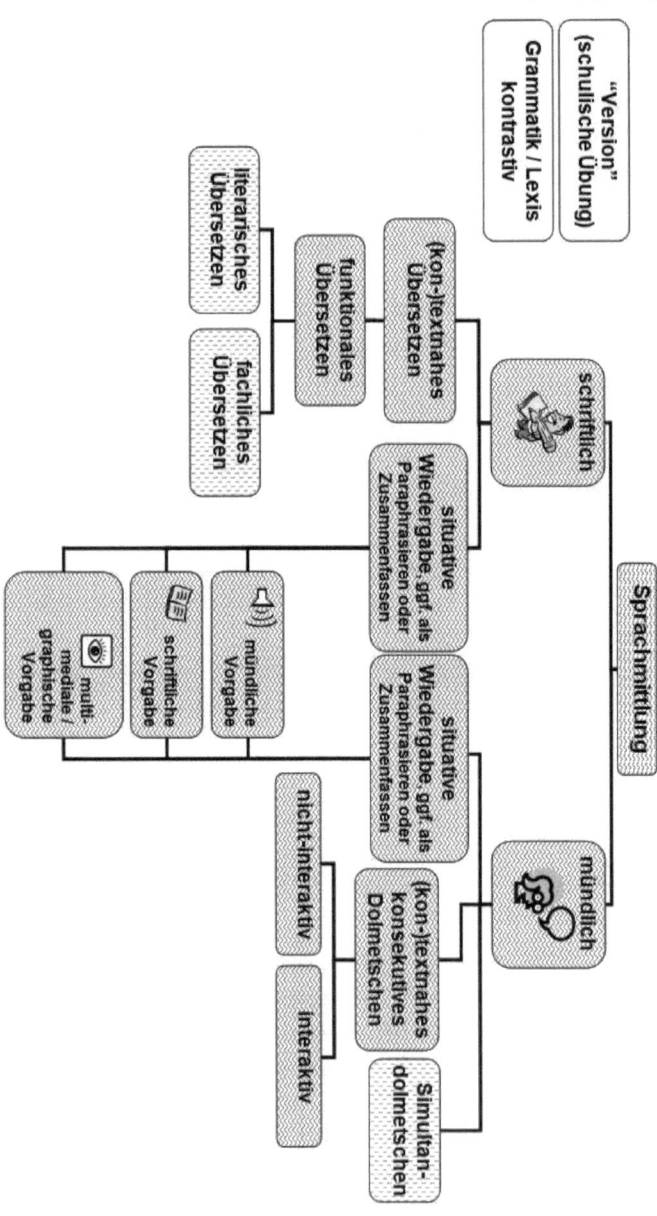

Abb. 1:   Formen der Sprachmittlung im fremdsprachenunterrichtlichen Kontext

3.2 Ein Blick zurück: Wegbereiter für die Sprachmittlung im deutschen Fremdsprachenunterricht

Sprachmittlung wird in der deutschen Fremdsprachendidaktik, in den Richtlinien, Lehrplänen und Prüfungsanforderungen der einzelnen Bundesländer sowie in den Bildungsstandards abweichend zum *CEFR* weitgehend eingeengt auf die sinngemäße, zusammenfassende, adressaten- und situationsorientierte Wiedergabe von Texten (vgl. Kapitel 3.1). Somit erfolgt häufig eine Abgrenzung von der traditionellen Übersetzung, wie sie im Fremdsprachenunterricht lange Zeit üblich war und teilweise immer noch praktiziert wird (z.B. Hallet 2008a; Gebauer/Kieweg 2008; de Florio-Hansen 2008, Caspari 2008a).[41] Daher wäre eine didaktisch-methodische Modellierung der Sprachmittlung ohne die Betrachtung des historischen Kontexts der Übersetzung im Fremdsprachenunterricht unvollständig, wobei die Rolle, die der Erstsprache im Fremdsprachenerwerb und -unterricht zugeschrieben wird, in diesen Diskurs hineinspielt (vgl. dazu Kapitel 3.3.3). Es zeigt sich, dass eine dogmatische Abgrenzung von Sprachmittlung und schulischer Übersetzung trotz der grundlegenden Unterschiede eine zu starke Vereinfachung darstellt; vor allem aber wird deutlich, dass sich schon früher Ansatzpunkte für die sinngemäße Wiedergabe geboten hätten, die sich jedoch erst zu Beginn des 21. Jahrhunderts tatsächlich durchgesetzt hat. Auch kann davon ausgegangen werden, dass in außerschulischen Kontexten, in denen die modernen Fremdsprachen zu nützlichen Zwecken, z.B. bei politischen oder geschäftlichen Verhandlungen verwendet wurden, schon immer auch freiere Formen der Wiedergabe zum Einsatz kamen.

Die Darstellung der Rolle der pädagogischen Übersetzung im schulischen Fremdsprachenunterricht in Deutschland soll mit dem 19. Jahrhundert beginnen, als sich die modernen Fremdsprachen als Schulfächer etablierten und Vorläufer der heutigen Sprachmittlung im engeren Sinn sichtbar werden.[42] Drei Fragen ermöglichen es, die Rolle der Übersetzung zu systematisieren: 1. Welche Funktionen hat die Übersetzung, und welche Ziele werden mit ihr verfolgt? 2. Welche Tätigkeiten werden von den Lernenden gefordert (d.h. Hinübersetzung in die Fremdsprache oder Herübersetzung in die Erstsprache, schriftliche oder mündliche Realisierung, textnahe oder freiere Wiedergabe)? 3. Welche Texte sind zu übersetzen (d.h. literarische oder nichtliterarische Texte,

---

41   Hierbei handelt es sich allerdings um pädagogische, didaktisch motivierte Übersetzungen, die mit dem professionellen Übersetzen, mit dem sich die Übersetzungswissenschaft beschäftigt, weniger zu tun haben und von diesem Wissenschaftsbereich entweder kritisiert oder gar ausgeschlossen werden. Begrifflich wird in diesen Fällen von ‚philologischem' oder in englischsprachigen Veröffentlichungen von ‚pädagogischem' Übersetzen gesprochen (vgl. Sinner 2011; Sinner/Wieland 2013). Christiane Nord ordnet z.B. philologischen Übersetzungen von klassischer Literatur folgenden Zweck zu: „Abbildung von Form + Inhalt des AT [Ausgangstexts] im ZT [Zieltext]" (C. Nord 2010, 54). Die Übersetzungsübungen im Fremdsprachenunterricht dienen der „Abbildung der AT-Lexik im ZT" (C. Nord 2010, 54).

42   Dabei werden Diskurse, die sich auf verschiedene moderne Schulfremdsprachen beziehen, wiedergegeben, da Parallelen bestehen. Für einen Überblick über die gegenwärtige Rolle der Übersetzung im internationalen (Schul-)Kontext vgl. Kapitel 3.3.3 und im Detail G. Cook 2010, Leonardi 2010 und Scheffler 2013.

mündlich oder schriftlich realisierte Texte, Einzelsätze oder zusammenhängende Texte)?

Dabei lässt sich vor allem anhand der ersten Frage der allmähliche Siegeszug der Sprachmittlung als inhaltsorientierte, adressaten- und situationsgerechte Wiedergabe nachvollziehen. Kautz nennt folgende Ziele, die mit der traditionellen schulischen Übersetzung verfolgt werden:

– Die Entwicklung translatorischer Kompetenz
– Übersetzen als Mittel zur Lösung von Semantisierungsproblemen
– Übersetzen als ökonomisches Mittel der Lernerfolgskontrolle
– Übersetzen zur Förderung des Verstehens und zur Bewusstmachung und Einübung sprachlicher Strukturen
– Übersetzen als Medium des Sprachvergleichs (Kautz 2002, 444–453)

In der Tat lassen sich diese fünf Funktionen der Übersetzung bis in die 1960er Jahre in didaktisch-methodischen Veröffentlichungen und in staatlichen Verlautbarungen immer wieder auffinden;[43] dann treten weitere Funktionen hinzu, die den Weg für Sprachmittlung im heute üblichen fremdsprachendidaktischen Sinn bereiten.

3.2.1 Vom 19. Jahrhundert über die Richert'schen Richtlinien bis in die 1960er Jahre: Zunehmender Widerstand gegen das Übersetzen

Der allgemeine Rahmen für die Bedeutung der Übersetzung im gesamten Fremdsprachenunterricht ergibt sich durch das Dominieren der ursprünglich altsprachlichen Grammatik-Übersetzungs-Methode auch für die modernen Fremdsprachen, die gegen Ende des 19. Jahrhunderts stark problematisiert wurde (vgl. G. Cook 2010, 3–19). Wie bereits die Bezeichnung ‚Übersetzung‘ im Namen dieser Methode zeigt, erfüllt das Übersetzen hier eine zentrale Funktion: „Als Nachweis für die Beherrschung der Fremdsprache gilt die Übersetzung (von der Zielsprache in die Muttersprache/von der Muttersprache in die Zielsprache)" (Neuner 2007, 227). Im Detail werden verschiedene Formen der Übersetzung mit unterschiedlichen Zielen eingesetzt. Zum einen spielt die Übersetzung im Bereich des Spracherwerbs und des Sprachwissens eine wichtige Rolle (vgl. Neuner/Hunfeld, 1993, 19–32; Hüllen 2005, 92–97):[44] Grammatikphänomene werden deduktiv eingeführt; ausgehend von diesen Regeln und Satzbaumustern übersetzen die Lernenden Einzelsätze, aber auch längere Texte vor allem in die Fremdsprache, um so ihr Verständnis und ihre Beherrschung der jeweiligen grammatikalischen Struktur unter Beweis zu stellen. Zum anderen ist die Lektüre literarischer Texte ebenfalls eng an Übersetzungen gebunden: Hier sollen die Lernenden ihr Verständnis des kultu-

---

43   Selbstverständlich kann trotz dieser Vorgaben, die sich aus Dokumenten erschließen lassen, die Praxis möglicherweise anders ausgesehen haben.

44   Die folgenden Aspekte geben die Grammatik-Übersetzungs-Methode nur teilweise wieder; so spricht z.B. Hüllen auch von „vielen Grammatik-Übersetzungsmethoden" (Hüllen 2005, 92).

rellen Wertes bedeutender literarischer Texte in englischer oder französischer Sprache dadurch dokumentieren, dass sie diese ins Deutsche übersetzen. Analog zu den Fächern Latein und Griechisch stehen Leseverstehen, das kognitive Verständnis der Strukturprinzipien der jeweiligen modernen Fremdsprache und die intellektuelle Durchdringung der literarischen Werke im Mittelpunkt des Unterrichts.

Mit der neusprachlichen Reformbewegung gegen Ende des 19. Jahrhunderts verbindet sich auch die Forderung, die modernen Fremdsprachen anders als die alten Sprachen zu unterrichten und im Besonderen Unterrichtsmethoden einzusetzen, die es den Lernenden ermöglichen, Erstere zur Kommunikation zu nutzen.[45] Daraus ergibt sich auch eine veränderte Einstellung zur Übersetzung im Englisch- bzw. Französischunterricht. Eine komplette Ablehnung der Übersetzung anzunehmen (vgl. Schubel 1958, 264; Münch 1953, 17), würde allerdings diese didaktisch-methodischen Überlegungen zu stark vereinfachen. So stellt auch Edeltraud Meyer (1975, 20) fest, dass Viëtors bekannte Absage an die Übersetzung häufig verkürzt wiedergegeben werde.[46] Zwar setzt Viëtor dem Fremdsprachenunterricht das folgende praktische Ziel:

> Bringen wir den Schüler dahin, daß er außer in seiner Muttersprache auch in der fremden Sprache denken und sich ausdrücken lernt, so haben wir, dächte ich, genug geleistet. Das Übersetzen in fremde Sprachen ist eine Kunst, welche die Schule nichts angeht. (Viëtor [2]1886, 31)

In dieser Passage wird der Übersetzung eine ästhetische Funktion als ‚Kunst‘ zugewiesen. Auch wird ausgesagt, dass es eher Aufgabe des schulischen Fremdsprachenunterrichts ist, das Sprachkönnen in der Fremdsprache zu fördern. Daher wendet sich Viëtor an anderen Stellen seiner Streitschrift auch gegen wörtliche Übersetzungen in die Fremdsprache, die man in Phrasenbüchern findet, die jedoch nicht das praktische Sprachkönnen der Lernenden garantieren (Viëtor [2]1886, 24f.). Weiterhin lehnt er die mechanische Übersetzung von Einzelsätzen ab, die ein grammatikalisches Problem exemplifizieren (Viëtor [2]1886, 22). Wie das obige Zitat jedoch auch zeigt, wird primär die Übersetzung in die Fremdsprache kritisiert. Die Übersetzung ins Deutsche lässt Viëtor aus verschiedenen Gründen zu, wie er in einer späteren Auflage seiner Schrift klarstellt:

> Man wolle beachten, daß ich hier vom Übersetzen in fremde Sprachen rede. Eine Übersetzung in die *eigene* lasse ich z. B. in der Skizze des Unterrichtsganges ausdrücklich zu. Aber auch sie kann ich nur als ‚Krücke‘ betrachten, deren man sich entledigt, sobald es geht. (Viëtor [3]1905, 49; Kursivdruck im Original)

Erstens kann sie, wie die von Viëtor verwendete Metapher zeigt, eine unterstützende Hilfsfunktion haben. Zweitens kann sie unter Umständen als „Kunstübung in einer

---

45 Zur Vielschichtigkeit des Verhältnisses von alt- und neusprachlicher Methodik vgl. jedoch Klippel (2000).

46 Edeltraud Meyer zitiert jedoch selbst falsch aus Viëtors Abhandlung *Der Sprachunterricht muß umkehren!* (Erstveröffentlichung 1882), da sie die Reihenfolge der Sätze vertauscht. Dennoch liefert Edeltraud Meyers Dissertation (1975) einen guten Überblick über die Rolle der Übersetzung im Fremdsprachenunterricht. Knapper, aber ebenfalls aufschlussreich ist der Überblick in Weller (1973).

Sprache, die man beherrscht" (Viëtor ³1905, 49f.), d.h. als Übersetzung ins Deutsche, akzeptiert werden. Grundsätzlich aber lehnt Viëtor die Herübersetzung zum Überprüfen des Verständnisses von Texten, die Hinübersetzung von Grammatik wegen ihres geringen praktischen Nutzens und die Hinübersetzung von Texten aus Gründen der Überforderung ab. Viëtor fordert dagegen einerseits die einsprachige Behandlung von Texten im Unterricht und andererseits freiere schriftliche Arbeiten, die er allerdings in den Abiturprüfungen noch nicht realisiert findet (Viëtor ³1905, 50f.).

Ähnliche Aussagen finden sich zu derselben Zeit auch bei anderen Reformern, die z.B. generell an der Übersetzbarkeit kultureller Erzeugnisse zweifeln oder Übersetzungen nur zur Klärung von Schwierigkeiten oder zum Sprachvergleich zulassen möchten (vgl. E. Meyer 1975, 18–21). Ein weiterer Vertreter der Neusprachlichen Reformbewegung, Hermann Klinghardt, der anstelle der Grammatik-Übersetzungs-Methode die imitative Methode propagiert, setzt sich mit dem Problem auseinander, dass beispielsweise im Jahr 1882 in der Reifeprüfung die in den Lehrplänen nicht genannten Übersetzungen gefordert waren, während sein Unterricht andere Verfahren verwendete (Klinghardt 1892, 52–65). Er hält Textverständnis eher mit der imitativen Methode für erreichbar (Klinghardt 1892, 33) und kritisiert mit Bezug auf den Literaturunterricht zu Werken Shakespeares die „üblichen deutschen übersetzungsstumpereien [sic]" (Klinghardt 1892, 47). Er will daher möglichst wenig Unterrichtszeit auf die Vorbereitung der Übersetzungsprüfungen verwenden, da er bezweifelt, dass eine Fremdsprache durch das Lernen von Grammatikregeln und das Übersetzen erlernbar sei. Genauso sieht es Glauning zu Beginn des 20. Jahrhunderts, wenn er folgenden Einwand der Gegner der Übersetzung vorbringt: „Das Auffinden [d.h. Erstellen; Anmerkung d. Verf.] einer guten Übersetzung kostet daher oft unverhältnismäßig viel Zeit, und diese gehe dann für den eigentlichen Zweck des Unterrichts verloren" (Glauning 1910, 38). Die Übersetzung in die Fremdsprache hält er für noch problematischer: „Das Übersetzen aus dem Deutschen in die fremde Sprache wird in der Regel von den Angehörigen derselben am besten selbst besorgt" (Glauning 1910, 68).[47]

Die Möglichkeit der Erstellung von freieren schriftlichen Texten auch als Prüfungsform wird vor allem in den Richert'schen Richtlinien von 1925 deutlicher formuliert; denn dort werden u.a. folgende Aktivitäten aufgezählt:

> freie Nacherzählungen auf Grund eines vorgetragenen oder vorgelesenen deutschen oder englischen Textes; Rückübersetzung nach guter deutscher Übersetzung; freie Übertragung einfacher deutscher Originaltexte ins Englische; Übertragungen aus dem Englischen ins Deutsche. (Zit. in Christ/Rang 1985, 268)

Das Spektrum des zweisprachigen Arbeitens ist somit deutlich breiter geworden, auch wenn die Herübersetzung unter der Bezeichnung ‚Übertragung' weiter vorhanden ist und gefordert wird, bereits aus dem Englischen übersetzte Texte wieder ins Englische zurückzuübersetzen. Interessant sind allerdings die freieren Formen der Wiedergabe, die

---

47 Eben dieser Aspekt der Richtung, in die übersetzt bzw. gegenwärtig gemittelt wird, bleibt in der Diskussion um Sprachmittlung fast völlig unbeachtet. Siehe aber Kapitel 4.4.2 und 5.5.

in den Richtlinien nur knapp genannt, in einigen Methodiken jedoch ausführlicher erläutert werden.

Strohmeyer beispielsweise hält fest, dass die Übersetzung zu schwierig für die meisten Lernenden sei (Strohmeyer 1928, 190), womit er wohl philologische Übersetzungen meint, und führt stattdessen folgendes Verfahren an:

> [Die Richtlinien] schlagen Übertragungen eines zusammenhängenden Textes in die fremde Sprache in freier Form vor, aber wohlverstanden nicht eine freie Nacherzählung des Inhalts, sondern eine Übertragung, in der jeder Satz mit jedem Gedanken wiedergegeben wird, freilich nicht in sklavischer, wortgetreuer Übersetzung, sondern in freier Anpassung. Das ist eine große und schwere Kunst, die auch dem Philologen nicht unerhebliche Schwierigkeiten bereiten wird. (Strohmeyer 1928, 190)

Hierbei handelt es sich um die in den Richert'schen Richtlinien an vorletzter Stelle genannte Aktivität. Anders als bei heutigen sprachmittelnden Aktivitäten fehlt hier der Kommunikationskontext; es ist eine Aktivität, die vorrangig für unterrichtliche oder bildende Zwecke stattfindet. Es geht nicht, wie bei der späteren Sprachmittlung, um die inhaltliche Veränderung, Komprimierung oder Erläuterung des Ausgangstextes, sondern um dessen sprachliche Umgestaltung. Eine Ähnlichkeit liegt darin, dass die Lernenden sich von der sprachlichen Vorlage lösen und eigenständig die englische Sprache verwenden sollen. Somit wird klar, dass auch in Strohmeyers Methodik Übersetzung eher noch als schulische, pädagogische, sprachlich perfekte Wiedergabe gesehen wird.

Für Prüfungszwecke führt Strohmeyer eine weitere, auch in den Richert'schen Richtlinien genannte Tätigkeit an, nämlich die Nacherzählung auf Grundlage eines mündlich realisierten englischen oder deutschen Textes (Strohmeyer 1928, 191). Zwar dürfen auch hier die Prüflinge „keinen wesentlichen Gedanken auslassen" (Strohmeyer 1928, 191). Anknüpfungspunkte für die spätere Sprachmittlung finden sich dennoch im Wechsel des Mediums vom Mündlichen zum Schriftlichen sowie in der Konzentration auf die zentralen Inhaltselemente des Textes, auch wenn es insgesamt aufgrund der fehlenden Kontextualisierung noch ein weiter Weg zur Sprachmittlung im gegenwärtigen Sinn ist. Diese freiere Form der Wiedergabe eines deutschen (oder englischen) Textes im Englischen etablierte sich in der Folge als eine bis ins Jahr 1972 gültige Prüfungsform im Abitur und wird auch 1963 in Bohlens *Methodik des neusprachlichen Unterrichts* genannt. Dort wird auch die Wiedergabe „in gutem, nicht in Übersetzerdeutsch" (Bohlen 1963, 165) verlangt, womit wieder pädagogischen Übersetzungen eine Absage erteilt wird.

Von den 1920er bis noch in die 1950er und 1960er Jahre werden aber auch die Herübersetzung zu interpretatorischen Zwecken und zur Schulung von Gründlichkeit und Genauigkeit im Ausdruck (Aronstein 1921, 102f.; Münch 1953, 57f.) und die Hinübersetzung zur Entwicklung des Stil- und Sprachgefühls, zum Sprachvergleich und zu sprachpflegerischen Zwecken (Aronstein 1921, 93; Schrey 1952, 114; Münch 1953, 57; Schubel 1958, 264) gerechtfertigt. Zur Förderung des stilistischen Empfindens werden daneben weiterhin, wie schon bei Strohmeyer (1928), freiere Übertragungen genannt und von engeren Übersetzungen unterschieden (Münch 1953, 58; Schrey 1961): „Im Gegensatz zur Übersetzung darf die Übertragung eine recht große Freiheit gegenüber dem zu übersetzenden Text in Anspruch nehmen. Vor allem gilt dies in syntaktischer Hinsicht" (Schrey 1961, 42). Auch mit dieser Form der Wiedergabe zwischen zwei Sprachen soll das Stilempfinden gefördert werden. Interessant ist, dass überhaupt zwischen textgetreuer Übersetzung und freierer Übertragung unterschieden wird: In der Übersetzungswissenschaft ist unstrittig, dass sprachliche Freiheiten bei der Wiedergabe nötig sind (vgl. Kapitel 3.5.3). Damit wird auch deutlich, dass die klassische schulische Übersetzung weiterhin eher pädagogische Funktionen erfüllt.

3.2.2 Der kommunikative Ansatz: Differenzierte, aber auch widersprüchliche Aussagen zur Übersetzung

Edeltraud Meyer fasst die bis mindestens in die 1960er Jahre verbreitete, grundsätzliche Einstellung zur Übersetzung mit dem allseits bekannten Sinnspruch „So wörtlich wie möglich und so frei wie nötig" (E. Meyer 1975, 8) zusammen.[48] Allerdings dominiert in den 1960er Jahren insgesamt die audiolinguale Methode, in welcher der Einsatz der Muttersprache kategorisch abgelehnt wird (Neuner 2007, 230), so dass das Übersetzen kaum thematisiert wird. Doch in der Praxis fand Übersetzen sicherlich trotzdem statt, auch weil Lehrwerke Übungen dazu enthielten. Auch in einigen methodischen Veröffentlichungen wird Übersetzen als „Mittel zum Zweck", aber auch als „Selbstzweck" aufgeführt (E. Meyer 1975, 23). Letzterer liegt vor, wenn darauf verwiesen wird, dass Übersetzen oder Dolmetschen in Begegnungssituationen, besonders mit englischsprachigen Menschen, in der modernen Welt immer relevanter wird, so dass hier ein gewisser „Pragmatismus" (Schubel 1958, 264) akzeptiert wird. Besonders deutlich zeigt sich diese Argumentation, die Begründungen für die heutigen Formen der Sprachmittlung vorwegnimmt, in Piephos Aufsatz „Über die Rolle der Muttersprache im Englischunterricht" (1964). Darin nennt Piepho fünf Funktionen der Übersetzung:

> Übersetzen als soziale Leistung (Dolmetschen), Übersetzen als schöpferische Sprachleistung (Übertragung farbiger Wörter, Wendungen und anspruchsvoller Texte ins Deutsche), Übersetzen als Kontrolle des Verständnisses, Übersetzen als Mittel zur exakten Deutung (Übersetzen von Dokumenten, Gebrauchsanweisungen, Korrespondenzen etc.), Übersetzen als Hilfe zur Würdigung sprachlicher Schönheit. (Piepho 1964, 42)

Während einige der Ziele aus der Grammatik-Übersetzungs-Methode bekannt und tradiert sind, nennt die erstgenannte Funktion ein wichtiges Definitionsmerkmal der Sprachmittlung und greift mit dem Verweis auf die Funktion des Dolmetschens in der Lebenswelt der Etablierung des kommunikativen Ansatzes vorweg: Die Übertragung erfolgt in einer sozialen Situation für Kommunikationspartner, die das Bedürfnis haben, sich trotz fehlender Sprachkenntnisse zu verständigen. Auch die Nennung nicht-fiktionaler Textsorten, die einer genauen Auslegung bedürfen, deutet an, dass die Über-

---

48   Weller stellt zu dieser allbekannten Problematik sehr treffend fest: „Nirgendwo wird dem Schüler klar gesagt, wie der bequeme, stereotype Leitsatz ‚So wörtlich (Variante: getreu) wie möglich, so frei wie nötig' zu verstehen und übersetzungspraktisch anzuwenden ist" (Weller 1973, 8; Hervorhebung im Original).

tragung in eine andere Sprache einen konkreten, realitätsnahen Zweck in der realen Welt – über das Erlernen einer Fremdsprache hinaus – erfüllen kann. So ist es wenig überraschend, dass bereits lange vor der Veröffentlichung und Rezeption des *CEFR* immer wieder Vorstöße unternommen werden, nichtprofessionelles, alltägliches Dolmetschen in den Fremdsprachenunterricht zu integrieren (z.B. Walter 1974; Zydatiß 1975; Weller 1981; Hamm 1984; Appel 1985; M. Meyer 1986; Heuer/Klippel 1987; Beile 1991).[49]

Ab den 1970er Jahren nimmt das Interesse an der Rolle der (schriftlichen) Übersetzung im schulischen Fremdsprachenunterricht dann wieder stark zu.[50] Dies zeigt sich in einer Vielzahl von Veröffentlichungen zur Übersetzung in den modernen Fremdsprachen, wobei hier exemplarisch folgende Werke genannt seien:[51] je ein Themenheft von *Der fremdsprachliche Unterricht* zum Thema „Die Übersetzung im neusprachlichen Unterricht" (1976), von *Die Neueren Sprachen* zum „Übersetzen" (1977), von *Fremdsprachen lehren und lernen* mit dem Titel „Übersetzung und Übersetzen" (Zöfgen 1988), die Sammelbände *Übersetzen und Fremdsprachenunterricht* (Bausch/Weller 1981) mit teilweise bereits früher erschienenen, teilweise originalen Beiträgen, *Übersetzen im Fremdsprachenunterricht* (Ehnert/Schleyer 1987), *Übersetzungswissenschaft und Fremdsprachenunterricht* (Königs 1989) und einige Beiträge in *The Role of Translation in Foreign Language Teaching* (British Council et al. 1991) zum Übersetzen in Schule oder Universität sowie die bereits zitierte Arbeit von Edeltraud Meyer *Die Übersetzung im neusprachlichen Unterricht* (1975).[52]

Die Diskussiom um das Übersetzen im Fremdsprachenunterricht verändert sich nun auch. Alle diese Bände versuchen, Überlegungen zum Übersetzen aus Fremdsprachendidaktik und Übersetzungswissenschaft zusammenzuführen. Besonders relevant für die spätere Entwicklung der Sprachmittlung aber sind Tendenzen im Fremdsprachenunterricht der Deutschen Demokratischen Republik, die weiter unten kurz dargestellt werden. Zusammenfassen lassen sich die wichtigsten Aspekte der Diskussion um die Überset-

---

49   Hier hätte sich sogar eine frühe Möglichkeit geboten, systematisch von ‚Sprachmittlung' zu sprechen, denn so wird auch teilweise das nichtprofessionelle Dolmetschen in den 1980er Jahren und später in der (interkulturellen) Linguistik genannt (vgl. Knapp/Knapp-Potthoff 1985 und Knapp 2006; s. Kapitel 3.5.1).

50   Diese Zunahme steht im Kontrast zu einer wohl nur theoretisch bestehenden Übermacht des kommunikativen Fremdsprachenunterrichts. Sie könnte auch als konservative Reaktion auf diesen gewertet werden: Diese kann einerseits Bewährtes bewahren wollen oder Veränderung ablehnen und entspricht der Reaktion auf die Einführung der Sprachmittlung zu Beginn des 21. Jahrhunderts (vgl. die Argumente in Stößlein 2004).

51   Zur Rolle der Übersetzung im altsprachlichen Unterricht vgl. Weller 1994, 201–208.

52   Daneben gibt es eine Reihe von Sammelbänden und Aufsätzen, die sich vorwiegend mit Übersetzungswissenschaft und -didaktik in universitären Studiengängen oder dem Übersetzungsunterricht für Lehramtsstudierende auseinandersetzen (vgl. Kleineidam 1974; Hausmann 1975; Reiß 1977; Ettinger 1977; Snell-Hornby 1985; Klein-Braley 1982; Titford/Hieke 1985; Königs 1986; Gorbahn 1988; Weller 1991). Vgl. Ettinger 1988 für eine kurze Zusammenfassung der Debatten der 1970er und frühen 1980er Jahre und Weller 1993 und 1994 für eine Übersicht zu zeitgenössischen Veröffentlichungen zur Übersetzungswissenschaft und -didaktik, die meist die Hochschulausbildung für Berufsdolmetscher und -übersetzer betreffen.

zung im Fremdsprachenunterricht von den 1970er bis 1990er Jahren am besten nach der Funktion und den Zielen, die ihr zugeschrieben werden. In einem wegweisenden Artikel sieht Bausch für die Übersetzung vier Erscheinungsmöglichkeiten: als eigenständige Fertigkeit, als Übungsform, als Mittel zur Lernerfolgskontrolle und als vom Lerner selbst eingesetzte Aktivität (Bausch 1977, 527). Ab der Mitte der 1970er Jahre nehmen nun die Begründungen, die Übersetzung als eigenständiges Lernziel für den Fremdsprachenunterricht postulieren, deutlich zu (z.B. Grucza 1970; E. Meyer 1975 und 1976; Friederich 1976; Weller 1981; Wilss 1981). Besonders offensichtlich wird dieser Ansatz in der Verwendung des Begriffs „translatorische Kompetenz" (Weller 1981, 269), wobei meist die Übersetzung aus der Fremd- in die Muttersprache, teilweise aber auch interaktives Dolmetschen gemeint ist. Insofern ist auch die Wertung der Zeit ab Beginn der 1980er Jahre als „Wende", „Kehre" oder „Paradigmenwechsel" (Ettinger 1988, 22) nicht von der Hand zu weisen.

Diese neue, veränderte Funktionsbestimmung der Übersetzung steht im Gegensatz zur Übersetzung als Übungs- und Prüfungsform, wie sie in früheren Zeiten gepflegt wurde: An diesem Einsatz der Übersetzung wird weiterhin Kritik geübt (z.B. Piepho 1976; Wilss 1981; Weller 1981 und 1991; Sepp 1973). Am plakativsten drückt dies Weller aus, der vom „Elend schulischer Übersetzungslehre" (Weller 1991) spricht und damit Folgendes meint:

> Das ‚Elend' schulischer Übersetzungslehre dokumentiert sich also weniger in der Art und Weise des Umgangs mit Formen des ‚Übersetzens' als eigenständiger Fertigkeit, als integrale Kommunikationsleistung neben den traditionellen fremdsprachlichen Fertigkeiten, sondern in der unreflektierten Perpetuierung jener grammatisierenden Übersetzungsmethode, die vor mehr als einem Jahrhundert den Sprachunterricht insgesamt bestimmt hat. Das Dilemma des schulischen (wie des universitären) Fremdsprachenunterrichts beruht darin, daß translatorische Kompetenz sich nicht automatisch oder organisch mit zunehmender fremdsprachlicher und muttersprachlicher Kompetenz entwickelt, sondern wie ein Handwerk von Grund auf gelehrt und gelernt werden muß. (Weller 1991, 36)

An diese Feststellung kann die gegenwärtige Propagierung von Sprachmittlung insofern anschließen, als diese, genauso wie Übersetzen, als eigenständige sprachliche Aktivität gilt, die systematisch entwickelt und geschult werden muss: Diskursiv zeigt sich dies auch daran, dass verschiedentlich Übersetzen und Dolmetschen oder eben Sprachmittlung als „fünfte Fertigkeit" (vgl. Wilss 1981, 303; Weller 1981, 278; Stefanink 1993; KMK 2003 und 2004; Haß 2006; Gnutzmann/Bohnensteffen 2012, 52) bezeichnet werden.

Allerdings wird nur selten versucht, Übersetzen als im schulischen Fremdsprachenunterricht zu vermittelnde Fertigkeit präzise zu fassen, wie Krings dies in einem Überblicksartikel im *Handbuch Fremdsprachenunterricht* vorschlägt. Für die Übersetzung ins Deutsche nennt er einmal den „intensiven selbstorganisierten Texterschließungsversuch" (Krings 1989, 278) an Textstellen, die Verständnisschwierigkeiten bieten, wobei Strategien wie ratendes Erschließen von Lücken und Wörterbucheinsatz eingesetzt werden sollen. Zum anderen handelt es sich um das Übersetzen bekannter Texte, wobei er die „absolute Beachtung der muttersprachlichen Versprachlichungs- und Vertextungsnormen" (Krings 1989, 278) einfordert. Für die Übersetzung in die Fremdsprache hält er das Festhalten von „alle[n] zur Lösung konkreter Übersetzungsprobleme ernsthaft erwogenen Lösungen" (Krings 1989, 279) für nötig, zu denen die Lehrkraft, die möglichst über muttersprachliches Niveau in der Fremdsprache verfügen soll, Feedback erteilt. Diese Beschreibung, die den Prozesscharakter des Übersetzens betont, ähnelt Tätigkeiten, die professionelle Übersetzer ausführen müssen (vgl. Kapitel 3.5.4 bis 3.5.6) und bietet auch Anknüpfungspunkte für eine systematische Entwicklung der Sprachmittlungskompetenz.

Während einerseits zur Begründung der Relevanz des Übersetzens der für unvermeidbar gehaltene Einfluss der Muttersprache angeführt wird (Butzkamm 1976; Friedrich 1976; Piepho 1976; Weller 1977), wird andererseits noch stärker als in den 1960er Jahren auf die Bedeutung zweisprachigen Vermittelns in Alltag und Beruf hingewiesen. Charakteristisch für diese Begründung ist wieder eine Feststellung Wellers, der festhält:

> Das Übersetzen ist e i n Fall praktizierter Doppelsprachigkeit, im übrigen die häufigste Prozedur internationaler Kommunikation: d.h. es gibt viele Kontaktsituationen, in denen die sprachmittelnde Fertigkeit eher die Kommunikation sichert als die zielsprachige Kompetenz allein: der Schüler als zukünftiger Sprachmittler, eine Qualifikation, die Nichtsprachkundige zu Recht von einem auf nachschulische Lebens- und Berufssituationen vorbereitenden Fremdsprachenunterricht erwarten. (Weller 1977, 485; Hervorhebung im Original)

Wenn in dieser Argumentation aus den 1970er Jahren nicht die Bezeichnung ‚Übersetzen' verwendet würde, könnte sie wortwörtlich zur Begründung der Wichtigkeit von Sprachmittlung zu Beginn des 21. Jahrhunderts verwendet werden – es ist sogar von einer ‚sprachmittelnden Fertigkeit' die Rede, wenn auch in einer anderen (übersetzungswissenschaftlichen) Bedeutung.

3.2.3 Etablierung von Sprachmittlung oder (kommunikativem) Übersetzen (1980er bis 2010er Jahre)

In einem anderen Kontext stößt man auch im folgenden Jahrzehnt auf eine wegweisende Forderung nach alltags- und berufsrelevanter Vermittlung zwischen zwei Sprachen: Meinert Meyer unternimmt Mitte der 1980er Jahre im Rahmen von Reformbemühungen in der nordrhein-westfälischen Kollegschule (Sekundarstufe II) den interessanten Versuch, allgemeinbildenden und berufsbildenden Fremdsprachenunterricht zu verbinden (M. Meyer 1986). Dazu gehören für ihn auch Fertigkeiten, die sowohl Erst- als auch Fremdsprache einbeziehen:

> Übersetzen und ansatzweise Dolmetschen als zusammengesetzte Fertigkeiten (Leseverstehen und Schreiben in der Muttersprache oder Fremdsprache; Hörverstehen und Sprechen, gleichfalls in Muttersprache und Fremdsprache). (M. Meyer 1986, 116)

Terminologisch interessant ist, dass auch Meinert Meyer die Bezeichnung ‚Sprachmittlung' verwendet, ohne jedoch definitorische Unterscheidungen zum ‚Übersetzen' und ‚Dolmetschen' zu vollziehen. Er stellt folgende These auf:

Die Notwendigkeit grenzüberschreitender Kommunikation führt zu Dienstleistungen wie den folgenden: Auslandskorrespondenz, mehrsprachiger Publikumsverkehr, Übersetzungs-dienste, Dolmetschdienste. Diese Dienstleistungen werden in unserer arbeitsteiligen Ge-sellschaft durch Angehörige bestimmter Berufe erbracht, durch Fremdsprachenkorrespon-denten, Übersetzer und Dolmetscher. Noch wichtiger ist jedoch der Fremdsprachenunter-richt. Wer Fremdsprachen erlernt hat, braucht keine Sprachmittler heranzuziehen. (M. Meyer 1986, 105)

Wenn man bedenkt, dass professionelles Übersetzen häufig auch spezielles Fachwissen und -vokabular voraussetzt und dass nicht jeder, der eine Fremdsprache beherrscht, automatisch auch gut übersetzen kann, dann kann dieser Behauptung sicher nicht zuge-stimmt werden. Wichtig an Meinert Meyers Annahme ist jedoch, dass er dem Vermit-teln zwischen zwei Sprachen einen praktischen, außerschulischen Nutzen und nicht lediglich die bekannten pädagogisch-didaktischen Zielsetzungen zuschreibt. Meinert Meyers Beispiele umfassen zum einen genaue Übersetzungen von englischsprachigen Geschäftsbriefen ins Deutsche und die Erstellung englischer Briefe auf der Basis deut-scher Stichwörter, zum anderen triadische Dialogsituationen, in denen Lernende münd-lich zwischen jeweils einem deutsch- und englischsprachigen Partner vermitteln müssen (M. Meyer 1986, 273–279, 320–326 und 351–355).

Besonders der letztgenannte Aufgabentyp ist interessant, da genau er im 21. Jahr-hundert unter der Bezeichnung ‚Sprachmittlung' in den Fokus des fremdsprachendidak-tischen und -methodischen Interesses rückt. Hallet (1995) nimmt Meinert Meyers Bei-spiele in seinem Plädoyer für „interlinguale Kommunikation" schon knapp zehn Jahre später auf, und im 21. Jahrhundert schreibt er sie sich sogar selbst zu (Hallet 2008a, 5). Wie schon bei Piepho (1964) und generell im Fremdsprachenunterricht der DDR – und zwar unabhängig von westdeutschen Debatten – geht es um mündliche Formen der freieren Wiedergabe. Meinert Meyer betont vor allem, dass vorgegebene Inhalte nicht nur sprachlich übertragen, sondern auch diskursiv vermittelt und gegebenenfalls an die Kommunikationspartner angepasst werden müssen. Er ordnet daher diese mündlichen Situationen wegen des Vermittlungsaspekts sowohl interkulturellen als auch sprach- und handlungsbezogenen Zielsetzungen zu (M. Meyer 1986, 272 und 349). Letztere zeigen sich in einer Konfliktsituation zwischen den Gesprächspartnern, in der eine er-folgreiche Lernende

in der Lage [ist], eine Konfliktlösung zu erzielen, die zwangsläufig einen Kompromiß be-inhaltet. Dieser Kompromiß entsteht jedoch aus der analytischen Abarbeitung der stritti-gen Punkte, nicht über eine Mogler-Strategie der wechselseitigen Halbinformation oder gar der Fehlinformation. Sie kann also ihre Rolle als Vermittler strategisch-handlungs-orientiert akzeptieren und dennoch bzw. gerade darin die eigene Persönlichkeit selbstre-flexiv einbringen. (M. Meyer 1986, 355)

Auf eben diese didaktisch-pädagogischen Überlegungen greift auch Hallet zurück, wenn er mit Verweis auf Lerner- und Handlungsorientierung sowie interkulturelle Kommunikation das ‚kommunikative Übersetzen' fordert (Hallet 1995).[53]

Zu Beginn der zweiten Dekade des 21. Jahrhunderts stellen Gnutzmann und Bohnensteffen die Frage „Grammar and translation – a comeback?" (Gnutzmann/Bohnensteffen 2012), die sie mithilfe von Argumenten aus der wissenschaftlichen Literatur und einer Umfrage unter Lehrkräften und Lernenden in Nordrhein-Westfalen beantworten. Dabei unterscheiden sie *translation* nicht von „mediation or *Sprachmittlungskompetenz*" und schließen auch den grundsätzlichen Einbezug der Muttersprache in den Unterricht ein (Gnutzmann/Bohnensteffen 2012, 52). Sie sehen keine Wiederkehr der Übersetzung, da diese niemals völlig aus dem Unterricht verschwunden sei (Gnutzmann/Bohnensteffen 2012, 58), wie das vorliegende Kapitel tatsächlich zeigt. Gleichzeitig nennen sie, wie Gnutzmann bereits in einem früher erschienen Artikel zur Verbindung von Übersetzung und *language awareness* (vgl. Kapitel 3.3.3), wichtige Gründe für den Einsatz von Übersetzungen im Fremdsprachenunterricht, die auch für Sprachmittlung im engeren Sinne zutreffend sind: „As there is never just one correct translation, translation exercises can invite learners to discuss linguistic correctness, semantic equivalence and stylistic adequacy as well as cultural appropriateness" (Gnutzmann/Bohnensteffen 2012, 52). Durch die explizite Verwendung, Gegenüberstellung und Interaktion von zwei (oder mehr) Sprachen bietet der Übersetzungsunterricht – und natürlich auch Sprachmittlung als Variante der Übersetzung – viele Möglichkeiten, diese Ziele zu realisieren, die in der heutigen multikulturellen und multilingualen Welt immer relevanter werden.

3.2.4 Freie Formen der Wiedergabe als Vorläufer der Sprachmittlung im Fremdsprachenunterricht der DDR

In der Deutschen Demokratischen Republik werden ab den 1960er Jahren drei verschiedene Arten des zweisprachigen Arbeitens von den Lernenden gefordert, und zwar die Übersetzung aus der Fremdsprache und in die Fremdsprache sowie „das fremdsprachige Reagieren auf muttersprachig vorgegebene Sachverhalte" (Ledebur 1976, 17). Das schulische Übersetzen im herkömmlichen Sinn, das als Mittel des Spracherwerbs betrachtet wird, und die sinngemäße Wiedergabe in der Fremdsprache, die der Entwicklung der produktiven Fertigkeiten dienen soll, werden deutlich voneinander unterschie-

---

53   Hallet selbst verwendet die Bezeichnungen ‚kommunikatives Übersetzen' und ‚Sprachmittlung' nebeneinander (Hallet 1995). Auch Will macht sich unabhängig davon für „Übersetzen als eigenständige kommunikative Handlung" (Will 1998, 162) stark: Sie betont, wie wichtig es sei, Funktion und Übersetzungsauftrag zu beachten. Es überrascht, dass Bezüge zu übersetzungswissenschaftlichen Ansätzen dennoch meist unterbleiben.

den (Wolter 1961, 279).[54] Der Hauptunterschied zwischen letzterem Verfahren und dem Übersetzen nimmt die gegenwärtige Definition von Sprachmittlung im Fremdsprachenunterricht vorweg:

> Während die Übersetzung jedoch an Inhaltsgenauigkeit und -vollständigkeit sowie an Adäquatheit des sprachlichen Ausdrucks höchste Anforderungen stellt, verlangt das fremdsprachige Reagieren das Erfassen des oft nur Angedeuteten und seine situationsgerechte Umsetzung zur Lösung einer kommunikativen Aufgabe. Beim sinngemäßen Übertragen muß der Sprecher das Wesentliche herausfinden und dieses unter Verwendung der von ihm für geeignet befundenen und zu gegebenem Zeitpunkt auch zur Verfügung stehenden sprachlichen Mittel an den Kommunikationspartner übermitteln. (Reinke 1981, 145)

Diese Charakterisierung der freien fremdsprachigen Wiedergabe nennt zum einen die Situativität und den Bezug auf einen Adressaten in der Kommunikation, zum anderen weist sie, genauso wie die Definition des *CEFR* darauf hin, dass diese kommunikative Tätigkeit mit den jeweils vorhandenen, beschränkten Ressourcen zu bewältigen ist. Insgesamt müssen die Lernenden sprachliche und inhaltliche Umformungen vornehmen:

> Diese ‚Vereinfachung‘ vollzieht sich auf verschiedenen Ebenen: Die Aussage wird inhaltlich auf das Wesentliche konzentriert, die Satzkonstruktion wird vereinfacht, an die Stelle der lexikalischen Äquivalenz treten Umschreibung, Analogiebildung, die Wiedergabe einer lexikalischen Einheit durch eine Wortgruppe, etc. (Ledebur 1976, 25f.)

Begründet werden die unterschiedlichen Verfahren der Wiedergabe zwischen zwei Sprachen jeweils mit ihrer außerschulischen Relevanz. Für die Übersetzung ins Deutsche wird als Grund angeführt, dass auch beim stillen Lesen für manche Passagen ein genaues, präzises Verstehen nötig sei, das nur durch die Wiedergabe im Deutschen gesichert werden könne. Für die freie fremdsprachliche Wiedergabe wird auf Kommunikationssituationen im Alltag verwiesen, in denen diese Tätigkeit erforderlich sei (Pohl et al. 1982, 28f.). Damit finden sich in der Deutschen Demokratischen Republik schon sehr früh dieselben Argumente wie später in Westdeutschland, an die sich die gegenwärtige Propagierung der Sprachmittlung in der Theorie beinahe nahtlos anschließt. Allerdings fehlt in der Praxis häufig ein konkreter dritter Gesprächspartner in der Mittlersituation oder ist nur angedeutet. Damit liegt dann eher das sog. „sinngemäße Übertragen muttersprachlich vorgegebener Sachverhalte" (Karbe 2000, 265) vor, bei dem deutschsprachige Impulse die schriftliche oder mündliche Sprachproduktion steuern sollen, ohne dass ein Sender oder Empfänger existieren würde.

---

54 Diese freie Übertragung deutschsprachiger Vorgaben in die Fremdsprache kann in schriftlicher oder mündlicher Form erfolgen, wobei eine Bevorzugung der mündlichen Wiedergabe zu bestehen scheint: So ist diese beispielsweise Ende der 1960er Jahre Teil der mündlichen Abiturprüfung im Fach Russisch (Brandt 1969, 174). Auch Beispiele in der Fachliteratur deuten darauf hin (Wolter 1961; Hellfritzsch 1979).

3.2.5 Fazit: Vielfalt der Positionen zur Übersetzung und Sprachmittlung

Wenn man zusammenfassend die häufig ausufernden Diskussionen für und wider den Einsatz der Übersetzung im Unterricht der modernen Fremdsprachen in Deutschland betrachtet,[55] so lassen sich jeweils einige Grundhaltungen ausmachen. Die Hauptargumente gegen das Übersetzen im modernen Fremdsprachenunterricht beziehen sich darauf, dass die Übersetzung die eigentlichen Ziele des Fremdsprachenunterrichts nicht fördere, dass sie auch als Mittel zum Spracherwerb nicht geeignet sei, dass sie, korrekt und sinnvoll betrieben, zu komplex und schwierig für Lernende sei und dass sie sich nicht als Prüfungsform eigne, um fremdsprachliches Können zu überprüfen. Die Argumente, die für das Übersetzen im Fremdsprachenunterricht ins Feld geführt werden, lauten dagegen, dass das Zusammentreffen von Fremd- und Muttersprache den natürlichen, außerschulischen Kontakt- und Spracherwerbssituationen entspräche, dass durch den Einbezug beider Sprachen Ziele wie Sprachbewusstheit und kontrastive Sprachbetrachtung gefördert, die sprachliche Ausdrucksfähigkeit in beiden Sprachen verbessert und verfeinert sowie Techniken und Strategien entwickelt werden könnten. Weiterhin verweisen die Verfechter der Übersetzung auf die Notwendigkeit, im Gegensatz zu Textproduktion sprachlich komplexe Formen zu verwenden, um die vorgegebenen Inhalte und Strukturen wiederzugeben, ohne jedoch wörtlich zu übersetzen (vgl. Königs 2006b, 170).

Es zeigt sich, dass genau diese Begründungsmuster auch in der Anfangsphase der Etablierung dessen, was seit Beginn des 21. Jahrhunderts unter ‚Sprachmittlung‘ verstanden wird, verwendet werden, um pro bzw. kontra diese plötzlich von der Bildungsverwaltung geforderte kommunikative Aktivität zu argumentieren (vgl. z.B. Stößlein 2004). Prinzipiell sind diese Behauptungen alle haltbar oder auch widerlegbar; ihre Stichhaltigkeit hängt stark davon ab, was genau unter ‚Übersetzung‘ verstanden wird, welche Funktion ihr im Fremdsprachenunterricht tatsächlich zukommt, z.B. wie sie methodisch eingesetzt wird und in welche Richtung – in oder aus der Erstsprache – übersetzt wird.[56] Wenn man Übersetzen bzw. ‚translatorische Kompetenz‘ als eigenständiges Ziel ansetzt, das in Grundzügen auch im schulischen Fremdsprachenunterricht verfolgt werden soll, so sind die Pro-Argumente sehr wohl einleuchtend.[57] Problematisch ist allerdings der durchaus nicht zu leugnende „Dilettantismus" (Kautz 2002, 447) bei der Vermittlung translatorischer Kompetenz durch in dieser Hinsicht selbst unge-

---

55 Die unterschiedlichen Argumente finden sich z.B. gelistet bei Krings 1989, Kautz 2002 oder Königs 2006b.

56 Die einschlägige Umfrage von Grotjahn und Klevinghaus (1975), die Mitte der 1970er Jahre die Rolle von ‚Übersetzungen‘ im Fremdsprachenunterricht, in den Lehrplänen und Richtlinien sowie ihre Modellierung in Linguistik sowie Didaktik und Methodik untersuchten, hat leider in dieser Form keine Nachfolger gefunden.

57 Dazu müsste jedoch gerade der Begriff der ‚translatorischen Kompetenz‘ für den schulischen Fremdsprachenunterricht in Abgrenzung zur ‚translatorischen Kompetenz‘ im professionellen Bereich genauer definiert werden (vgl. dazu Königs 2001, 960). Dass er jedoch vielmehr häufig als unbestimmtes Schlagwort verwendet wird, zeigt sich beispielsweise bei de Florio-Hansen 2013a und 2013b.

schulte Lehrkräfte. Die Begründungsmuster, die auf die Förderung von Sprachbewusstheit verweisen, gewinnen besonders im Kontext von Mehrsprachigkeitsdiskursen im 21. Jahrhundert auch international an Gewicht und lassen sich ebenfalls heranziehen, um Sprachmittlung als Ziel und Inhalt des Fremdsprachenunterrichts zu begründen (vgl. Kapitel 3.3.3). Die pädagogische Übersetzung allerdings, die in den letzten 120 Jahren oftmals stark angegriffen wurde, findet gegenwärtig im Rahmen des kommunikativ ausgerichteten Fremdsprachenunterrichts kaum sichtbare Unterstützung, auch wenn die Unterrichtspraxis möglicherweise anders aussieht.

Der knappe Überblick über die Diskussionen um Dolmetschen und Übersetzen im Fremdsprachenunterricht zeigt auch, dass Ersteres eigentlich direkter Vorläufer der mündlichen Sprachmittlung ist, während Letzteres eher indirekte Anknüpfungspunkte für eine Didaktik der schriftlichen Sprachmittlung bietet. Dies liegt auch daran, dass für die Übersetzung meist die Richtung von der Fremd- in die Erstsprache angesetzt wird, während schriftliche Sprachmittlung zwar in beide Richtungen erfolgen kann, in der schulischen Praxis jedoch, zumindest bei fortgeschrittenen Lernern, häufiger aus der Erst- in die Fremdsprache gemittelt wird. Die Ansätze zum interaktiven mündlichen Vermitteln oder Dolmetschen allerdings hätten schon längst mehr Aufmerksamkeit verdient, weil sich pragmatische und interkulturelle Teilziele besonders gut realisieren lassen. Auch in der Diskussion um das Übersetzen in der Schule lassen sich Anknüpfungspunkte für die Sprachmittlung finden, und diese Vorläufer gehen mindestens bis ins 19. Jahrhundert zurück. Somit ist Sprachmittlung, anders als häufig behauptet, nicht erst durch das *CEFR* entstanden; dieses Dokument hat allerdings ihre Etablierung gesichert.

3.3 Ein Blick in die Ferne: Sprachmittlung und Übersetzung im internationalen Kontext

International gibt es zwei Tendenzen, welche die Verbreitung von Sprachmittlung vorantreiben: Erstens werden in einigen Sprachzertifikatsprüfungen in Ländern wie Ungarn und v.a. Griechenland unter der Bezeichnung *mediation* bestimmte Formen der Sprachmittlung geprüft. Auch findet in den Fremdsprachendidaktiken verschiedener Länder teilweise eine Auseinandersetzung mit Sprachmittlung statt; dies gilt v.a. für Griechenland, Frankreich sowie insgesamt für die Didaktik des Deutschen als Fremdsprache, besonders in Italien. Zweitens lässt sich zu Beginn des 21. Jahrhunderts in internationalen, englischsprachigen Veröffentlichungen eine „return of translation" (Kerr 2011) beobachten. Diese Anschlussmöglichkeiten der Sprachmittlung an internationale Entwicklungen werden im Folgenden überblicksartig dargestellt.

3.3.1 Sprachmittlung in anderen Ländern

Während im schulischen Fremdsprachenunterricht in anderen Ländern als Deutschland und Portugal[58] Sprachmittlung zumeist keine offizielle, in Lehrplänen oder Prüfungen verankerte Rolle spielt, gibt es, ähnlich den deutschen KMK-Zertifikaten für die berufliche Bildung (vgl. Kapitel 3.1.3), in Ungarn und Griechenland Sprachzertifikatsprüfungen, die Teilprüfungen mit sogenannten Sprachmittlungsaufgaben enthalten. In den ungarischen Prüfungen *euroexam*, die es für Englisch und Deutsch für die Niveaustufen B1, B2 und C1 gemäß des *CEFR* gibt, finden sich in der optional wählbaren Zusatzteilprüfung *mediation* zwei verschiedene Aufgabentypen. Erstens ist eine Übersetzung anzufertigen, die beispielsweise mit folgender Arbeitsanweisung eingeleitet wird: „Your friend has asked you to translate his letter of complaint into English" (Euro Exam Ltd. o.J.; B2).[59] Es liegt nur im weitesten Sinne eine Kontextualisierung durch den Verweis auf einen Freund vor, und es ist explizit eine Übersetzung gefordert, die – anders als in den gängigen Aufgabentypen in Deutschland – den kompletten Text wiedergibt. Allerdings zeigen die Korrekturanweisungen in der Musterlösung ein fortschrittliches Verständnis von Übersetzung: Statt lediglich sprachliche Fehler zu korrigieren, ist auch der Inhalt zu bewerten, obwohl dieser durch den Ausgangstext bereits vorgegeben ist. Die Hinweise im Bereich *content* lauten folgendermaßen:

> Candidates receive one mark for each one of the following pieces of meaning that is clear in context.
> The information can be present in any order.
> Do not mark for linguistic accuracy. Mark only for presence of information. (Euro Exam Ltd. o.J.; B2)

Es wäre also eine Umgestaltung des Ausgangstextes mit abweichender Informationsabfolge denkbar; bei einem Beschwerdebrief ist dies jedoch in der Realität nur schwer vorstellbar, es sei denn, es lägen kulturspezifische Textbesonderheiten vor. Hervorzuheben ist allerdings, dass im Musterbeispiel anders als in traditionellen schulischen Übersetzungen der Inhalt mit 7 Punkten stärker bewertet wird als die Sprache mit lediglich 5 Punkten (Euro Exam Ltd. o.J.; B2).

Die zweite Aufgabe verbindet Hörverstehen und Sprachmittlung: Es wird ein Dialog vorgespielt zwischen einem fiktiven Freund, der nicht Englisch spricht, und einer englischsprachigen Person. Wohl aus prüfungsorganisatorischen Gründen soll die Vermittlung schriftlich erfolgen; eine mündliche Realisierung der Vermittlung wäre allerdings

---

58   Der Französischlehrplan für die Jahrgangsstufen 10 bis 12 führt unter der Aktivität *mediar* drei Aspekte auf: Strategien und Techniken des Sprachvergleichs, Sprachmittlungsprozesse wie mündliche und schriftliche Textzusammenfassungen und -paraphrasen sowie Übersetzungen und Evaluierung der eigenen Sprachmittlungsleistung (Ministério da Educação 2001, 34). Dabei können diese Vermittlungstätigkeiten von der Fremd- in die Muttersprache oder umgekehrt oder wie im *CEFR* auch innerhalb der Fremdsprache erfolgen. Interessanterweise stammt dieser Lehrplan von 2001, so dass hier eine sehr frühe Darstellung der Aktivität Sprachmittlung vorliegt, die der deutschen Rezeption größtenteils vorausgeht.

59   Für Deutsch ist zusätzlich eine Übersetzung vom Deutschen ins Ungarische anzufertigen.

realitätsnäher. Die Prüflinge werden daran erinnert: „Do not translate every word. Concentrate on the basic meaning. […] Remember, you will not have time to translate every word" (Euro Exam Ltd. o.J.; B2). Bei diesem Aufgabentyp werden nur Punkte für die Wiedergabe des Inhalts vergeben: „If the meaning is clear, the mark is awarded" (Euro Exam Ltd. o.J.; B2). Diese Korrekturanweisung steht zusammen mit der Aufforderung, nur die wichtigsten Informationen wiederzugeben, dem Konzept von Sprachmittlung, das in Deutschland mehrheitlich vertreten wird, also deutlich näher als der erstgenannte Aufgabentyp, in dem jedoch immerhin die inhaltliche Komponente in die Bewertung eingeht.

Auch in Griechenland enthalten die Sprachzertifikatsprüfungen (*KPG*) für Englisch, Französisch, Deutsch, Spanisch, Italienisch und Türkisch Sprachmittlungsaufgaben.[60] Obwohl die Zertifikatsprüfungen für alle Niveaustufen von A1 bis C1 des *CEFR* existieren, wird Sprachmittlung erst ab dem Niveau B1 geprüft. Ganz in Übereinstimmung mit den gängigen Definitionen in Deutschland wird Sprachmittlung in Griechenland folgendermaßen definiert, wobei die Abgrenzung zum Übersetzen und Dolmetschen allerdings, wie so häufig, etwas vereinfacht und oberflächlich ist:

> [Translation and interpretation] require unconditional respect of the content of the source text, and the aim of the translator or the interpreter is to render every single message of the original text. Equally important is the requisite that the target text be in the same textual form as the source text. On the contrary, mediation has no such constraints. The aim of the mediator, unlike the translator or the interpreter, is to *select* from the source text information *relevant to the task* at hand and to render it appropriately for the context of situation. (Dendrinos/Stathopoulou 2010; Kursivdruck im Original)

Daraus ergibt sich auch die fremdsprachendidaktische Wahrnehmung des Sprachmittlers als

- a social actor who monitors the process of interaction and acts when some type of intervention is required in order to help the communicative process and sometimes to influence the outcome
- a facilitator in social events during which two or more parties interacting are experiencing a communication breakdown or when there is a communication gap between them
- a meaning negotiator operating as a meaning-making agent especially when s/he intervenes in situations which require reconciliation, settlement or compromise of meanings. [...]
- an arbiter or arbitrator of meaning.
  That means that s/he must decide on the meaning of something said or written – meaning that interlocutors cannot understand or meaning they misunderstand – and help event participants out. (Dendrinos 2006, 11)

Diese interpretierende, intervenierende und v.a. sozial vermittelnde oder versöhnende Rolle entspricht einer der Bedeutungen des englischen *mediation* bzw. der Mediation im Deutschen. Dendrinos betont gerade diese Parallele, die konzeptuell einleuchtet, wenn

---

60 Und auch die neueren Lehrpläne für den schulischen Unterricht in Griechenland nennen Sprachmittlung (vgl. Vosswinkel/Totsi o.J.).

man bedenkt, dass sprachliche Missverständnisse sehr wohl zu Konflikten führen können.

Auf der Ebene der Aufgabenentwicklung und -implementierung sind in Griechenland die Informationsauswahl und der Adressaten- bzw. Situationsbezug als Kriterien charakteristisch. Weshalb für die Niveaus A1 und A2 keine Sprachmittlungsaufgaben in den Prüfungen existieren, wird im Handbuch für den mündlichen Prüfungsteil erläutert und gilt sicher auch für die schriftlichen Aufgaben: Die Sprachmittlung erfolgt vom Griechischen in die Fremdsprache, und „the tasks would require a level of production in the foreign language that candidates at this level are not required to have" (Karavas 2009, 31). Diese Position wird nicht nur in Griechenland häufig vertreten (vgl. auch Glaboniat et al. 2005), sollte aber differenzierter gesehen werden (vgl. Kapitel 5.1). Ebenfalls fragwürdig ist die Aussage, dass auf dem Niveau A des *CEFR* Sprachmittlung rezeptiv getestet werde, indem die *items* zum Hör- und Leseverstehen in griechischer Sprache beantwortet werden müssen (Dendrinos/Karavas 2013, 47), da in diesem Format eben kein Adressat vorhanden ist.

In den *KPG*-Prüfungen findet sich sowohl schriftliche als auch mündliche Sprachmittlung vom Griechischen in die Fremdsprache. Im schriftlichen Prüfungsteil ist ausgehend von einem oder mehreren kürzeren griechischen Texten ein englischer Text zu erstellen, der meist einen Textsortenwechsel und/oder eine Änderung der kommunikativen Absicht beinhaltet. Für die Niveaustufen B1, B2 und C1 wird der Versuch einer Progression unternommen, indem nach (text-)linguistischen Kriterien die Länge und Komplexität der Ausgangs- und Zieltexte, die Menge der zu mittelnden Informationen, der Kommunikationszweck oder der Kommunikationsbereich variieren (vgl. Dendrinos/Stathopoulou 2010). Die Aufgabenstellungen spielen dies wider, wie die folgenden zwei Beispiele verdeutlichen:

> Your English friend Susan is doing a school project, entitled "Strange Ideas and Achievements". Using information from the text below, write an **email** to her (100 words) **explaining** what 'Bibliomotocarro' is and **urging** her to include the particular idea in her project. (Greek Ministry 2014c, 2, Fettdruck im Original)

> Imagine you are a journalist for the online magazine Cutting Edge. Using information from the text below, write an **article** to **inform** readers about what 3D printing is and to **present** its practical applications (about 300 words). (Greek Ministry 2013, 2, Fettdruck im Original)

Die fettgedruckten Informationen verweisen auf die Textsorte sowie den kommunikativen Zweck des jeweiligen Zieltextes: Während eine Email eher eine private, relativ freie Textsorte ist, unterliegt ein Artikel stärkeren formalen Regeln. Gefordert ist nicht eine relativ vage bestimmte Zusammenfassung, sondern es soll eine Absicht wie ,informieren' oder ,auffordern' erfüllt werden.

Die mündliche Sprachmittlungsaufgabe verlangt, dass schriftlich vorliegende griechische Texte mündlich in der Fremdsprache wiedergegeben werden. Anders als im schriftlichen Prüfungsteil ist die Adressaten- und Situationsorientierung hier allerdings eher nur als Vorwand für eine monologische Sprachproduktion mit griechischem Input zu sehen.[61] Die Aufgabenstellungen lauten nämlich beispielsweise folgendermaßen:

> B1: Read your text and tell me about the IQ of very intelligent people. [...]

> B2: Imagine your German friend Hans is writing an article on famous scientists for the local newspaper. Read your text and tell him about the accomplishments of the two scientists mentioned in your text. [...]

> B2: Imagine you are writing an article about Agathonisi for an English travel guide. Read your text and tell us what information you will include in your article. (Greek Ministry 2014c, 5f.)

Am ehesten schafft die als letztes aufgeführte Anweisung einen realitätsnahen Kontext. Die erstgenannte Aufgabenstellung verlangt lediglich eine Zusammenfassung. Auch die zweite Aufgabenstellung ist recht gezwungen. Hier werden Möglichkeiten zur mündlichen Interaktion im Rollenspiel mit dem Prüfer oder dem zweiten Prüfling verschenkt. Insgesamt ist es sehr bemerkenswert, dass in Griechenland in derartig großem Umfang verpflichtende Sprachmittlungsaufgaben in Zertifikatsprüfungen gestellt werden. Damit hat Griechenland zusammen mit Deutschland und mit Abstrichen Ungarn in dieser Hinsicht ein Alleinstellungsmerkmal.

Ansonsten wird Sprachmittlung neuerdings in der Fremdsprachendidaktik in Frankreich zur Kenntnis genommen, wobei das entsprechende Themenheft von *Etudes de linguistique appliquée* (*ELA*) von 2012 vier Aufsätze von Autoren aufweist, welche die deutsche, griechische und italienische Übungs- und Prüfungspraxis zur Sprachmittlung (Schädlich 2012; Michler 2012; Alègre 2012) bzw. zur Übersetzung (de Carlo 2012) darstellen. Der Beitrag der französischen Englischdidaktikerin Aden beklagt dagegen das Fehlen der Sprachmittlung in den französischen Lehrplänen (Aden 2012, 272ff.). Sie selbst setzt Sprachmittlung in Bezug zu enaktivistischen Theorien der Interaktion der Menschen mit ihrer Umwelt (Aden 2012, 274ff.). Dieser sehr theoretische, kognitivistische Ansatz dürfte die Rezeption von Sprachmittlung durch Praktiker kaum erleichtern. Eher hilfreich erscheint Adens Schilderung eines dreisprachigen Theaterprojekts, das folgende Arten der *médiation* umfasst: „médiation linguistique formelle", bei der französische Lehrkräfte Aussagen von englisch- bzw. deutschsprachigen Schauspielern mitteln, „médiation linguistique informelle", bei der sich die französischsprachigen Lernenden mit ihren begrenzten Mitteln in den Fremdsprachen Englisch oder Deutsch untereinander verständigen, „médiation corporelle", bei der außersprachliche Mittel wie Gesten verwendet werden, und „médiation émotionnelle", bei der Gefühle vermittelt

---

61 Ursprünglich war wohl auf dem Niveau C an Interaktion zwischen den beiden Prüflingen gedacht, da Musteraufgaben z.B. folgendermaßen lauten: „You, **Candidate A**, have the first part of a newspaper article and you, **Candidate B**, have the second part. Inform each other about what your part of the article says, take notes while your partner is talking so that you may ask him/her three questions about points that you didn't understand or are unsure about, and then both of you decide on the most appropriate title for this article" (Karavas 2009, 158; Fettdruck im Original). Doch auch hier handelt es sich weniger um eine realistische Sprachmittlungssituation, da beide Prüflinge das Griechische beherrschen, sondern eher um eine *information gap activity*.

werden (Aden 2012, 278f.). Auch wenn dieses Theaterprojekt interessant klingt, so liegt nur im erstgenannten Fall Sprachmittlung in der in Deutschland allgemein akzeptierten Definition vor.

In einem weiterem Aufsatz in dem Themenheft von *ELA* stellt der Germanist Weissmann (2012a) die Rolle dar, die der Sprachmittlung in universitären Studiengängen zukommen kann, wobei er sowohl das Fremdsprachenstudium als auch die Fremdsprachenausbildung als Teil anderer Studiengänge anspricht. Damit gehört er zu den inzwischen recht zahlreichen Didaktikern des Deutschen als Fremdsprache, die sich mit Sprachmittlung auseinandersetzen, auch wenn zwei italienische Vertreterinnen dieses Fachbereichs noch 2012 Folgendes feststellten: „Diese informellen sprachmittelnden Aktivitäten haben in der DaF-Didaktik bisher kaum Beachtung gefunden" (Katelhön/ Nied Curcio 2012, 10). Diese Aussage mag im Vergleich zur Fremdsprachendidaktik in Deutschland zwar zutreffend sein, aber es gibt durchaus einige wichtige Veröffentlichungen aus der Didaktik für den (universitären) DaF-Unterricht (Carvalho Neto 2007; Curci 2008; Weissmann 2012a und 2012b; Katelhön/Nied Curcio 2012 und 2013; Katelhön 2013). Weissmanns Kontrastierung von *médiation* und *traduction* ist allerdings nicht immer präzise (Weissmann 2012a und 2012b). Sinnvoll ist sein Fazit, dass Sprachmittlung über die Übungs- und Prüfungspraxis der *version* (Herübersetzung, in die Erstsprache) und des *thème* (Hinübersetzung, in die Fremdsprache) hinausgeht, indem situationsgerechte Zusammenfassungen mit begrenzten sprachlichen Mitteln, auch im Mündlichen, erstellt werden sollen (Weissmann 2012a, 318f.). Andererseits versucht er jedoch, ganz im Sinne des philologischen Studiums in Frankreich eine Abstufung von zusammenfassenden Aktivitäten auf dem B-Niveau und literarischen Übersetzungen auf dem C-Niveau herzuleiten, die nicht überzeugen kann:

> Commencer par entraîner les étudiants à résumer les points les plus importants d'un texte de presse d'actualité (niveau B1), n'interdit pas d'arriver un jour au niveau de la traduction quasi intégral de textes littéraires (niveau C2), mais évitera beaucoup d'effets néfastes d'une approche littérale de textes trop difficiles. (Weissmann 2012a, 320)

Vielmehr sind auf allen Niveaustufen sowohl zusammenfassende als auch detailgetreue Wiedergaben denkbar. Genau diese Möglichkeiten zeigen Katelhön und Nied Curcio (2012) in ihrer Sammlung von Übungsaufgaben zur mündlichen und schriftlichen Sprachmittlung im engeren Sinne auf. Sie plädieren außerdem dafür, Sprachmittlung „nicht nur als sprachliche Kompetenz, sondern auch als Strategie zur Aneignung von metasprachlichem und kulturellem Wissen" (Katelhön/Nied Curcio 2013, 151) wahrzunehmen und stellen so die Komplexität von Sprachmittlung heraus. Dass gerade in der DaF-Didaktik Sprachmittlung rezipiert wird, liegt sicher zum Großteil daran, dass mit *Profile deutsch* (Glaboniat et al. 2005) für dieses Fach Kann-Beschreibungen für die unterschiedlichen mündlichen und schriftlichen Sprachmittlungsaktivitäten vorliegen (vgl. Kapitel 5.1.1).

3.3.2 Gründe für die Zurückhaltung gegenüber Sprachmittlung

Über die Gründe jedoch, warum eine Beschäftigung mit Sprachmittlung im Ausland noch wenig erfolgt, kann nur spekuliert werden. Entweder werden nationale Traditionen der Aufgabenformen weitergeführt: In vielen Ländern, wie z.B. Schweden oder den Niederlanden, werden offiziell nur einsprachige Übungs- und Prüfungsformen praktiziert, seit sich die Einsprachigkeit als Leitkriterium des Fremdsprachenunterrichts etabliert hat. In Frankreich, wo bis einschließlich 2012 eine Übersetzung Teil der Abiturprüfung in der Ausbildungsrichtung Sprachen (*baccalauréat L*) war, ist diese inzwischen zwar weggefallen, aber nicht durch Sprachmittlung ersetzt worden. Dies zeigt sich auch in Begriffsverwendungen: In Italien steht beispielsweise *mediazione linguistica (e culturale)* meist für verschiedene Arten des Übersetzens und Dolmetschens (vgl. Katelhön 2013, 138f.). Auch in Frankreich wird der Begriff *médiation linguistique* häufig in der professionellen, universitären Ausbildung von Übersetzern und Dolmetschern verwendet (vgl. Weissmann 2012a, 317), oder *médiation (culturelle)* wird eher abstrakt und sprachhistorisch und sprachphilosophisch aufgefasst (vgl. Zarate et al. 2003; Lévy/Zarate 2003; Pruvost 2012).

Ein weiterer Grund, der sich an der gegenwärtigen Reform der standardisierten Matura in Österreich (Bundesministerium für Bildung und Frauen 2015) illustrieren lässt, liegt in der Orientierung an internationalen Sprachprüfungen wie den Cambridge-Prüfungen *FCE* oder *CAE* oder den Französisch-Zertifikatsprüfungen *DELF/DALF*, die rein einsprachig sind, da sie weltweit vergleichbar sein sollen.[62] Dasselbe gilt häufig für Lehrwerke, die im außerschulischen Fremdsprachenunterricht eingesetzt werden: Sie werden von den großen Verlagen für die weltweite Verwendung produziert und sind aus wirtschaftlichen Gründen einsprachig. Auch mag die konsequente Durchsetzung des einsprachigen Unterrichts zumindest in der Theorie die Ablehnung einer neuen, zweisprachigen Übungs- und Prüfungsform erschweren. Übersetzen als Prüfungsformat wird international insgesamt schon lange kritisch gesehen (vgl. Buck 1992). Hierzu passt Aldersons Warnung davor, dass unter dem Deckmantel der Einführung von Sprachmittlung die alte Praktik der Übersetzung als Prüfungsform für die Beherrschung der Fremdsprache wieder aufleben könnte, so dass er statt der Bezeichnung *mediation* „cross-lingual information transfer" bevorzugen würde (Alderson 2001a, 108). Einige Jahre später stellt er sogar fest, dass genau diese Befürchtung eingetreten sei:

> The fact that there are (brief) mentions in the CEFR's Descriptive Scheme of the skill of mediation has encouraged the more traditional examination boards, particularly in Central Europe, to continue a very outdated form of the testing of translation as part of language proficiency examinations, despite the lack of any scales for mediation in the CEFR. (Alderson 2007, 662)

---

62   Auch die umgekehrte Begründung kann zutreffen: So ist es möglich, dass das *CEFR* nur knappe Aussagen zur Sprachmittlung macht und keine Niveaubeschreibungen dazu anbietet, weil in internationalen Prüfungen, die als Basis für die Skalen des *CEFR* dienen, diese Aktivität fehlt.

Leider führt Alderson nicht aus, um welche Länder es sich handelt; er scheint aber an Slowenien, Rumänien und die Ukraine zu denken (Alderson 2001a). Und selbst in den neueren ungarischen Prüfungen wie *euroexam* ist ein Aufgabenteil eher eine Übersetzung als eine Sprachmittlung (s.o.).[63] Auch wird in vielen Ländern im philologischen Studium weiterhin Übersetzung geprüft.

Ähnlich spekulativ müssen die Erklärungen dafür bleiben, warum in einigen Ländern bzw. Fremdsprachendidaktiken Sprachmittlung propagiert wird. Außer der Rezeption von *Profile deutsch* und dem Engagement einzelner Didaktiker, die auf die Alltagsrelevanz und Lebensnähe (Dendrinos 2006, 13f.; Katelhön/Nied Curcio 2012, 10) oder die bessere Eignung für den universitären Übersetzungsunterricht verweisen (Weissmann 2012a, 320), finden sich die interessantesten Begründungen im griechischen Diskurs. Als Idee hinter den *KPG*-Zertifikatsprüfungen werden u.a. folgende Aspekte angeführt:

> KPG views European languages as potentially equal and does not promote one single language [...]
>
> It views linguistic pluralism as valuable to contemporary Greek society and to Europe (Dendrinos 2009)

Der Verweis auf Mehrsprachigkeit und die Gleichwertigkeit verschiedener Sprachen wendet sich gegen das *Native-Speaker*-Ideal (vgl. auch Dendrinos 2006, 13f.), das einen Fokus auf Einsprachigkeit zur Folge haben kann. Neben der Relevanz in Alltag und Beruf in einem Land wie Griechenland, dessen Sprache international wenig beherrscht wird, wird Sprachmittlung eine wichtige Rolle in Europa bzw. der Welt zugeschrieben: „This task requires new linguistic and cultural concepts but also strategies and approaches not necessarily taught but required for effective citizenry in multicultural and multilingual societies" (Dendrinos 2009). Dementsprechend wird Sprachmittlung auch als Erscheinungsform von multilingualer Kompetenz gesehen (Stathopoulou 2013b, 210), wobei aus den griechischen Prüfungsaufgaben jedoch nicht ersichtlich ist, inwiefern multilingual oder -kulturell getestet wird bzw. ob nicht doch überwiegend die fremdsprachliche Kompetenz geprüft wird. Verwunderlich ist dennoch, dass in der interkulturellen Fremdsprachendidaktik, z.B. von Byram oder Zarate, noch recht wenig zur Sprachmittlung gesagt wird, so dass eine Möglichkeit, Sprachmittlung zu verbreiten, bisher weitgehend ungenutzt bleibt (vgl. Kapitel 3.4).

---

63 Für Ungarn lässt sich dies gut an Pantó-Naszályi (2011) illustrieren, die zwar im Titel ihres Aufsatzes von ‚Sprachmittlung' spricht, im Text selbst jedoch auch den Einsatz der Erstsprache als Unterrichtsmethode, bilinguale Techniken à la Butzkamm und „„echtes" Übersetzen und Dolmetschen" neben Zusammenfassungen vermischt. Insofern verwundert es nicht, dass Alderson 2001 ausgerechnet in Ungarn einen Vortrag mit dem Titel „Is translation a good testing technique" hielt, in dem er ganz klar sagte: „This word, 'mediation', has become a buzz word amongst teachers, especially in Hungary where the conservatives see a chance to get translation back into respectability and the classroom through the back door, and the more enlightened see mediation as an opportunity to wean the conservative and die-hard translators away from mindless, difficult and ultimately senseless activities in class to something more akin to the real world" (Alderson 2001b, 13).

3.3.3 Die internationale Rückkehr der Übersetzung

Die obigen und andere Argumente finden sich zu Beginn des 21. Jahrhunderts auch vermehrt in Diskursen, die eine „return of translation" (Kerr 2011) sehen (z.B. Malmkjær 1998b; A. Witte et al. 2009a; G. Cook 2010; Leonardi 2010).[64] Erstaunlicherweise gibt es in den betreffenden Publikationen keine explizite Bezugnahme auf Sprachmittlung, obwohl gerade mit den Aussagen des *CEFR* zu dieser sprachlichen Aktivität auch die Übersetzung zumindest teilweise rehabilitiert werden könnte. Umgekehrt treffen viele Argumente, die für den Einsatz von Übersetzungen im Fremdsprachenunterricht vorgebracht werden, in noch viel größerem Maße auf Sprachmittlung zu.

Malmkjær nennt eine Reihe von Gründen gegen das Übersetzen im Fremdsprachenunterricht und widerspricht diesen, wobei sie fremdsprachendidaktisch und translationswissenschaftlich argumentiert.[65] Ihre Definition des Übersetzungsprozesses mit der Betonung der Adressatenorientierung und des Kommunikationszwecks beschreibt Übersetzen ganz anders als in der Grammatik-Übersetzungs-Methode üblich und trifft auf Sprachmittlung im schulischen Sinn ebenfalls zu:

> A translator has a set amount of time in which to produce in a Target Language (TL) a text which must fulfil a specific purpose for a specific readership in a specific spaciotemporal setting. This text, the Target Text (TT), has to be based to a great extent on another text, the Source Text (ST), which exists in a language other than TL, the Source Language (SL). ST, too, has a specific purpose to fulfil for a specific readership in a specific spaciotemporal setting, but the purposes, readerships and settings of the two texts are, of course, never quite the same. (Malmkjær 1998b, 7)

In den nötigen Verfahrensschritten beim Übersetzen – *anticipation, resource exploitation, translation, co-operation* und *revision* – sind die vier traditionellen Fertigkeiten integriert; darüber hinaus umfasst Übersetzungskompetenz noch mehr, nämlich „the ability to relate the two systems to one another appropriately: minimizing negative interference while maximizing positive interference in selecting the most appropriate translational equivalents" (Malmkjær 1998b, 8). Damit widerspricht sie auch der Vorstellung von schädlichen Interferenzen, von Wort-für-Wort-Übersetzungen und dem negativen Einfluss der Erstsprache auf die Beherrschung der Fremdsprache. Knapp verweist sie auf die hohe Zahl an bilingualen oder multilingualen Menschen, die in mehreren Sprachen die oben genannte Fertigkeit besitzen (Malmkjær 1998b, 8).

Eben dieses Konzept des Bilingualismus stellt die Basis von Guy Cooks wichtigem Buch *Translation in Language Teaching* (2010) dar. Nach einer langen Zeit der Ableh-

---

64   Weissmann verortet die Entstehung dieses Diskurses im französischen Kontext in den 1980er Jahren (Weissmann 2012a, 313). Für Englisch zeigt schon eine kurze Recherche im *ELT Journal*, dass bereits früher immer wieder Übersetzung im Fremdsprachenunterricht thematisiert wurde (z.B. Aarts 1968; Taylor 1972); ab den 1980er Jahren wird sie vermehrt beschrieben, wie besonders Duff mit seinem Band *Translation* (1989) zeigt. Vgl. auch das Projekt „Translation and Language Learning: An Analysis of Translation as a Method of Language Learning in Primary, Secondary and Higher Education" (Pym et al. 2012).

65   Leonardi nimmt diese Gründe gegen den Einsatz von Übersetzungen im Fremdspracherwerb wieder auf und widerlegt sie ebenfalls (Leonardi 2010, 22–29).

nung der Übersetzung sieht er in der zunehmenden wissenschaftlichen, politischen und sozialen Anerkennung von Bi- oder Multilingualismus eine Chance für ihre Rehabilitation (G. Cook 2010, 36–42). Als Beispiele führt er u.a. den neuen Fokus auf *Englishes* im Plural, die zunehmende Globalisierung, die Tendenz zu *code-switching* und *code-mixing* und die wieder akzeptierte Verwendung der Erstsprache im Klassenzimmer an (G. Cook 2010, 43–53). Diese Akzeptanz der Erstsprache beruht v.a. auf der Feststellung, dass sich diese auch im monolingual fremdsprachlich intendierten Unterricht nicht ausschalten lasse und dass erstsprachliches Vorwissen beim Erlernen einer zweiten Sprache durch Vergleich und Kontrastierung gewinnbringend eingesetzt werden könne (vgl. Butzkamm/Caldwell 2009).[66]

Dementsprechend schreibt Guy Cook erfolgreichen Fremdsprachenlernenden beim Übersetzen folgende Fähigkeit zu:

> the ability to move back and forth between two languages, to have explicit knowledge of each language and of the differences between them, to operate in the new language while not losing one's own-language identity, and to have an impact on the new language, making it one's own. (G. Cook 2010, 100)

Genau dieser Wechsel zwischen zwei Sprachen, Identitäten und Kulturen ist das, was auch einen Sprachmittler auszeichnet.[67] Die detaillierten Gründe, die Guy Cook für den Nutzen der Übersetzung im Fremdsprachenunterricht anführt, stammen erstens aus dem Zweitspracherwerb bzw. aus Untersuchungen zweisprachiger Sprecher, in denen sich positiver Transfer der Erstsprache auf den Erwerb weiterer Sprachen zeige (G. Cook 2010, 88–103). Zweitens führt er Unterrichtsziele und -notwendigkeiten an: So sei in unserer mehrsprachigen Welt Übersetzen eine unerlässliche und nützliche Fertigkeit, es sichere die Gleichwertigkeit verschiedener Sprachen, trage zu Verständigung bei, wertschätze den einzelnen Lerner und sein Potential und sei Teil formaler Bildung (G. Cook 2010, 109–124).

Guy Cooks fremdsprachendidaktische Argumente dagegen treffen weniger auf Sprachmittlung zu, da er für alle Lerner vom Anfänger zum Fortgeschrittenen verschiedene Übersetzungsaktivitäten rechtfertigt, die u.a. auch dem Erlernen von Wortschatz und Strukturen, der kontrastiven Analyse, der Auseinandersetzung mit Übersetzungsproblemen oder als Teil von kommunikativen Aktivitäten dienen (G. Cook 2010, 125–153). Am ehesten mit Sprachmittlung vereinbaren lässt sich die Aktivität des „communicative translating":

> Suppose, for example, that students are divided into groups, and some members of the group are given a text, or played a recording which they then have to translate for the others, and that this translation is needed for the completion of a communicative task. (G. Cook 2010, 149)

---

66 Zu dieser Theorie passt Schefflers empirische Studie, in der Lernende der Sekundarstufe einen Nutzen von Übersetzungsübungen für ihr Sprachlernen und im Besonderen für die Bewusstmachung von grammatischen Strukturen bejahen (Scheffler 2013).

67 Hier finden sich Anknüpfungspunkte an die Theorie des *translanguaging* (s. Kapitel 3.3.4).

Im Anschluss an diese Beschreibung verweist Guy Cook darauf, dass eine derartige Aufgabe, bei der das Produkt der Übersetzung für eine weitere Aufgabe benötigt wird, sich der außerschulischen Realität annähert: „[I]n the spirit of task-based teaching, it mimics real-world situations" (G. Cook 2010, 149). Dass Guy Cook nicht ausführlicher auf derartige Aufgaben eingeht, liegt wohl daran, dass seine Ausführungen dazu, was unter Übersetzung zu verstehen ist und welche Arten von Äquivalenz es gibt, recht knapp sind. Ein guter Ansatzpunkt wäre die Stelle, an der er die Definition des Übersetzers bei House als „a bilingual mediating agent between monolingual communication participants in two different language communities" (House 1977, 1) zitiert (G. Cook 2010, 149). Insgesamt geht es Guy Cook allerdings dennoch um das Fremdsprachenlernen mit Hilfe des Übersetzens und nicht um das Übersetzen als eigenständiges Lernziel.

Noch stärker als bei Guy Cook ist dies bei Leonardi (2010) der Fall, die folgendes Ziel des Übersetzungsunterrichts nennt: „[T]he primary task of using translation in foreign languages class is that of further helping learners develop critical and analytical language skills" (Leonardi 2010, 81). Damit bleiben viele Möglichkeiten unbeachtet, die das Übersetzen je nach Definition bietet (vgl. auch Sinner 2011). Immerhin erwähnt sie, dass Übersetzer und Fremdsprachenlerner das Vermitteln zwischen zwei Sprachen und Kulturen teilen würden und dass interkulturelle Kompetenz durch Übersetzen gefördert werden könne (Leonardi 2010, 83).

Wenn man die bisher dargestellten Argumente sowie die wichtigsten Aussagen aus dem internationalen Sammelband *Translation in Second Language Learning and Teaching* (A. Witte et al. 2009a) zusammenfasst, so ergeben sich dennoch einige Berührungspunkte mit Sprachmittlung, wie sie aktuell im deutschen Fremdsprachenunterricht praktiziert wird. Mit dem neuen Fokus auf Bilingualismus – zum einen als gesellschaftliche Realität in einer zunehmend globalisierten Welt (Malmkjær 1998b; Hentschel 2009; G. Cook 2010), zum anderen als kognitives Phänomen bei Sprachenlernern (Zojer 2009; G. Cook 2010) – wird das Vermitteln zwischen zwei Sprachen stärker beachtet. Dazu treten die Einsicht, dass die Erstsprache im Fremdsprachenunterricht bzw. Fremdsprachenerwerb nicht ausgeschlossen werden kann (A. Witte 2009), und die Aufwertung des *Non-Native Speaker* (Gnutzmann 2009; G. Cook 2010).[68] Damit wird es immer legitimer, außer der Fremdsprache auch andere Sprachen im Fremdsprachenunterricht zu verwenden und zwischen diesen vermitteln zu lassen. So lassen sich Parallelen zwischen dem Sprachenlerner und dem Übersetzer ziehen, die beide vermitteln müssen (A. Witte 2009; Stiefel 2009), und Brücken schlagen zur Entwicklung interkultureller Kompetenz, die sowohl Übersetzer als auch Fremdsprachenlerner benötigen (Gnutzmann 2009; A. Witte 2009; Stiefel 2009; G. Cook 2010). Die Bedeutung des Übersetzens für diese Akteure in multikulturellen Kontexten wird treffend so beschrieben:

---

68   Zur Präsenz und Verwendung der Muttersprache wird auch international auf Butzkamm und sein Konzept der aufgeklärten Einsprachigkeit verwiesen (G. Cook 2010). Allerdings handelt es sich bei Butzkamms Ansatz nicht um Übersetzen als eigenständige Fertigkeit oder Zielvorstellung, sondern v.a. um ein Verfahren, das kontrastiv den Erwerb von Strukturen erleichtern soll (vgl. Butzkamm 2003).

> The enterprise of translating between languages, cultures, individuals, societies, discourses etc. thus assumes a central place of relevance for anyone involved in the complex project of interculturality, including, and foremost, foreign language learners. (A. Witte et al. 2009b, 7)

Diese Vermittlerrolle trifft natürlich auch für Sprachmittler zu. In diesem Zusammenhang ist bedeutend, dass der Fokus nun weniger auf das Produkt, den übersetzten Text, sondern mehr auf den Prozess des Übersetzens gelegt wird (Malmkjær 1998b; A. Witte 2009). In diesem Prozess sind die vier Fertigkeiten integriert, da z.B. Ausgangstexte genau gelesen, Experten um Rat gefragt, Zieltexte produziert und verschiedene Versionen diskutiert werden müssen (Malmkjær 1998b; Zojer 2009). In der Sprachmittlung ist mit dem Einbezug von Personen, für die gemittelt wird, der Prozesscharakter besonders ausgeprägt. Statt einer Methodik des „And who will take the next sentence" (Zojer 2009, 45) wird Übersetzen nun als realitätsnahe Aktivität gesehen, die sich auch im *task-based teaching* umsetzen lässt (G. Cook 2010; vgl. auch Carreres/Noriega-Sánchez 2011). Schließlich kann durch Übersetzen oder Sprachmitteln *language awareness* entwickelt werden (Gnutzmann 2009). *Language awareness*, d.h. „explicit knowledge about language, and conscious perception and sensitivity in language learning, language teaching and language use" (Association for Language Awareness o.J.), betrifft die affektive, die soziale, die kognitive Domäne sowie die Domänen der Macht und der Performanz (Gnutzmann 2009, 60): Einstellungen und emotionale Reaktionen auf Sprache, (tolerante) Beziehungen zwischen Gesprächspartnern, Erkennen von Regelmäßigkeiten und Sprachvergleich, Einflussnahme oder Machtausübung durch sprachliche Mittel und der Einsatz verschiedener Arten von Wissen sind nur einige der Merkmale von *language awareness* (Gnutzmann 2009, 60–71).

3.3.4 Sprachmittlung im Kontext von *translanguaging*

Die international konstatierte Rückkehr der Übersetzung ließe sich durch den „translanguaging turn" (García/Wei 2014) weiter stärken; allerdings wird diese Verbindung weder von Vertretern des Übersetzens noch von Fürsprechern des Sprachmittelns gegenwärtig häufig hergestellt (vgl. jedoch Stathopoulou 2013b; Laviosa 2014). Mit *translanguaging* können die Praktiken von Sprechern gemeint sein, die ihre Zwei- oder Mehrsprachigkeit je nach Situation und Kontext gezielt zu bestimmten Kommunikationszwecken einsetzen: „[P]roficiency for multilinguals is focused on repertoire building – i.e., developing abilities in the different functions served by different languages – rather than total mastery of each and every language" (Canagarajah 2011, 1). Ursprünglich allerdings ist unter *translanguaging* eine Verfahrensweise in walisischen Schulen mit bilingualem Unterricht zu verstehen, bei denen Lernende Inhalte in einer Sprache rezipierten und diese für die Sprachproduktion in einer anderen Sprache verwendeten (vgl. Beres 2015, 104). Somit handelt es sich im engeren Sinn um eine pädagogisch-methodische Praktik, bei der einerseits die Inhalte tiefer verarbeitet und andererseits die beteiligten Sprachen, d.h. besonders die schwächer entwickelte Sprache, gefördert werden (vgl. Baker 2011, 289; García/Wei 2015, 224f.). Aufgabentypen wie „preparing a poster in English and explaining it in Welsh" (Beres 2015, 104) werden auch im deutschen Englischunterricht gelegentlich als Sprachmittlungsaufgaben vorgeschlagen, auch wenn in derartigen Situationen Adressaten fehlen, welche die Hilfe eines zweisprachigen Sprachmittlers benötigen. Gerade im Primarbereich wird jedoch auch die Hilfsfunktion der Sprachmittlung genannt, wenn Lernende Unterrichtsinhalte oder -anweisungen für ihre Mitlernenden aus dem Englischen in eine andere Sprache, z.B. deren Erstsprache, übertragen (vgl. Kapitel 3.1.3). Insofern könnte Sprachmittlung – ebenso wie *translanguaging* – z.B. für Migrantenkinder, denen Sprachmittlung aus dem Deutschen in das Englische auch in höheren Jahrgangsstufen Schwierigkeiten bereitet, einen Beitrag zur durchgängigen Sprachbildung (vgl. Lange/Gogolin 2010) leisten.

Wenn man *translanguaging* zusätzlich in der weiter gefassten Bedeutung als „*multiple discursive practices* in which bilinguals engage in order to *make sense of their bilingual worlds*" (García 2009, 45; Hervorhebung im Original) aufnimmt, dann ergibt sich daraus die Einsicht in die notwendigen und allgegenwärtigen Aktivitäten von Sprachmittlern, sei es im Unterricht, im sozialen Alltag oder in beruflichen Situationen. Besonders relevant erscheinen dabei auch die beiden Konzepte *creativity* und *criticality*, die Li Wei folgendermaßen definiert:

> [C]reativity can be defined as the ability to choose between following and flouting the rules and norms of behaviour, including the use of language. It is about pushing and breaking the boundaries between the old and the new, the conventional and the original, and the acceptable and the challenging. Criticality refers to the ability to use available evidence appropriately, systematically and insightfully to inform considered views of cultural, social and linguistic phenomena, to question and problematize received wisdom, and to express views adequately through reasoned responses to situations. (Wei 2011, 1223)

Wie in Kapitel 4.4.10 dargelegt wird, benötigen schulische Sprachmittler Kreativität, um mit ihren beschränkten linguistischen Mitteln ggf. auch komplexe Inhalte zu vermitteln (vgl. Kolb 2008b und 2009). Sie sind bereit, sich trotz dieser Einschränkungen auf Vermittlungssituationen einzulassen und dabei ihr sprachliches Wissen und Können in Ausgangs- und Zielsprache zu verändern. Gleichzeitig müssen sie in (inter-)kulturell und sprachlich aufgeladenen Situationen Einschätzungen und Wertungen vornehmen und so eine informierte und kritisch-distanzierte Haltung einnehmen.

3.3.5 Fazit: Unverbundene, aber relevante internationale Ansätze

Da das *CEFR* europaweite Geltung beansprucht bzw. sogar weltweit rezipiert wird (vgl. Byram/Parmenter 2012), könnte angenommen werden, dass, wie in Deutschland, auch in anderen Ländern dessen Konzept der Sprachmittlung Eingang in den Fremdsprachenunterricht gefunden hat. Bereits ein kursorischer Blick in die schulischen Lehrpläne und Abiturprüfungen verschiedener europäischer Länder wie Großbritannien, Frankreich, Österreich, Schweden, die Schweiz, die Niederlande, Spanien, Italien und Tschechien zeigt jedoch, dass dies nicht der Fall ist; lediglich in Portugal erscheint Sprachmittlung ausführlich in den Lehrplänen für die Fremdsprache Französisch (vgl. Poïarkova 2006; Kolb 2014b), nicht jedoch in den meisten anderen Fremdsprachenlehrplänen und in keinem Fall in den Abschlussprüfungen. Deutschland ist in dieser Hinsicht also mit Griechenland bisher Vorreiter. Dabei wäre es wünschenswert, dass auch in Griechenland die – möglicherweise sprachlich bedingte – Beschränkung auf die eigene nationale Perspektive aufgegeben und die deutsche Forschung wahrgenommen wird. Allerdings zeigt der Blick in die aktuelle internationale, englischsprachige Literatur zur schulischen Übersetzung auch, dass es Tendenzen gibt, die für die Sprachmittlung relevant sind. Daher erscheint es nicht zielführend, einen eindeutigen Gegensatz zwischen diesen beiden unterrichtlichen Aktivitäten zu konstruieren. Verbindungen zwischen Sprachmittlung und *translanguaging*, das mit dem wegweisenden Buch von García und Wei (2014) stark an Bedeutung gewinnt, sind bisher von Seiten der Forschung zur Sprachmittlung nur in sehr geringem Umfang und lediglich in Griechenland (Stathopoulou 2013b) gezogen worden, während die Forschung zum *translanguaging* Sprachmittlung nicht zur Kenntnis nimmt. Hier ließen sich in Zukunft gerade im internationalen Rahmen noch einige Lücken schließen.

3.4 Ein Blick in die Tiefe: Sprachmittlung im plurikulturellen und plurilingualen Kontext

Auch die Theoriebildung und Forschungsliteratur zu interkulturellem Lernen und interkultureller (kommunikativer) Kompetenz ist inzwischen so umfassend, dass eine vollständige Darstellung ausufern würde; dies beginnt bereits beim Versuch, das Konzept ‚Kultur' zu definieren. Daher wird hier darauf verzichtet, einen Überblick zu geben,[69] sondern es werden lediglich diejenigen Aspekte interkultureller Kompetenz dargestellt, die einen engen konzeptuellen Bezug zur Sprachmittlung aufweisen. Auch in der Translationswissenschaft werden die Zusammenhänge zwischen Übersetzen bzw. Dolmetschen, Vermittlungsprozessen zwischen Kulturen und interkultureller Kommunikation thematisiert (vgl. z.B. H. Witte 2007; Katan 2009). Da es sich hier um eine fremdsprachendidaktische Arbeit handelt, wird die interkulturelle Komponente der schulischen Sprachmittlung weitgehend aus dieser Perspektive betrachtet. Einige Verweise auf die translationswissenschaftliche Auseinandersetzung mit (inter-)kulturellen Aspekten finden sich in Kapitel 3.5.

Dabei werden hauptsächlich drei Arten von fremdsprachendidaktischen Veröffentlichungen herangezogen: erstens Arbeiten zu interkultureller Kompetenz im Fremdsprachenunterricht, die nicht auf Sprachmittlung eingehen, aber mit ihrer Thematisierung der Vermittlerrolle des *intercultural speaker* implizit auf die Funktion der Sprachmittlung verweisen; zweitens Beiträge zu interkultureller Kompetenz, die Sprachmittlung explizit nennen; drittens Literatur zur Sprachmittlung, die eine Verbindung zu interkultureller (kommunikativer) Kompetenz herstellt. Dabei wird interkulturelle kommunikative Kompetenz teilweise als Voraussetzung für Sprachmittlung gesehen (z.B. Byram

---

69 Vgl. dazu Deardorff 2009 und für die Fremdsprachendidaktik in Deutschland Kolb 2013a, 155–167.

2012), oder Sprachmittlung wird als Möglichkeit dargestellt, interkulturelle Kompetenz zu fördern (Senkbeil/Engbers 2011; Engbers/Senkbeil 2011; Grünewald 2012; Seidel 2012), oder Sprachmittlung wird als Beispiel für die praktische Realisierung und Überprüfung interkultureller Kompetenz gesehen (z.B. Hallet 1995; Rössler 2008; Caspari/Schinschke 2010; Kolb 2014b). Außerdem wird auch Literatur zu interkultureller Kommunikation herangezogen, die vorwiegend sprachliche Aspekte im Blick hat; dabei ist besonders die interkulturelle Sprachdidaktik interessant (vgl. auch Caspari/Schinschke 2007; Rössler 2008; Sarter 2010). Dieses Kapitel dient auch als Basis für die Darstellung der (inter-)kulturellen Komponenten von Sprachmittlungsprozessen, die sich in Kapitel 4.2.10 und 4.4.8 finden.

3.4.1 Der interkulturelle Sprecher als Mittler

In interkulturellen Kontaktsituationen befinden sich Fremdsprachenlerner immer in einer Rolle, in der ihre eigenen Sichtweisen auf die Sichtweisen anderer, fremdkultureller Menschen treffen, die sie wiederum aus ihrer jeweiligen kulturell bedingten Perspektive wahrnehmen. So treffen gleichzeitig Innen- und Außenperspektiven aufeinander. Kramsch fasst diese Situation unter der Bezeichnung „third place" zusammen (Kramsch 1993). Sie spricht ebenfalls von „third culture", d.h. „a place of contact or encounter between speakers from two different cultures" (Kramsch 2009, 244). In Kramschs Konzept liegt anders als in Sprachmittlungssituationen lediglich eine dyadische Konstellation vor; die Gemeinsamkeit besteht darin, dass Sprachmittler ein Musterfall von Fremdsprachenlernern sind, die zwischen verschiedenen Kulturen stehen und zwischen diesen vermitteln, wobei sie verschiedene Perspektiven einnehmen müssen.

Deutlicher wird der Zusammenhang zwischen Sprachmittlung und interkultureller Kompetenz bei Byram und Zarate; dies zeigt sich auch begrifflich in einigen Veröffentlichungen für den Europarat: So wird der *intercultural speaker*, den Byram und Zarate statt des *native speaker* als Zielvorstellung des Fremdsprachenlerners nennen (Byram/Zarate 1997a), in französischsprachigen Versionen durchgängig als *intermédiaire culturel* bezeichnet (Byram/Zarate 1997b). Damit wird klarer als in der englischsprachigen Bezeichnung die Position zwischen zwei Kulturen und die Vermittlerrolle zum Ausdruck gebracht (vgl. auch Dendrinos 2006). So überrascht es auch nicht, dass beide Forscher auf *mediation* eingehen, auch wenn sie diese bisher noch nicht ins Zentrum ihrer Ansätze stellen. Zarate beispielsweise kritisiert zusammen mit anderen Autoren die Darstellung von Sprachmittlung im *CEFR* als zu beschränkt:

> In the *Common European Framework of Reference for Languages*, the concept of mediation is addressed from the standpoint of translation and interpretation. This restricts it to a reformulating activity that obscures all the challenges to intercultural competence which conceal the dysfunctions of a type of communication between partners based on different value systems. (Zarate et al. 2003, 12)

Stattdessen sehen sie den Mittler in einer viel breiteren Funktion als „facilitator intervening in the transmission of cultural information, an interpreter of cultures, an agent mediating intercultural communication" (Zarate et al. 2003, 218). In Anlehnung an das Konzept der Mediation in Politik, Gesellschaft und Recht ist der Mittler ein „social agent who designs and puts in place devices that make it possible to restore meaning where meaning has broken off, namely, he or she provides the one who does not understand with the means to understand " (Zarate et al. 2003, 218). Die Aufgabe des Mittlers ist nicht nur die Sicherung sprachlichen Verständnisses, sondern auch interkulturelle und interpersonale Verständigung in potentiellen Konfliktsituationen.[70]

Auch Byram verweist auf die terminologische und konzeptuelle Nähe von Sprachmittlung zu Konfliktlösung und hält *mediation* daher für mehr als nur Informationsübermittlung zwischen Sprachen (Byram 2008 und 2012).[71] Er setzt *mediation* zwar in Verbindung mit Kompetenzen, die bereits im Fremdsprachenunterricht etabliert sind, schafft aber einen größeren Zusammenhang, in dem auch ein persönlichkeitserweiterndes und soziales Ziel verfolgt wird:

> Mediation is therefore a process of understanding and explanation where certain competences are applied, the competences which we are already used to teaching – linguistic competence, sociolinguistic competence – and now the 'new' intercomprehension and intercultural competence. The problem is that we seldom if ever teach how to apply these competences in mediation situations, in situations in where we are extending our own way of life and helping others to do the same. (Byram 2012, 18)

Diese Verortung zeigt, dass Sprachmittlung eine Vielzahl von Fähigkeiten, Fertigkeiten und Einstellungen auf Lernerseite voraussetzt. Fraglich ist nur, ob Byrams Feststellung, dass die Anwendung interkomprehensiver und interkultureller Kompetenzen in Mittlungssituationen nicht gefördert werde, für Länder, die Sprachmittlung praktizieren, tatsächlich zutrifft. Dies hängt davon ab, ob die Aufgabenstellungen darauf beschränkt sind, Informationen in eine andere Sprache zu übertragen oder ob eine interkulturelle Begegnungs- oder Vermittlungssituation geschaffen wird (vgl. Kapitel 5.5).

3.4.2 Modelle interkultureller (kommunikativer) Kompetenz

Es überrascht etwas, dass Byram in seinen neueren Veröffentlichungen zwar auf die Wichtigkeit von Sprachmittlung hinweist, diese jedoch nicht explizit in seine Vorstellung von interkultureller (kommunikativer) Kompetenz integriert, die er gemeinsam mit Zarate entwickelt hat (Byram/Zarate 1997a; Byram 1997). Da jedoch die Mittlerfunkti-

---

70   Vgl. auch Lévy/Zarate (2003). Sie setzen im sehr abstrakten französischen Diskurs die durch „altérité linguistique et culturelle" (Lévy/Zarate 2003, 189) gekennzeichnete Vermittlerfunktion des Fremdsprachenlerners in multikulturellen und mehrsprachigen Situationen in Bezug zum Handeln von Übersetzern, Dolmetschern oder Diplomaten. Besonders die Nennung von Übersetzern und Dolmetschern ist interessant, da die Autorinnen zwei Jahre nach Veröffentlichung des *CEFR* dessen Aktivität des Sprachmittelns überhaupt nicht erwähnen.

71   Daher wird in romanischen Ländern zur Abgrenzung von dieser primären Bedeutung von Mediation auch von *médiation linguistique* (*et culturelle*) bzw. *mediazione linguistica* gesprochen (vgl. Katelhön/Nied Curcio 2012; Pruvost 2012).

on des interkulturellen Sprechers in diesem Modell zentral ist, soll es hier in Grundzügen dargestellt werden, soweit es für die Sprachmittlungskompetenz relevant ist. Dies ist auch deshalb sinnvoll, da in der Literatur zur Sprachmittlung häufig darauf rekurriert wird (z.B. Senkbeil/Engbers 2011; Grünewald 2012; Kolb 2014b). Des Weiteren wird die Weiterentwicklung von Byrams Modell durch Caspari und Schinschke (2007) referiert, da diese erstens die sprachliche Dimension interkultureller Kompetenz stärker betonen, die für die sprachlich-kommunikative Aktivität Sprachmittlung besonders wichtig ist, zweitens weil sie selbst auch zur Sprachmittlung veröffentlicht haben (Caspari/Schinschke 2010 und 2012), und drittens weil für die Italienischdidaktik ihr Modell bereits in Bezug zu Sprachmittlung gesetzt wurde (Seidel 2012).

Nach Byram und Zarate beinhaltet die soziokulturelle Kompetenz, die ein *intercultural speaker* besitzen sollte, vier Teilbereiche (*savoirs*): *savoir-être*, *savoir-apprendre*, *savoirs* und *savoir-faire* (Byram/Zarate 1997a, 15–23). Unter *savoir-être* werden Einstellungen wie Offenheit, Neugier und die Überwindung ethnozentrischer Sichtweisen und Wertvorstellungen erfasst (Byram/Zarate 1997a, 14). Ganz besonders gehört hierzu aber auch die Befähigung zum Vermitteln zwischen Kulturen:

> *Ability to fulfil the role of cultural intermediary*
> – identification of areas of conflict; ability to mediate between conflicting behaviours and beliefs, resolving conflict or negotiating acceptance of unresolvable conflict.
> – ability to evaluate the quality of an explanatory system, ability to construct such a system on the basis of data from an interlocutor from a specific cultural background
> (Byram/Zarate 1997a, 15)

Während bei der ersten Teilfertigkeit Verhandlungsgeschick in Konfliktsituationen genannt wird, ist die zweite Komponente etwas schwieriger zu interpretieren: Es geht wohl darum, die kulturspezifischen Wertorientierungen, die bestimmten Handlungen und Ereignissen zugrundeliegen und Ursache der genannten Konflikte sein können, erkennen und bewerten zu können. Auch ohne Hinweis darauf ist selbstverständlich, dass Sprache – die eigene und die fremde – bei dieser Art von Vermittlung eine zentrale Rolle hat. Diese zweite Teilfertigkeit hängt eng mit der Fertigkeit des *savoir-apprendre* zusammen, denn diese umfasst u.a. die Befähigung, kulturelle Bedeutungen und Praktiken in einer bekannten oder einer neuen Sprache und Kultur zu erkennen und zu interpretieren (Byram/Zarate 1997a, 16). Neben instrumentellen Fertigkeiten wie dem Zurechtfinden in einer fremden kulturellen Umgebung gehört zu diesem Bereich das Erkennen von kulturellen Referenzen (Byram/Zarate 1997a, 17). Dieses System von kulturellen Bezügen, die einem *native speaker* bekannt sind, ist Teil des Bereichs *savoirs*, wobei es sich nicht um rein deklaratives Wissen oder Faktenwissen aus verschiedenen Wissenschaftsdisziplinen handelt, sondern vielmehr um Sichtweisen, Werte, Meinungen und Einstellungen, die den sozialen Praktiken der Zielkultur zugrundeliegen (Byram/Zarate 1997a, 19). *Savoir-faire* schließlich beschreibt die Fähigkeit, die drei anderen Komponenten zu integrieren und in konkreten interkulturellen Situationen adäquat zu handeln (Byram/Zarate 1997a, 20). Ohne dass Byram und Zarate dies explizit sagen, ist klar, dass der *intercultural speaker* entweder direkt Handelnder in einer Begegnungssituation oder als (Sprach-)Mittler dritter Akteur bei der Begegnung zwischen Vertretern unterschiedlicher Sprachen und Kulturen sein kann.

Wenn auch Byrams und Zarates Beschreibung der Komponenten soziokultureller Kompetenz bereits sehr umfassend ist, so stellt Byram in seinen eigenen Veröffentlichungen interkulturelle Kompetenz teilweise noch etwas anders dar. Für ihn hat diese fünf Teilbereiche, wie Abb. 2 zeigt.

	Skills interpret and relate (*savoir comprendre*)	
Knowledge of self and other; of interatction; individual and societal (*savoirs*)	**Education** political education critical cultural awareness (*savoir s'engager*)	**Attitudes** relativising self valuing other (*savoir être*)
	Skills discover and/or interact (*savoir apprendre/faire*)	

Abb. 2:   Komponenten interkultureller Kompetenz (Byram 1997, 34)

Im Zentrum von Byrams Modell steht ein erzieherisches Ziel, zu dem der gesamte Sprach- und Kulturunterricht hinführen soll: *critical cultural awareness*, d.h. die Fähigkeit, eigene und fremde kulturelle Perspektiven, Produkte und Praktiken kritisch und reflektiert bewerten zu können (Byram 1997, 63). Während für den Bereich der Einstellungen die Aussagen sehr ähnlich sind, wird beispielsweise der Bereich des Wissens differenzierter und für die spezielle Situation der Sprachmittlung zutreffender dargestellt: So hält Byram fest, dass dieses Wissen über Kulturen und Handlungsmuster sich nicht nur auf die Ziel-, sondern auch auf die Ausgangskultur bezieht (Byram 1997, 35). Sprachmittler werden vielleicht sogar besonders stark gefordert sein, eigenkulturelle Wissensbestände, die ihnen durch ihre eigene Sozialisation selbstverständlich erscheinen, aus der Außenperspektive zu betrachten, zu erläutern und möglicherweise zu hinterfragen. Auch die Darstellung der Fertigkeiten entspricht weitgehend den Ausführungen von Byram und Zarate (1997a); sie sind allerdings etwas anders ausdifferenziert. Dadurch wird besonders hervorgehoben, wie wichtig es ist, Dokumente und Ereignisse zu interpretieren und in Beziehung zu setzen. An anderer Stelle wird klar, inwiefern diese Fertigkeit bei der Lösung von Konflikten durch einen *mediator* wichtig ist:

> By putting ideas, events, documents from two or more cultures side by side and seeing how each might look from the other perspective, intercultural speakers/mediators can see how people might misunderstand what is said or written or done by someone with a different social identity. (Byram et al. 2002, 8)

In Verbindung mit einem Perspektivenwechsel soll es dem interkulturellen Sprecher bzw. dem Mittler gelingen, die Ursachen von Missverständnissen zu verstehen. Bei Sprachmittlern folgt auf dieses Verstehen die Vermittlung; sie sind diejenigen, die Ideen, Ereignisse und insbesondere Dokumente aus der einen Kultur mit den von ihnen selbst geschaffenen Gegenstücken in Verbindung setzen, um Missverständnisse zu vermeiden.

Auch wenn Byram von interkultureller *kommunikativer* Kompetenz spricht und daher auch die linguistische, soziolinguistische und diskursive Kompetenz nennt, so verfolgt er mit seinem Schwerpunkt auf *interkultureller* Kompetenz eher eine erzieherische, pädagogische Zielsetzung. Dies ist eine generelle Tendenz der interkulturellen Didaktik, die durchaus nicht unumstritten ist (vgl. Kolb 2013a, 163f.). Gerade die Vernachlässigung sprachlicher Komponenten bei der Entwicklung interkultureller Kompetenz im Fremdsprachenunterricht wird auch von Caspari und Schinschke (2007) kritisiert; und so rückt ihr Modell dagegen (fremd-)sprachliche Aspekte in Interdependenz mit den anderen Bereichen in den Vordergrund. Wie Byram gehen Caspari und Schinschke von den drei Bereichen Wissen, Können/Verhalten und Einstellungen aus, die jeweils vier Dimensionen umfassen: eine (fremd-)sprachliche, (fremd-)kulturelle, (fremd-)strategische und eine persönlich-psychologische (Caspari/Schinschke 2007, 92). Abb. 3 veranschaulicht diese Bereiche, Dimensionen und ihre Schnittmengen. Dabei ist ‚fremd' jeweils in Klammern gesetzt, da erstens die Kategorien ‚eigen' und ‚fremd' ineinander übergehen und interdependent sind und da zweitens im gängigen Verständnis interkultureller Kompetenz Wissen, Können oder Einstellungen sowohl in Bezug auf die Eigen- als auch in Bezug auf die Fremdkultur notwendig sind (Caspari/ Schinschke 2007, 93). Die Mehrfachnennung der vier Dimensionen gleichermaßen weist auf ihre Relevanz in allen drei Bereichen hin, die unterschiedlich stark ausgeprägt sein kann (Caspari/Schinschke 2007, 93). Byrams Zielvorstellung der *critical cultural awareness* wird auch von Caspari und Schinschke ins Zentrum interkultureller Kompetenz oder interkultureller Handlungsfähigkeit gestellt (Caspari/Schinschke 2007, 94).

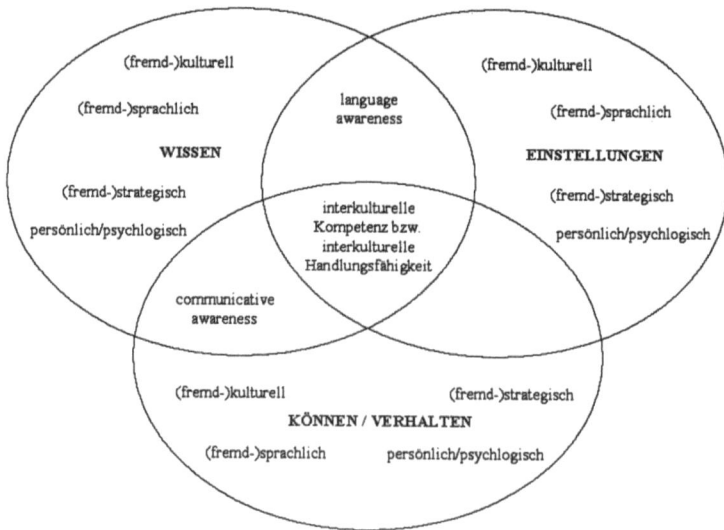

Abb. 3:   Modell der Bereiche und Dimensionen interkultureller fremdsprachlicher Kompetenz (Caspari/Schinschke 2007, 92) [psychlogisch (sic!)]

Anders als bei Byram ist dieses Modell ein klarer Schritt auf dem Weg zur präzisen Beschreibung und Operationalisierung interkultureller Kompetenz für den Fremdsprachenunterricht, auch wenn die Autorinnen nur einige Aspekte anreißen können. So erläutern sie beispielhaft, wie sich die (fremd-)kulturelle Dimension in allen drei Bereichen realisiert: Es geht erstens um landeskundliches Wissen, aber auch soziokulturelles Wissen über Alltagskultur, Handlungsmuster und Wertungen wie Stereotype, zweitens um eine Einstellung, die (fremd-)kulturell geprägte Einstellungen und Verhaltensweisen zu verstehen versucht, und drittens um die Fertigkeit, Wissen und Einstellungen beim eigenen Handeln einzusetzen und auf Basis dieses Wissens kulturell geprägte Handlungen, Aussagen und Dokumente zu erklären (Caspari/Schinschke 2007, 93). An anderer Stelle führen sie die (fremd-)strategische Dimension aus: Sie umfasst Wissen über in interkulturellen Begegnungen ablaufende Prozesse, Strategien zum Perspektivenwechsel und zum Umgang mit Missverständnissen und Konflikten sowie die Bereitschaft, diese Strategien einzusetzen (Caspari/Schinschke 2009, 277).

Es fällt auf, dass die Schnittmengen der drei Bereiche nur teilweise gefüllt sind: Während die Überlappung von Wissen und Einstellungen *language awareness* Platz bietet, findet sich *communicative awareness*[72] an der Schnittstelle von Wissen und Können. Die dritte Schnittmenge zwischen Können und Einstellungen bleibt dagegen leer. Hier könnte z.B. *interactive awareness* mit folgender Definition stehen: Bewusstsein dafür, wie gewisse (sprachliche) Handlungen in der eigenen oder fremden Kultur wahrgenommen und bewertet werden und welche Reaktionen und Gefühle bzw. Einstellungen, ggf. Konflikte oder Frustrationen, sie in einem bestimmten Handlungs- oder Begegnungskontext auslösen können. An dieser Schnittstelle kommt neben kulturell angemessenem Handeln auch die Bedeutung der persönlichen bzw. psychologischen Dimension besonders zum Tragen; dies ist die „Bereitschaft, sich als Person auf fremde und möglicherweise schwierige oder peinliche Situationen einzulassen" (Caspari/Schinschke 2009, 277).

Das Entscheidende und für den Fremdsprachenunterricht Zentrale ist die im Vergleich zu den anderen Dimensionen detaillierte und vollkommen überzeugende Ausdifferenzierung der (fremd-)sprachlichen Dimension, wobei Caspari und Schinschke sich auf Forschung der interkulturellen Sprachdidaktik berufen. Für den Bereich des Wissens nennen sie:[73]

---

72 Darunter verstehen die Autorinnen mit Byram die Fähigkeit, verschiedene linguistische und diskursive Konventionen und ihre Wirkung zu erkennen sowie Regeln für die interkulturelle Kommunikation auszuhandeln (Caspari/Schinschke 2007, 93f.)

73 Auch im *Framework of Reference for Pluralistic Approaches to Languages and Cultures (FREPA)* enthält der kognitive Bereich des Wissens im Vergleich zu Einstellungen und Können ausführlichere Deskriptoren (vgl. Candelier et al. 2012).

die kulturspezifische Prägung von Wortschatz und semantischen Feldern (Konnotationen, Assoziationen, Metaphern, Hotwords), die kulturspezifische Prägung von Register und Varietäten (auch zur Kennzeichnung sozialer Beziehungen), das Wissen über kulturspezifisch geprägte Konventionen des Diskursverhaltens (Gesprächsmanagement, Hotspots, Höflichkeit) wie über para- und nonverbales Verhalten (Mimik, Gestik, Akzent, Rhythmus, Pause, Tonfall), all dies idealiter jeweils im Vergleich zur Erstsprache und ggf. zur Umgebungs- bzw. Verkehrssprache und weiteren Fremdsprachen. (Caspari/Schinschke 2007, 95)

Es ist offensichtlich, dass für Sprachmittler im schriftlichen und ganz besonders im mündlichen Modus dieses Wissen die Basis ist, von der ausgehend sie vermittelnd handeln. Dabei sollte dieses Wissen aber nicht überbetont werden, wie es Siepmann in seiner Problematisierung des kulturellen Wissens tut:

> Zu groß ist die Bandbreite und Komplexität sprachlicher und sozialer Gewohnheiten, zu gering ihre bisherige Erfassung durch Linguisten, Kulturwissenschaftler und Soziologen. Was soll der Fremdsprachenlehrer wissen, was der Fremdsprachenlerner? […] Vor allem die ungeschriebenen, die ,versteckten' Regeln der Zielkultur erschließen sich häufig nicht einmal demjenigen, der sich längere Zeit dort aufhält. Forschung und Kanonbildung sind auf diesem Gebiet immer noch ein Desideratum […] (Siepmann 2013, 198)

Zum einen sind Möglichkeit und Notwendigkeit der Kanonbildung grundsätzlich kritisch zu sehen (vgl. Kolb 2013a); zum anderen ist dieses Wissen immer im Zusammenspiel mit Fertigkeiten und Einstellungen zu sehen. Dies bedeutet, dass der Sprachmittler nicht unbedingt *a priori* ein extrem breites Wissen über spezielle kulturelle Unterschiede haben muss. Vielmehr muss er v.a. ein Gespür dafür haben, dass es Unterschiede geben *könnte*, die das Einholen und Ergänzen weiterer Informationen, Nachfragen oder Vermitteln bei Missverständnissen nötig machen. Dazu ist die Sprachmittlung im Idealfall so zu konzipieren, dass Sender und/oder Adressat vom Sprachmittler kontaktiert werden können.

Wichtig ist im Bereich der *skills* neben (fremd-)sprachlichem Können bei nichtprofessionellen Mittlern, wie es schulische Lerner sind, die Beherrschung von „Strategien, die die Verständigung anbahnen, aufrechterhalten und sichern, ohne dass bereits eine differenzierte fremdsprachliche Kompetenz vorliegen muss" (Caspari/Schinschke 2007, 96). Erfolgversprechende Strategien führt z.B. Knapp-Potthoff als „interaktionsbezogene Strategien" an, so z.B. die Vermeidung von Tabuverletzungen, die Suche nach Gemeinsamkeiten, die Fähigkeit, Missverständnisse aufzulösen oder metakommunikative Verfahren und interessanterweise den Einbezug von Sprachmittlern (Knapp-Potthoff 1997, 202). Damit hängen die Einstellungen der (fremd-)sprachlichen Dimension zusammen, wenn die Lernenden bereit sind, trotz ihrer fremdsprachlichen Beschränkungen die Kommunikation zu wagen, auf ihre Kommunikationspartner einzugehen und deren kulturelle Prägungen wahrzunehmen und zu akzeptieren (Caspari/Schinschke 2007, 96). Sprachmittler müssen dies zwischen mindestens zwei Gesprächspartnern leisten, wobei der Perspektivenwechsel zwischen den beteiligten Sprachen und Kulturen zusätzliche Anforderungen stellt.

3.4.3 Sprachliche Aspekte plurikultureller und plurilingualer Kommunikation

Nicht nur Caspari und Schinschke (2007) konstatieren, dass interkulturelles Lernen häufig die fremdsprachliche Komponente nicht genügend berücksichtigt. So sieht House interkulturelle Kompetenz zu „einem [...] sinnentleerten Modewort verkommen" (House 1996). Edmondson und House wenden sich gegen die Vernachlässigung fremdsprachlichen Lernens durch eine Ausrichtung an pädagogischen und affektiven Zielen und plädieren dafür, „,kulturelle Sensibilisierung' (,Cultural Awareness') als Teil der sprachlichen Sensibilisierung (,Language Awareness')" (Edmondson/House 1998, 165) zu lehren. Schon die Definition in dem wegweisenden Aufsatz von Knapp und Knapp-Potthoff (1990) hebt eindeutig die sprachliche Komponente interkultureller Kommunikation hervor:

> die interpersonale Interaktion zwischen Angehörigen verschiedener Gruppen, die sich mit Blick auf die ihren Mitgliedern jeweils gemeinsamen Wissensbestände und sprachlichen Formen symbolischen Handelns unterscheiden. Solche Unterschiede bestehen schon zwischen Gruppen innerhalb einer durch Nation oder Staat definierten Gesellschaft. Insofern unterscheidet sich *inter*kulturelle Kommunikation nicht prinzipiell von *intra*kultureller Kommunikation. Ein wesentliches Charakteristikum von IKK [interkultureller Kommunikation] ist jedoch damit gegeben, dass sich einer der an ihr beteiligten Kommunikationspartner typischerweise einer zweiten oder fremden Sprache bedienen muss, die nicht eine Varietät seiner eigenen ist. (Knapp/Knapp-Potthoff 1990, 66; Kursivdruck im Original)

Sie nennen im Anschluss verschiedene linguistische, parasprachliche und pragmatische Aspekte, die in verschiedenen Kulturen unterschiedlich gehandhabt werden, und dementsprechend Inhalt interkulturellen Sprachunterrichts sein sollten, so z.B. kulturspezifische lexikalische Einheiten, Sprechakte, Handlungsschemata und -skripts, Diskurskonventionen, Mimik und Gestik (Knapp/Knapp-Potthoff 1990, 69–72). Ähnliches findet sich bei House, die sich jedoch auf Diskursphasen, Diskursstrategien, Gambits und Sprechakte beschränkt (House 1996). Auch in vielen weiteren Publikationen zu sprachlichen Aspekten interkultureller Kommunikation werden diese Aspekte immer wieder genannt (vgl. Knapp-Potthoff 1997; Roche 2001; Gnutzmann/Königs 2006; Kotthoff/Spencer-Oatey 2007; Günthner 2010). Zusammenfassend lassen sich die folgenden zentralen Interessensgebiete der interkulturellen Sprachdidaktik ausmachen: Kulturspezifika im Lexikon bzw. in der Semantik, kulturspezifische Konventionen in Pragmatik, in der Realisierung von Sprechakten oder Textsorten bzw. Genres, paraverbale oder nonverbale Elemente wie Gestik, Mimik, Proxemik, Umgang mit Verstehensschwierigkeiten oder Missverständnissen, Einsatz von Strategien wie Sprachwechsel, Umschreibungen, Gambits sowie kontrastive Analysen in den genannten Bereichen. Im Prinzip sind diese Einzelaspekte in den vier Teilkompetenzen der kommunikativen Kompetenz enthalten: linguistische, soziolinguistische, strategische und diskursive Kompetenz (vgl. dazu auch House 1996). Dazu treten der Vergleich und die Kontrastierung verschiedener sprachlicher Systeme.

Dabei reicht es gegenwärtig nicht mehr aus, zwei Sprachen miteinander in Bezug zu setzen; vielmehr sind immer mehr Lernende aufgrund von Migration, durch ihre außerschulische Lebenswelt oder auch durch vermehrten Fremdsprachenunterricht mehrsprachig (vgl. Hu 2004). Die steigende Zahl von Lernenden in Schulen, deren Erstsprache nicht Deutsch ist, könnte gerade in Bezug auf Sprachmittlungsaufgaben ein methodisch-didaktisches Umdenken nötig machen: Einerseits kann für diese Lernenden die Sprachmittlung aus dem bzw. in das Deutsche in Aufgaben schwieriger sein, die von deutschen Muttersprachlern für deutsche Muttersprachler entworfen wurden; andererseits könnten sie Vorteile haben, da ihnen der Umgang mit fremden Sprachen und Kulturen vertrauter ist und sie möglicherweise aufgrund ihrer anderen Erstsprachen vermehrt auf ihre Vorerfahrungen beim Fremdsprachenlernen oder auf Strategien bei Rezeption und Produktion zurückgreifen. Für die Sprachmittlung in romanischen Sprachen ist in dieser Situation die Fähigkeit zur Interkomprehension, also zum Verstehen nicht erlernter oder erworbener Sprachen aufgrund von sprachlichen Verwandtschaftsbeziehungen, von großer Bedeutung, während dies für den Englischunterricht etwas weniger zutrifft. Doch auch für die Sprachmittlung im Englischunterricht sind Prinzipien der Mehrsprachigkeits- und der Interkomprehensionsdidaktik wie der Einsatz von Vorwissen, von Transferprozessen oder Sprachvergleiche relevant (vgl. Meißner 2005; Bär 2009).

Mit *A Framework of Reference for Pluralistic Approaches to Languages and Cultures* (*FREPA*) (Candelier et al. 2012) liegen als Ergänzung zum *CEFR* genau für die Bereiche Wissen, Können und Einstellungen in plurilingualen und plurikulturellen Kontexten inzwischen viele Deskriptoren vor. Die explizite Nennung von *mediation* beschränkt sich dort jedoch auf die Feststellung, dass diese eine Teilkompetenz von „[c]ompetence in managing linguistic and cultural communication in a context of otherness" (Candelier et al. 2012, 20) ist. Dabei ist allerdings die Unterscheidung der „competence in mediation" von „a competence in resolving conflict, overcoming obstacles, clarifying misunderstandings [...]; a competence in negotiation [...]; a competence of adaptability" (Candelier et al. 2012, 22) nicht ganz einsichtig, da bei Sprachmittlung auch die anderen drei genannten Teilkompetenzen notwendig sind. Aus den vielen Deskriptoren des *FREPA* sind für Sprachmittlungssituationen die folgenden vier besonders relevant:[74]

> Knows that there exists language means to facilitate communication {simplification/reformulation etc.}
> [...] Knows that because of his/her plurilingual and pluricultural competence, a person who speaks another language possesses a particular status in communication
> [...] Knows that there is no word for word equivalence from one language to another
> [...] Knows that cultural differences may underlie °verbal/non-verbal° °communication/interaction°
> (Candelier et al. 2012, 26–32)

Beim zweiten Deskriptor wird in einer Unterkategorie explizit auf *mediation* verwiesen; die restlichen drei Deskriptoren nennen Wissen, das für die konkrete Interaktion in zwei- oder mehrsprachigen bzw. -kulturellen Situationen die Grundlage darstellt. Im Bereich der Einstellungen finden sich Aussagen zu Aufmerksamkeit, Neugier und Res-

---

74 Die Sonderzeichen wie Klammern und Kreise finden sich so im *FREPA*, der auch eine Legende für ihre jeweilige Bedeutung enthält.

pekt gegenüber kulturellen Unterschieden und Gemeinsamkeiten sowie die Relativie-
rung der eigenen Position (Candelier et al. 2012, 38–47).

Was den Bereich des Könnens betrifft, werden die Fertigkeiten des Analysierens
und Identifizierens von Missverständnissen sowie der Vergleich von Sprachen und
Kommunikationskulturen genannt (Candelier et al. 2012, 51–55). Unter der Überschrift
„Can °talk about/explain° certain aspects of °one's own language/one's culture/other
languages/other cultures°" sind zwei der vier Unterkategorien absolut zutreffend für
Sprachmittlungssituationen, ohne dass die Tätigkeit der *mediation* jedoch genannt wird:

> Can construct explanations °meant for a foreign interlocutor about a feature of one's own
> culture/meant for an interlocutor from one's own culture about a feature of another cul-
> ture°
> [...] Can explain misunderstandings (Candelier et al. 2012, 55f.)

Sprachmittler füllen mit ihrem Wissen und Können sprachlich-kulturelle Lücken zwischen Gesprächspartnern, um Missverständnisse zu lösen bzw. zu verhindern. Weitere
Kann-Beschreibungen beziehen sich auf soziolinguistische, linguistische, interaktive
und strategische Fertigkeiten wie den Einsatz von Sprachtransfer, Worterschließungs-
techniken oder Höflichkeitsfloskeln, die in der interkulturellen Kommunikation immer
wichtig sind. Explizit wird die Vermittlung zwischen Kulturen bzw. Sprachen in zwei
Unterkategorien der Kann-Beschreibung „Can communicate 'between language'" genannt:

> Can give an account in one language of information encountered in °another language/
> other languages°
> [...] Can present a °commentary/exposé° in one language based on a plurilingual set of
> documents
> (Candelier 2012, 58)

Der erste Deskriptor gibt eine knappe Definition von sprachmittelnden Tätigkeiten,
wobei der Hinweis auf mehrsprachige Ausgangssituationen im zweiten Deskriptor noch
viel deutlicher genannt wird. Diese Beschreibung von mehrsprachigen Sprachmittlungs-
kontexten ist sicher einer zunehmend vielsprachigen Realität geschuldet, die jedoch in
die schulische Aufgabenentwicklung bisher noch wenig eingegangen ist. Welche konkreten sprachlichen Teilfertigkeiten für derartige Aufgaben nötig sind, führt der *FREPA*
für Sprachmittlung allerdings nicht gesondert aus.

3.4.4 Die interkulturelle Kompetenz des Sprachmittlers

Zu diesen sprachlichen Kompetenzen im engeren Sinn wird in der bisher vorhandenen
englischdidaktischen Literatur zur Sprachmittlung nur wenig gesagt. Sarter hebt die
Bedeutung pragmatischer und soziolinguistischer Kompetenz hervor (Sarter 2008, 10)
und fordert den „Aufbau von pragmatischer Diskurskompetenz" (Sarter 2010, 94).
Wichtig ist insbesondere, dass die Informationen situativ und kulturell angemessen
übertragen werden, weshalb sie z.B. Kommunikationsstile, Semantik und Sprechakte
nennt (Sarter 2010, 95). Nicht ganz zuzustimmen ist ihr, wenn sie die Verwendung

indirekter Rede für die Sprachmittlung für notwendig hält (Sarter 2010, 96f.). So können fortgeschrittene Sprachmittler zwar durch die einleitenden Verben oder Höflichkeitsfloskeln Wertungen abgeben:

> Die sprachlichen Mittel, mit denen eine indirekte Rede eingeleitet werden kann, sind vielfältig; sie geben Interpretationen vor, nuancieren die wiedergegebenen Sätze und übernehmen gerade in der Sprachmittlung eine die Aussage modifizierende Rolle. (Sarter 2010, 96)

Anfänger jedoch, die sich mit ihren begrenzten Mitteln in Alltagssituationen als Sprachmittler zur Verfügung stellen, werden auch ohne indirekte Rede auskommen können oder müssen (vgl. Kolb 2008b).[75] Auch für fortgeschrittene Sprachmittler wird es von der Situation und dem Vermittlungsauftrag abhängen, inwiefern und inwieweit sie die zu mittelnden Aussagen oder Fragen modifizieren dürfen. Eben dieser „Umgang mit der eigenen sprachlichen Begrenzheit", der nicht zu Demotivation führen dürfe (Caspari/Schinschke 2010, 32), ist bei Caspari und Schinschke ein wichtiger Grund, wieso Sprachmittlung interkulturelle Kompetenz fördert. Außerdem kann Sprachmittlung durch eine interkulturelle Begegnungssituation, einen Perspektivwechsel, eine entsprechende kulturspezifische Textsorte, die zu produzieren ist, die Erläuterung von Kulturspezifika und ganz besonders durch mündliche Rollenspiele zur Entwicklung interkultureller Kompetenz beitragen (Caspari/Schinschke 2010, 32).

Ähnliche Aspekte heben andere Autoren hervor, die sich explizit auf Byrams Modellierung interkultureller Kompetenz berufen und die drei Kategorien Wissen, Können und Einstellungen bzw. die verschiedenen *savoirs* mehr oder weniger ausführlich darstellen (Rössler 2008; Senkbeil/Engbers 2011; Grünewald 2012; Kolb 2014b).[76] Senkbeil und Engbers konkretisieren darüber hinaus die von ihnen sogenannte *interpersonal attitude* als „in Begegnungen mit einzelnen Menschen anderer Kulturen, [...] mit Neugierde und Offenheit auf die Individualität der Gesprächspartner vorbereitet zu sein" (Senkbeil/Engbers 2011, 48). In ihren Beispielen geht es dann vorwiegend um kulturkontrastive, sprachliche, interaktive und -soziale Aspekte (Engbers/Senkbeil 2011). Es ist zwar sicher eine wichtige Feststellung, dass jede interkulturelle Kontaktsituation eine Begegnung von Individuen ist; diese Voraussetzung ist jedoch auch in Byrams Konzeption interkultureller Kompetenz angelegt. Zentral ist die Tatsache, dass Sprachmittler verschiedene Rollen einnehmen müssen (vgl. Hallet 1995 und 2008a) und dass dieses Umdenken in mündlichen Sprachmittlungssituationen schnell und häufig geschehen muss, so dass in diesen Fällen am deutlichsten sichtbar wird, inwieweit Sprachmittler

---

75 Anders als die Verfasserin zieht Michler aus dieser Gegebenheit für den Französischunterricht den Schluss, mit Sprachmittlung erst auf dem Niveau A2 zu beginnen (Michler 2013, 172f.).

76 Grünewald (2012) erstellt beispielsweise detaillierte Kompetenzziele zu seiner Musteraufgabe zur Sprachmittlung Deutsch-Spanisch/Französisch. Sein Beispiel zur Übertragung von Bezeichnungen von Speisen ist jedoch trotz anspruchsvoller Zielsetzungen im Bereich der Einstellungen und Fertigkeiten vorwiegend im Bereich der Wortschatzdidaktik angesiedelt.

ihr Wissen tatsächlich in Können umsetzen können bzw. welche Einstellungen sie in sich tragen.

Am ausführlichsten hat bisher Seidel (2012) versucht, die interkulturelle Kompetenz von Sprachmittlern zu erfassen, indem sie das Modell von Caspari und Schinschke (2007 und 2009) anwendet (s. Abb. 4). Seidel erläutert die oben beschriebenen vier Dimensionen in den Bereichen Wissen, Können und Einstellungen ausführlich. Damit wird sie der Komplexität von sprachmittelnden Aktivitäten gerecht; allerdings wäre es einleuchtender, die drei Kategorien Wissen, Können, Einstellungen in die verschiedenen Dimensionen aufzufächern, da bei ihr eine recht künstliche Trennung von „(fremd-)kulturellem Wissen" und „(fremd-)sprachlichem Wissen" entsteht. Auch Lernzieltaxonomien oder Kompetenzmodelle operieren üblicherweise mit den drei Bereichen Wissen, Können und Einstellungen (vgl. Anderson et al. 2006; Klieme et al. 2003).

Kritisiert werden kann außerdem an Seidels Ausführungen, dass sie besonders in der kulturellen Dimension überwiegend auf die Zielkultur(en) fokussiert; dies ist besonders im Bereich des Wissens irritierend (Seidel 2012, 52f.). Vielmehr könnte von Sprachmittlern erwartet werden, dass sie relativ umfassendes Wissen über ihre eigene Kultur haben, ihnen jedoch die Relativität dieses Wissens und ihrer eigenen kulturellen Perspektive bewusst ist und dass sie Strategien und Können einsetzen, um die Informationen aus ihrer eigenen Kultur zu vermitteln. In umgekehrter Vermittlungsrichtung benötigen Sprachmittler Strategien und Fertigkeiten, um Zusatzinformationen aus der fremden Kultur einzuholen oder Nichtverstehen zu artikulieren und nachzufragen.[77] Nicht berücksichtigt ist bei Seidels Beschreibung der Aufgaben von Sprachmittlern auch die Tatsache, dass sowohl Eigen- als auch Fremdkultur in sich nicht homogen sind, sondern im Plural als Kulturen und Subkulturen gesehen werden müssen. Auch vereinfacht Seidels Tabelle etwas zu stark, indem sie mündliche und schriftliche Sprachmittlung gegenüberstellt, ohne Mischformen zu beachten. Schließlich können die von ihr eingeklammerten Teilbereiche durchaus auch im Schriftlichen realisiert werden: So ist das Pendant zu Diskursverhalten Text(sorten)kompetenz; bestimmte kulturelle, strategische und nichtverbale Techniken können auch bei schriftlicher Vermittlung auftreten.

---

77   Dies würde der Rolle von Übersetzern entsprechen, die üblicherweise in ihre eigene Erstsprache übersetzen und dabei eine Reihe von Hilfsmitteln verwenden (vgl. Bellos 2011, 57).

Dimensionen interkultureller Kompetenz nach Caspari/Schinschke (2007)	Sprachmittlung in Begegnungssituationen (Vorlage und Über- tragung mündlich)	Von anderen Texten ausgehende, vorrangig schriftliche Sprach- mittlung
1. (FREMD-)KULTURELLES		
Wissen – landeskundliches Faktenwissen – soziokulturelles Handlungswissen – Kenntnisse über Auto- und Heterostereotype, ggf. über de- ren Entstehung und sprachliche Realisierung, d.h. Wissen darü- ber, welche Wertungen mit einer sprachlichen Form zum Aus- druck gebracht werden	x x x	x (x) x
Können/Verhalten	x	(x)
Einstellungen	x	x
2. (FREMD-)SPRACHLICHES		
Wissen über kulturspezifische Prägungen – des Wortschatzes – von Registern und Varietäten – des Diskursverhaltens – des para-/nonverbalen Verhaltens	x x x x	x x (x) (x)
Können/Verhalten – im Bereich der rezeptiven und produktiven Fertigkeiten – in Bezug auf den kompetenten Einsatz von Kommunikations- strategien	x x	x –
Einstellungen	x	x
3. (FREMD-)STRATEGISCHES		
Wissen	x	x
Können/Verhalten	x	x
Einstellungen	x	
4. PERSÖNLICH/ PSYCHOLOGISCH	x	x

Abb. 4: *Synopse der Schnittmengen von interkultureller Kompetenz und Sprachmittlung (Seidel 2012, 71f.)*

Zuzustimmen ist Seidel bei ihrer Einschätzung der überragenden Bedeutung von Kön- nen und Einstellungen, die sich auch bei Caspari und Schinschke (2007) findet. So weist sie erstens in Bezug auf (fremd-)kulturelles Können auf die „Anpassung einer sprachli- chen Übertragung an bestimmte Situationen und Adressatinnen" (Seidel 2012, 55) hin; zweitens betont sie die Bedeutung der sprachlichen Fertigkeiten sowie der Strategien zur Verständnissicherung (Seidel 2012, 60); drittens hält sie die Bereitschaft, Kommunikation zu wagen, für zentral (Seidel 2012, 62). Auch Caspari und Schinschke heben hervor, dass sich „Haltungen und Vermögen in interkultureller Kommunikation erst im kommunikativen Vollzug realisieren" (Caspari/Schinschke 2007, 96). Da Sprachmittler nicht primär als sie selbst an der triadischen Kommunikationssituation beteiligt sind, sondern eine Zwischenstellung zwischen eigen- und fremdkulturellem Kommunikanten einnehmen, müssen sie sich neben ihren eigenen Einstellungen auch in diejenigen der weiteren Akteure einfühlen. Am kommunikativen Erfolg zeigt sich, wie gut ihre kulturellen, sprachlichen und strategischen Fertigkeiten im Vermitteln sind.

3.4.5 Fazit: Komplexe Interdependenzen

Die Überschneidungen zwischen Sprachmittlung und interkultureller (kommunikativer) Kompetenz sind vielfältig und in beide Richtungen relevant. Ein Sprachmittler muss verschiedene Teilkomponenten interkultureller Kompetenz aktivieren, wobei je nach konkreter Sprachmittlungssituation das Ausmaß unterschiedlich ist. Damit zeigt sich in der erfolgreichen Bewältigung der Sprachmittlung die interkulturelle Kompetenz. Gleichzeitig dienen entsprechend konzipierte Sprachmittlungsaufgaben bzw. reale außerschulische Sprachmittlungssituationen auch der (Weiter-)Entwicklung der interkulturellen Kompetenz des Sprachmittlers. Ganz offensichtlich im Bereich des Wissens über Ziel- und Eigenkultur(en), aber auch im Bereich von Können und Einstellungen ist interkulturelle Kompetenz niemals ein klar definiertes, statisches Ziel, sondern verlangt Flexibilität und den Willen bzw. die Fähigkeit, weiterzulernen bzw. sich weiterzuentwickeln. Dazu sind Aufgaben nötig, die nicht nur auf lexikalische Elemente und die Wissenskomponente abzielen (vgl. Kapitel 5.5), auch wenn klar ist, dass Können und Einstellungen im Endeffekt erst im außerschulischen Ernstfall der Sprachmittlung sichtbar werden.

3.5 Ein Blick zur Seite: Anleihen bei der Translationswissenschaft

So wie Sprachmittlung von der Bildungsverwaltung und der Fremdsprachendidaktik meist definiert wird, ist sie eine eigenständige Kompetenz, die im schulischen Fremdsprachenunterricht auf nichtprofessionelle Übertragungstätigkeiten zwischen zwei oder mehr Sprachen abzielt. Damit wird sie, anders als im *CEFR*, von professionellem Übersetzen und Dolmetschen unterschieden. Diese nicht eindeutige und wenig überzeugende Abgrenzung greift jedoch zu kurz. Daher ist es aus verschiedenen Gründen sinnvoll, bei der Modellierung der Sprachmittlungskompetenz Anleihen bei der Translationswissenschaft[78] zu nehmen: Die grundsätzlichen (mentalen) Prozesse, die bei professionellen Übersetzern und Dolmetschern und nichtprofessionellen Sprachmittlern ablaufen, äh-

---

78 Übersetzungswissenschaft, Translatologie oder Translationswissenschaft werden oft synonym verwendet (vgl. Snell-Hornby 1999, 37f.), wobei die letztgenannte Bezeichnung seit den 1980er Jahren vorherrscht.

neln sich zumindest;[79] in der wissenschaftlichen Literatur zum Übersetzen und Dolmetschen gibt es einige Ansätze, die Parallelen zum (schulischen) Sprachmitteln aufweisen; und schließlich bietet es sich an, wie in der Sprach- und Literaturdidaktik insgesamt, auch für das Teilgebiet der Sprachmittlung den Bezug zu den Fachwissenschaften herzustellen. Dies scheint umso dringlicher, als besonders die unterrichtliche Praxis der didaktischen Übersetzung von Seiten der Translationswissenschaft stark kritisiert wurde und wird (z.B. Wilss 1981; Hönig 1988; B. Nord 2007, 151ff.; House 2010, 328f.). Daher sollte für die Fortentwicklung des Vermittelns zwischen Sprachen nicht derselbe Fehler begangen werden, der das Übersetzen im Fremdsprachenunterricht z.T. durchaus berechtigt in Misskredit gebracht hat (vgl. Kapitel 3.2).[80]

Die Translationswissenschaft, die sich selbst auf viele Bezugsdisziplinen stützt, hat sich international seit den 1960er Jahren zunehmend als wissenschaftliches Fach ausdifferenziert (vgl. Munday 2010), so dass inzwischen eine unüberschaubare Zahl an Veröffentlichungen vorliegt. Um die möglichen Bezugspunkte zwischen Translationswissenschaft und Sprachmittlung nicht ausufern zu lassen, werden hier auf Basis verschiedener Orientierungspunkte lediglich ausgewählte Aspekte wiedergegeben, die relevant für die schulische Sprachmittlung erscheinen. Zum einen gibt es bereits einige fremdsprachendidaktische Veröffentlichungen, die auf translationswissenschaftliche Modelle verweisen (z.B. Siepmann 2013; Reimann 2013b; de Florio-Hansen 2013b; Kolb 2011 und 2014b); zum anderen interessieren sich einige Translationswissenschaftler für die Praxis der schulischen Sprachmittlung (z.B. B. Nord 2007; Bommel 2009; Sinner/Wieland 2013; Krause 2013). Auch Diskussionen um schulisches und professionelles Übersetzen und Dolmetschen bzw. Sprachmitteln (Königs 2010a und 2010b; House 2010) bieten Anregungen ebenso wie Veröffentlichungen zu nichtprofessionellem Übersetzen und Dolmetschen außerhalb des schulischen Fremdsprachenunterrichts (z.B. Knapp [2]2013 [1986]; Freudenfeld 2008). Die Verwendung einiger deutscher und englischsprachiger Handbuchartikel zum Übersetzen und Dolmetschen und die Durchsicht der translati-

---

79   So sieht dies auch de Florio-Hansen (2013a, 71), die allerdings nicht recht hat, wenn sie Königs unterstellt, „eine Opposition zwischen der translatorischen Kompetenz (des professionellen Dolmetschers und Übersetzers) und einer kommunikativen sprachmittelnden Kompetenz von Fremdsprachenlernenden zu konstruieren (vgl. Königs 2010[a], 286)" (de Florio-Hansen 2013a, 70). In der von ihr kritisierten Veröffentlichung fügt Königs lediglich Sprachmittlung in die bestehende Diskussion pro und contra Übersetzen in der Schule ein. Tatsächlich aber kann ein vollständiges Kompetenzmodell der Sprachmittlung nicht direkt aus der Translationswissenschaft stammen, da die nichtprofessionellen Sprachmittler weitere Kompetenzen und Strategien zur Kompensation ihrer im Vergleich zu Dolmetschern und Übersetzern beschränkten fremdsprachlichen Fertigkeiten einsetzen müssen.

80   Vgl. jedoch z.B. die Beiträge in Königs (1989), durch die beide Disziplinen verbunden werden sollten.

onswissenschaftlichen Zeitschrift *Lebende Sprachen* zwischen 1982 und 2015[81] führen zu weiteren Einzelaspekten, die das Sprachmitteln mit dem Übersetzen und Dolmetschen verbinden. Die wichtigsten Aspekte, die eine direkte Relevanz für die Modellierung der Sprachmittlung als Aktivität im schulischen Fremdsprachenunterricht haben, beziehen sich auf Definitionen und Theorien des Übersetzens und Dolmetschens, die Bedeutung von Äquivalenz, Teilkompetenzen und Prozesse[82] beim Übersetzen bzw. Dolmetschen sowie die Rolle von Strategien, Techniken und Hilfsmitteln (vgl. auch Kolb 2011 und 2014b; Reimann 2013b; Siepmann 2013). Trotz der meist gemeinsamen Behandlung von Übersetzen und Dolmetschen wird die Unterscheidung danach beachtet, ob der Ausgangs- und Zieltext mündlich oder schriftlich, einmalig oder wiederholbar ist.[83]

3.5.1 Nichtprofessionelles Dolmetschen und Sprachmitteln

Neben der Beschäftigung mit Übersetzen und Dolmetschen als Beruf gibt es eine Reihe von Ansätzen, die sich mit der zwischensprachlichen Vermittlung durch nicht dafür ausgebildete Laien beschäftigen (vgl. auch de Florio-Hansen 2013b; Krause 2013). Je nach Schwerpunkt finden sich diese Ansätze unter den Bezeichnungen *natural translation* (Harris 2012), *community interpreting*, *liaison interpreting* oder *public service interpreting* (Pöchhacker 2009; Hertog 2010; Hale 2011) und im Deutschen auch als Sprachmitteln (Knapp [2]2013 [1986]). *Natural translation* als „the translation done in everyday circumstances by bilinguals who have had no special training for it" (Harris 2012, 1) kann grob gesagt als Oberbegriff stehen, während die anderen Begriffe auf

---

81 *Lebende Sprachen* erscheint seit 1956. Der gewählte Zeitraum von über 30 Jahren erscheint ausreichend lang. Als Endpunkt der rückwärtsgerichteten Suche wurde der erste Artikel einer fünfteiligen Serie zu „Grundbegriffen aus der wissenschaftlichen Beschäftigung mit Übersetzen" (Königs 1982) gewählt. Die Durchsicht beruht auf Stichwortsuchen und der Einschätzung von Titeln bzw. Abstracts. Es werden jedoch nur wenige Artikel aus dieser Zeitschrift einbezogen, und dies nur, wenn sie über die verwendeten Handbücher hinaus die zu erläuternden Teilthemen ergänzen.

82 Eine eindeutige Unterscheidung von Prozessen und Kompetenzen ist dabei nicht möglich. Dies sieht man z.B. auch bei Britta Nord (2007), die in ihrem Übersetzungsportfolio für bestimmte Tätigkeiten des Übersetzers (d.h. Prozesse) verschiedene Niveaustufen (d.h. Kompetenzniveaus) präsentiert. Im vorliegenden Kapitel erfolgt die Darstellung jeweils an der Stelle, die geeignet scheint, die komplexen translationswissenschaftlichen Ansätze verständlich und für die Sprachmittlung nutzbar zu machen.

83 Dazu ausführlicher sowie zu Mischformen wie Stegreifübersetzen/Vom-Blatt-Übersetzen (*sight translation*) vgl. Kautz 2002, 288ff. Allerdings sind die Zuordnungen mancher Mischformen durchaus umstritten.

unterschiedliche Aspekte fokussieren.[84] *Community interpreting* und das im britischen Sprachgebrauch vorgezogene *public service interpreting* finden nicht in internationalen Kontexten, sondern innerhalb einer gesellschaftlichen Institution statt:

> Community interpreting (CI) takes place to enable individuals or groups in society who do not speak the official or dominant language of the services provided by central or local government to access these services and to communicate with the service providers. Typical CI settings are social services such as e.g., welfare, housing, employment or schools; medical settings such as childcare centres, hospitals, mental health clinics; or legal settings such as prisons, police stations or probation offices. (Hertog 2010, 49)

Diese Situierung bedeutet, dass die Kommunizierenden, zwischen denen vermittelt wird, anders als z.B. beim Konferenzdolmetschen meist nicht gleichrangig sind; die Themen sind oft problematisch und konfliktbeladen. Das Dolmetschen findet konsekutiv und dialogisch in beide Richtungen zwischen dem institutionellen Vertreter und der Privatperson statt; die Technik ist *short consecutive interpreting*, bei dem immer nur kurze Redepassagen übertragen werden und die Sprecher ggf. auch unterbrochen werden (Harris 2012, 5). Im Gegensatz zu professionellen Dolmetschern, deren Neutralität erst in neuester Zeit bezweifelt wird, gibt es schon lange Debatten um die Rolle und ethische Verantwortung des *community interpreters* (vgl. Hale 2011, 350–353). Eine vermittelnde Position zwischen widersprüchlichen Standpunkten zur seiner Rolle findet sich im Pyramidenmodell, bei dem an der Basis die Aufgabe des *message converter* steht und in aufsteigender Reihenfolge die fakultativen Aufgaben des *message clarifier*, *cultural broker* und *advocate* (Pöchhacker 2009, 137).

Ganz ähnlich dazu ist das Konzept des Sprachmittelns als nichtprofessionelles Dolmetschen im Alltag, wie es Knapp ([2]2013 [1986]) vertritt. So ist Sprachmitteln „an phonisch repräsentierte Texte gebunden und findet *ausschließlich* in *face-to-face*-Interaktionen statt. Im Unterschied zum Dolmetschen ist Sprachmitteln eine nichtprofessionelle, alltagspraktische Tätigkeit" (Knapp/Knapp-Potthoff 1985, 451). Die Besonderheit für Knapp liegt in folgendem Aspekt:

---

84   Die mehr oder weniger subtilen terminologischen Unterschiede (vgl. Hale 2011, 345f.) sind hier nicht relevant; es geht nur um das grundsätzliche Konzept und die Berührungspunkte mit der schulischen Sprachmittlung. Während diese Art des Dolmetschens ursprünglich von Laien ausgeübt wurde, besteht nun eine Tendenz zur Ausbildung (Hertog 2010, 51f.). Beispielsweise gibt es in München an der Hochschule für Angewandte Sprachen und dem Sprachen- & Dolmetscher-Institut einen Master-Studiengang „Interkulturelle Moderation und Mehrsprachige Kommunikation" mit dem „Ziel, dass zweisprachig aufgewachsene Minderheitensprecher in ihrer Vermittlerrolle bei interkulturellen Konfliktsituationen sowohl übersetzend als auch beratend zum Einsatz kommen können. Dieser Doppelfunktion soll die Bezeichnung ‚Moderation' gerecht werden: In ihrer Rolle als Mittler und Vermittler müssen mehrsprachige Moderatoren einerseits Gespräche dolmetschen (sprach*mitteln*), aber auch gleichzeitig in interkulturellen Kontaktsituationen erklärend, vermittelnd eingreifen (sprachlich *vermitteln*)" (Freudenfeld 2008, 434; Kursivdruck im Original).

Zudem erlaubt es der Grad der Informalität von Sprachmittlungssituationen, dass M [der Mittler] selbst als eine eigenständige dritte Partei in das Gespräch eingreift und über die mögliche Klärung von Missverständnissen und die Herstellung gleicher Wissensvoraussetzungen bei den Beteiligten hinaus aktiv eigene Argumente oder gar eigene Gesprächsthemen einführt. Oft ergibt sich diese aktive Rolle daraus, dass M über den verhandelten Gesprächsgegenstand besonders sachkundig oder als Verwandter, Freund, Landsmann usw. für einen bzw. eine Gruppe der PI [primären Interaktionspartner] parteiisch ist und den Ausgang des Gesprächs im Interesse dieses bzw. dieser Teilnehmer beeinflussen will. (Knapp [2]2013 [1986], 2)

Dementsprechend liegt das Interesse auf dem Sprachmittler, auf seinen Strategien beim Umgang mit seiner sprachlichen Begrenztheit, auf seiner Position beim *turn-taking* und auf seiner Vorgehensweise bei der Perspektivierung durch indirekte Rede, deiktische Pronomen oder durch eigene Beiträge und v.a. auf Auslassungen, Umgestaltungen und Missverständnissen (Knapp/Knapp-Potthoff 1985; Knapp [2]2013 [1986]). Interessant ist besonders, dass die sprachliche Korrektheit der Verständlichkeit untergeordnet und dass die Verwendung von Formeln wie „Er fragt, ob …" oder „Sie schlägt vor, dass …" als typisch für die Perspektivierung betrachtet wird (Knapp/Knapp-Potthoff 1985, 454ff.). Dazu gehören auch die sozialen Mitteilungsintentionen, die u.a. Höflichkeitskonventionen oder Gefühlsäußerungen umfassen. Hier stellt Knapp fest, dass die Sprachmittler, möglicherweise aufgrund von sprachlicher Begrenztheit, aber auch wegen Nichterkennens und wegen der Schwierigkeit der Aushandlung der *turns*, Defizite aufweisen: Beispielsweise konstatiert er in seiner empirischen Studie, dass in der informellen Vermittlung zwischen deutschen und koreanischen Studenten in der koreanischen Version häufig die ursprünglich von den deutschen Sprechern verwendeten Höflichkeitsfloskeln fehlen, weil diese ihre *turns* nicht abgeben (Knapp [2]2013 [1986], 6f.). Deshalb gelangt Knapp zu dem Fazit, dass – auch wenn das Sprachmitteln eine selbstverständliche Tätigkeit mehrsprachiger Individuen sei –[85] das Rollenverständnis des Sprachmittlers explizit trainiert werden müsse und dass dies auch ein Inhalt des schulischen Fremdsprachenunterrichts sein solle (Knapp [2]2013 [1986], 14).

Es zeigt sich, dass die mündliche Sprachmittlung nicht nur terminologisch an Ansätze der Sprach- oder Translationswissenschaft anschließen kann. Allerdings wird das schulische Sprachmitteln mit mündlicher und schriftlicher Sprachmittlung weiter gefasst, als dies Knapp tut. Im Bereich des nichtprofessionellen Dolmetschens sind besonders die Überlegungen zur Rolle des Sprachmittlers oder *interpreter* interessant, die oft über rein (zwischen-)sprachliche Übertragung hinausgeht und kulturelle oder soziale Vermittlung beinhalten kann. Die im *community interpreting* oder beim Sprachmitteln nach Knapp angenommene Rolle als tatsächlicher Interaktionsteilnehmer in der triadischen Situation ist auch für schulische Sprachmittler zentral und spiegelt sich z.B. durchaus in der Definition von Sprachmittlung in den Abiturstandards wider (vgl. Kapitel 3.1.2).

---

85 Knapp geht von einem „*innate skill* [, das] man bei der Dolmetschausbildung voraussetzen kann" (Knapp [2]2013 [1986], 13), aus. Lörscher hingegen spricht nur von „rudimentary ability to mediate" (Lörscher 2012), aus der sich durch Training und Unterricht die Fertigkeiten der professionellen, aber auch der nichtprofessionellen Übersetzer entwickeln.

3.5.2 Funktionales Übersetzen

Sowohl für die mündliche als auch die schriftliche Sprachmittlung gibt es weitere Anknüpfungspunkte in der Translationswissenschaft, die sich ab dem Ende der 1970er
Jahre von einer vorwiegend linguistischen Äquivalenzorientierung (s.u.) löst und funktionale, handlungsorientierte Ansätze integriert: Übersetzen wird nicht mehr so sehr als
linguistischer Transfer, sondern als kontextualisierter Transfer für den zielkulturellen
Rezipienten gesehen.[86] Zu nennen ist hier an erster Stelle die Skopostheorie von
Reiß/Vermeer (1984), die beispielsweise auch Reimann (2013b) und v.a. Siepmann
(2013) für die schulische Sprachmittlung rezipieren. Die Basis der Skopostheorie lautet
wie folgt: „Die Dominante aller Translation ist deren Zweck" (Reiß/Vermeer 1984, 96).
Der Zweck, das Ziel, die Funktion bzw. der *Skopos* einer Übersetzung sind wichtiger als
die Art und Weise, in welcher die Übersetzung durchgeführt wird. Da jede einzelne
Übersetzung ihren eigenen Zweck hat und auch derselbe Text zu verschiedenen Zwecken übersetzt werden kann, muss dieser *Skopos* immer neu und genau bestimmt werden. Reiß und Vermeer erläutern dies an dem Beispiel von Bibelübersetzungen, bei
denen der Wortlaut erhalten bleiben soll, die als ästhetischer Text in der Zielkultur wirken oder die den Textsinn übermitteln sollen (Reiß/Vermeer 1984, 100f.). Ausgangs-
und Zieltext müssen dabei nicht dieselbe Funktion haben. Außerdem wird die Rolle des
Rezipienten betont: „Der intendierte Rezipient (‚Adressat') kann als Sondersorte (Un-
termenge) des Skopos beschrieben werden. Die Durchführung einer Interaktion hängt
von den Relationen zwischen den Interaktionspartnern ab" (Reiß/Vermeer 1984, 101).
Sowohl Empfänger und Auftraggeber als auch Übersetzer wirken auf den Zweck einer
Übersetzung ein, wobei Letzterem die entscheidende Rolle zukommt:

> Er [Der Translator] ist es, der letzten Endes entscheidet, was, wann und wie übersetzt
> bzw. gedolmetscht wird, und zwar Kraft seiner Kenntnis von Ausgangs- und Zielkultur
> und -sprache. (Es ist in diesem Sinn auch eine Entscheidung des Translators, einen be-
> stimmten Translationsauftrag anzunehmen. […] Wieder ist der Translator mehr als ein
> bloßer ‚Sprachmittler'). (Reiß/Vermeer 1984, 86; Hervorhebung im Original)

Abgesehen von der unterschiedlichen Verwendung des Begriffs ‚Sprachmittler' entspricht diese aktive und eigenständige Rolle des Übersetzers oder Dolmetschers den
Aufgaben, die – wenn auch mit Einschränkungen – einem (interkulturellen) Sprachmittler im schulischen Fremdsprachenunterricht zuteilwerden.

Gegenwärtig ist die einflussreichste Vertreterin der funktionalen Übersetzungswissenschaft Christiane Nord (z.B. C. Nord 2010; vgl. Bommel 2009), auf die auch Sinner
und Wieland in ihrem aufschlussreichen Artikel zu Schnittstellen zwischen Sprachmittlung und Translationswissenschaft verweisen (Sinner/Wieland 2013, 103). Sie kritisie-

---

86   Einige deutschsprachige Translationswissenschaftler sind damit Vorreiter bzw. musterhaf-
te Vertreter des „cultural turn" der Translationswissenschaft gewesen (vgl. Bassnett/
Lefevere 1990; Snell-Hornby 2006). Damit wird Übersetzen nicht mehr vorwiegend als
sprachliche Übertragung, sondern v.a. als Handeln zwischen Kulturen angesehen, das einen – nicht unbedingt neutralen – Zweck verfolgt.

ren die in der Fremdsprachendidaktik vielfach getroffene Unterscheidung zwischen (philologischem oder didaktischem) Übersetzen und Sprachmitteln als zu simpel:

> Ausgehend von der Skopostheorie […] wird beim funktionalen Übersetzen der Ausgangstext hinsichtlich seiner Funktion analysiert und diese mit dem Übersetzungsauftrag verglichen. Je nach intendierter Funktion des Zieltextes erfolgt eine Anpassung an die Bedürfnisse des Adressaten. Die Darstellungen bei Caspari [(2008a)] und Rössler [(2008)] werfen im Hinblick auf die Frage nach der Orientierung der Übersetzung ein verzerrtes, da zu einseitiges Bild auf die vielfältigen Formen professionellen Dolmetschens und Übersetzens, die heutzutage vielfach nach funktionalen Kriterien erfolgen und eine ganz klare Adressatenorientierung aufweisen. (Sinner/Wieland 2013, 103)

In der Tat kann die Fremdsprachendidaktik für die Modellierung der schulischen Sprachmittlung großen Nutzen aus funktionalen Ansätzen ziehen. Christiane Nord hat ausgehend von den verschiedenen Funktionen, die ein Zieltext in der Zielkultur erfüllen kann, zwei Kategorien des „interkulturelle[n] Texttransfer[s]" (C. Nord 2010, 54) erstellt (Abb. 5), die jeweils grundsätzlich gleichwertige Unterkategorien aufweisen.[87] Dabei ist mit der Benennung als „interkultureller Texttransfer" die adressaten- und situationsbezogene Funktion der Übersetzung in der Zielkultur sehr treffend bezeichnet, und es lässt sich nicht nur eine terminologische Brücke zum schulischen Sprachmitteln und seinem interkulturellen Potential schlagen (vgl. Kapitel 3.4).

INTERKULTURELLER TEXTTRANSFER							
Transferfunktion	Dokumentierung einer ausgangskulturellen Kommunikationshandlung für zielkulturelle Adressaten				Herstellung eines zielkulturellen Kommunikationsinstruments mit dem Material des Ausgangstexts		
Transfertyp	Dokumentarische Übersetzung				Instrumentelle Übersetzung		
Transferform	Wort-für-Wort-Übersetzung	Wörtliche Übersetzung	Philologische Übersetzung	Exotisierende Übersetzung	Funktionskonstante Übers.	Funktionsvariierende Übers.	Korrespondierende Übers.
Transferzweck	Abbildg. der AS-Strukturen im Z-Text	Abbildg. der AT-Lexik im ZT	Abbildg. von Form + Inhalt des AT im ZT	Abbildg. von Form, Inhalt + Situation des AT	Erzielung der AT-Funktion durch den ZT	Erzielung der möglichen AT-Funktionen durch ZT	Erzielung korrespondierender Wirkung
Transferfokus	Strukturen der AS im AT	Wörter und lexikalische Einheiten des AT	Sätze des AT im Kontext	Textuelle AT-Merkmale-in-Situation	AT-Funktion(en)-in-Situation	Funktionspotenzial des AT in Zielkultur	Wirkungspotenzial des AT in Z-Literatur
Beispiel	Interlinearglosse in Linguistik	Übers. als Übung im FU	Lateinische und griech. Klassiker	schöne Literatur	Fachtexte Technik	*Gullivers Reisen* für Kinder	Gedichte, von Dichter übersetzt

Abb. 5: Funktionale Übersetzungstypologie von Christiane Nord (C. Nord 2010, 54)

---

87   Z: Ziel; AS: Ausgangssprache; AT/ZT: Ausgangs-/Zieltext; FU: Fremdsprachenunterricht.

Während die dokumentarische Übersetzung ganz offensichtlich eine Übersetzung ist, ist die instrumentelle Übersetzung nicht als solche erkennbar (C. Nord 2010, 51). Die dokumentarische Übersetzung gibt eine Kommunikationssituation aus der Ausgangskultur wieder, bei welcher der zielkulturelle Empfänger nicht direkt einbezogen wird; der Zieltext hat die Aufgabe, „über die Funktion(en) des Ausgangstexts zu informieren" (C. Nord 2010, 52). Die instrumentelle Übersetzung dagegen ist ein „eigenständiges Kommunikationsinstrument in einer zielkulturellen Situation" (C. Nord 2010, 52), wobei die Funktion von Ausgangs- und Zieltext identisch oder unterschiedlich sein kann oder der Zieltext einen eigenen, ähnlichen (künstlerischen) Wert wie der Ausgangstext haben kann. Gerade das Beispiel des satirischen Romans *Gulliver's Travels*, der in eine als Kinderbuch intendierte Version übersetzt wird, zeigt sehr gut die Möglichkeit, Funktionen zu variieren. Je nach Aufgabenstellung und Ausgangstext besteht mit der schulischen Sprachmittlung eine ganz offensichtliche Parallele. Christiane Nord verweist an anderer Stelle selbst auf Reiß' Konzept der „bearbeitenden Übersetzung" (C. Nord 1989, 103). Wenn auch bei der schulischen Sprachmittlung bisher statt literarischer Texte eher nichtfiktionale Texte zum Einsatz kommen, so erfolgt doch auch oft eine Bearbeitung des Ausgangstextes für die zielkulturelle Situation und den zielkulturellen Rezipienten.[88] Ein Unterschied liegt darin, dass der Sprachmittler oft sehr wohl offenlegen wird, dass es sich um eine Übertragung handelt, so dass somit auch ein Berührungspunkt mit der dokumentarischen Übersetzung vorliegt.

Aus dem Fokus auf den Zweck der Übersetzung folgt, dass es besonders wichtig ist, den Übersetzungsauftrag zu analysieren. Nach Christiane Nord müssen die Übersetzer aus dem Übersetzungsauftrag die folgenden Gesichtspunkte erschließen können:

- Adressat(en) des Zieltextes [...],
- intendierte Funktion(en) des Zieltexts [...],
- zeitliche und örtliche Bedingungen, unter denen der Zieltext voraussichtlich gelesen [oder gehört] werden soll (also: wann und wo),
- das Medium, über das der Zieltext an den oder die Adressaten gelangen soll (mündlich, schriftlich, per Fax oder als E-Mail-Attachment, gedruckt, gebunden, geheftet, etc.) und, falls nötig,
- den Anlass für die Produktion bzw. Rezeption der Übersetzung. (C. Nord 2010, 56)

---

88 Auch Sinner und Wieland nennen, allerdings aus der völlig anderen (linguistischen) Tradition der Translationswissenschaft, das „inhaltsbearbeitende Übertragen" bzw. die „heterovalente Sprachmittlung" der Leipziger Schule als Anschlussmöglichkeiten für die schulische Sprachmittlung (Sinner/Wieland 2013, 99 und 104). Auch schlagen sie unter Berufung auf die Abgrenzung von Übersetzung und Bearbeitung bei Schreiber (1993) eine Thematisierung dieser Problematik im Fremdsprachenunterricht vor (Sinner/Wieland 2013, 104–107). Für die Bearbeitung gilt: „Da das Ziel einer jeden Bearbeitung sei, mit Ausnahme eines individuellen Textmerkmales ‚bestimmte Textmerkmale mehr oder weniger ‚willkürlich' [das heißt, absichtlich] zu ändern' (Schreiber 1993, 105), beruhe Bearbeitung primär auf Varianzforderungen wie Kürzung, Vereinfachung usw." (Sinner/Wieland 2013, 106). Genau diese Techniken des Zusammenfassens und Paraphrasierens sind bei der schulischen Sprachmittlung häufig gefordert.

Es ist auffällig, wie sehr diese Aspekte den Definitionen der Sprachmittlung bei Bildungsverwaltung und Fremdsprachendidaktik ähneln (s. Kapitel 3.1), ohne jedoch Christiane Nords funktionalen Ansatz einzubeziehen.

3.5.3 Die Bedeutung von Äquivalenz, Adäquatheit und Invarianz

Eng mit den verschiedenen Ansätzen der Translationswissenschaft hängt die Frage danach zusammen, wie das Verhältnis von Ausgangs- und Zieltext im Spannungsfeld von Äquivalenz, Invarianz und Adäquatheit gesehen wird.[89] Äquivalenz ist ein zentrales Konzept der linguistisch orientierten Translationstheorien. Dabei gibt es eine Vielzahl von Vorstellungen, die entweder deskriptiv oder präskriptiv sind, die auf der Ebene des Wortes, des Syntagmas, des Satzes oder des Textes operieren, die kommunikativ orientiert sind bzw. die verschiedene Arten von Äquivalenz definitorisch und terminologisch fassen wollen (vgl. auch Königs 1983): „Dynamic, formal, functional, communicative, connotative, denotative, text-normative, pragmatic, textual, total, approximative, one-to-one, one-to-many, one-to-nil, semantic, content, stylistic, lexicographical ... equivalence types galore" (Leal 2012, 39). Daher ist es zu einfach gedacht, wenn Karbe „optimale Äquivalenz" (Karbe 2000, 261) als Ziel von Übersetzen und Dolmetschen nennt. Außerdem sind Begriff und Konzept umstritten und werden teilweise völlig abgelehnt (vgl. House 2009, 32f.; Leal 2012). Dennoch ist es sinnvoll, einige Vorstellungen von Äquivalenz und verwandte Begriffe hier vorzustellen, da sich auch bei der Sprachmittlung die Frage stellen kann, in welchem Verhältnis Ausgangs- und Zieltext stehen.[90]

Grundsätzlich basieren die linguistischen Ansätze auf dem Vergleich sprachlicher Mittel verschiedener Sprachen, während andere Ansätze auf den Zweck und die Funktion von Texten fokussieren. Bereits bei Nida (1964) wird die erstgenannte, rein auf das Sprachsystem ausgerichtete Perspektive teilweise überwunden: Er unterscheidet formale Äquivalenz, d.h. die Übereinstimmung von Lexis und Grammatik zwischen Ausgangs- und Zieltext, und dynamische Äquivalenz, d.h. die Übereinstimmung der Funktionen

---

89   Vgl. auch Reimann, der diese Begriffe zwar nennt und ihre Relevanz für die „unterrichtliche Metasprache" (Reimann 2013b, 7) hervorhebt. Möglicherweise aufgrund der Kürze seines Artikels ist seine Darstellung jedoch etwas oberflächlich. So bezeichnet Reimann als Invariante „ein Sprachzeichen [...], das gänzlich unveränderlich bleibt", als Äquivalenz die „Entsprechung zwischen Ausgangs- und Zieltext" sowic als Adäquatheit „die Relation zwischen einem Ausgangstext und einem Zieltext unter konsequenter Beachtung eines Zwecks (Skopos)" (Reimann 2013b, 6; Kursivdruck im Original). Damit sind zwar einige Aspekte dieser drei Begriffe genannt, jedoch so stark vereinfacht, dass deren Relevanz für die schulische Sprachmittlung kaum noch klar wird. Reimann selbst sieht für den schulischen Fremdsprachenunterricht „seit etwa 2000 einen Paradigmenwechsel vom Postulat der Äquivalenz (vgl. Version) zum Postulat der Adäquatheit" (Reimann 2013b, 7). Dass eine Entwicklung stattgefunden hat, stimmt natürlich, aber der von Reimann bemühte Paradigmenwechsel kann nicht so einfach dargestellt werden.

90   Diese Frage spiegelt sich beispielsweise in der teilweise von Lehrkräften geäußerten Sorge, Sprachmittlung verführe zur Ungenauigkeit (vgl. Stößlein 2004, 25).

von Ausgangs- und Zieltext und gibt Letzterer den Vorzug (Nida 1964, 159f.).[91] In der deutschsprachigen Translationswissenschaft ist Kollers ausführliche Typologie der Äquivalenzen besonders einflussreich, die fünf Arten der Äquivalenz nennt: 1. denotative Äquivalenz mit Fokus auf den außersprachlichen Sachverhalt; 2. konnotative Äquivalenz mit Fokus auf diatopische und diastratische Varietäten; 3. textnormative Äquivalenz mit Fokus auf Gebrauchsnormen von Texttypen; 4. pragmatische Äquivalenz mit Fokus auf den Empfänger und dessen Voraussetzungen, den Text zu verstehen und 5. formal-ästhetische Äquivalenz mit Fokus auf stilistische und rhetorische Phänomene (Koller 2004, 351). Bei der Sprachmittlung spielen besonders die denotative und die pragmatische Äquivalenz eine Rolle; viele andere Elemente weichen jedoch stark voneinander ab beim Vergleich von Ausgangs- und Zieltext.

Auch House (2009) hält den Äquivalenzbegriff für unverzichtbar, will ihn aber anders differenzieren, um Übersetzungen von Bearbeitungen unterscheiden zu können. Dazu stellt sie die Funktionsäquivalenz von Ausgangs- und Zieltext in den Mittelpunkt ihrer Überlegungen (House 2009, 33) und gelangt so zu zwei Arten der Übersetzung, nämlich der offenen und der verdeckten Übersetzung (bzw. in englischsprachigen Publikationen *overt and covert translation*). Erstere ist folgendermaßen bestimmt:

> [I]n an **overt translation** the original sociocultural frame is left as intact as possible, given the need for expression in another language. An overt translation is thus quite overtly a translation, not as it were a second original. [...] Functional equivalence between the two texts is in principle possible, but this equivalence is different in nature: it can be described as merely giving the new readers access to the function of the original. (House 2009, 36; Fettdruck im Original)

Beispiele für diese Art von Übersetzung sind historische Reden (House 2009, 36) oder literarische Texte, die aufgrund ihres Autors stark in einer bestimmten Sprache oder Kultur verankert sind (House 2001, 262). Verdeckte Übersetzungen dagegen wirken in der Zielkultur wie ein Original:

> In a covert translation, the function the original has in its discourse world is to be reproduced as far as possible. A covert translation operates therefore quite 'overtly' in the discourse world of the target culture, with no attempt being made to co-activate the discourse world in which the original unfolds. Since full functional equivalence is aimed at, the original may be manipulated at the levels of text and register via the use of a cultural filter [...]. (House 2009, 37)

Als Beispiele für verdeckte Übersetzungen führt House z.B. an

---

[91] Nida stellt die dynamische Äquivalenz in Hinsicht auf Bibelübersetzungen dar: Ihm geht es darum, dass der Inhalt, d.h. die Botschaft, so übertragen wird, dass sie den zielkulturellen Normen, Konventionen und Vorstellungen entspricht. Diese translationswissenschaftliche Forderung nach Funktionskonstanz besagt nichts anderes als die Überlegungen zur Rolle von Einstellungen und Perspektivenwechsel in der interkulturellen Fremdsprachendidaktik (vgl. Kapitel 3.4.2). Diese Schnittmenge ist von der Fremdsprachendidaktik jedoch noch nicht wahrgenommen worden, möglicherweise weil besonders in Deutschland Byrams Theorien beinahe eine Monopolstellung einnehmen (vgl. Kolb 2013a, 359f.).

journalistische Texte, die in multinationalen Zeitschriften erscheinen, Werbeschriften für Produkte, die in verschiedenen Sprachgemeinschaften verbreitet sind, Informationsbroschüren für Touristen verschiedener Nationalitäten und Texte, die in globalisierten Firmen verwendet werden. (House 2001, 263)

Wenn man sich die Beispiele ansieht, so finden sich viele Anknüpfungspunkte für die schulische Sprachmittlung. So liegt eher eine Ähnlichkeit zur offenen Übersetzung vor, wenn z.B. ein Ausgangstext erläutert werden soll; oder es liegen Parallelen zur verdeckten Übersetzung vor, wenn z.B. touristische Informationen vollständig weitergegeben werden sollen. Hier besteht also bei der Modellierung der schulischen Sprachmittlung Handlungsbedarf, um die verschiedenen Arten der Übermittlung, die Texte und v.a. die Aufträge auszudifferenzieren.

Dabei sind zwei unterschiedliche Ansätze der Translationswissenschaft hilfreich, nämlich zum einen Überlegungen zur Invarianz und zum anderen das Konzept der Adäquatheit. Letzteres ist mit funktionalen Übersetzungstheorien verbunden und bezeichnet das Verhältnis von Ausgangs- und Zieltext unter Beachtung des Zwecks, den die Übersetzung erfüllen soll. Erstere hängen mit Vorstellungen von Äquivalenz zusammen. Schreiber entwickelt den Zusammenhang von Invarianz, Äquivalenz und Adäquatheit folgendermaßen weiter:

> Invarianzanforderungen werden aufgestellt, wenn der Übersetzer (meist intuitiv) eine Hierarchie der Merkmale des AS-[Ausgangssprachen-]Texts festlegt, die im gegebenen Fall gleich bleiben sollen. Äquivalenz liegt vor, wenn diese Invarianzforderungen erfüllt sind. Mit dem Ausdruck der Adäquatheit lässt sich die Angemessenheit der Übersetzungsmethode beschreiben, die sich aus der gewählten Hierarchie der Invarianzforderungen ergibt. (Schreiber 2001, 107)

Diese Invarianzen können textinterner oder textexterner Art sein, also z.B. Inhalt, Form oder eben auch die Intention bzw. den Zweck betreffen. Übersetzungen erhalten möglichst viele Merkmale des Ausgangstextes; Bearbeitungen erhalten mindestens ein Ausgangstextmerkmal als Invarianz, während freie Produktionen dies nicht tun (Schreiber, 1993, 101). Hier stellt sich auch für die Sprachmittlung die Frage, wann sie eine Übersetzung, eine Bearbeitung oder eine Produktion im Sinne Schreibers erforderlich macht. Christiane Nord als Vertreterin der funktionalen Translationswissenschaft vertritt die Position, dass bei „bei jeder Form des interkulturellen Texttransfers ein gewisses Maß an ‚Bearbeitung' (C. Nord 1989, 101) erfolgt, so dass sie neben der Funktionsgerechtigkeit als Beurteilungskriterium die Loyalität anstelle des Äquivalenzkonzepts einführen möchte:

> Eine ‚treue' Übersetzung besteht also nicht darin, daß sie *den* gesamten Ausgangstext (sofern es ihn denn gäbe) mitsamt seiner Situation, Funktion und Wirkung, unter gleichmäßiger Berücksichtigung von Inhalt und Form etc. abbildet, sondern darin, über zielfunktionsrelevante Merkmale des Ausgangstexts unter Wahrung der Loyalität zu AT-[Ausgangstext-]Sender und ZT-[Zieltext-]Empfänger zu informieren. (C. Nord 1989, 105; Kursivdruck im Original)

Damit kann Christiane Nord ihre Untertypen der instrumentellen Übersetzung begründen. Loyalität ist auch bei der schulischen Sprachmittlung zentral, da der Sprachmittler zwischen verschiedenen Personen mittelt, die davon ausgehen, dass er jeweils ihre Wünsche und Absichten vertritt.

3.5.4 Prozesse beim Übersetzen und Dolmetschen

Unabhängig davon, welchem translationswissenschaftlichen Modell man folgt und wie man ein (gelungenes) Übersetzungs- oder Dolmetschprodukt definiert, so gilt doch immer, dass Übersetzen und Dolmetschen Prozesse mit verschiedenen Phasen oder Schritten sind. Dolmetschen und Übersetzen gleichzusetzen, wäre eine unzulässige Vereinfachung, die dem Stand der Forschung in diesen beiden Bereichen nicht entsprechen würde (vgl. Kalina 1998, 16–19; Kautz 2002, 287f.). Allerdings sind, wenn man statt eines Kommunikations- und Situationsmodells ein Prozessmodell ansetzt (vgl. Pöchhacker 2004, 88–106), die übergreifenden Etappen, nämlich Auftrag(-sannahme), Rezeption, Planung, Produktion, Evaluierung, auf beide Vorgänge anwendbar.

Während es relativ schwierig ist, die mentalen Prozesse beim Übersetzen und Dolmetschen empirisch zu erforschen, z.B. mittels *Think-aloud*-Protokollen, teilnehmender Beobachtung oder schriftlichen translatorischen Kommentaren (vgl. Kalina 1998; PACTE 2007; García Alvarez 2008),[92] ist die Entwicklung theoretischer Prozessmodelle immer möglich. Übersetzungs- und Dolmetschprozesse lassen sich grob in eine rezeptive und eine produktive Phase unterteilen. Zu Ersterer wird oft die Auftragsanalyse gerechnet, aber wenn man funktionale Theorien aufgrund ihrer Ähnlichkeit zu Definitionen der schulischen Sprachmittlung bevorzugt, bietet es sich an, die Auftragsanalyse stärker als eigenständige, mit allen anderen Phasen verbundene Tätigkeit hervorzuheben, wie dies z.B. Christiane Nord (2010) tut (Abb. 6).

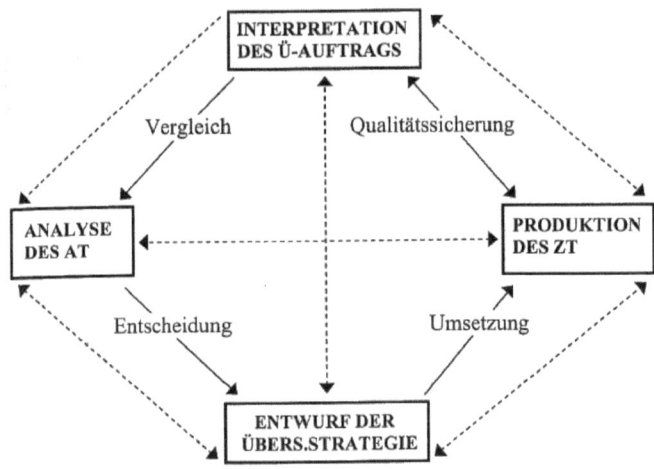

Abb. 6: *Zirkel-Modell des Übersetzungsprozesses (C. Nord 2010, 33)*

---

92   Vgl. auch Krings (1986) zu den Prozessen, die bei Französischlernenden beim Übersetzen ablaufen.

Britta Nord, die ausgehend von den verschiedenen Phasen des Übersetzungsprozesses für ein Übersetzungsportfolio ein Selbstbewertungsraster erstellt hat, erläutert die Informationen, die der Übersetzer (oder Dolmetscher) in dieser Phase erhält, so:

> Durch die Analyse des Übersetzungsauftrags erfährt der Übersetzer, erstens bis wann und in welcher Form er die Übersetzung abliefern soll, welches Honorar er dafür bekommt etc. (äußere Bedingungen der Übersetzungssituation), und zweitens die Koordinaten der kommunikativen Situation, für die der Zieltext benötigt wird, also vor allem die Adressaten, aber auch Zeit und Ort der Rezeption und das Medium (Zieltextprofil). Im Idealfall ist der Übersetzungsauftrag klar formuliert und enthält alle notwendigen Angaben; ist dies nicht der Fall oder wird gar kein expliziter Auftrag erteilt […], muss die Übersetzerin die fehlenden Angaben durch gezieltes Nachfragen oder aufgrund ihrer Kenntnisse über den Auftraggeber und dessen üblichen Übersetzungsbedarf erschließen. (B. Nord 2007, 153f.)

Wie die bisherige Praxis an Sprachmittlungsaufgaben zeigt (vgl. Kapitel 3.1.4), sind die Aufträge an schulische Sprachmittler oft eher ungenau formuliert, so dass es sinnvoll wäre, verschiedene Niveaustufen auszudifferenzieren in Abhängigkeit davon, inwiefern der Sprachmittler Situation und Zieltextprofil selbst erschließen muss (vgl. B. Nord 2007, 155). Beim Dolmetschen versuchen Dolmetscher ebenfalls, Informationen über ihre anstehende Tätigkeit einzuholen; v.a. aber werden sie vor der Dolmetschaktivität Recherchen anstellen zum Thema, zur Fachterminologie und zu den Personen, für die sie dolmetschen sollen, während beim Übersetzen das Recherchieren auch während der Tätigkeit erfolgt (vgl. Kautz 2002, 293ff.). Im Detail werden sie sich z.B. nach den Intentionen des Auftraggebers erkundigen und nach den Wünschen der Auftraggeber, wie die Wiedergabe erfolgen soll und welches Verhalten der Dolmetscher zeigen soll (vgl. Kutz 2010, 427–431).

Der Auftragsanalyse folgt beim Übersetzen nach dem Lesen und Verstehen des Ausgangstextes dessen Analyse, beim Dolmetschen die Aufnahme und Speicherung des Ausgangstextes. Besonders bemerkbar macht sich hier der bedeutende Unterschied zwischen Übersetzen, bei dem der Ausgangstext fixiert zur mehrmaligen Rezeption vorliegt, und Dolmetschen, bei dem der Ausgangstext in der Regel nicht wiederholbar ist, so dass die Textanalyse viel schneller und weniger ausführlich als beim Übersetzen erfolgen muss. Stattdessen spielen hier das Gedächtnis und die Dolmetschnotation eine wichtige Rolle (vgl. Kautz 2002, 307–321). Bei der Analyse eines schriftlichen Ausgangstextes sind textexterne Faktoren (Verfasser, Intention, Adressat, Medium, Ort, Zeit und Anlass der Produktion bzw. Rezeption, Funktion) und textinterne Faktoren (Thema, Inhalt, Textaufbau, Lexis, Syntax, Ton, Wirkung und nonverbale Elemente wie Illustrationen oder Graphiken) zu untersuchen (C. Nord 2010, 74–80).[93] Übersetzungsprobleme, die auf Gegensätzen zwischen Auftrag bzw. Zieltextprofil und Ausgangstext beruhen, werden dabei offensichtlich. Die entscheidende Frage lautet an dieser Stelle dann also: „[S]ind inhaltliche und/oder formale Veränderungen notwendig, um einen Zieltext

---

93 Dementsprechend enthalten die Deskriptoren in Britta Nords Übersetzungsportfolio in der Kategorie der Ausgangstextanalyse Aufbau, Kohärenz, Stil, Thematik, Wortschatz, Syntax, die mit zunehmendem Niveau schwieriger werden (B. Nord 2007, 155).

zu schaffen, der dem im Übersetzungsauftrag genannten Zweck entspricht?" (Kautz 2002, 82).

Bevor nun der mündliche oder schriftliche Zieltext produziert wird, muss eine Strategie für die Translation entwickelt werden, die auf der Gegenüberstellung von Auftrag, Ausgangs- und Zieltext sowie Empfänger beruht. Was Christiane Nord zur Übersetzungsstrategie sagt, kann auch für das Dolmetschen gelten (vgl. auch Kutz 2010, 445–454):

> Die Übersetzungsstrategie bezieht sich auf die verschiedenen Aspekte der Textproduktion, wie die Bedingungen der Pragmatik (d.h., der jeweiligen Kommunikationssituation), der Kommunikationskonventionen (also der Verhaltenskonventionen im Allgemeinen und der stilistischen und rhetorischen Konventionen, der Textsortenkonventionen, Maßkonventionen und dergleichen im Besonderen) und der Sprachnormen (sowohl im Sinne von Regeln des Sprachsystems als auch im Sinne von Gebrauchsnormen und ‚Üblichkeits'-Bedingungen). (C. Nord 2010, 87)

Dabei handelt es sich um die Makrostrategie, d.h. eine übergreifende Strategie, die auf Basis der vorangegangenen Schritte den gesamten folgenden Translationsvorgang steuert, im Gegensatz zu Mikrostrategien oder Techniken, d.h. Verfahren zur Lösung einzelner, ganz konkreter Translationsprobleme (vgl. Kautz 2002, 84; Kutz 2010, 446f.).[94] Verschiedene Niveaustufen in Britta Nords Übersetzungsportfolio unterscheiden danach, ob der Übersetzer auf Übersetzungsprobleme aufmerksam gemacht werden muss oder sie selbst erkennt und ob er sie mit Hilfe oder selbstständig für den ganzen Zieltext lösen kann (B. Nord 2007, 156). Jetzt erst schließt die Produktion des Zieltextes an mit der Übertragung des Sinns, dem Redigieren und dem Schreiben bzw. Sprechen. Dabei kommen Mikrostrategien zum Einsatz und v.a. bei der schriftlichen Translation personale oder apersonale Hilfsmittel. In Britta Nords Übersetzungsportfolio werden die Zieltextproduktion, die von einer Rohübersetzung über Fassungen, die noch überarbeitet werden müssen, bis zu einem druckreifen Text reicht, und die Recherche von Hilfsmitteln als getrennte Kategorien aufgeführt (B. Nord 2007, 156). Eine gemeinsame Nennung wäre durchaus denkbar, da die Hilfsmittel der Zieltextproduktion untergeordnet sind und ihr dienen; die gesonderte Nennung allerdings hebt den Wert der vielfältigen Hilfsmittel stärker hervor. Die Evaluierung der Translation steht am Ende, wobei Überarbeitung und Korrekturen beim schriftlichen Übersetzen in deutlich größerem Maß möglich sind als beim mündlichen Übertragen, bei dem stattdessen das *Monitoring* während der Dolmetschhandlung besonders wichtig ist. Dabei wird das Korrekturlesen auch als mögliches „translatorisches Stiefkind" (Schopp 2007, 69) diskutiert – eine Problematik, die man auch für den schulischen Fremdsprachenunterricht sehen kann, wenn man an die Überarbeitungsphase von Textproduktionen denkt (vgl. Bludau 2002).

---

94   Christiane Nord selbst unterscheidet Übersetzungsprobleme und Übersetzungsschwierigkeiten (C. Nord 2010, 90ff.). Für das Dolmetschen nennt Kutz drei Makrostrategien: semantisch geleitete, die sich formal möglichst nahe an der Ausgangssprache orientieren, konzeptgeleitete, die sich an die Normen der Zielsprache anpassen, und interaktionsgeleitete, die auf die Vermittlung zwischen den Gesprächspartnern fokussiert sind (Kutz 2010, 469–495).

3.5.5 Teilkompetenzen des Dolmetschens und Übersetzens

Wenn man nun diese Darstellung der verschiedenen Phasen des Übersetzungs- oder Dolmetschvorgangs als Basis nimmt, so gelangt man zu Definitionen der translatorischen Kompetenz oder Dolmetschkompetenz, die sich allgemein beschreiben lässt als die Fähigkeit, aufgrund von Wissen, Fertigkeiten und Eigenschaften die entsprechende Übertragungshandlung auszuführen (vgl. Kutz 2002, 184; Hurtado Albir 2010, 56). Dies zeigt sich sowohl in der Komplexität und Heterogenität der Übersetzungskompetenz als auch in den Bezeichnungen, die synonym verwendet werden: „translation ability, translation skills, translational competence, translator's competence, translation expertise" (Hurtado Albir 2010, 56). Auch der im Deutschen weitverbreitete Begriff ‚translatorische Kompetenz' wird unterschiedlich verwendet: umfassend für alle Teilkompetenzen beim Übersetzen oder nur für den sprachlichen Teil des Übersetzungsprozesses oder auch für das Dolmetschen (vgl. Kautz 2002; Presas 2007).

Ebenso wie der im Fremdsprachenunterricht zu Beginn des 21. Jahrhunderts inflationär verwendete Kompetenzbegriff kann auch die Übersetzungs- oder Dolmetschkompetenz ganz unterschiedlich gefasst werden (vgl. auch de Florio-Hansen 2013b; Krause 2013; Reimann 2013b); Einigkeit herrscht aber darüber, dass sie aus verschiedenen Subkompetenzen besteht (vgl. Göpferich 2008, 144f.). Für die schriftliche Translation werden meist übereinstimmend die Teilkompetenzen „language knowledge; extralinguistic knowledge; transfer competence; documentation skills; strategic competence" (Hurtado Albir 2010, 56) bestimmt. Ähnliche Kompetenzen sind auch beim Dolmetschen wichtig; aufgrund der andersgearteten Situation und Prozesse gehören dazu jedoch auch mentale oder kognitive Kompetenzen, z.B. die Gedächtnisleistung, sowie interaktive bzw. soziale Kompetenzen in der konkreten Kommunikationssituation und personale Kompetenzen beim Umgang mit Zeitdruck und Stress (vgl. Kutz 2002; Kalina 2000; Pöchhacker 2011). Gross-Dinter nennt für das Dolmetschen „neben der Anwendung von Sprach- und Kulturkompetenz sowie der Kernkompetenz des Transfers auch situationsadäquates Verhalten unter Berücksichtigung von Rollenbewusstsein und Berufsethik sowie das Agieren vor, während und nach der Interaktion" (Gross-Dinter 2007, 129). Am besten lassen sich die Unterschiede anhand von Kommunikations- bzw. Interaktionsmodellen darstellen (Abb. 7).

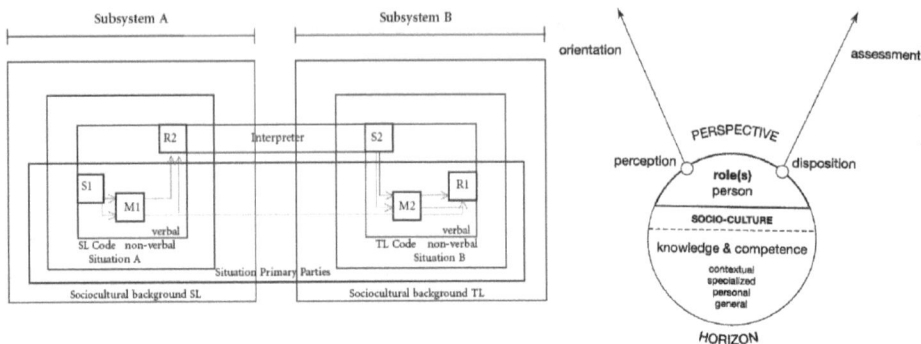

Abb. 7: Kommunikationsmodell von Kirchhoff (zit. und adapt. in Pöchhacker 2005, 687) und Interaktanten-Modell von Pöchhacker (Pöchhacker 2004, 93)

In einer Dolmetschsituation gibt es nach Kirchhoff (1976) einen Sender (S1) der verbalen und nonverbalen Botschaft (M1) in der Ausgangssprache (SL = *source language*) und einen Empfänger (R1), welche die Gesprächssituation teilen, in der sie einen Dolmetscher benötigen. Außerhalb dieser Situation, aber anwesend in der Situation des Senders S1 als sekundärer Empfänger (R2) bzw. in der Situation des Empfängers R1 als Sender (S2) der übertragenen Botschaft (M2) in der Zielsprache (TL = *target language*) befindet sich der Dolmetscher. Dahinter liegt jeweils der soziokulturelle Rahmen der Ausgangs- bzw. Zielsprache. Beim Übersetzen teilen nun weder primärer Sender und Empfänger noch in den meisten Fällen diese beiden Gesprächspartner mit dem Übersetzer eine Raum-Zeit-Situation. Pöchhacker hebt darüber hinaus hervor, dass die Situation nicht an sich existiert, sondern nur insofern, als sie von den Akteuren – in ihren Rollen als Kommunikanten oder Dolmetscher – aufgrund ihrer Erfahrung, ihres Wissens und ihrer kulturellen Prägung wahrgenommen (*perspective*), eingeschätzt (*assessment*) und einstellungsmäßig darauf reagiert (*orientation*) wird (Pöchhacker 2004, 89f.). Dieses Modell wiederum kann auch für das Übersetzen herangezogen werden; allerdings variiert die Einschätzung eines schriftlichen Textes wohl weniger häufig und stark als die Wahrnehmung einer direkten Kommunikationssituation mit anwesenden Partnern.

In den zahlreichen Aufzählungen in der translationswissenschaftlichen Literatur finden sich mehr oder weniger systematische Darstellungen der nötigen Kompetenzen. Krause nennt für das Dolmetschen z.B. folgende Kompetenzen:

> Als Grundeigenschaften des guten Dolmetschers [...] gelte neben selbstverständlichen Charakteristika wie ausgezeichnete Sprachkenntnisse in der Ausgangs- und Zielsprache, Kulturkenntnisse in der Ausgangs- und der Zielkultur, auch Fachwissen, Recherchenkompetenz, rhetorische Kompetenz, gute Gedächtnisleistung, Flexibilität, hohe Konzentrationsfähigkeit, empathisches Verhalten, Aufmerksamkeit usw. (Krause 2013, 85f.)

Während einige dieser Kompetenzen charakteristisch für das direkte, sofortige Dolmetschen sind, sind andere auch für das Übersetzen relevant. Für diese translatorische Tätigkeit listet Christiane Nord folgende Teilbereiche auf:

Fähigkeiten	Wissen	Fertigkeiten
Analysefähigkeit	Sprach- und Kulturwissen in	Auftragsanalyse
Entscheidungsfähigkeit	A- und Z-Kultur	Textanalyse in AS/AK
Kreativität	Theorie- & Methodenwissen	Strategieentwurf
Urteilsfähigkeit	Sach- und Fachwissen	Textproduktion in ZS/ZK
	Praxiswissen	Recherche(n)

(C. Nord 2010, 110)

Während Wissen und Fertigkeiten erworben werden können, sind die Fähigkeiten eine Grundvoraussetzung, um überhaupt Übersetzer oder Dolmetscher werden zu können, doch können auch sie durch Übungen (weiter-)entwickelt werden. Praxiswissen ließe sich auch mit Erfahrungswissen bezeichnen. Ihre Darstellung (Abb. 8) enthält sehr viele Teilaspekte, die Christiane Nord für die Übersetzungsdidaktik zueinander in Beziehung setzt, indem sie das Zirkelmodell des Übersetzens (s.o.) um Recherchephasen, Sprach-, Kultur- sowie Fach- und Sachwissen ergänzt.

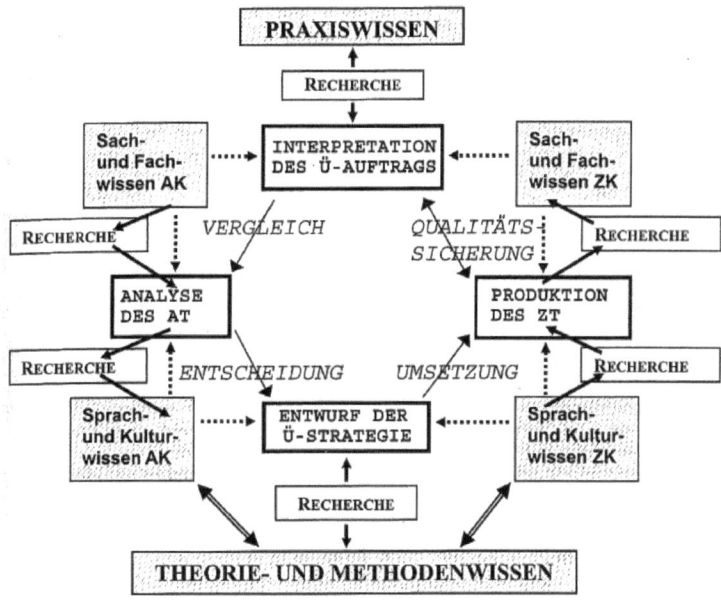

Abb. 8:   Zirkelschema des Übersetzens aus didaktischer Sicht (C. Nord 2010, 109)

Ähnlich, allerdings ohne Darstellung der einzelnen Schritte des Übersetzungsprozesses, präsentiert sich das Modell der PACTE-Gruppe[95] (Abb. 9), auf das sich auch de Florio-Hansen (2013b) bezieht, ohne es allerdings detailliert zu rezipieren.

---

95   PACTE steht für *Procés d'Adquisició de la Compètencia Traductora i Evaluació.*

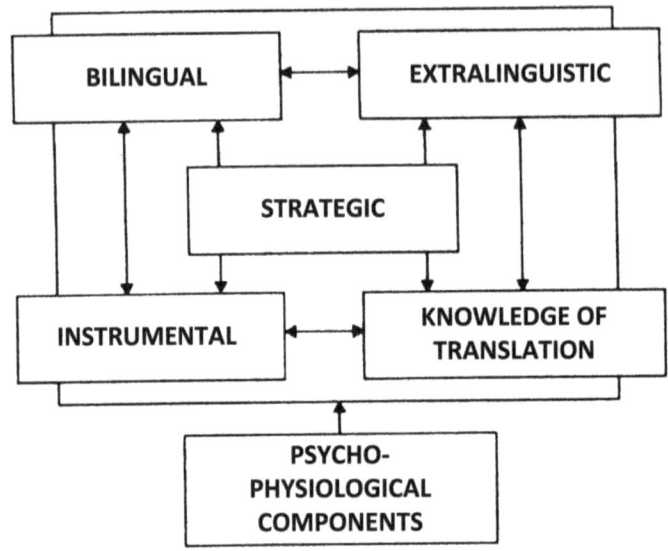

Abb. 9:   Holistisches Modell der Translationskompetenz der PACTE-Gruppe (PACTE 2011, 319)

Die Forscher der PACTE-Gruppe bestimmen auf empirischer Basis fünf sogenannte Subkompetenzen, so dass sie anders als Christiane Nord (2010) nachträglich in den zugehörigen Definitionen erklären müssen, ob es sich eher um Wissens-, Könnens- oder Einstellungskomponenten handelt. Im Zentrum der untereinander verbundenen Subkompetenzen steht die strategische Subkompetenz, die prozedurales Wissen umfasst und folgenden Zweck hat: „to guarantee the efficiency of the translation process and solve the problems encountered" (PACTE 2011, 319).

Die strategische Subkompetenz dürfte dem Strategieentwurf sowie der strategiegeleiteten Zieltextproduktion bei Christiane Nord entsprechen, ebenso wie *knowledge about translation* zum Theorie-, Methoden- und Praxiswissen, *extra-linguistic sub-competence* zum Kultur-, Sach- und Fachwissen und *instrumental sub-competence* zur Recherchekompetenz analog sind. Andere Subkompetenzen lassen sich nur z.T. mit Christiane Nords Entwurf in Übereinstimmung bringen: Die etwas ungünstig benannte bilinguale Kompetenz umfasst „procedural knowledge needed to communicate in two languages" (PACTE 2011, 319). Bei Christiane Nord findet sich hier nur Wissen über die Zielsprache; Sprachkönnen wird bei ihr implizit vorausgesetzt. Insofern ist für den schulischen Fremdsprachenunterricht, der für die Lernenden nicht wie für professionelle Dolmetscher und Übersetzer hohe (fremd-)sprachliche Kompetenz voraussetzen kann, das Modell der PACTE-Gruppe in dieser Hinsicht geeigneter. Auch sind die *psycho-physiological components* stärker ausdifferenziert als die Fähigkeiten bei Christiane Nord. Sie umfassen different types of cognitive and attitudinal components and psycho-motor mechanisms, including cognitive components such as memory, perception, attention and emotion; attitudinal aspects such as intellectual curiosity, perseverance, rigour, the ability to think critically, etc.; and abilities such as creativity, logical reasoning, analysis and synthesis, etc. (PACTE 2011, 319)

Viele dieser Teilaspekte sind auch für den schulischen Fremdsprachenunterricht im Rahmen seiner erzieherischen oder interkulturellen Zielsetzungen relevant. Andererseits ist Christiane Nords Prozessmodell, wie von ihr beabsichtigt, durch die explizite Aufgliederung in Wissen, Können/Fertigkeiten und Fähigkeiten didaktisch-methodisch direkter für die konkrete Unterrichtsplanung einsetzbar.

3.5.6 Probleme, Strategien, Techniken und Hilfsmittel beim Übersetzen und Dolmetschen

Aus den verschiedenen Prozessen beim Übersetzen und Dolmetschen ergeben sich Mikrostrategien und Hilfsmittel, die v.a. in translationsdidaktischen Werken dargestellt werden (z.B. Hönig/Kußmaul 1982; Kautz 2002; C. Nord 2010). Dabei ist die Unterscheidung von Makro- und Mikrostrategien, zwischen der übergreifenden Planung für eine Übersetzungs- oder Dolmetschtätigkeit und konkreten Techniken bei Schwierigkeiten in den verschiedenen Phasen des Übersetzungsprozesses, nicht immer ganz eindeutig zu treffen (vgl. auch Kutz 2010, 446f.; Kautz 2002, 84). Das liegt auch daran, dass einige Tätigkeiten eines Übersetzers oder Dolmetschers automatisiert ablaufen, andere auf Reflexion und planmäßigem Vorgehen beruhen. Außerdem fällt auf, dass beim Dolmetschen die rezeptive Phase besonders ausführlich thematisiert wird (vgl. Kalina 1998; Kutz 2010 und 2012). Dies ist aufgrund der Einmaligkeit der Präsentation und der Schnelligkeit, mit der rezipiert werden muss, verständlich. Dabei liegt der Schwerpunkt jedoch nicht so sehr auf Subkompetenzen des Hörverstehens, da – anders als im Fremdsprachenunterricht – von hoher Sprachkompetenz ausgegangen wird; vielmehr geht es um das Verstehen und Speichern des Ausgangstextes. Dasselbe gilt für das Leseverstehen beim Übersetzen. Ähnlich sieht es auch für die produktive Phase aus. Das Hauptaugenmerk der Translationsdidaktik liegt auf dem Transferprozess, der das Übersetzen und Dolmetschen charakterisiert.

Noch stärker als beim Übersetzer ist es für den Dolmetscher in der rezeptiven Phase wichtig, den Sinn des Gesagten zu erfassen, da es eine Überforderung bzw. unmögliche Aufgabe darstellen würde, das Gesprochene in seiner vollständigen Versprachlichung zu speichern. Dies trifft besonders für das konsekutive Dolmetschen zu, auf das sich die vorliegenden Ausführungen beschränken. Es gilt wohl auch noch mehr für das unilaterale Dolmetschen, denn beim bilateralen konsekutiven Dolmetschen sind durch die Gesprächssituation die *turns* der beiden Sprecher meist kürzer, auch wenn diese Art des Dolmetschens dafür andere Ansprüche stellt (vgl. Kautz 2002, 334). Gemeinsam ist der Dolmetsch- wie der Übersetzungsdidaktik, dass für die rezeptive Phase auf die Bedeutung von sprachlichen *frames* und inhaltlichen *scenes* verwiesen wird (z.B. Kautz 2002, 68–71 und 300f.). Dabei muss der Dolmetscher zusätzlich auf parasprachliche Elemente wie Gestik, Mimik oder Intonation achten. Da der Dolmetscher den Ausgangstext nicht mehrfach rezipieren kann, ist er neben seinem guten Gedächtnis auf die Unterstützung durch Notationstechniken angewiesen. Hierzu gibt es Konventionen, Vorschläge für eigene Kürzel und den Hinweis, dass die Dolmetschnotation „klar, unverwechselbar, einfach, aussagekräftig, leicht zu schreiben, schnell zu entziffern, flexibel" (Kautz 2002, 315) sein müsse. Dies sind Techniken, die in Grundzügen auch mit Lernenden in der Schule thematisiert werden können, da sie nicht nur für die mündliche Sprachmittlung, sondern auch beim Hörverstehen oder für die Vorbereitung auf das Studium sinnvoll sind.

Zentral beim Übersetzen wie auch beim Dolmetschen sind unterschiedliche Techniken des Transfers. Eine Vielzahl von Strategien, die der Dolmetscher anwendet, listet Kautz auf: Transkodieren durch lexikalische oder strukturelle Äquivalente, Paraphrasieren, Komprimieren, Fokussieren (d.h. Hervorheben), Expandieren (d.h. explizites Formulieren von impliziten Inhalten), Generalisierung, Antizipieren (d.h. Vollenden absichtlich oder unabsichtlich unvollständiger Äußerungen), Inferenzieren (d.h. Erschließen von nicht verstandenen Teilen), Segmentieren (d.h. Bilden von Sinneinheiten), Kontrollieren und Abgleich von verstandenem und gedolmetschtem Sinn (Kautz 2002, 324f.). Dazu können auch Vereinfachungs- und Vermeidungs- und Reparaturtechniken gezählt werden (Kalina 1998, 118ff.). Prinzipiell sind die meisten der genannten Techniken auch beim Übersetzen relevant.

Zusammenfassend lassen sich drei, sich teilweise überschneidende Bereiche ausmachen, in denen es Übertragungsprobleme geben kann, die durch den Einsatz von Mikrostrategien gelöst werden müssen: pragmatische, kulturpaarspezifische und sprachenpaarspezifische (Kautz, 2002, 120–126): Sie umfassen respektive die Kommunikationssituation, kommunikative Konventionen sowie Lexik, Syntax und Stil.[96] Dies entspricht den Fehlertypen der pragmatischen, kulturellen und sprachlichen Übersetzungsfehler bei Christiane Nord, wobei sie entsprechend ihrer funktionalen Ausrichtung Erstere für am schwerwiegendsten und Letztere für am wenigsten gravierend hält (C. Nord 2010, 180f.). Für das Dolmetschen nennt Kutz Unterschiede in Sprachstruktur und Sprachgebrauch, interkulturelle Unterschiede, Unterschiede im Fachwissen und im Status und in der Pragmatik der Kommunikationspartner (Kutz 2010, 450f.). Das unterschiedliche Fachwissen der Kommunikationspartner sowie deren Status fallen hier als gesonderte Kategorien auf. Beide Aspekte weisen Ähnlichkeiten zu den pragmatischen bzw. kulturellen Übersetzungsproblemen bei Kautz (2002) auf. Zu den pragmatischen Problemen gehören Funktion und Intention, Adressaten- und Verfasserbezug, Medium, Orts- und Zeitdeixis, Anlass (Kautz 2002, 120ff.). Als kulturelle Probleme nennt Kautz Textsor-

---

96   Kautz erfasst kulturelle Realien bei den sprachenpaarspezifischen Problemen (Kautz 2002, 125). Wenn man Kultur aber weiter definiert, als enzyklopädische Kultur (*technical culture*), als Bräuche und Traditionen (*formal culture*) und als Art und Weise des Handelns und Denkens (*informal culture*), dann ergeben sich viele Probleme, die beim Translationsvorgang im Blick gehalten werden müssen (vgl. Katan 2009). Klar ist aber auch, dass sie v.a. in sprachlicher Realisierung als Lexik oder Gebrauchsnormen auftreten und entsprechend mit sprachlichen Mitteln übertragen werden müssen.

tenkonventionen und formale Konventionen. Sprachliche Probleme zwischen Ausgangs- und Zielsprache betreffen Lexik, Syntax oder Stil (Kautz 2002, 124ff.). Dass sich die Kategorien überschneiden, sieht man beispielsweise bei House (2001), die beim Übersetzen den Einsatz eines „kulturellen Filters" für wichtig hält: Darunter versteht sie pragmatisch-diskursive Anpassungen, damit eine verdeckte Übersetzung wie ein Original mit Originalfunktion in der zielsprachlichen Gemeinschaft rezipiert werden kann (House 2001, 263).

Eine ganz konkrete Technik, welche die verwendete Lexik am kulturellen Rahmen von Sender und Adressat sowie an der Frage der Funktionsgerechtigkeit misst, findet sich bei Hönig und Kußmaul (1982). Sie gehen von der Feststellung aus, dass jeder Text bzw. jedes Lexem in einer Soziokultur verankert ist (Hönig/Kußmaul 1982, 58). Mit Rücksicht auf den zielkulturellen Rezipienten muss gefragt werden, wie differenziert, explizit und ausführlich eine Übersetzung sein muss, um ihre Funktion zu erfüllen, d.h. um verständlich zu sein (Hönig/Kußmaul 1982, 63). So schlagen sie z.B. als Übersetzung von „In Parliament he fought for equality, but he sent his son to Winchester" vor „Im Parlament kämpfte er für die Chancengleichheit, aber seinen eigenen Sohn schickte er auf eine der englischen Eliteschulen" (Hönig/Kußmaul 1982, 53). Zwar geht der Eigenname verloren, aber da dieser möglicherweise dem deutschen Leser unvertraut ist, wird in der Übersetzung „zwischen soziokulturellem Hintergrund und Verbalisierung [...] der notwendige Grad an Differenziertheit" (Hönig/Kußmaul 1982, 58) erreicht.[97]

Zur Problemlösung durch ihre Recherchierkompetenz greifen Übersetzer vorwiegend in der produktiven Phase und Dolmetscher beinahe ausschließlich in der rezeptiven Phase zu verschiedenen Hilfsmitteln (vgl. besonders ausführlich B. Nord 2010), mit denen auch Lernende in der Schule vertraut gemacht werden können oder sollten. Zum einen sind hier Nachschlagewerke wie (Fach-)Wörterbücher, Enzyklopädien, Lexika oder Zeitschriften zu nennen. Da zweisprachige Wörterbücher Äquivalenzen auf der Ebene des Sprachsystems und nicht des Sprachgebrauchs angeben, bevorzugt Kautz einsprachige Wörterbücher, auch wenn Übersetzer und Dolmetscher beide Arten verwenden; Letztere haben den Vorteil,

> dass dort die Bedeutung(en) auf einer dem konkreten Wort übergeordneten, abstrakteren Ebene definiert wird (werden). Dadurch löst sich der Übersetzer leichter von dem ausgangssprachlichen Wort, entscheidet sich vielleicht für eine verbale Übersetzung eines ausgangssprachlichen Substantivs, gibt ein Verb mittels einer Wortgruppe wieder oder wählt gar einen ganzen Satz als Entsprechung des betreffenden Wortes. (Kautz 2002, 93)

Dieses Ablösen von einer formalen Äquivalenzvorstellung wäre nicht nur für die weitverbreitete Praxis der schulischen Übersetzung nützlich, sondern auch ganz besonders für die Sprachmittlung, bei der Lernende explizit aufgefordert werden, freier, sinnorien-

---

97   Daran könnte sich nicht nur die Praxis der Sprachmittlung, sondern auch die der (schulischen) Übersetzung orientieren, da kritische Äußerungen an derartigen Übersetzungsverfahren die Debatte um das Übersetzen in der Schule wachrufen: „Das ist viel zu frei/wörtlich übersetzt"; „Aber dieses englische Wort bedeutet doch im Deutschen das"; „Das steht doch gar nicht im (AS-)Text"; „Das ist nicht genau genug"; „Dieses Wort ist ja gar nicht übersetzt" (so bei Hönig/Kußmaul 1982, 62).

tiert zu vermitteln. Auch Synonym- oder Kollokationswörterbücher spielen eine wichtige Rolle. Dazu kommen Glossare und Datenbanken, Internetrecherchen sowie möglicherweise die Befragung von Informanten oder Experten (Kautz 2002, 100–106). Beim bilateralen Konsekutivdolmetschen ist oft einer der Gesprächspartner ein derartiger Experte: Wenn beispielsweise der Dolmetscher aus Unkenntnis eines Fachbegriffs eine Paraphrase verwendet und der zielsprachige Gesprächspartner in seiner Antwort den entsprechenden Begriff einsetzt, kann der Dolmetscher diesen im weiteren Verlauf selbst verwenden.

Zum anderen sind besonders beim Übersetzen unterschiedliche Texte als Quellen zentral, und auch in der Literatur zur Sprachmittlung ist dies bereits erkannt worden (z.B. Kolb 2009, 83; Philipp/Rauch 2010b; Caspari/Schinschke 2012, 41; Katelhön 2013, 143ff.).[98] Während Kautz nur Parallel- und Hintergrundtexte nennt (Kautz 2002, 97ff.), listet Christiane Nord Parallel-, Modell-, Vergleichs- und Hintergrundtexte (C. Nord 2010, 99), wobei diese vier Typen nicht alle klar unterschieden werden können.[99] Ausgangs- oder zielsprachliche Hintergrundtexte liefern dem Übersetzer Informationen zum Thema oder auch Terminologie, wohingegen Paralleltexte zielsprachliche Texte sind, die einen ähnlichen Inhalt haben sollen und v.a. die Textsorte veranschaulichen, die der Übersetzer produzieren soll (C. Nord 2010, 99f.). Modelltexte sind ein Sonderfall der Paralleltexte: Bei „stark konventionalisierten Textsorten (Wetterbericht, Kochrezept, medizinischer Beipackzettel)" (C. Nord 2010, 99) bieten sie direkt ein übernehmbares, eindeutiges Textmuster an. Vergleichstexte sind zielsprachige Texte mit derselben Thematik, aber nur ähnlicher Textsorte, so dass sie außer als sprachliche Quelle auch als Kontrast bei der Textsortenerstellung des Zieltextes dienen können (C. Nord 2010, 99). Unabhängig davon, wie man derartige Hilfstexte zu systematisieren versucht, bieten sie dem Übersetzer wichtige sprachliche, thematische und textsortenspezifische Informationen.

3.5.7 Fazit: Inspirationsquellen für die Didaktik und Methodik der schulischen Sprachmittlung

Aus diesen Auszügen aus der translationswissenschaftlichen Literatur lassen sich für die Modellierung der Sprachmittlung im schulischen Kontext verschiedene Anregungen gewinnen. Erstens stehen so Bezugspunkte zur Verfügung, um ein Modell der Sprach-

---

98 Philipp/Rauch bezeichnen als „Spiegeltexte [...] Texte in der Zielsprache, die dasselbe Thema behandeln wie der zu mittelnde deutsche Text – eine ergiebige Wortschatzquelle" (Philipp/Rauch 2010b, 34). Dies wird von Caspari/Schinschke (2012) übernommen. Somit wird nur eine Art von Hilfstexten, nämlich der Hintergrundtext, einbezogen. Kolb (2009) schlägt vor, nach dem Sprachmitteln Versionen von Lernenden mit analogen Paralleltexten von Muttersprachlern zu vergleichen. Damit dienen sie der Korrektur sowie der Reflexion über Sprachmittlungstätigkeiten und sind Hilfsmittel für zukünftige Sprachmittlungsaufgaben.

99 Vgl. Sinner/Hernández Socas 2012 zu den Begrifflichkeiten, dem Nutzen und der Frage, ob diese Texte Originale sein müssen oder selbst Übersetzungen sein dürfen.

mittlung zu entwickeln, das Interaktion(-ssituation) und Prozesse gleichermaßen inte-griert. Dabei sind u.a. auch Überlegungen zur Rolle des Dolmetschers wie beim infor-mellen Dolmetschen hilfreich. Zweitens sind der Übergang vom Konzept der Äquiva-lenz zum Konzept der Adäquatheit und der Fokus auf den *Skopos* der Translation zent-ral für die Sprachmittlung, die durch Adressaten- und Zweckorientierung ausgezeichnet ist. Drittens können durch Rückgriff auf die Translationswissenschaft und -didaktik Teilkompetenzen, Strategien und Techniken der Sprachmittlung noch viel genauer be-schrieben werden, als dies bisher in der Forschung der Fall ist. Gleichzeitig deckt dieser knappe Überblick über relevante translationswissenschaftliche Literatur auf, dass die Aussage, „dass Sprachmittlung nichts anderes ist als Übersetzung/Translation und dass damit die Übersetzung als Fertigkeit Einzug in den Fremdsprachenunterricht hält" (Siepmann 2013, 196), viel zu stark vereinfacht. Sprachmittlung hat mit einigen transla-tionswissenschaftlichen Ansätzen Gemeinsamkeiten, ist aber nicht identisch mit profes-sionellem Dolmetschen oder Übersetzen.

4 Sprachmittlung: Ein multifaktorielles Prozess- und Kompetenzmodell

Wie die bisherigen Kapitel der vorliegenden Arbeit zeigen, ist die schulische Sprachmittlung auf vielfältige Weise mit anderen Disziplinen, Unterrichtsverfahren oder Konzepten verbunden. Daher verwundert es nicht, dass Sprachmittlung selbst – wie auch die verwandten Tätigkeiten des professionellen Übersetzens und Dolmetschens – eine sehr komplexe Kompetenz ist, die sich in unterschiedliche Teilprozesse unterteilen lässt und eine große Anzahl von Teilkompetenzen erfordert. Bisher sind dazu bereits verschiedene Vorschläge in der fremdsprachendidaktischen und unterrichtspraktischen Literatur präsentiert worden, die jedoch alle nur Teilaspekte berücksichtigen, recht allgemein gehalten sind oder zu stark vereinfachen. Daher soll zur Schließung dieser Forschungslücke ein umfassendes und flexibles Modell der Sprachmittlung und ihrer Teilprozesse und -kompetenzen entworfen werden, das die komplexen Anforderungen an die Lernenden klar benennt und als Basis für die Erstellung einer Progression von Aufgaben für alle Lernniveaus dient (s. Kapitel 5). Dies bedeutet auch, dass das Interaktions- und Prozessmodell Sprachmittlung als echte, in der außerschulischen Realität mögliche Tätigkeit darstellt. Didaktisch-methodische Schlüsse werden dagegen erst im Anschluss bei den (Teil-)Kompetenzen (Kapitel 4.4) sowie im Kapitel zur Progression (Kapitel 5) gezogen.

4.1 Bestehende Modelle der Sprachmittlung

Im Folgenden werden die bereits vorgeschlagenen Modelle des Sprachmittlungsprozesses sowie Aussagen zu den erforderlichen Teilkompetenzen diskutiert. Diese sind entweder explizit aus der Literatur entnehmbar oder liegen eher implizit vor, d.h. sie lassen sich beispielsweise aus Kriterienkatalogen zur Erstellung von Aufgaben oder aus Bewertungsrastern von Prüfungsaufgaben erschließen. Ausgehend von den Stärken und Schwächen der bestehenden Modelle lässt sich ein neues Modell entwerfen.

4.1.1 Explizite Modellierungen der Sprachmittlungshandlung

Eine der ersten Veröffentlichungen, die sich explizit mit Sprachmittlung im Sinne des *CEFR* und der Bildungsstandards auseinandersetzt, stammt von Hallet (2008a) und enthält ein einfaches Modell des Sprachmittlungsprozesses (Abb. 10). Dabei muss man sich allerdings fragen, inwiefern Sprachmittlung über die „verstehende Textrezeption" und die „adäquate Textproduktion" (Hallet 2008a, 4) hinausgeht. Die Verwendung des Adjektivs ‚adäquat' soll wohl signalisieren, dass es nicht um eine formale Äquivalenz geht, sondern um eine zweck- und adressatenbezogene Wiedergabe. Dennoch bleibt die Benennung der sprachmittelnden Tätigkeit als „kommunikativer Akt der Sprachmittlung" (Hallet 2008a, 4) sehr ungenau. Auch erscheint die Verwendung des Ausdrucks „Text oder Äußerung" (Hallet 2008a, 4) ähnlich vage. Ein Schwachpunkt der Darstellung ist außerdem, dass nur Texte und sprachliche Handlungen bzw. Fertigkeiten genannt werden, jedoch keine Situation und keine Akteure, d.h. Kommunikationspartner oder Sprachmittler. Katelhön fügt daher in dieses Modell den Aspekt „Authentisches Kommunikationsbedürfnis in realer Kommunikationssituation" (Katelhön 2015, 261) ein. Im Prinzip stellt dieses Modell nicht den Prozess der Sprachmittlung, sondern lediglich die sichtbaren Ergebnisse der Sprachmittlungshandlung dar. Positiv an Hallets Modell ist jedoch, dass berücksichtigt wird, dass Sprachmittlung interaktiv in beide Richtungen erfolgen kann.

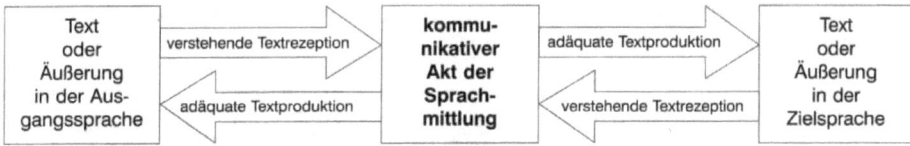

Abb. 10: Der Sprachmittlungsprozess bei Hallet (Hallet 2008a, 4)

Daneben stellt Hallet zusammen mit Kieweg auch eine graphische Darstellung des beim Sprachmitteln ablaufenden Prozesses vor (Hallet 2008a, 6f.). Dieses Modell (Abb. 11) ist in der fremdsprachendidaktischen Literatur bisher das einzige, das nicht die Interaktion, sondern den Prozess wiedergeben will. Allerdings stellt es im Endeffekt nur ein leicht modifiziertes und kombiniertes Modell der Sprachrezeption und -produktion dar. Es ist zwar durchaus richtig, dass Sprachmittlung z.T. aus rezeptiven und z.T. aus produktiven Komponenten besteht, aber der Besonderheit, dass sowohl Rezeption als auch Produktion bei der Sprachmittlung im Rahmen eines Auftrags durch einen Dritten erfolgen, wird Hallets Darstellung nicht gerecht. Auch ist das Kernstück, die Transkodierung von einer Sprache in eine andere, mit der Nennung von „Verdichtung, Simplifizierung, Reduzierung der Mitteilung oder erläuternder Expansion" (Hallet 2008a, 6) recht knapp gehalten. Zusätzlich stellt sich die Frage, ob dieser Teilprozess bei der Rezeption richtig positioniert ist oder ob er nicht auch im produktiven Bereich auftauchen sollte. Dies gilt umso mehr für die Sprachmittlung in die Fremdsprache, bei der die Versprachlichung möglicherweise komplexer Sachverhalte Schwierigkeiten bereiten kann, deren Rezeption in der Erstsprache vielleicht kein Problem ist.

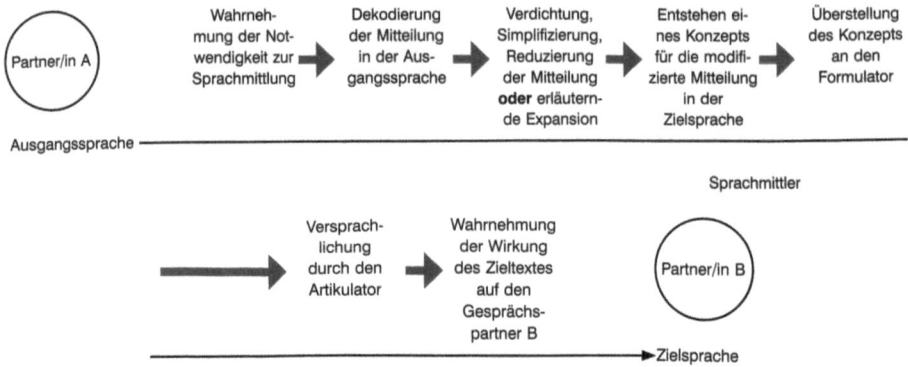

Abb. 11: Der mentale Prozess der Sprachmittlung (Hallet 2008a, 6f.)

Ähnlich stellt in Griechenland Dendrinos (2013) den Prozess der Sprachmittlung dar. Allerdings beschreibt sie die erste Phase – d.h. die Wahrnehmung der Notwendigkeit zur Sprachmittlung – etwas genauer:

> 1. Developing an understanding of the problem, the information gap, etc., by resorting to one's socio-cultural knowledge and experiences.
> 2. Considering the interlocutors' needs and determining in advance what type of intervention is required. (Dendrinos 2013)

Damit ist nicht nur eine Verständnis- oder Wissenslücke als Ausgangspunkt bestimmt, sondern es werden v.a. auch die Gesprächspartner als Basis für weitere Entscheidungen des Sprachmittlers herangezogen. Entsprechend nennt Dendrinos als letzten Schritt „Negotiating meaning with the (real or imagined) interlocutor" (Dendrinos 2013), womit stärker als in der „Wahrnehmung der Wirkung" (Hallet 2008a, 7) die Interaktion zwischen Sprachmittler und Gesprächspartnern betont wird.

Ein weiteres Modell, das Sprecher bzw. Hörer und Sprachmittler nennt, aber dennoch unvollständig ist, findet sich bei Sarter (2010), die ausgehend von einer direkten Gesprächssituation mit zwei Gesprächspartnern eine Sprachmittlungssituation darstellt (Abb. 12). In diesem Modell sind die Sprecher bzw. Hörer durch ihren sprachlichen und kulturellen, aber auch persönlichen Hintergrund charakterisiert. Auch die Absichten, die sie mit ihren Sprechakten verfolgen, werden genannt. Damit sind viele Aspekte, die im Verborgenen wirken und die auch bei der Sprachmittlung eine Rolle spielen, angeführt. Da das Modell auf mündliche Sprachmittlung beschränkt ist und sowohl die „interkulturelle Situation" als auch die „Sprechakte" in ihrem Prozesscharakter nicht ausdifferenziert werden, stellt es jedoch auch nur Teilaspekte dar.

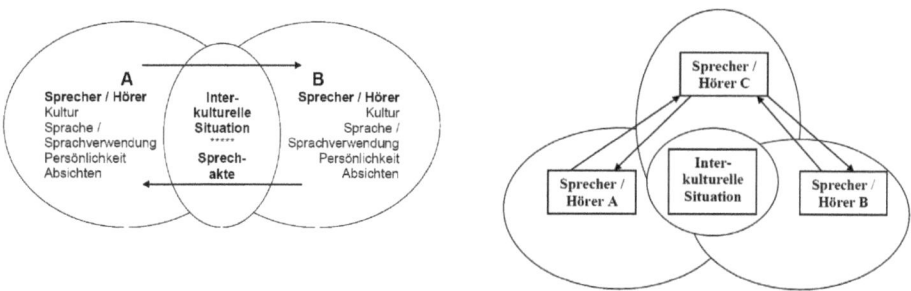

Abb. 12: Interkulturelle Kommunikationssituation zwischen zwei Partnern und als
Sprachmittlung mit drei Sprechern bzw. Hörern (Sarter 2010, 86f.)

Das bisher von Kolb (2014b) verwendete Modell (Abb. 13) ist, anders als das Modell
von Sarter (2010), sowohl für mündliche als auch für schriftliche Sprachmittlung verwendbar und berücksichtigt, anders als Hallet (2008a), den interkulturellen Rahmen und
die jeweilige Situation sowie die Absichten der Gesprächspartner. Es versucht auch,
soweit dies graphisch möglich ist, Sprachmittlung als bidirektionalen Vorgang mit rezeptiven und produktiven Elementen wiederzugeben und stellt den Sprachmittler mit
seiner „Makro-Kompetenz mit Teilkompetenzen" (Kolb 2014b, 100) in den Mittelpunkt. Damit sind die wichtigsten Merkmale des Prozesses der Sprachmittlung genannt.
Doch stellt auch dieses Modell vorwiegend die Interaktion zwischen Sender, Empänger
und Sprachmittler dar. Wie der Vergleich mit dem Modell von Caspari (2013) (Abb. 14)
und mit verschiedenen Merkmalen von Sprachmittlungsaufgaben, aber auch der Blick
in die Translationswissenschaft (vgl. Kapitel 3.5) zeigen, müssen noch deutlich mehr
Elemente integriert werden, um Sprachmittlung sowohl als Interaktion wie auch als
komplexen Prozess abzubilden.

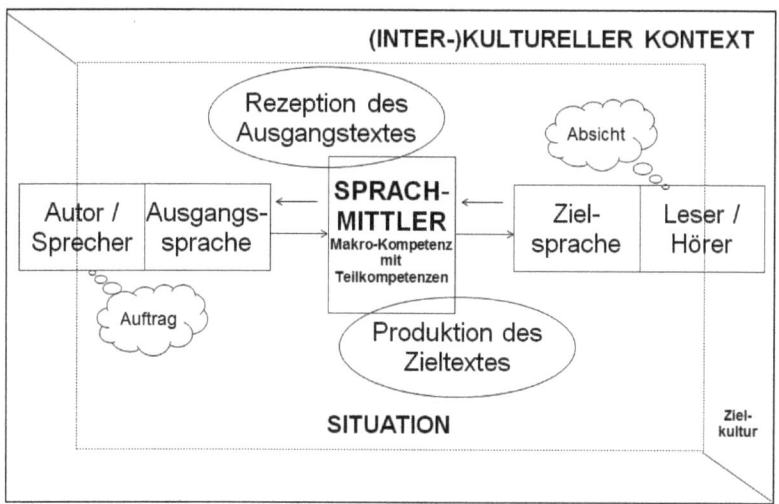

Abb. 13: Komponenten und Prozesse bei der Sprachmittlung (Kolb 2014b, 100)

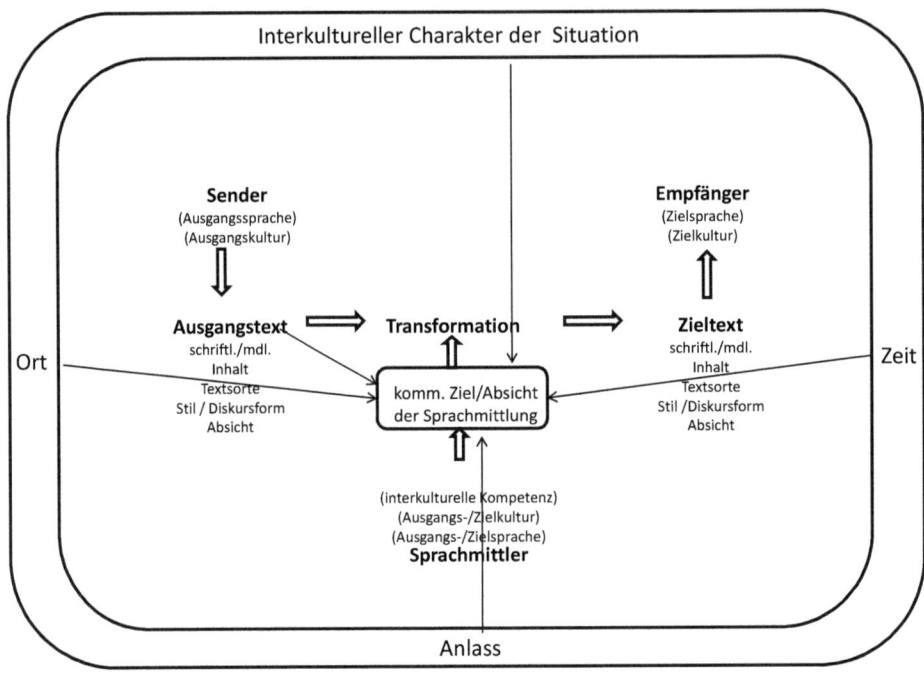

Abb. 14: Modell der Sprachmittlung (Caspari 2013, 39)

Auch Casparis Modell (2013) stellt nicht so sehr die inneren und äußeren Handlungen des Sprachmittlers dar, sondern v.a. die Parameter der Sprachmittlungssituation. Diese ist bestimmt durch Ort, Zeit und Anlass, wobei diese Aspekte – und v.a. Letzterer – durchaus noch näher bestimmt werden könnten. Auch die Teilnehmer werden als Sender, Empfänger und Sprachmittler mit nur wenigen Merkmalen beschrieben: Sie sind durch ihre jeweilige Sprache und Kultur geprägt, und der Sprachmittler muss zusätzlich interkulturelle Kompetenz besitzen. Was diese Charakteristika bedeuten bzw. wie sie sich bemerkbar machen, lässt sich aus einer modellhaften Darstellung natürlich nicht entnehmen. Der große Vorteil dieser allgemeinen Beschreibung ist, dass sie, wie von Caspari beabsichtigt, für alle vorstellbaren Sprachmittlungssituationen gültig ist. Dennoch ließe sie sich, ohne ihre Anwendbarkeit zu verlieren, leicht noch erweitern, so z.B. um die Rollen und Positionen der Gesprächspartner. Auch erscheint es etwas ungünstig, das kommunikative Ziel bzw. die Absicht der Sprachmittlung in der Mitte der Darstellung, in der Nähe des Sprachmittlers zu platzieren: Dieser entscheidet zwar letztendlich darüber, welche Informationen er auf welche Art mittelt, aber Sender und Empfänger sind bei diesen Entscheidungen mindestens ebenso beteiligt. Während die unidirektionale Darstellung der Sprachmittlung von Sender und Ausgangstext über die Transformation bis zu Zieltext und Empfänger kritisiert werden kann, ist die Bezeichnung „Transformation" sinnvoll gewählt, da bei der schulischen Sprachmittlung häufig größere Veränderungen am Ausgangstext vorgenommen werden. Diese könnten durch die Merkmale, durch die der Ausgangs- bzw. Zieltext charakterisiert sind, näher bestimmt werden. Medium, Inhalt, Textsorte, Absicht und Stil/Diskursform sind dabei zentrale Aspekte, wobei etwas unklar ist, was mit Letzterem gemeint ist, da es sich nicht um einen Fachterminus der Textlinguistik handelt. Insgesamt gibt dieses Modell trotz seiner gewollten Allgemeinheit viele Faktoren vor, die eine Sprachmittlungssituation auszeichnen. Als Basis für die weitere Auseinandersetzung mit Sprachmittlung müssen die Merkmale noch weiter ergänzt und der als „Transformation" bezeichnete Vorgang genauer gefasst werden.

4.1.2 Allgemeine bis detaillierte Bestimmungen von Teilkompetenzen

Auch bei der Bestimmung der Teilkompetenzen der Sprachmittlung gehört Hallet wieder zu den ersten, die dies versucht haben: Er nennt sprachlich-kommunikative, interkulturelle, interaktive und strategisch-methodische Teilkompetenzen (Hallet 2008a, 4ff.).[100] Zur sprachlich-kommunikativen Kompetenz gehören neben der Beherrschung der Ausgangs- und Zielsprache auch das Erkennen des Kommunikationszwecks sowie die Fähigkeit zur Erstellung der adäquaten Textsorte und der „Grad der Reduktion, ggf. auch der Expansion" (Hallet 2008a, 4). Somit enthält dieser Kompetenzbereich sehr viele Einzelelemente, und es ist zu überlegen, ob diese nicht einen prominenteren Platz und eine andere Aufteilung und Zuordnung verdient hätten. Die interkulturelle Kompetenz umfasst den Umgang mit sprachlichen und sozialen Gewohnheiten, Handlungsmustern, Konzepten und Gegebenheiten (Hallet 2008a, 5). Im Rahmen der interaktionalen Kompetenz muss der Sprachmittler „das Verhältnis der beteiligten Personen zueinander, deren Handlungs- oder Kommunikationsziele, deren Interessen und deren Vorwissen" (Hallet 2008a, 5) in Betracht ziehen. Dies ist ein wichtiger Aspekt, der bisher noch nicht ausreichend beachtet worden ist. Inwiefern sich interaktionale und interkulturelle Kompetenz ähneln, wird hier jedoch nicht klar. Unter den strategisch-methodischen Kompetenzen finden sich Antizipation, *monitoring* oder Kompensation (Hallet 2008a, 6). Wenn sich diese Kompetenzen nun laut Hallet explizit auf den Mittlungsprozess beziehen, könnte man erwarten, dass sie besonders ausführlich dargestellt werden, was jedoch bedauerlicherweise, wie auch im *CEFR*, nicht der Fall ist.

Hallets Fazit fällt recht allgemein aus: „Wie man sieht, sind im Prozess der Sprachmittlung eigentlich alle Kompetenzen integriert, die zur erfolgreichen Kommunikation erforderlich sind" (Hallet 2008a, 6). Insofern ist de Florio-Hansen zuzustimmen, die an Hallets Kategorien folgende Kritik übt:

---

100 Vom Thüringer Institut für Lehrerfortbildung, Lehrplanentwicklung und Medien (Thillm) wird diese Aufteilung rezipiert und auf drei Teilkompetenzen verdichtet: Sachkompetenz (Sprache, Textsorten, Landeskunde), Selbst- und Sozialkompetenz (Interaktion, Einfühlungsvermögen, interkulturelle Kompetenz), Methodenkompetenz (Thillm 2011a, 8).

Hallets Unterscheidung ist aber viel zu unspezifisch, um Lehrpersonen in die Lage zu versetzen, die interlinguale Sprachkompetenz ihrer Lernenden gezielt auf- und auszubauen. Es kann nicht länger nur darum gehen, die ‚natürliche' Übertragungsfähigkeit, die Mehrsprachige meist ohne Training mitbringen, durch einige Anweisungen und Übungsaufgaben zu verbessern. (de Florio-Hansen 2015, 19)[101]

Mehr als fragwürdig ist jedoch de Florio-Hansens Feststellung, dass Mehrsprachige ohne Training zum Übertragen fähig seien. Vielleicht fällt ihnen das Wechseln zwischen Sprachen leichter, aber auch sie dürften, wie auch in der Translationswissenschaft diskutiert wird, eine besondere Ausbildung für Vermittlertätigkeiten benötigen, da es dabei eben nicht nur um linguistische Äquivalenzen geht. De Florio-Hansens eigene Vorschläge sind zwar ausführlicher, aber auch nur begrenzt hilfreich (s.u.).

Dass die Teilkompetenzen der Sprachmittlung auch anders bestimmt werden können, zeigt sich bei Philipp und Rauch, die fünf Teilkompetenzen aufführen, die z.T. inhaltlich auch anders gefüllt werden als bei Hallet (2008a): Bei ihnen umfasst die sprachlich-kommunikative Kompetenz entweder rezeptive oder produktive Kompetenzen lediglich in der Fremdsprache (Philipp/Rauch 2010a, 5), so dass sich in dieser Hinsicht Hallets weitergefasste Definition, die Ziel- und Ausgangssprache einbezieht, als sinnvoller erweist. Die methodisch-strategische Kompetenz, die bei Hallet (2008a) nur mit wenigen Aspekten beschrieben wird, ist bei Philipp und Rauch in zwei Teilbereiche ausdifferenziert: methodisch-strategische Kompetenzen, die aus der Muttersprache transferiert werden wie das Erkennen von Textstrukturen oder das Produzieren strukturierter Texte, und fremdsprachenspezifische Methodenkompetenz wie Hör- und Sprechstrategien (Philipp/Rauch 2010a, 5). Nicht nur aufgrund der knappen Darstellung bleibt etwas unklar, wieso Erstere aus der Muttersprache stammen und Letztere auf die Fremdsprache bezogen sind. Dies hängt zum einen davon ab, mit welchem fremdsprachlichen Könnensstand Texte eines bestimmten Schwierigkeitsgrads mit welchem Auftrag in welche Richtung gemittelt werden; zum anderen erscheint es fraglich, ob eine Übertragung tatsächlich automatisch erfolgt bzw. möglich ist – man denke nur an sprachliche Voraussetzungen für das Verstehen und Erschließen von Texten oder an sprachspezifische Textsortenmuster.[102] Die Beschreibung der interkulturellen Kompetenz entspricht dann derjenigen bei Hallet (2008a). Zusätzlich nennen die beiden Autorinnen „Überfachliche Kompetenzen (z.B. Medienkompetenz)" und im Rahmen der fremdsprachenspezifischen Methodenkompetenz „das Experimentieren mit und Reflektieren über Sprache (*language awareness*)" (Philipp/Rauch 2010a, 5). Beide Bereiche sollten theoretisch ausgeführt und anhand von Beispielen erläutert werden. Dies gilt auch für Text- und Medienkompetenz und Sprachlernkompetenz, die auch in anderen Publikationen genannt werden (Caspari/Schinschke 2012, 41; Philipp/Rauch 2014, 13).

---

101 Genauso äußert sie sich bereits 2013 in englischer Sprache (de Florio-Hansen 2013b), womit sie vielleicht ihre mehrsprachige (Sprachmittlungs-)Kompetenz unter Beweis stellen möchte.

102 Die Vermutung, dass beispielsweise Texterschließung und -verständnis – auch bei Studierenden – oft an (fremd-)sprachlichen Lücken scheitern, beruht jedoch bisher lediglich auf eigenen Beobachtungen.

Andernfalls könnte der Eindruck entstehen, dass der Kompetenzbegriff auch in Bezug auf die Sprachmittlung recht willkürlich verwendet wird.

De Florio-Hansens weiter oben angeführte Kritik geht in eben diese Richtung. Ihrer Aufzählung der Teilbereiche der Sprachmittlungskompetenz, die sich an Modellen aus der Translationswissenschaft orientiert, kann allerdings derselbe Vorwurf gemacht werden. Sie unterscheidet die drei Komponenten Wissen, Können und Einstellungen (de Florio-Hansen 2013b und 2015), ohne jedoch die ersten beiden Bereiche klar abgrenzen zu können und begrifflich durchgängig präzise zu formulieren;[103] auch ist der Bereich des Wissens im Vergleich zum Können, dem nicht nur im schulischen Fremdsprachen-unterricht doch deutlich höhere Bedeutung zukommen sollte, überrepräsentiert. Dazu kommt, dass sie – anders als die PACTE-Gruppe, auf die sie sich eigentlich bezieht – nicht zwischen deklarativem und prozeduralem Wissen differenziert. So gehören bei ihr zum Bereich des Wissens folgende Aspekte:

Foreign language learners and users
- know that there are different approaches to Translation;
- know that the same source text can be translated and interpreted in different ways;
- know that comprehension depends on the cultural background of the interlocutors in-volved in the Mediation activity;
- are aware of the fact that there are close to never one-to-one correspondences between linguistic features of two languages;
- know that communicative success, not equivalence is the overall aim of Mediation;
- are aware of the impossibility and inadequacy of literal Translation;
- know that summarizing and paraphrasing are important activities in the Mediation context;
- know that there is a risk of inferences [sic! gemeint ist wohl: interferences] when al-ternating between two or three languages;
- are aware that strategies are needed to gap [sic! gemeint ist wohl: bridge the gaps in] their insufficient knowledge of the foreign language(s) concerned;
- have adequate knowledge of the main web-based translation tools and documentation sources (besides print and online dictionaries). (de Florio-Hansen 2015, 24)

An dieser Aufzählung irritiert, dass *translation*, *interpreting* und *mediation* abwechselnd, aber ohne Abgrenzung verwendet werden. Stark vereinfacht sind die Aussagen zu wört-licher Übersetzung, Entsprechungen bzw. Äquivalenzen und kommunikativem Erfolg. Die letzten vier Punkte beschreiben Verfahren, Techniken und Hilfsmittel und wären daher sinnvollerweise eher dem Bereich der *skills* zuzuordnen.[104] De Florio-Hansens Liste in diesem Bereich ist besser anwendbar, auch wenn einige der Kann-Beschrei-bungen derart allgemein sind, dass ihr Nutzen fragwürdig erscheint:

---

103 Möglicherweise hat auch das inadäquate Englisch ihrer Formulierungen Auswirkungen auf die Verständlichkeit.
104 So wird z.B. auch beim Landesinstitut für Schule und Medien Berlin-Brandenburg (LISUM) zwischen Lese- bzw. Schreibstrategien (Lesestil, Texterschließung, Auffinden von Informationen; Textstrukturierung, Umschreibungen, Korrekturen) und Arbeitstechni-ken (Strukturierung des Arbeitsprozesses, Markierungstechniken) unterschieden (LISUM 2006, 4). Doch auch hier könnte man über die Zuordnung als ‚Strategie' oder ‚Technik' diskutieren.

Foreign language learners and users
- can, in a given informal or formal Mediation activity, take the needs and interests of the addressee(s) or interlocutor(s) into adequate account;
- can analyze the source text in order to prepare Mediation;
- are able to select from an oral or written source the units to translate in a more or less "exact" way, those to summarize or paraphrase and those to leave out with regard to the communicative affordances [sic! gemeint ist wohl: requirements];
- can chose [sic!] on the basis of the communication purpose the adequate form of translating and interpreting regarding the type of text and the genre;
- can detect culture bound expressions which need to be explained and/or commented [sic!];
- can, if time permits and if necessary, take notes and/or prepare a glossary;
- can use tools and sources in order to gap [sic!] insufficient knowledge regarding language and culture;
- are able to select, especially in oral mediation, the unit of interpretation by intervening between the turns or by limiting the utterances of the interlocutors in a polite way;
- can ask, if necessary, the addressees or interlocutors for explanation of the meaning they want to convey; can apply strategic sub-competence to identify translation problems and apply procedures to solve them;
- have recourse to metacognitive sub-competence in order to evaluate the Mediation process and the partial results obtained in relation to the purpose; are able to check the consistency of usage;
- can bridge linguistic, cultural and situational gaps by reconciling differences;
- can evaluate the congruence of two versions;
- can draw on strategic and metacognitive sub-competences to activate the relations between all necessary sub-competences involved in the Mediation processes of a given task. (de Florio-Hansen 2015, 25)

Dies gilt v.a. für die Kann-Beschreibungen, die sich auf strategische oder metakognitive Kompetenzen beziehen. Analog zu funktionalen Theorien des Übersetzens geben die meisten Kann-Beschreibungen den Prozess der Sprachmittlung mit Auftragsanalyse, Textanalyse, Strategieentwurf und Ausführung sowie Evaluation wieder (vgl. auch Hämmerling 2014), wobei eine Erklärung wünschenswert gewesen wäre, inwiefern es sinnvoll ist, zwei Versionen auf ihre Kongruenz zu überprüfen und v.a. woher diese zwei Versionen stammen. Auch einige konkrete Techniken bei schriftlicher und mündlicher Ausführung und der Einsatz einiger Hilfsmittel werden aufgeführt. Man könnte sich allerdings statt einer Listung eine Sortierung und Gewichtung der einzelnen Kann-Beschreibungen vorstellen, auch um eine Aufgabenprogression erstellen zu können. Kaum hilfreich erscheinen die Unterpunkte im Bereich *attitude*, da hier, wie häufig im volitionalen Bereich, recht allgemeine Aussagen zur Bereitschaft zur Vermittlung, Neugier, Kreativität oder zum Rollenverständnis angeführt werden (de Florio-Hansen 2015, 25).

Viel knapper und inhaltlich deutlich anders bestimmt Dendrinos die Teilkompetenzen, die bei der Sprachmittlung relevant sein können. Sie geht nicht von Parallelen zum professionellen Übersetzen und Dolmetschen aus, sondern sieht Sprachmittlung als (fremd-)sprachliche, kognitive und soziale Tätigkeit mit folgenden Teilbereichen:

1. **Sociocultural awareness**, which includes lifeworld knowledge, knowledge of how two languages operate at the level of discourse and genre, as well as rules of text and sentence grammar and of the grammar of visual design.
2. **Literacies**, i.e. school literacy, social literacy and practical literacy.
3. **Competencies**, i.e. linguistic competence, sociolinguistic competence, discourse competence and strategic competence.
4. **Cognitive skills** to read between the lines, select pertinent information, retain and recall information for use in a new context, combine prior knowledge and experience with new information, combine information from a variety of source texts, solve a problem, a mystery, a query, predict, guess, foresee, infer, make a hypothesis, come to a conclusion.
5. **Social skills** to recognize the interlocutor's communicative needs and be able to facilitate the process of communication, negotiate information by adjusting effectiveness, efficiency and relevance to the context of situation. (Dendrinos 2013; Hervorhebung im Original)

Während die verschiedenen *literacies* isoliert, ohne Erläuterung und daher wenig einleuchtend im Raum stehen, sind gerade die Vermittlerfähigkeiten, d.h. *social skills*, sowie die Erschließung und Neuorganisation von Informationen, d.h. *cognitive skills*, interessante Schwerpunkte, die in den existierenden Aufgaben in Griechenland allerdings nur bedingt realisiert sind (vgl. Kapitel 3.3.1).

4.1.3 Elemente in impliziten Modellierungen

Neben graphischen Sprachmittlungsmodellen und Überlegungen zu den beteiligten Teilkompetenzen finden sich in der fremdsprachendidaktischen Literatur auch Listen mit Merkmalen von Sprachmittlungsaufgaben, die entweder auf der Basis einer mehr oder weniger expliziten Definition von Sprachmittlung präskriptiv sind und evtl. mit Beispielaufgaben illustriert werden oder, was der deutlich seltenere Fall ist, deskriptiv aus der Analyse von Aufgaben hervorgehen. Viele dieser Listen weisen Überschneidungen auf, so dass hier die bisher genannten Definitionsmerkmale zusammengefasst werden können. Weitere implizite Modellierungen lassen sich aus Bewertungsrastern zum mündlichen und schriftlichen Prüfen der Sprachmittlung entnehmen.

Die folgende graphische Darstellung (Abb. 15) fasst zusammen, welche Anforderungen an Sprachmittlungsaufgaben gestellt werden und welche Definitionen somit zugrundeliegen.

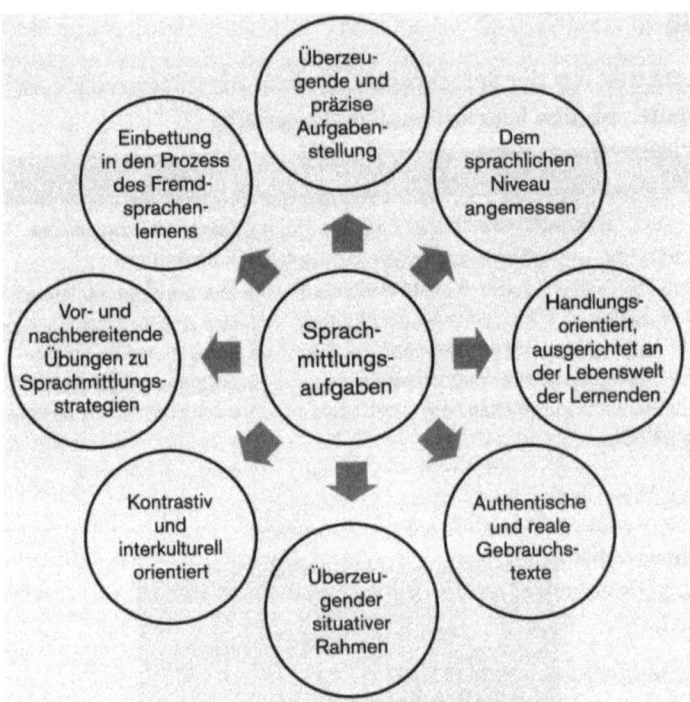

Abb. 15: Anforderungen an Sprachmittlungsaufgaben (Katelhön/Nied Curcio 2012, 47)

Die Kriterien der Einbettung in den Lernprozess oder eine Sequenzierung von *pre-*, *while-*, *post-mediation activities* (vgl. auch Kolb 2009) bzw. die Angabe von Vokabel-hilfen (vgl. Philipp/Rauch 2010a; Pfeiffer 2013) bleiben hier unbeachtet, da sie sich auf methodische Verfahren bei der Schulung von Sprachmittlung beziehen, nicht auf An-forderungen an die Lernenden. Die wichtigsten Kriterien sind authentische und der Lebensrealität der Lernenden entnommene Handlungssituationen zwischen konkreten Gesprächspartnern mit entsprechenden authentischen Ausgangstexten und realitätsna-hen Aufgabenstellungen (vgl. auch LISUM 2006; Rössler 2008; Kolb 2009; Phi-lipp/Rauch 2010a; Grünewald 2012; Katelhön/Nied Curcio 2012; Pfeiffer 2013). Da-raus ergeben sich für Lernende inhaltlich-thematische, sprachliche, text- und gesprächs-linguistische, pragmatische, interaktive, (inter-)kulturelle und strategische Herausforde-rungen.

Während diese Aussagen präskriptiv sind, ist die bisher einzige ausgiebige deskrip-tive Darstellung von Sprachmittlungsaufgaben in der Dissertation von Stathopoulou (2013a) zu finden, in der die Aufgabenstellungen der schriftlichen griechischen *KPG*-Prüfungen analysiert werden. Die Merkmale sind Thema, Diskursumgebung (d.h. Kommunikationssituation, aus der Ausgangs- und Zieltext stammen, z.B. Zeitschrift, Buch, Webseite), Textsorte (z.B. Email, Infotext, Brief) und generischer Prozess (z.B. beschreiben, erklären, instruieren), kommunikative Absicht (z.B. informieren, beraten, vorschlagen) und das Rollenverhältnis der Kommunikationspartner (Stathopoulou 2013a,

76–94).[105] Die Orientierung an linguistischen Aspekten zeigt sich in ihrer Identifizierung von Sprachmittlungstrategien in Lernertexten, da diese sich auf sprachliche Strategien des Kombinierens von Informationen, Zusammenfassens, Reorganisierens, Paraphrasierens oder Erweiterns beziehen (Stathopoulou 2013a, 132f.). Die von Stathopoulou bestimmten Aufgabenmerkmale würden aber auch eine stärkere Betonung inhaltlicher, interaktionaler und handlungsorientierter Elemente nahelegen.

Diese werden in den Skalen zur Bewertung der Prüfungsleistung in den griechischen *KPG*-Prüfungen tatsächlich auch eingeschätzt: Bewertet werden im Schriftlichen auf einer Skala von 1 bis 5 die Aufgabenerfüllung (*task completion*), bei der auf die Anforderungen an Textsorte, *register* und kommunikative Absicht geachtet wird, sowie im Bereich der Sprache die sechs Kriterien *spelling & punctuation, vocabulary range, accuracy, appropriacy, text organisation* (inkl. textsortenadäquate Gestaltung) und *cohesion & coherence* (Greek Ministry 2014b, 24–33). Ähnlich sieht es im Mündlichen aus, bei dem die Skala von 1 bis 5 Aufgabenerfüllung sowie *pronunciation & intonation, lexical range & appropriacy of linguistic choices, grammatical accuracy, fluency, communication strategies* und *cohesion & coherence* umfasst (Greek Ministry 2014a, 18).[106] Diese Bewertungskriterien zeigen, dass Sprachmittlung als kommunikative Aktivität ähnlich dem Schreiben oder Sprechen angesehen wird, aber auch dass dem Konzept *genre* eine relativ große Bedeutung beigemessen wird, so dass in den griechischen Prüfungen tatsächlich versucht wird, der Textkompetenz, die in der deutschen Diskussion immer wieder genannt wird (z.B. Caspari/Schinschke 2012; Hämmerling 2014; Philipp/Rauch 2014), zur Geltung zu verhelfen.

In Deutschland, das neben Griechenland das zweite Land ist, in dem Sprachmittlung in bedeutendem Umfang auch in den Prüfungen erscheint, sehen die Bewertungskriterien und damit die implizite Vorstellung von Sprachmittlung etwas anders aus.[107] Aufgrund der Vielzahl der Vorschriften innerhalb der föderalen Struktur Deutschlands würde eine vollständige Darstellung zu weit führen (vgl. zu diesem Thema jedoch bereits Kolb 2011, 2014a und 2015). Auch haben noch nicht alle Bundesländer Bewertungsraster vorgelegt, und in der Sekundarstufe I bleibt die Beurteilung der Sprachmitt-

---

105 Damit gelingt es Stathopoulou zwar durchaus, die Aufgaben der *KPG*-Prüfungen zu beschreiben. Allerdings sind die Unterscheidungen, die sie vornimmt, z.B. zwischen generischen Prozessen und kommunikativer Absicht, nicht eindeutig. Verwirrend ist auch ihre Gleichsetzung von *genres* sowohl mit *text types* als auch mit *generic processes*. Ihre *text types*, nämlich Textsortenbeispiele wie Artikel, Emails etc., werden im englischen Sprachgebrauch oft als *genres* bezeichnet, während *text types* meist linguistische Vertextungsmuster meint, d.h. z.B. narrative, deskriptive oder argumentative Textstrukturen (vgl. Paltridge 1996; Esser 2009). Auch muss gefragt werden, warum sie die Rolle des Autors des Ausgangstexts analysiert, wenn in den vorhandenen Aufgaben eine tatsächliche Interaktion zwischen diesem und dem Empfänger des Zieltextes überhaupt nicht gegeben ist.

106 Eine Gewichtung der einzelnen Kriterien lässt sich aus den veröffentlichten Materialien nicht entnehmen. Das Prüfungshandbuch führt aus, dass im Mündlichen die Festlegung des Wertes auf der Skala von 1 bis 5 nicht der Punktzahl entspricht, sondern dass diese vom Computer berechnet wird (Dendrinos/Karavas 2013, 115).

107 Wie auch in Griechenland, wo dies durchgängig der Fall ist, erfolgt dabei die Sprachmittlung in Prüfungen meist in die Fremdsprache.

lungsleistung normalerweise der einzelnen Lehrkraft selbst überlassen.[108] Wenn man die verschiedenen Raster für die Abiturprüfung (Niveau B2/C1) betrachtet und als Standardreferenz das Raster für das länderübergreifende Abitur der sechs Bundesländer Bayern, Hamburg, Niedersachsen, Mecklenburg-Vorpommern, Sachsen und Schleswig-Holstein wählt,[109] so liegt, ähnlich wie in Griechenland, eine Zweiteilung in Inhalt/ Textstruktur und Sprache mit meist stärkerem Gewicht auf Letzterer vor. Die erstgenannte Kategorie umfasst neben Vollständigkeit, logischer Gliederung und Zusammenfassung, Situations- und Adressatenorientierung darüber hinaus auch ggf. kulturspezifische Erklärungen (Bayer. Staatsmin. et al. 2012). Die Realisierung einer bestimmten Textsorte wird jedoch nicht explizit genannt. Im sprachlichen Bereich sind zwar die Erfordernisse der Aufgabenstellung zu beachten, doch auch hier fehlt eine genauere Erläuterung. Zu dieser Rubrik gehört außerdem Sprachrichtigkeit und Breite und zutreffende Verwendung des Wortschatzes (Bayer. Staatsmin. et al. 2012). Im länderspezifischen Raster in Bayern fließt in den Teilbereich Inhalt auch eine eventuelle strategische Verwendung des Wörterbuchs ein, während der Hinweis auf kulturelle Erklärungen fehlt und die Adressatenorientierung lediglich in der Nennung der „kommunikativen Absicht" durchscheint (Bayer. Staatsmin. 2009b, 19). Dagegen wird Textstruktur mit formaler Textsortenadäquatheit z.B. in Berlin, Brandenburg und Sachsen als Unterkategorie der Rubrik Inhalt oder Sprache mitbewertet (z.B. LISUM 2010; Sächs. Staatsmin. 2009). Nun sagt Harsch zur Bewertung von Textsortenmerkmalen bei Schreibaufgaben allerdings Folgendes:

> Die funktionale Textlinguistik kennt zahlreiche Kategorisierungsmöglichkeiten für Textsorten, doch gibt es bisher kein System, das allgemein anerkannt und in der Lage wäre, bestimmte Textsorten konstituierende Merkmale zuzuordnen. Daher kann auch keine ‚Textnorm' angesetzt werden, an der die fremdsprachlichen Textprodukte gemessen werden könnten. Vielmehr gibt es die unterschiedlichsten Wege, einen Text zielgerichtet, adressatenbezogen und wirksam zu strukturieren und zu verfassen. (Harsch 2006, 247)

Damit mag sie in Bezug auf Bewertungsskalen zwar recht haben; aber andererseits sollten generische Konventionen in einem Kompetenzmodell doch zumindest gesondert berücksichtigt werden. Dies gilt umso mehr, als die damit zusammenhängende Adressatenbezogenheit in den bestehenden Sprachmittlungsmodellen noch nicht genügend beachtet wird.

Eher kommt dieser Situations- und Adressatenbezug bisher in Bewertungsrastern zur mündlichen Sprachmittlung zur Geltung. Für das bayerische Gymnasium gibt es derartige Raster, die im Gegensatz zur zentralen schriftlichen Abiturprüfung lediglich Vorschlagscharakter haben. So findet sich dort als eine von vier oder fünf Unterkategorien das Merkmal „Strategie: Flüssigkeit; Situations- und Adressatenbezug" (ISB 2005,

---

108   Abweichend zu dieser Feststellung gibt es beispielsweise in Berlin ein Raster für die Bewertung schriftlicher Arbeit in der Sekundarstufe I und in Bayern Vorschläge zur Bewertung von mündlichen und schriftlichen Sprachmittlungsaufgaben (Berlin/LISUM 2008; ISB 2004).

109   Dieses Raster wird jedoch nicht in allen sechs beteiligten Bundesländern verwendet: Entweder gibt es Abwandlungen oder eigene Raster (vgl. Kolb 2014a).

186).[110] Aus Unzufriedenheit mit diesem Modell und auf Basis von translationswissenschaftlichen Erkenntnissen schlägt Reimann allerdings eine deutlich analytischere Bewertung des mündlichen, informellen Dolmetschens vor: Seine Kategorien sind sprachliche, kognitive, interkulturelle und interaktionale Leistung sowie die sprach- und kulturmittlerische Gesamtleistung, die Inhalt und Mitteilungsabsichten umfasst (Reimann 2013a, 209). Damit werden Teilkompetenzen, die sonst häufig unterrepräsentiert sind, in den Fokus gerückt: Neben interkulturellen und interaktionalen Fähigkeiten (d.h. das Eingehen auf Adressat und Situation) sind dies z.B. „die kompetente Auswahl/Reduktion der zu vermittelnden Informationen sowie die Qualität der zum Verständnis notwendigen Erläuterungen" (Reimann 2013a, 208). Auch wenn dieser aus der fremdsprachendidaktischen Forschung kommende Versuch sehr lobenswert ist,[111] so zeigt sich doch in den Kategorien das Problem der Abgrenzung der verschiedenen Teilkompetenzen, wenn sich sowohl interkulturelle und interaktionale als auch interaktionale und sprach- und kulturmittlerische Gesamtleistung in ihren Deskriptoren z.T. überschneiden. Besonders interessant ist jedoch die Nennung des Einsatzes nonverbaler Mittel (Reimann 2013a, 209), der tatsächlich in der mündlichen Sprachmittlung stärkere Wertschätzung erfahren sollte.[112]

4.1.4 Zwischenfazit zu den expliziten und impliziten Modellierungen

Insgesamt zeigt sich auch in Bezug auf die Sprachmittlung bei den Ausführungen in Fremdsprachendidaktik und Bildungsverwaltung bzw. Schulpraxis die Problematik der undifferenzierten Verwendung des Modebegriffs ‚Kompetenz', der beinahe endlos und quasi beliebig gefüllt werden kann (vgl. auch Thaler 2010). In den didaktisch-methodischen Überlegungen werden zahllose (Teil-)Kompetenzen aufgezählt, normalerweise ohne Gewichtung oder genaue Definition, z.T. mit unterschiedlicher Benennung, z.T. ohne Unterscheidung von Strategien oder Techniken. Die Bewertungsraster für Prüfungen dagegen sind meist wenig ausdifferenziert und nur schwach analytisch (vgl. auch

---

110 In den aktualisierten Musterrastern ist jedoch nur noch eine Zweiteilung Sprache und Inhalt/Strategie vorgesehen (ISB 2011, 48).

111 Meist überlässt die Fremdsprachendidaktik der Schulpraxis den Entwurf von Kriterienrastern. Eine weitere Ausnahme stellen sowohl das Raster von Gebauer/Kieweg (2008) als auch dessen Weiterentwicklung durch Gregorzewski (2010) dar, die Informationseinheiten, adressaten-, situations- bzw. textsortengerechte Ausdrucksfähigkeit plus im Mündlichen das Verhalten in mündlicher Interaktion (Reaktionsfähigkeit, nonverbale Hilfsmittel, Paraphrasen, Bitten um Wiederholung) und optional kulturspezifische Begriffe bewerten möchte. Die Zahl der Unterkategorien macht auch dieses Raster sehr komplex. Zur Bewertung der schriftlichen Sprachmittlung auf Abiturniveau entsteht eine Dissertation von Lena Krogmeier (Hannover).

112 Auch in den Gymnasiallehrplänen in Berlin und Thüringen wird dieser Aspekt genannt (Berlin 2006, 31; Thür. Min. 2011a, 92). Der Einsatz nonverbaler Mittel ist durchaus zweischneidig: Er soll aus fremdsprachenunterrichtlicher Sicht nicht die möglichst hohe linguistische Kompetenz ersetzen, aber er ist sehr wohl Teil kompetenter mündlicher Sprachverwendung unter realen Kommunikationsbedingungen.

Kolb 2014a und 2015).[113] Die Entwicklung eines vollständigen Kompetenzmodells mit gewichteten Teilkompetenzen erscheint aufgrund der bisher vorliegenden Überlegungen sinnvoll und wird im Folgenden unternommen.

4.2   Entwurf eines Interaktionsmodells der Sprachmittlung

Bisher liegen überwiegend kommunikationstheoretische Interaktionsmodelle für die Sprachmittlung vor, die der Komplexität verschiedener Sprachmittlungssituationen nicht voll gerecht werden. Daher wird im Folgenden ein situatives Modell der Sprachmittlung dargestellt, das versucht, alle relevanten Aspekte zu integrieren (Abb. 16). Dieses Modell stellt Sprachmittlung so dar, wie sie in Realsituationen stattfinden würde. Da die schriftliche und mündliche Sprachmittlung – unabhängig von der Richtung, in die gemittelt wird – Gemeinsamkeiten haben, wird zuerst nur ein einziges Modell entworfen, um Wiederholungen zu vermeiden. Es wird jedoch bereits bei der Darstellung dieses Modells auf bedeutende Unterschiede hingewiesen. Diese werden im Kapitel zu den aktivierten Teilkompetenzen des Sprachmittlers und bei den Prozessen ausführlich dargestellt.

Anregungen zu dieser Modellierung finden sich dabei in Interaktionsmodellen des Dolmetschens und Übersetzens (vgl. Kapitel 3.5.4 und 3.5.5), in Ausdifferenzierungen der interkulturellen Kompetenz als Hintergrundfolie, auf der jegliche Sprachmittlung stattfindet (vgl. Kapitel 3.4), in der Soziolinguistik (vgl. Hymes 1974) und in der Text- und Gesprächslinguistik (z.B. Brinker et al. 2000 und 2001; Adamzik 2004; Brinker 2010), da deren verschiedene textexterne und textinterne Definitionskriterien sich als sinnvoll erweisen für eine Aktivität, bei der ebenfalls ‚Texte‘ im Mittelpunkt stehen – Texte unterschiedlicher Art, die in eine andere Sprache übertragen werden müssen. Mit der grundsätzlichen Unterscheidung der Textlinguistik in textinterne (d.h. formale, grammatische, lexikalische und inhaltlich-thematische, mediale, generische) Merkmale und textexterne (d.h. situative, funktionale und intentionale) Merkmale (vgl. Adamzik 2004, 53–58) ist das Interaktionsmodell in seinen Grundzügen erfasst. Entgegen dieser eindeutig wirkenden theoretischen Zuordnung zeigt sich in der Praxis, dass die verschiedenen Komponenten wie Situativität, Inhalt, sprachliche Form und Funktion miteinander zusammenhängen (vgl. auch Adamzik 2004, 58f.). Dies bedeutet auch für das Interaktionsmodell der Sprachmittlung, dass dieses zwar mit verschiedenen, einzeln

---

113   Eine zu große Anzahl an Kriterien ist für Prüfer schwierig zu handhaben, v.a. in mündlichen Prüfungen, weshalb Reimanns Vorschlag (Reimann 2013a) aus Gründen der Praktikabilität skeptisch zu sehen ist. Zwar nennt Luoma fünf bis maximal sechs Kategorien (Luoma 2004, 80) und das *CEFR* empfiehlt drei bis sechs Kategorien (*CEFR* 2001, 190), aber Reimanns jeweilige Kategorien sind in sich auch noch einmal komplex. Die Skalen für Sprachmittlung in der beruflichen Bildung dagegen sind holistisch (ISB et al. 2005/ 2006, 122ff.), wodurch lediglich Inhalt und Sprache und das nur sehr pauschal und nicht unabhängig voneinander bewertet werden können. Gerade für die komplexe Tätigkeit der Sprachmittlung wäre eine differenziertere Bewertung wünschenswert, die zugleich nicht zu kompliziert ist.

ausdifferenzierten Dimensionen dargestellt wird, im Einzelfall jedoch auch eine andere Zuordnung möglich wäre bzw. die verschiedenen Definitionsmerkmale der Sprachmittlung trotz getrennter Darstellung verbunden sind, so dass sich Wiederholungen nicht völlig vermeiden lassen. Gleichzeitig werden nur einige typische Beispiele und Konkretisierungen für die einzelnen Komponenten genannt, die in Kapitel 5 weiter ausdifferenziert werden.

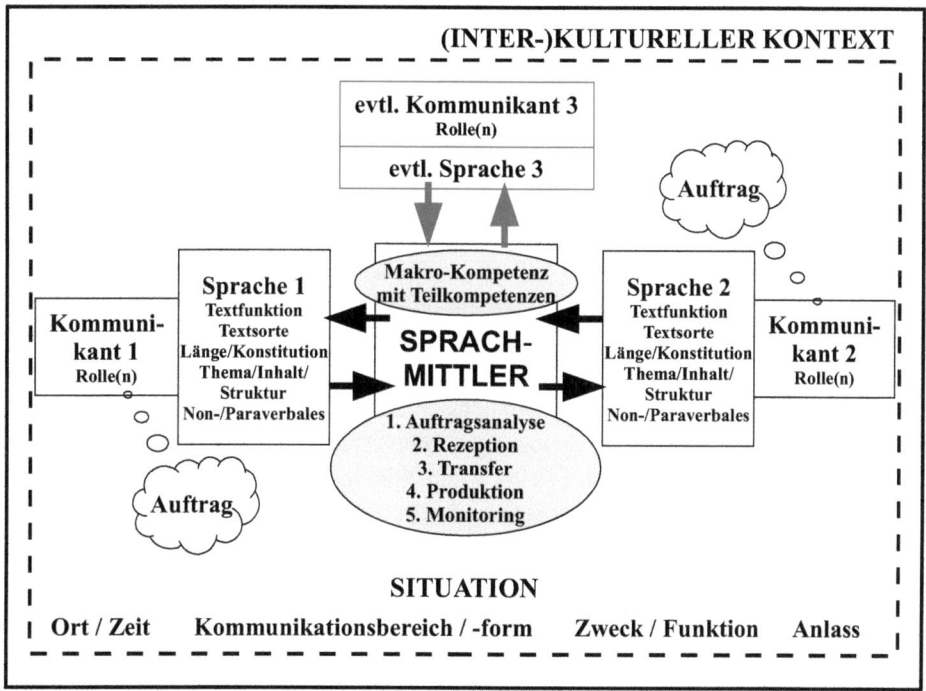

Abb. 16: Prozess- und Interaktionsmodell der Sprachmittlung

Als Basis des Modells dient die Situation, in der die Sprachmittlung stattfindet, wie auch die bisherigen Standarddefinitionen zum Ausdruck bringen (vgl. Kapitel 3.1). Pöchhacker hält für das Dolmetschen die Situation durch die folgenden Fragen für bestimmbar: „In welchem bzw. wessen Kommunikationsbereich?", „Wer, mit wem, wie, warum, wozu (etc.)?" und „Wann, wo, unter welchen Bedingungen?" (Pöchhacker 1999, 327). Zur Situation gehören also die beteiligten Akteure, d.h. Sender und Empfänger sowie Sprachmittler mit ihren unterschiedlichen Merkmalen und Rollen. Außerdem ist die Situation charakterisiert durch Ort, Zeit, Kommunikationsbereich, Kommunikationsform, Anlass und Zweck bzw. Funktion. Zu dieser konkreten Umgebungssituation kommt als Besonderheit der (inter-)kulturelle Kontext, der den Rahmen oder Hintergrund für die Sprachmittlungshandlung darstellt. Man könnte diesen auch als spezielle Ausprägung der Situation sehen. Da jedoch bei der Sprachmittlung – anders als bei textlinguistischen Kommunikationsmodellen – Sprach- und damit Kulturwechsel auf dem Weg vom Sender zum Empfänger vorgenommen werden, ist dieser Kontext als eigenständige Kategorie zu sehen. Auch enthält er, anders als die konkrete Situation, schwer fassbare, u.U. im Verborgenen wirkende Elemente, welche Auswirkungen auf die Anforderungen an den Sprachmittler haben.

4.2.1 Akteure und Rollen

Wenn man mit den beteiligten Akteuren der Sprachmittlungssituation beginnt, so wird meist von einer triadischen Konstellation mit ausgangssprachlichem Sender, zielsprachigem Empfänger sowie partiell zweisprachigem Sprachmittler ausgegangen. Dies gilt besonders für die mündliche Sprachmittlung zwischen tatsächlich anwesenden Akteuren; bei der Mittlung von schriftlichen Texten sind die Kommunikanten häufig schwieriger zu bestimmen. Denkbar sind auch konkrete Situationen, in denen vier oder mehr Akteure vorhanden sind. So ist es möglich, dass Sender- oder Empfängerrolle mehrfach besetzt sind, z.B. wenn für (Groß-)Eltern gegenüber einem oder mehreren Verkäufern im Urlaub oder für eine Gruppe von Austauschpartnern im Museum oder in der Schule gemittelt werden soll. Die genannten Personengruppen, die eines Sprachmittlers bedürfen, sind für den Englischunterricht schon etwas überstrapaziert worden. Dies gilt selbst für die Eltern, bei denen die Wahrscheinlichkeit, dass sie sich in alltäglichen Einkaufssituationen nicht im Englischen verständigen können, heutzutage immer geringer wird. Wenn man die Situation jedoch in eine Arztpraxis, in ein Spezialitätenrestaurant oder ein Museum verlegt oder der Ausgangstext z.B. als literarischer oder journalistischer Text sprachlich und inhaltlich komplex ist, so wird die Notwendigkeit eines Sprachmittlereinsatzes wahrscheinlicher. Leichter vorstellbar ist die Sprachmittlung für englischsprachige Akteure, die sich in Deutschland verständigen möchten, wenn man davon ausgeht, dass viele Muttersprachler des Englischen nur geringe Fremdsprachenkenntnisse haben.[114] Eine weitere Folge der globalen Verbreitung des Englischen und dessen Status als *basic skill* (Lo Bianco 2014, 322) ist die Möglichkeit, dass weitere Akteure, die einen Sprachmittler benötigen, weder Englisch noch Deutsch, sondern eine dritte Sprache als Erstsprache sprechen und Englisch als *lingua franca* in dieser komplexen Situation dient. Man wird z.B. sofort an internationale Begegnungen bei Festen oder in Jugendherbergen oder im Rahmen von Städtepartnerschaften denken. Schließlich ist es auch vorstellbar, dass die Rolle des Sprachmittlers mehrfach besetzt ist. Dies ist im professionellen Bereich häufig beim Simultan-, aber auch beim Konsekutivdolmetschen der Fall (vgl. Kautz 2002) und könnte analog in den soeben genannten halbprivaten, halboffiziellen Situationen auch bei der Sprachmittlung stattfinden. Auch schriftliche Texte wie z.B. Zeitungsartikel, wissenschaftliche Aufsätze, Werbebroschüren oder Lehrpläne können mehrere erkennbare oder verborgene Autoren haben (vgl. Adamzik 2004, 85). Gleichzeitig ist nicht immer klar, an welche Rezipienten diese Texte gerichtet sind.

---

114   Vgl. Kramsch, die das Ergebnis einer europäischen Umfrage anführt: „In the European Union, 38% of citizens claim to be able to conduct a conversation in English, whereas only 14% acknowledge knowing either French or German" (Kramsch 2014, 299).

Viel wichtiger als die Anzahl der Akteure ist jedoch ihr Rollenverhältnis. Diese Rollen lassen sich als institutionelle Rollen, z.B. Lehrer und Schüler oder Polizist und Verkehrsteilnehmer, als alters-, geschlechts- oder schichtenspezifische Rollen, als Rollen nach der geographischen Herkunft oder als Rollen nach der ausgeübten Interaktionsfunktion, z.B. Geber und Nehmer (Kellner und Gast oder Käufer und Verkäufer), beschreiben (vgl. Hönig/Kußmaul 1982, 66; Hess-Lüttich 2001, 287ff.; Pöchhacker 1999, 328). Auch gibt es Positionsrollen, die mehr oder weniger unveränderlich sind, z.B. die Rollen, die durch das Geschlecht oder den sozialen Status vorgegeben sind, und Rollen, die je nach den weiteren Situationsfaktoren variieren können. So wird ein Professor anders mit einem (Austausch-)Studenten kommunizieren, wenn er mit diesem während eines Seminars in der Institution Universität diskutiert, als wenn er ihm in der Mensa oder gar im Schwimmbad begegnet. Rollenverhältnisse können zudem als symmetrisch oder asymmetrisch beschrieben werden: Bei Ersteren sind die Kommunikanten gleichberechtigt; bei Letzteren hat ein Interaktionspartner die Gesprächshoheit, was Themen und Struktur (z.B. *turn-taking*) betrifft. Beispiele sind Arzt-Patient-Gespräche oder Vorlesungen. Besonders in diesen Fällen kann es zu Konflikten kommen, die der Sprachmittler entschärfen muss. Während (A-)Symmetrie in der Gesprächslinguistik besonders relevant ist, können auch schriftliche Kommunikationssituationen asymmetrisch sein, so z.B. Zahlungsaufforderungen, Mahnungen oder Verwarnungen. Eine spezielle Form der Asymmetrie liegt vor, wenn die Kommunikation und damit die Sprachmittlung nur in eine Richtung erfolgt: Dies ist häufig bei der schriftlichen Sprachmittlung der Fall, wenn nicht mindestens zwei primäre Kommunikanten unterschiedlicher Sprache konkret als Personen bestimmbar sind. Weiterhin spielt in vielen Konstellationen der Grad der Vertrautheit unter den Kommunikanten eine wichtige Rolle, der beim Sprachwechsel erhalten bleiben sollte. Zum Rollenverhältnis gehört im Besonderen die Selbst- und Fremdeinschätzung der Akteure bezüglich ihrer Rollen, ihrer Person oder ihres Wissens und Könnens, z.B. ob sie sich für Experten oder Laien auf einem bestimmten Gebiet halten (vgl. Hess-Lüttich 2001, 287). So sind Artikel in Fachzeitschriften anders abgefasst als populärwissenschaftliche Darstellungen. In Bezug auf Übersetzen, Dolmetschen und Sprachmitteln ist besonders wichtig, ob die Kommunikanten die jeweils andere Sprache überhaupt nicht oder rudimentär oder relativ gut beherrschen.[115] Von dieser Voraussetzung und Annahme hängt z.B. ab, wie stark der Sprachmittler sprachlich gefordert ist und inwieweit er inhaltliche Erklärungen hinzufügen muss, so dass der Sprachmittler nicht einfach nur transkodierendes Übermittlungsmedium ist, sondern sehr wohl eine eigenständige Rolle ausfüllen kann.

---

115 Interessanterweise wird das Kriterium der Sprachkompetenz bei textlinguistischen Kategorisierungen nicht beachtet (vgl. Adamzik 2004, 88f.).

4.2.2 Ort und Zeit

Die bei der Darstellung der verschiedenen Rollen angedeuteten Unterschiede zwischen den verschiedenen Formen der Sprachmittlung werden deutlicher, wenn man die situationellen Kriterien Ort und Zeit im „Wahrnehmungsraum" (Pöchhacker 1999, 327f.) im Detail betrachtet. Dabei wird Ort hier als allgemeine Kategorie und nicht als ganz konkrete Lokalisierung einer bestimmten Sprachmittlungshandlung verstanden. Es besteht die Möglichkeit, dass die drei oder mehr Akteure einer Sprachmittlungshandlung gleichzeitig an demselben Ort versammelt sind. Dies trifft z.B. zu, wenn in einer Gesprächssituation mündlich und informell gemittelt werden muss. Bei anderen Formen der Sprachmittlung sind statt der physisch anwesenden Akteure nur deren Produkte vorhanden, so z.B. wenn der Sprachmittler einen schriftlich fixierten Text mündlich in die andere Sprache überträgt oder wenn er diesen gar schriftlich, z.B. per Mail oder als Notiz, für den ebenfalls abwesenden Empfänger in der anderen Sprache wiedergibt. Ähnlich liegt der Fall, wenn ein mündlich realisierter Text, z.B. ein Radio- bzw. Fernsehbeitrag oder eine Durchsage, übermittelt werden: Der anderssprachige Empfänger kann physisch anwesend sein, muss es aber im Beispiel des Radio- oder Fernsehbeitrags nicht; der Sender ist auf jeden Fall nicht direkt als interagierende Person anwesend, sondern nur akustisch hörbar. In derartigen Situationen sind die Möglichkeiten des Sprachmittlers zu einer (Ver-)Mittlung, die über die Weitergabe von inhaltlichen Informationen hinausgehen, stark eingeschränkt. In den Fällen, in denen die Akteure in der triadischen Konstellation tatsächlich anwesend sind, sind die „nonverbal-visuellen Bedeutungskomponenten, die in einem Übergangsbereich zwischen dem Textuellen und dem Situativen" (Pöchhacker 1999, 328) liegen, sehr wichtig. Dies betrifft die Elemente der Mimik, Gestik, Prosodie und Proxemik, auf die der Sprachmittler ebenfalls achten muss, da auch sie Informationen über das Gesagte bzw. v.a. über das Gemeinte zum Ausdruck bringen. Dabei ist eine zusätzliche Schwierigkeit für den Sprachmittler bei der Interpretation und Weitergabe, dass z.B. Mimik, Gestik und Proxemik kulturell unterschiedlich geprägt und besetzt sind (vgl. Volkmann 2010, 186). Bei der Sprachmittlung schriftlicher Kommunikation kann nur die Gestaltung der Texte, also beispielsweise Layout, Paragraphen, Überschriften, hinzugefügte Bilder oder Graphiken, u.U. ähnliche Zusatzinformationen transportieren.

Was die Zeit betrifft, so geht es hier neben der Uhr- oder Tageszeit und der Dauer der Sprachmittlungshandlung, auch darum, ob simultane oder konsekutive Sprachmittlung stattfindet bzw. inwiefern der Sprachmittler Zeitdruck ausgesetzt ist.[116] Dem fremdsprachendidaktischen Konsens, dass die simultane Wiedergabe in einer anderen Sprache als der Ausgangssprache zu schwierig für Lernende ist (z.B. Rössler 2008; Hallet 2008a; Caspari 2008a), ist zuzustimmen. Wenn unter simultaner Sprachmittlung analog zum Simultandolmetschen die mehr oder weniger gleichzeitige Rezeption des Aus-

---

116 Begrifflich wird hier nicht streng der translationswissenschaftlichen Definition von Simultanität gefolgt, die sich auf die Gleichzeitigkeit von Rezeption und Produktion bezieht, nicht auf die zeitliche Relation von Ausgangs- und Zieltext, die als *time lag* oder *décalage* gezeichnet wird (vgl. Pöchhacker 2004, 117).

gangstextes und Produktion des Zieltextes verstanden wird, dann ist dies aus verschiedenen Gründen für die nichtprofessionellen Sprachmittler im schulischen Englischunterricht eine Überforderung: Sie müssten zusätzlich zu allen Teilprozessen der Sprachmittlung besonders stark antizipieren, wie der Text des Sprechers der Ausgangssprache fortgesetzt wird, und besonders bei längeren Textpassagen würden zu hohe Anforderungen an ihre Gedächtnisleistung gestellt. Die Hauptunterschiede zwischen schulischen Sprachmittlern und professionellen Dolmetschern liegen u.a. in der (fehlenden) Ausbildung sowie in der (eingeschränkten) fremd- und möglicherweise auch muttersprachlichen Kompetenz (vgl. C. Nord 2010, 130). So ist es für Lernende kognitiv bereits schwierig genug, mit ihrem beschränkten fremdsprachlichen Können Texte zu rezipieren *oder* zu produzieren, ohne dass beides gleichzeitig stattfindet. Aus methodischer Sicht müsste ihnen auf jeden Fall, wie meist bei professionellen Simultandolmetschern, zusätzlich zum Gehörten ein Skript zur Orientierung vorliegen, wobei auch dann der gleichzeitige Einsatz der Fertigkeiten Lesen, Hören, Sprechen zu einer Überforderung führen könnte. Dennoch sind die Übergänge zwischen simultaner und konsekutiver Wiedergabe fließend: So kann z.B. eine sehr kurze Information aus einem Wetterbericht, einem Flugblatt oder einer Broschüre mehr oder weniger gleichzeitig mit dem Rezeptionsvorgang auch produktiv weitergegeben werden. Bei letzteren Beispielen liegt eine gewisse Ähnlichkeit zum Stegreif-Übersetzen bzw. Vom-Blatt-Übersetzen vor (vgl. Kautz 2002, 272f.), auch wenn der Grad an Genauigkeit und Vollständigkeit beim schulischen Sprachmitteln deutlich geringer sein wird als bei diesen Tätigkeiten.

Anders als in direkten Kommunikationsmodellen zwischen zwei Kommunikanten ist ein wichtiger zeitlicher Teilaspekt bei der Sprachmittlung, wie lange Rezeption und Produktion dauern und wieviel Ein-, Be- und Überarbeitungszeit zur Verfügung steht (vgl. Kolb 2011, 182). Die Dauer von Rezeptions- bzw. Produktionsphase hängt mit vielen anderen Faktoren zusammen, so z.B. mit dem sprachlichen Niveau und der individuellen Verfassung des Sprachmittlers, aber auch mit der Länge und Komplexität des Ausgangstextes und dem Sprachmittlungsauftrag, d.h. wie detailliert und ausführlich die Vermittlung ausfallen soll. Darüber hinaus sind jedoch unter Bezugnahme auf die in der Translationswissenschaft genannten Schritte beim Übersetzen bzw. Dolmetschen (vgl. Kapitel 3.5.4) auch Aussagen zur Ein-, Be- und Überarbeitung und deren Abfolge möglich. Während bei der mündlichen Sprachmittlung die Einarbeitung vor der Rezeption des Ausgangstextes erfolgen muss, da der Empfänger im Normalfall den Zieltext relativ zeitnah erwarten wird, kann bei der schriftlichen Sprachmittlung die Einarbeitung auch im Anschluss an die Rezeption stattfinden. Die Phasen der Ein-, Be- und Überarbeitung sind im Normalfall aufgrund der textuellen und situativen Bedingungen beim schriftlichen Sprachmitteln länger als der mündlichen Übertragung. Somit ist der Zeitdruck beim mündlichen Sprachmitteln eher höher als beim schriftlichen Sprachmitteln.

4.2.3 Kommunikationsformen

Ein weiteres Element der Kommunikationssituation ist die Kommunikationsform, die neben dem direkten oder indirekten, akustischen, örtlichen oder zeitlichen Kontakt zwischen den Kommunikanten durch das Medium, die Kommunikationsrichtung (d.h. ob monologisch oder dialogisch), den Kanal (d.h. ob akustisch und/oder visuell) und die Sprache (d.h. ob geschrieben oder gesprochen)[117] bestimmt ist (vgl. Brinker 2010, 127). Ausgehend vom Medium ergeben sich somit als wichtigste Kommunikationsformen: direktes Gespräch, Telefongespräch, Rundfunksendung, Fernsehsendung, Brief/Mail, Zeitungsartikel/Buch (Brinker 2010, 127f.). Kaum beachtet sind bei Brinker die neuen Medien: So sollten z.B. auch Homepage, Weblog, E-Mail, SMS, Podcast, Chat und Instant Messaging genannt werden (vgl. Dürscheid et al. 2010, 70). Ergänzen ließen sich noch als monologische, optische Kommunikationsformen mit oder ohne schriftlichen Text, die häufig Anlass zur Sprachmittlung geben: Plakate, Poster, Informationstafeln oder Schilder. Für die Sprachmittlung ist diese Kategorisierung sehr relevant, denn damit ist eine Übersicht über die Realisierungsmöglichkeiten der Ausgangs- oder Zieltexte gegeben, was verwendetes Medium, Kanal und Medialität der Sprache betrifft. Besonders wichtig ist die Unterscheidung von monologischen und dialogischen Situationen, da davon abhängt, inwieweit der Sprachmittler auch zwischen zwei tatsächlich voneinander Kenntnis habenden Kommunikanten sprachlich und inhaltlich vermitteln kann.

4.2.4 Kommunikationsbereich

Während die bisher aufgeführten Determinanten der Situation mit Ausnahme der Wahrnehmung des Rollenverhältnisses relativ gut fassbar sind, lassen sich weitere Kriterien, die nach Pöchhacker zu den Ebenen der Institution oder der Interaktantenkonstellation gehören (Pöchhacker 1999, 327), schwieriger bestimmen. Dies zeigt sich auch daran, dass in Text- und Gesprächslinguistik viele unterschiedliche Bezeichnungen und Kategorisierungsversuche existieren. An erster Stelle ist hier der Kommunikationsbereich[118] zu nennen: Pöchhacker spricht dabei von den „institutionellen Rahmenbedingungen", da er an professionelle Dolmetscher denkt, die z.B. bei Pressekonferenzen, diplomatischen Sitzungen, Gerichtsprozessen oder in ärztlichen Sprechstunden im Krankenhaus tätig werden (Pöchhacker 1999, 327). Präziser definiert meint der Begriff Kommunikations-

---

117 Dabei muss zwischen medialer und konzeptueller Mündlichkeit bzw. Schriftlichkeit unterschieden werden. Dies lässt sich z.B. illustrieren an SMS, die medial schriftlich sind, aber konzeptuell eher mündlich, oder an Vorträgen, die mündlich gehalten werden, aber oft auf einem Skript beruhen, das z.T. vorgelesen wird (vgl. Koch/Oesterreicher 1994). Dies entspricht der Unterscheidung von *scripted* und *unscripted* (vgl. Schubert 2008, 114).

118 Adamzik nennt als synonyme Bezeichnungen Situationstypen, gesellschaftliche Sphären, Tätigkeitsbereiche und gesellschaftliche Bereiche (Adamzik 2004, 68). Brinker spricht auch von Handlungsbereichen (Brinker 2010, 127).

bereich in den beiden Handbüchern zur Text- und Gesprächslinguistik (Brinker et al. 2000 und 2001) Folgendes:

> Der Terminus ‚Kommunikationsbereich' bezieht sich dabei auf bestimmte gesellschaftliche Bereiche, für die jeweils spezifische Handlungs- und Bewertungsnormen konstitutiv sind. Kommunikationsbereiche können somit als situativ und sozial definierte ‚Ensembles' von Textsorten beschrieben werden. Da eine adäquate Typologie von Kommunikationsbereichen in der Forschung bisher nicht vorliegt, ist eine Abgrenzung und Auflistung dieser Bereiche allerdings noch recht vorläufig und unsystematisch. (Brinker et al. 2000, XX)

In den beiden Handbüchern werden für schriftliche Texte die Bereiche Verwaltung, Wirtschaft und Handel, Rechtswesen und Justiz, religiöser und kirchlicher Bereich, Schule, Medizin und Gesundheit, Sport, politische Institutionen, Militärwesen, Hochschule und Wissenschaft, Massenmedien und Alltag (Brinker et al. 2000) sowie für Gespräche die Bereiche Ämter und Behörden, Wirtschaft, Rechtswesen, Kirche, Schule, Hochschule und Ausbildung, Medizin, politische Institutionen, Massenmedien und Alltag (Brinker et al. 2001) genannt und diesen Bereichen jeweils typische Textsorten zugeordnet. Weniger Bereiche werden in der Funktionalstilistik unterschieden, die einer Situation jeweils einen bestimmten Stil zuordnen will: Hier finden sich z.B. öffentliche Rede, Wissenschaft, Presse und Publizistik, Alltag und Literatur (Adamzik 2004, 73). Auch gibt es Dreiteilungen, die lediglich zwischen „privatem, offiziellem und öffentlichem Bereich unterscheiden" (Brinker 2010, 129): Ersterer bezieht sich auf Akteure in ihren Rollen als Privatpersonen, während die anderen beiden Bereiche Ämter und Institutionen bzw. Medien umfassen. Diesen und weiteren Kategorisierungsversuchen ist jedoch gemeinsam, dass sie nicht eindeutig sind und sich überschneiden (vgl. Adamzik 2004, 73f.).

Für die (schulische) Sprachmittlung als eine nichtprofessionelle, alltagsrelevante Tätigkeit ist zwar eine wissenschaftlich präzise Kategorisierung von Kommunikationsbereichen nicht zwingend nötig, aber dennoch hilfreich, um genau zu erfassen, welche Aufgaben ein Sprachmittler hat. Dabei wird die Bestimmung des Kommunikationsbereichs und der jeweils typischen Textsorten jedoch dadurch verkompliziert, dass bei der Sprachmittlung Sender und Empfänger nicht direkt interagieren, sondern eine Vermittlung stattfindet: Der Rezipient wird möglicherweise eine andere Textsorte als diejenige des Ausgangstextes erhalten und der Kommunikationsbereich kann sich verändern, so z.B. wenn einige wichtige Informationen aus einer universitären Vorlesung aus dem offiziellen Bereich als knappe Zusammenfassung in einer Email an einen Bekannten im privaten Bereich weitergegeben werden oder wenn der Leitartikel aus dem öffentlichen Bereich der Presse für ein Referat im offiziellen Bereich der Schule verwendet wird.

Hilfreich ist es allerdings für die Bestimmung von Sprachmittlungshandlungen, Unterkategorien aus den o.g. Kommunikationsbereichen danach auszuwählen, ob sie für schulische Lernende realistisch erscheinen. Zentral ist dabei der Bereich des Alltags, aber auch die Relevanz von Massenmedien, Verwaltung, (Hoch-)Schule, Medizin und Gesundheit, Ämtern und Behörden, Wissenschaft und mit Abstrichen bei einer gewissen Berufsorientierung des allgemeinbildenden Fremdsprachenunterrichts auch von

Wirtschaft und Handel dürfte einleuchten, während die übrigen Bereiche schwerlich in den schulischen Englischunterricht zu integrieren sein dürften. Davon ausgehend lassen sich konkretere Handlungssituationen als Unterbereiche von Kommunikationsbereichen bestimmen. Die folgende Liste, die teilweise zu den o.g. Kommunikationsbereichen quer verläuft, ist für die schulische Sprachmittlung gut verwendbar: private Umgebung mit Familie, Haus, Nachbarn und Freunden; Schule und Universität; Büros und Firmen; Straßen und öffentliche Verkehrsmittel; öffentliche Räume wie Behörden und Museen; Institutionen des Gesundheitswesens wie Arztpraxen, Krankenhäuser, Beratungsstellen; Geschäfte und Supermärkte; Banken; Restaurants; Urlaubsorte und Hotels; Presse, Radio und Fernsehen (vgl. van Dijk 1980, 236; Heinemann 2000, 604).

4.2.5 Kommunikationsanlass

Teil der Situation ist bei Sprachmittlungshandlungen im realen Leben ebenfalls die Motivation, aus der heraus der Ausgangstext produziert und der Zieltext rezipiert wird. Dieser Aspekt beantwortet die bei Pöchhacker (1999) genannten Fragen des Warum? bzw. Wozu? Allerdings lässt sich der Anlass für die Produktion oft nur schwer erschließen, da dieser meist außerhalb und zeitlich vor der tatsächlichen Kommunikationssituation liegt (vgl. C. Nord 2009, 76). Anders sieht es bei einer mündlichen Sprachmittlungssituation aus, bei der die Kommunikanten persönlich anwesend sind: In diesem Fall wird der Grund für ihr Gespräch in der gemeinsamen Kommunikation höchstwahrscheinlich thematisiert werden. Bei der schriftlichen Sprachmittlung kann am ehesten aus der Textfunktion auf den Kommunikationsanlass geschlossen werden. In der unterrichtlichen Sprachmittlungssituation müssen diese Anlässe oft simuliert werden (vgl. Kapitel 6.2).

4.2.6 Textfunktionen

Als letztes textexternes Kriterium ist daher die Textfunktion zu nennen, d.h. der Zweck, den der Text in der jeweiligen Kommunikationssituation erfüllen soll. Dieses Kriterium spielt auch beim Zweck des Translats in der (funktionalen) Translationswissenschaft eine entscheidende Rolle (vgl. Kapitel 3.5.2). So ist auch in der Sprachmittlungssituation, in der der Ausgangstext durch einen Sprachmittler unter Beachtung eines bestimmten Übermittlungsauftrags in einen Zieltext verwandelt wird, wichtig, dass unterschieden wird zwischen dem Zweck, den der Sender mit dem Ausgangstext realisieren will, und dem Zweck, den der Zieltext beim Empfänger erfüllt bzw. erfüllen soll. Gerade bei der schriftlichen Sprachmittlung, aber auch in mündlichen Sprachmittlungssituationen, in denen kein direkter Kontakt zwischen den Kommunikanten besteht, kann die Kommunikationsabsicht des Produzenten des Ausgangstextes im Sprachmittlungsprozess verändert werden. Die Funktion des Zieltextes hängt vor allem davon ab, ob der Auftrag zur Sprachmittlung vom Sender oder vom Empfänger kommt und damit davon, zu welchem Zweck die Sprachmittlungshandlung erfolgen soll.

Ebenso wie für andere Charakteristika der Sprachmittlungshandlung auch, gibt es verschiedene Möglichkeiten zur Beschreibung und Benennung der Textfunktionen. Dieser Aspekt entspricht dem, was Stathopoulou als „communicative purpose" (Stathopoulou 2013a, 72) bezeichnet: Sie geht dabei nicht systematisierend oder typologisierend vor, sondern zählt die empirisch vorgefundenen Funktionen auf, die der Zieltext laut Aufgabenstellung erfüllen soll: *announce (an event), give opinion, explain, give advice, inform, warn, suggest, argue, urge, present, recommend, invite, promote, express doubt, evaluate, relate an experience* (Stathopoulou 2013a, 88). Diese Deskriptoren sind für die Erstellung eines Zieltextes durch den Sprachmittler durchaus brauchbar, da eine eindeutige Textfunktion als Sprachmittlungsauftrag vorgegeben werden kann. Die Ausgangstexte jedoch werden meist eher mehrere Funktionen haben (vgl. Adamzik 2004, 109ff.). Dies gilt im Besonderen für schriftliche Texte, wenn man z.B. an Zeitungsartikel (z.B. *inform, evaluate*) oder an eine Werbeanzeige (z.B. *urge, promote*) denkt. Aber auch im mündlichen Bereich kann der Sprecher mit seiner Äußerung gleichzeitig verschiedene Zwecke verfolgen: So kann z.B. eine Warnung mit einem Vorschlag verbunden sein oder ein Erfahrungsbericht kann dazu dienen, einen Standpunkt darzulegen. Außerdem sind manche der von Stathopoulou unterschiedenen kommunikativen Absichten nur schwerlich abgrenzbar (*give advice* bzw. *suggest, warn* bzw. *urge*), oder sie könnten über- bzw. untergeordnete Realisierungen derselben Funktion sein (*give opinion* in Relation zu *promote* oder *express doubt*).

Daher erscheint es sinnvoller, die in der Linguistik üblichen, weniger detaillierten Kategorisierungen von Textfunktionen heranzuziehen (vgl. Adamzik 2004, 107ff.). Weit verbreitet sind die fünf Kategorien nach Searle: Repräsentativa (Darstellung eines Sachverhalts), Direktiva (Aufforderung an den Empfänger), Kommissiva (Verpflichtung des Sprechers), Expressiva (Einstellungsformulierung des Senders), Deklarativa (Veränderung der Welt durch Aussage des Sprechers) (vgl. Siebold 2008, 61; Brinker 2010, 95f.). Von Brinker werden eben diese Grundfunktionen als Informations-, Kontakt-, Appell-, Obligations- und Deklarationsfunktion bezeichnet (Brinker 2010, 98–112). Sowohl bei Brinker als auch bei Searle wird die poetische Sprachfunktion nicht genannt, so dass literarische Texte ausgeschlossen bleiben. Außerdem fehlen in diesen Kategorien Arten der Sprachverwendung, die nicht kommunikativ und nicht handlungsorientiert sind; dies ist z.B. beim Sprachenlernen, bei dem die Sprache vielfach zum Selbstzweck verwendet wird, der Fall (vgl. Adamzik 2004, 110–113). Schließlich ist besonders bei geschriebenen Texten die Intention des Verfassers nicht notwendigerweise identisch mit der Wirkung auf die Rezipienten (vgl. Adamzik 2004, 115f.). Daher schlägt Adamzik statt des Fokus auf die Absicht des Autors die Kategorie des Ertrags vor, d.h. das, „was Rezipienten und Produzenten aus dem Text gewinnen können" (Adamzik 2004, 116). Dieser Vorschlag erscheint für die Situation der (mündlichen) Sprachmittlung besonders passend, da dabei Sender und Empfänger häufig in Kontakt und v.a. Austausch stehen. Damit ergeben sich folgende Funktionen:

1. intellektuelle (man erfährt, lernt oder begreift etwas, entwickelt seine Gedanken oder lässt sie sich entfalten),
2. praktische (man ändert etwas in der Welt, ernennt z.B. jemanden in einer Funktion, erwirbt einen Gegenstand, setzt einen Vertrag auf usw.),
3. handlungsorientierende (man wird sich darüber klar, wie man sich in der Zukunft (gemeinsam mit anderen) verhalten will,
4. emotional-psychische (man tritt in Kontakt mit seinen Gefühlen, macht sie sich klar, empfindet und drückt aus Freude, Ärger, Lust oder Langeweile; entlastet sich psychisch etc.),
5. soziale (man tritt mit anderen in Kontakt, lernt sie kennen, kommt einander näher oder entfremdet sich),
6. geistig-moralische (man wird sich über die Welt und sich selbst klarer, gelangt zu einer bestimmten ethischen Haltung oder einer philosophisch-religiösen Einstellung usw.),
7. formbezogene (man realisiert bzw. nimmt wahr ästhetische Qualitäten und Mängel von Texten, führt ein Muster formvollendet oder abweichend durch usw.),
8. metakommunikative (man erweitert sein Sprach- und Text(muster)wissen und seine kommunikative Handlungsfähigkeit). (Adamzik 2004, 116f.)

Diese Funktionen sind nicht nur geeignet, das Verhältnis von Produzent und Rezipient zu beschreiben, sondern auch um die Tätigkeiten des Sprachmittlers zu erfassen: So kann der Sprachmittler durch die Weitergabe der Inhalte des Ausgangstextes z.B. den Empfänger informieren oder zu einer Handlung oder einer Meinungsbildung bewegen. Dadurch, dass der Sprachmittler selbst einen Text produziert, realisiert er die formbezogene Funktion und erweitert seine eigene kommunikative Kompetenz.

Unabhängig von der Kategorisierung der Funktionen gilt, dass es eine besondere Schwierigkeit für den Sprachmittler darstellt, wenn sie nicht explizit ausgedrückt werden. Die Sprachmittler müssen von der Aussage auf deren Bedeutung schließen und diese entsprechend in die andere Sprache übertragen, um den beabsichtigten Zweck zu erreichen. Damit besteht natürlich auch die Gefahr von Missverständnissen. Dies gilt umso mehr, als sprachliche Handlungen in jeder Sprach- und Kulturgemeinschaft bestimmten unterschiedlichen internalisierten Regeln folgen können (vgl. Brinker 2010, 80). So kann beispielsweise eine indirekte, höfliche Frage im Englischen einer recht deutlichen Aufforderung im Deutschen entsprechen:

> When I said (in English) to my (German) boyfriend 'Would you like to go to the cinema tonight?', which means to me 'I want to go and you're taking me' – and it's got much more force than it sounds as though it has – he would just say 'No not really'. It seems he did not catch what I really wanted to say. (zit. in House 2006, 255)

Für den Sprachvergleich zwischen dem Deutschen und Englischen nennt House so beispielsweise folgende Unterschiede: Direktheit vs. Indirektheit; Sprecherorientierung vs. Adressatenorientierung, Inhaltsorientierung vs. Adressatenorientierung, explizite Darstellung vs. implizite Darstellung, Ad-hoc-Formulierungen vs. Verwendung sprachlicher Routinen (House 2006, 252). Dennoch sollten solche Feststellungen, selbst wenn sie auf Datenmaterial beruhen, nicht überbewertet werden: Wichtiger als mögliche kulturtypische Kommunikationsmuster ist die Bereitschaft der Kommunikationspartner und des Sprachmittlers, Unterschiede und Missverständnisse zu überwinden.

4.2.7 Textsorten

Mit der situativen Textfunktion befindet man sich im Überschneidungsbereich von textexternen und textinternen Charakteristika, denn Textfunktion ist einer der Aspekte, mithilfe derer Textsorten beschrieben werden. Gleichzeitig sind diese aber auch durch verschiedene inhaltlich-thematische und sprachlich-strukturelle Kriterien bestimmt (vgl. Brinker 2010, 124–132). Dabei gibt es „stark normierte Textsorten wie Wetterbericht, Kochrezept, Vertrag, Todesanzeige, Testament" (Brinker 2010, 125), deren sprachliche und formale Gestaltung kaum variiert werden kann, und andere Textsorten, die inhaltlich und v.a. strukturell weniger normiert sind. Entscheidend ist, dass Textsorten

> von den Sprachverwendern als zum Genre gehörig erkannt werden können. Dabei übt die kommunikative Intention einen starken Einfluss auf den Inhalt und die sprachliche Gestaltung der Textexemplare eines Genres aus. (Schubert 2008, 106)

Auch in Bezug auf die Textsorten gilt, dass durch den Sprach- und Kulturwechsel bei der Sprachmittlung Änderungen in diesen kulturell geprägten Mustern auftreten können. Dies bedeutet jedoch nicht, dass, wie von Pfeiffer gefordert, möglichst ein Unterschied in Ausgangs- und Zieltextsorte vorliegen sollte (Pfeiffer 2013, 52). Wenn der Auftrag beispielsweise lautet, ein Kochrezept wiederzugeben, so wird auch der Zieltext meist sinnvollerweise ein Kochrezept sein. Auch eine Gebrauchsanleitung oder ein Beipackzettel kann ohne Textsortenwechsel in der anderen Sprache (re-)produziert werden; je nach Auftrag kann jedoch auch eine kurze, informelle Notiz mit ausgewählten Informationen ausreichend sein.

Ein Problem bei der Verwendung des Definitionskriteriums Textsorte ist die Tatsache, dass es bei diesem auch alltagssprachlich gebräuchlichen Konzept eine riesige Zahl an unterschiedlichen Realisierungsformen gibt, so dass hier keine abschließende Liste der für die schulische Sprachmittlung relevanten Textsorten erstellt werden kann. Die Konsequenz daraus ist, dass für die Auswahl einschlägiger Textsorten am sinnvollsten auf die o.g. Ausdifferenzierungen von Kommunikationsbereichen zurückgegriffen werden sollte. Dabei muss jedoch auch stärker als bisher beachtet werden, dass gerade für das Englische als *lingua franca* mit großer Bedeutung in außerschulischen Kontexten wie Studium, Beruf und Freizeit besonders bei fortgeschrittenen Lernenden nicht nur Textsorten des alltäglichen Lebens berücksichtigt werden sollten.[119] Dies bedeutet, dass als Ausgangstexte nicht nur Zeitungsartikel, Rezepte, Informationsbroschüren, Wetterberichte, Notizen, Verkaufsgespräche oder *small talk* in Frage kommen, die bisher in Aufgabenbeispielen oder methodischen Handreichungen dominieren (vgl. Pfeiffer 2014; LISUM 2006; Philipp/Rauch 2010a), sondern z.B. auch Witze oder Fernsehspots, v.a. aber wissenschaftliche Aufsätze, Verträge, Lexikonartikel, Vorlesungen, Vorträge, Reden, Interviews, Radionachrichten.

---

119 Vgl. die in diese Richtung gehenden Vorschläge für einen stärker studien- und berufsorientierten Fremdsprachenunterricht in der gymnasialen Oberstufe (Klippel 2001; Zydatiß 2001).

4.2.8 Länge und Konstitution von ‚Texten'

Da bei der Sprachmittlung Texte im Zentrum stehen, die von einer in eine andere Sprache übertragen werden, müssen auch die textinternen Aspekte differenziert dargestellt werden. ‚Text' wird dabei in der weitestmöglichen Bedeutung verstanden, ohne dass jedoch die wissenschaftlichen Diskussionen um den Textbegriff oder dessen Abgrenzung bzw. Gleichsetzung mit dem Diskursbegriff aufgearbeitet werden könnten (vgl. dazu u.a. Adamzik 2004, 31–34 und 41ff.; Hess-Lüttich 2001, 282; Brinker 2010, 12–16; Schubert 2008, 16–22). Unter Texten, die für die Sprachmittlung in Frage kommen, werden also sowohl alle Arten gesprochener, monologischer und dialogischer Texte als auch geschriebene Texte verstanden, auch wenn natürlich Unterschiede zwischen diesen beiden Realisierungsformen Auswirkungen auf die Leistung haben, die der Sprachmittler erbringen muss.

Auch die Länge relevanter Texte wird nicht im Voraus eingeschränkt: Es kann sich also auch um „Kurz-Texte" (Adamzik 2004, 44) von einem Wort handeln, auch wenn diese in der Textlinguistik eher als Randphänomen gelten. Ein Extrembeispiel dafür ist der von Katelhön und Nied Curcio ebenfalls zur Sprach- und Kulturmittlung gerechnete Spezialfall, dass ausgehend von einem einzigen Wort wie dem deutschen ‚Kaffee', dessen Entsprechung eben nicht das italienische Wort *caffè* ist, der Sprachmittler kulturelle Hintergründe erläutern muss (vgl. Katelhön/Nied Curcio 2012, 86f.).[120] In diesem Fall fasst der Sprachmittler also nicht zusammen, sondern elaboriert vielmehr. Da dieses Beispiel sich auf Realien einer Kultur bezieht, illustriert es ebenfalls die Bedeutung des (inter-)kulturellen Kontexts (s.u.).

Wenn man diesen Aspekt zu Ende denkt, stellt sich die Frage, ob überhaupt graphische oder phonetische Realisierungen eines Textes vorliegen müssen oder ob Text in einem so weiten Sinn verstanden werden kann, dass reine Bilder oder Situationen ebenfalls Texte darstellen, die gemittelt werden sollen. Normalerweise erfolgt in der Linguistik eine Beschränkung auf „sprachliche Zeichen, wodurch Bildzeichen wie Illustrationen und Fotografien ausgeschlossen werden" (vgl. Schubert 2008, 26), doch werden seit dem *pictorial turn* teilweise auch Bilder als Texte bezeichnet.[121] Es ist einleuchtend im Fremdsprachenunterricht, dessen Inhalt und Ziel Sprache ist, auf der Wichtigkeit sprachlicher Zeichen zu beharren, so dass das minimale Vorhandensein eines Wortes erforderlich scheint. Andererseits liegen sprachliche Zeichen auf jeden Fall in der Produktion des Zieltextes vor. Daher kann für eine Unterscheidung in prototypische Sprachmittlung mit sprachlich realisierten Ausgangs- und Zieltexten sowie in Sonderfälle der Sprachmittlung, bei der Bilder als Ausgangs-‚Text' fungieren, plädiert werden. Übergänge zeigen sich in diskontinuierlichen Texten, die z.B. Diagramme, Graphiken oder Bilder enthalten.

---

120   Britta Nord bezeichnet diese Sprachmittlungshandlung als „interkulturelle Beratung" (B. Nord 2014).

121   So auch in von der *Visual Culture* beeinflussten didaktischen Überlegungen, z.B. wenn Seidl als Lernziel „Bilder lesen lernen" (Seidl 2007, 2) nennt.

4.2.9 Weitere textinterne Kriterien

Weitere textinterne Kriterien umfassen Thema bzw. Inhalt, Struktur, Lexik und Grammatik, Komplexität, Abstraktheit und Explizitheit. Dazu sind kaum allgemeine Aussagen möglich, da es im Prinzip unbegrenzte konkrete Realisierungsmöglichkeiten gibt. Es ist sinnvoll, das Thema eines Textes, d.h. den Gegenstand, das, worum es geht,[122] und den Inhalt, d.h. textuelle Ausgestaltung des Themas, zu unterscheiden. Was das Thema eines Textes betrifft, der von einer in eine andere Sprache gemittelt werden soll, so dürfte selbstverständlich sein, dass dieses alters-, wissens- und lernstufengemäß sein muss. Es erscheint jedoch fraglich, ob es zwingend nötig ist, dass Sprachmittlungsaufgaben

> in die aktuelle Unterrichtsthematik eingebettet werden, da so
> - auf andere Texte zum gleichen Thema zurückgegriffen werden kann
> - entsprechende Wortfelder aufgebaut sind bzw. erweitert werden
> - die Textsorten den Schülerinnen und Schülern weitgehend bekannt sind
> (Philipp/Rauch 2010a, 4)

In dieser Argumentation scheint die Meinung durch, dass Sprachmittlung lediglich eine weitere Aktivität ist, die dem Erlernen der Fremdsprache dient. Noch deutlicher zeigt sich diese Instrumentalisierung der Sprachmittlung bei Erdmann:

> Die zu mittelnden Texte sollten einen Bezug zur aktuellen Unterrichtsthematik aufweisen, damit die Aufgabe nicht aus dem Kontext gerissen wird, sondern die zuvor eingeführten sprachlichen Mittel angewendet werden können und dadurch Lexik und Grammatik vertieft werden. (Erdmann 2012, 73)

Ebenso gut könnte man argumentieren, dass das Fehlen einer derartigen Anbindung Sprachmittlung als Aktivität im realen, außerschulischen Sprachgebrauch trainiert. Sie stellt dann zusätzliche Anforderungen an die Lernenden, wie z.B. Recherche von Wortschatz, Hintergrund-/Sachwissen bzw. von Parallel- oder Modelltexten und Einsatz von Kompensationsstrategien. Auch dies ist natürlich wieder eine Frage der Progression über Niveaustufen hinweg.

Mit dem Kriterium des Inhalts soll in Bezug auf die Sprachmittlungshandlung bezeichnet werden, wie viele Informationen ein Text enthält, wie verdichtet diese sind, wie detailliert und explizit diese dargelegt sind bzw. inwiefern der Text abstrakt ist und in welchem Ausmaß Inferenzen nötig sind, um den Text zu erfassen. Diese Kriterien gelten ebenfalls für die Produktion des Zieltextes, bei der gefragt werden kann, wie viele Informationen mit welcher Detailgenauigkeit dargestellt werden müssen, welches Wissen der Sprachmittler beim Empfänger implizit voraussetzen darf oder inwiefern die Informationen des Ausgangstextes neu arrangiert, erläutert oder zusammengefasst werden müssen. Dabei handelt es sich um Teilaspekte, die unter dem Gesichtspunkt der Komplexität in den Entwurf einer Sprachmittlungsprogression aufgenommen werden könnten (vgl. Kolb 2011, 183). Sie lassen sich allerdings nicht abstrakt fassen, sondern

---

122   Vgl. jedoch Adamzik 2004, 118, 134 für eine ausführliche Darstellung von ‚Thema‘ und ‚Inhalt‘ aus linguistischer Sicht.

können nur am konkreten Text, in der konkreten Aufgabenstellung für einen konkreten Lerner illustriert werden – diese zeigen auch die wenigen Versuche der Linguistik, der Übersetzungsdidaktik und der (Fremd-)Sprachendidaktik, Textschwierigkeit zu definieren und zu kategorisieren (vgl. C. Nord 1997; Fulcher 1997; Fisher et al. 2012).

Dasselbe gilt auch für den damit verbundenen Aspekt der Lexik und Grammatik eines Textes, womit die Frage nach der Rolle von Nachschlagewerken aufkommt. Die Verwendung von Wörterbüchern untersagen zu wollen (z.B. Philipp/Rauch 2010a, 4), erscheint bei der Sprachmittlung als Verwandter der Übersetzung nicht sinnvoll. Abgesehen davon, dass die Entwicklung methodischer Kompetenzen ebenfalls ein wichtiger Teilbereich des Englischunterrichts ist (vgl. KMK 2003, 2004 und 2012a; Caspari 2012), kann auch der Einsatz von Wörterbüchern durch den Vergleich mit außerschulischen Realsituationen begründet werden: Trotz ihrer oft eingeschränkten Qualität (vgl. Abend 1988a und 1988b) sind Taschen- oder Reisewörterbücher doch häufige Begleiter, z.B. auf Urlaubsreisen; durch die zunehmende Verbreitung und leichte Zugänglichkeit von digitalen und mobilen elektronischen Wörterbüchern nimmt die Bereitschaft zum Nachschlagen – auch bei Lernenden in der Schule – zu (vgl. Rampillon 2001; Diehr 2012; Nied Curcio 2015).

Zur Lexik und Grammatik kann auch die Sprachebene (*register*) gerechnet werden, die wiederum eng mit den o.g. diastratischen Rollen der Interaktionspartner zusammenhängt. Als letzter textinterner Aspekt soll noch die Textstruktur genannt werden. Während textlinguistische Ausführungen zur Themenentfaltung, Kohärenz und Kohäsion schriftlicher Texte (vgl. Schubert 2008, 31–88) am ehesten für die Produktion des Zieltextes relevant sind, spielen konstitutive Unterschiede zwischen geschriebener und gesprochener Sprache (vgl. Hess-Lüttich 2001, 285; Schubert 2008, 134ff.) im Bereich der Produktion und der Rezeption eine Rolle. Zeitdruck und wenig Möglichkeit zur Planung oder Überarbeitung bei der Produktion gesprochener Texte führen zu Wiederholungen, Fehlern, Verbesserungen und Abbrüchen. Für den Sprachmittler bedeutet das einerseits eine Erleichterung, da möglicherweise die Sprache weniger elaboriert ist und Wiederholungen auf Seite des Senders erfolgen, andererseits aufgrund der Einmaligkeit der Rezeption eine Schwierigkeit. Während in schriftlichen Texten der Verfasser seine Darstellung des Themas formuliert, entwickelt dieses sich im interaktiven Gespräch erst aus den verschiedenen Beiträgen. Damit spielt die Frage des Sprecherwechsels (*turntaking*) der Kommunikanten untereinander und mit dem Sprachmittler eine wichtige Rolle. Der Sprecherwechsel kann jedoch nicht sinnvoll theoretisch diskutiert bzw. anhand von gedruckten Sprachmittlungsdialogen untersucht werden. Dies ist auch eine Schwäche vieler bisher vorliegender mündlicher Sprachmittlungsaufgaben: Sie sind konzeptuell schriftlich gehalten, d.h. sie geben wortwörtlich vor, welche Äußerungen die beiden Kommunikanten produzieren sollen; nur der Sprachmittler muss selbst tätig werden, wobei auch ihm oft der Dialog zusätzlich schriftlich und ausformuliert vorliegt (vgl. Kolb 2009; Erdmann 2012). Damit sind auch die *turns* weitgehend vorgegeben; lediglich Nachfragen oder Wiederholungen erscheinen möglich. Um die Struktur gesprochener Dialoge realitätsnäher zu gestalten, sind daher methodische Neuerungen nötig (vgl. Kapitel 5.5.3): Am ehesten gelingt dies, wenn der Dialog der Kommunikanten nicht vorgegeben ist, sondern jeweils von diesen selbst, evtl. gesteuert durch Impulse, für den deutsch- bzw. englischsprachigen Part erdacht werden muss.

4.2.10 Der (inter-)kulturelle Kontext

Das letzte Element, das man betrachten muss, um das kommunikationstheoretische und situative Interaktionsmodell der Sprachmittlung zu erfassen, ist der (inter-)kulturelle Kontext (vgl. auch Kapitel 3.4). Die Bezeichnung ‚Kontext' soll dabei zum Ausdruck bringen, dass kulturelle Aspekte die konkrete Sprachmittlungshandlung möglicherweise unbemerkt im Hintergrund einfassen; das Adjektiv ‚(inter-)kulturell' zeigt an, dass mindestens zwei unterschiedliche kulturelle Prägungen aufeinandertreffen, die der Sprachmittler berücksichtigen muss. Dabei sind verschiedene Konstellationen möglich: Der Sprachmittler teilt mit einem der Kommunikanten denselben kulturellen Hintergrund, oder alle Akteure der Sprachmittlungssituation sind unterschiedlicher kultureller Herkunft. Letzterer Fall liegt z.B. vor, wenn der Sprachmittler als deutscher Muttersprachler mit seinen Englisch- und Französisch- bzw. Spanischkenntnissen zwischen Akteuren aus den entsprechenden Kulturräumen vermittelt (vgl. Leitzke-Ungerer 2005 und 2008; Rössler 2012; Erdmann 2012). Diese Situation ergibt sich auch dann, wenn Lernende mit Migrationshintergrund, die außerhalb der Unterrichtszeit stark in ihrer Herkunftskultur verwurzelt sind, eine Sprachmittlungsaufgabe bearbeiten sollen, bei der vom Deutschen ins Englische vermittelt werden soll. Zu beachten ist schließlich auch, dass der Ort der Sprachmittlungshandlung auch ein Aspekt des interkulturellen Kontextes ist. So kann die Sprachmittlungssituation in einem Drittland stattfinden: Dies ist beispielsweise der Fall, wenn der Sprachmittler mit deutscher Erstsprache für seine ebenfalls deutschsprachigen Auftraggeber in einer (Alltags-)Situation in Frankreich als Land des *expanding circle* oder in Indien oder Tansania als Länder des *outer circle* (vgl. Kachru 1992, 356) tätig wird und ins Englische bzw. aus dem Englischen vermittelt. Dadurch, dass die Vorsilbe ‚inter-' in Klammern gesetzt ist, soll angezeigt werden, dass zwar in der Begegnungssituation, die Sprachmittlung nötig macht, nicht nur Textproduzenten und -rezipienten, sondern verschiedene Kulturen aufeinandertreffen, dass aber die tatsächliche interkulturelle Vermittlung zwischen den Kulturen beim Sprachmittler liegt.

Wenn man die o.g. unterschiedlichen Kontexte betrachtet, in denen Englisch als Vermittlungssprache eingesetzt wird, und zusätzlich die Stellung des Englischen als *lingua franca* (vgl. Seidlhofer 2005) berücksichtigt, so stellt sich auch für die Aktivität der Sprachmittlung die Frage, inwiefern es sinnvoll ist, statt des interkulturellen Kontextes eher das Paradigma der Transkulturalität zu verwenden. Es ist sicher richtig, dass gerade in einer globalisierten Welt, die Englisch als *lingua franca* verwendet, viele unterschiedliche Lebensformen und -stile nebeneinander existieren, so dass sie von einer kulturellen Hybridisierung charakterisiert ist (vgl. Welsch 1999). Auch zeigt sich Transkulturalität in der globalen Relevanz von Themen wie Umweltschutz, Frieden oder Wirtschaftskrisen (vgl. Hallet 2002; Volkmann 2010). Abgesehen davon, dass es fraglich ist, ob die Kategorien Eigen- und Fremdkultur überhaupt aufgegeben werden können, ist die Debatte um Transkulturalität (vgl. Kolb 2013a, 181–184) im Endeffekt nicht wirklich zielführend für konkrete Sprachmittlungssituationen. Ausreichend dafür ist vielmehr die Feststellung, dass „Kulturen nicht objektiv gegeben, sondern in bestimmten Diskurszusammenhängen konstruiert" (Hu 2000, 135) sind. Sprachmittlungssituationen sind eben solche Diskurszusammenhänge, in denen sich Akteure begegnen, die individuell verschieden geprägt sind – und ein Teil dieser Prägung ergibt sich aus ihrer kulturellen Sozialisation.[123] Aufgabe des Sprachmittlers ist es, diese kulturellen Prägungen zu entdecken und entsprechend zu vermitteln.

Im Kapitel zum Zusammenhang von interkultureller Kompetenz und Sprachmittlung (Kapitel 3.4) findet sich bereits eine Beschreibung des kulturellen Rahmens. Viele der relevanten Aspekte sind vorwiegend sprachlich-kommunikativer Art und damit Teil der Situation, so dass sie daher in den Abschnitten zu den textexternen und -internen Merkmalen angeführt sind. Dazu gehören v.a. die kulturspezifische diskursive und pragmatische Gestaltung von Interaktion und von Textsorten, der Explizitheitsgrad von Aussagen sowie Gebrauchsnormen (vgl. Kupsch-Losereit 2002). Diese Elemente sind nicht unbedingt auf den ersten Blick offensichtlich, wie Abb. 17 zeigt, in der verschiedene anthropologische, neurolinguistische und kulturtheoretische Modelle (Malinowski 1923; Hall 1959; Dilts 1990) vereint sind. Die soeben angeführten Elemente fallen in die Bereiche der Strategien, Werte und Rollen. Wie das Modell des Übersetzungswissenschaftlers Katan außerdem zeigt, ist die Grenze zwischen Situation und Kultur schwierig zu ziehen, da auch situative Merkmale kulturell geprägt sind. Zu Ersteren gehören sichtbares Verhalten, Handlungen oder auch Proxemik (Katan 2009, 89). Ganz besonders aber umfasst der oberste Bereich des Eisbergs „technical culture", enzyklopädisches Wissen, Kultureme, die sich in kulturspezifischer Lexik und Semantik äußern (Katan 2009, 79ff.).

---

123 Im Französischen bzw. Englischen wird recht treffend von *bagage culturel* bzw. *cultural baggage* gesprochen (vgl. Kolb 2013a, 215; Katan 2009, 85).

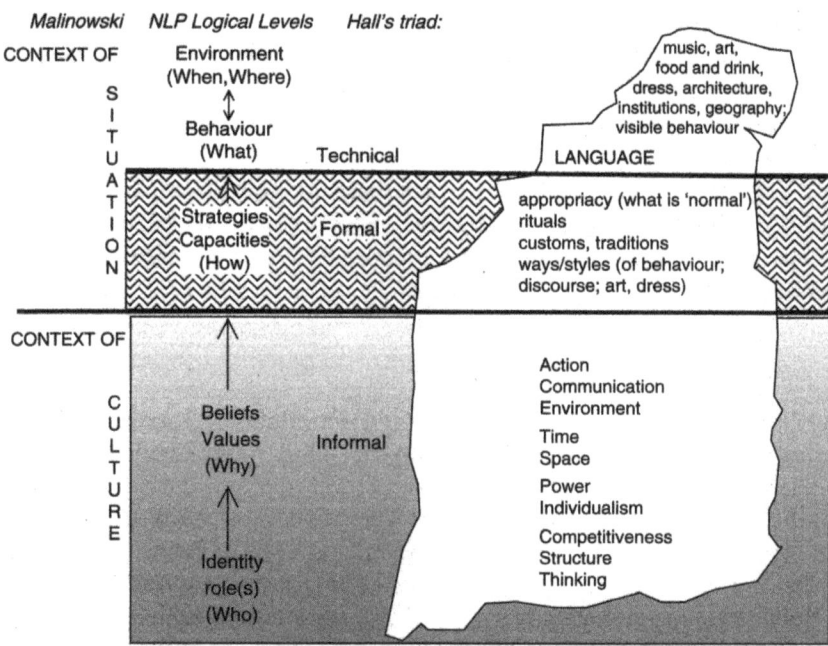

Abb. 17: Eisbergmodell der Kultur (Katan 2009, 78)

4.3 Teilprozesse der Sprachmittlung

Auf der Basis dieses kommunikativen und kulturellen Rahmens der Sprachmittlung lassen sich die ablaufenden Teilprozesse darstellen. In der fremdsprachendidaktischen Literatur zur Sprachmittlung findet sich mehrfach die Aussage, dass Sprachmittlung nicht mit rezeptiven oder produktiven Fertigkeiten gleichgesetzt oder für deren Schulung verwendet werden dürfe (Weskamp 2008, 6; Caspari 2014, 35; vgl. aber HIBB 2010, 7). Dies stimmt insofern, als sprachmittlerische Tätigkeiten über Rezeption und Produktion hinausgehen. Allerdings werden auch in der Übersetzungs- und Dolmetschdidaktik sehr wohl eine rezeptive und eine produktive Phase unterschieden (so z.B. Kautz 2002) bzw. die zwei Phasen der Analyse und Synthese (vgl. C. Nord 2009, 34). Leitzke-Ungerer wählt dagegen in Anlehnung an das *CEFR* die etwas ungünstigen Bezeichnungen ,Planung' und ,Durchführung' (Leitzke-Ungerer 2008, 242), da in Ersterer die Rezeption und Verarbeitung des Ausgangstextes nicht enthalten ist. Daher scheint es angebracht, Sprachmittlung als Rezeption plus Produktion bzw. Interaktion plus weitere Leistungen zu fassen, wobei diese weiteren Leistungen unter der Bezeichnung Transferkompetenz zusammengefasst werden sollen. Von ,translatorischer Kompetenz' zu sprechen, wie es z.B. de Florio-Hansen (2013a und 2013b) tut, ist eher ungeschickt, da dieser Begriff gewöhnlich für professionelle Dolmetscher und Übersetzer reserviert wird und die schulische Sprachmittlung trotz der vielen Parallelen mit dem Übersetzen und Dolmetschen auch fundamentale Unterschiede aufweist.

Das im Folgenden dargestellte, aus der Theorie abgeleitete Prozessmodell strebt nach möglichst großer Vollständigkeit, auch wenn einschränkend anzumerken ist, dass seine empirische Validierung aufgrund seiner Komplexität (noch) ein Desiderat bleibt. Dies liegt neben der Schwierigkeit, mentale Prozesse zu erfassen auch daran, dass in einem theoretischen Modell eine Differenzierung in einzelne, isolierbare Teilprozesse erfolgen muss, während in einer realen Sprachmittlungshandlung von Überlappungen auszugehen ist (vgl. auch Kautz 2002, 107 und 297). Auch wenn das Prozessmodell aus Gründen der Übersichtlichkeit weitgehend linear dargestellt werden muss, kommt ein Zirkelmodell, in dem verschiedene Teilprozesse wiederholt durchlaufen werden bzw. zusammenhängen, dem möglichst sinnstiftenden Ablauf der Sprachmittlungshandlung sicher näher (vgl. C. Nord 2009, 38). Bei der Darstellung der Prozesse wird ebenfalls wieder, soweit es sinnvoll erscheint, auf Erkenntnisse der Translationswissenschaft und Translationsdidaktik zurückgegriffen (vgl. C. Nord 2009 und 2010; Pöchhacker 2004; Kautz 2002). Anders als bei prototypischem Dolmetschen oder Übersetzen gibt es bei der Sprachmittlung jedoch eine größere Anzahl an Tätigkeitsmöglichkeiten, die Einfluss auf die Prozesse haben: Zum einen ist ein Wechsel der Modalität zwischen Schriftlichkeit und Mündlichkeit oder gar Bildlichkeit anders als beim prototypischen Übersetzen und Dolmetschen ein häufiger Fall; zum anderen ist auch die Richtung, in die gemittelt wird, flexibler.[124] So unterscheiden sich die Prozessmodelle qualitativ je nachdem, ob ins Deutsche oder aus dem Deutschen gemittelt wird, und in ihrer Abfolge abhängig davon, ob ein schriftlicher oder mündlicher Ausgangs- oder Zieltext zugrundeliegt. Um Wiederholungen zu vermeiden, werden die Teilprozesse jedoch gemeinsam und nur einmal dargestellt.

4.3.1 Auftragsanalyse

Unabhängig von Modalität und Richtung steht zu Beginn des Sprachmittlungsprozesses die Auftragsanalyse.[125] Diese geht weit über das hinaus, was Hallet als „Wahrnehmung der Notwendigkeit zur Sprachmittlung" (Hallet 2008a, 6) bezeichnet. Im engeren Sinn umfasst dieser Teilprozess Überlegungen der Sprachmittler dazu, in wessen Auftrag, zu welchem Zweck und mit welcher Funktion sie tätig werden sollen. Dies setzt voraus,

---

124 Bisher herrscht sogar die Tendenz vor, dass zumindest im Englischunterricht schriftlich in die Fremdsprache bzw. mündlich in beide Richtungen gemittelt werden soll, während beim Übersetzen und Dolmetschen die berechtigte Forderung vorgebracht wird, dass die Transferrichtung ausschließlich in die Erstsprache gerichtet sein solle (vgl. Kautz 2002, 109 und 324).

125 Die Möglichkeit der Annahme bzw. Ablehnung des Auftrags wird hier nicht weiter diskutiert, da bei der lediglich simulierten unterrichtlichen Sprachmittlungstätigkeit davon ausgegangen wird, dass die Lernenden den Arbeitsauftrag ausführen *müssen*. In der außerschulischen Realität ist dagegen durchaus vorstellbar, dass auch der sprachmittlerische Laie einen Auftrag, z.B. aus Gründen der Überforderung oder aus ethischen Gründen, ablehnt. Relevant ist die Ablehnung der Sprachmittlung dennoch insofern, als auch bei einer unterrichtlichen Aktivität der Sprachmittler Teile des Auftrags bewusst und absichtlich *nicht* ausführen kann.

dass der Auftrag, der vom Sender oder vom Empfänger ausgeht, möglichst präzise und im Voraus formuliert wird. In der schulischen Praxis finden sich jedoch häufig Aufgabenstellungen, in denen gefordert ist: „Stelle für deinen Emailpartner/deine Emailpartnerin die wichtigsten Informationen […] in gut strukturierter Form zusammen" oder noch vager: „Fasse den vorliegenden deutschen Artikel in englischer Sprache (ca. 120 Worte) zusammen" (Thillm 2011b, 1).[126] In diesen Fällen müssen sich die Sprachmittler dann vermehrt Fragen zu Inhalt und Form des Zieltextes stellen. Besonders wichtig sind Überlegungen dazu, wieviel Zeit zur Verfügung steht, für wen sie mitteln sollen, in wessen Auftrag, in welchem Medium und in welcher Form sowie zu welchem Zweck bzw. in welcher Funktion. Für die schulische Sprachmittlung hängt von den Antworten auf diese Fragen die Entscheidung darüber ab, inwiefern z.B. eher eine Zusammenfassung des Hauptthemas, eine knappe Wiedergabe ausgewählter Informationen oder eine detaillierte Darstellung einiger oder aller Informationen erwartet wird.[127] Weiterhin haben die Antworten auf diese Fragen Einfluss darauf, wie der Zieltext gestaltet wird, d.h. z.B. ob er eine sprachlich perfekte Endfassung darstellen soll oder ob ein Entwurf ausreicht. Zur Auftragsanalyse gehört weiterhin, dass die Sprachmittler sich über ihre eigene Rolle klar werden: So werden sie in einer mündlichen *Face-to-Face*-Situation möglicherweise auch selbst als Teilnehmer in die Interaktion einbezogen, so dass sich die Frage der Neutralität bzw. der Einstellungen zur Situation, zur Thematik und zu den Kommunikanten stellt. Auch müssen sich schulische Sprachmittler bereits im Vorfeld der eigentlichen Sprachmittlungshandlung überlegen, wie sie ihr möglicherweise eingeschränktes sprachliches und thematisches Vorwissen kompensieren, wie sie mit dem u.U. bestehenden Zeitdruck umgehen oder wie sie sich motivieren und konzentrieren können. Ganz besonders bei mündlichen Ausgangs- und Zieltexten muss eine etwaige Recherche zum Thema oder das Bereitstellen von Hilfsmitteln wie Wörterbüchern bereits in dieser Phase des Sprachmittlungsprozesses erfolgen, da in einer späteren Phase noch weniger Zeit zur Verfügung steht. Je nach Sprachmittlungssituation können evtl. Nachfragen beim Auftraggeber bei der Vorbereitung weiterhelfen.

4.3.2 Rezeption: Sinnliches, sprachliches und inhaltliches Dekodieren und Verstehen

Stärker als in der Translationsdidaktik muss bei der Sprachmittlung die Phase der Rezeption ausführlich dargestellt werden, da hier je nach Sprachmittlungsrichtung und Kanal Unterschiede vorliegen, die darin begründet sind, dass schulische Sprachmittler die Fremdsprache (und möglicherweise auch die Muttersprache) nur eingeschränkt beherrschen. Besonders bei der Rezeption fremdsprachlicher Texte ist mit Schwierigkeiten bei der Dekodierung auf Seiten der Lernenden zu rechnen (vgl. Hämmerling 2014, 163). Unterschiede der Rezeptionsarten Hör- bzw. Leseverstehen ergeben sich

---

126 Allerdings kann auch beim professionellen Übersetzen ein derartiger Fall vorliegen (vgl. B. Nord 2002, 153f.).

127 Genau dies scheint auch Lernenden öfter Schwierigkeiten bei den bestehenden Aufgabenstellungen zu bereiten, vgl. Hämmerling 2014, 163.

daraus, dass ein schriftlicher Text meist mehrfach und in selbst gewähltem Tempo rezipiert werden kann, während ein mündlicher Text flüchtig ist (vgl. auch Nold/Rossa 2007). Ausnahmen stellen z.B. Schilder oder Werbeplakate dar, die einmalig im Vorbeifahren gesehen werden, oder Podcasts von Radiosendungen oder Filmsequenzen auf DVD, die mehrmals rezipiert werden können.[128] Schwierigkeiten können sich im Besonderen ergeben, wenn ein mündlich realisierter Text schriftlich konzipiert ist, z.B. bei einer Rede, einem Vortrag oder einem Nachrichtenbulletin im Radio: In diesen Fällen ist z.B. die Redundanz, die gesprochene Sprache auszeichnet, stark reduziert, und es liegt eine Verdichtung von Sprache und Inhalt vor.

Zur Phase der sinnlichen Wahrnehmung gehört es, die akustischen Reize, d.h. Laute, Wörter, Sätze, und die visuellen Reize, d.h. geschriebene Texte mit Buchstaben, Sätzen und Absätzen, aber auch Gestik, Mimik, Proxemik oder graphische und bildliche Darstellungen aufzunehmen. Mehr oder weniger zeitgleich findet Sinngebung statt, es kommt im Idealfall zum sprachlichen und begrifflichen Verstehen des Ausgangstextes. Wie beim reinen Lese- oder Hörverstehen laufen hier *Bottom-up-* und *Top-down*-Prozesse ab:[129] Zur Erschließung des Sinnes wird sprachliches und außersprachliches Wissen eingesetzt, wobei Schwierigkeiten bei der Rezeption fremdsprachlicher Texte u.a. im Bereich der Wahrnehmung von Lautung und Schreibung, bei Lexik, Grammatik und Syntax, aber auch in fehlendem Wissen begründet sind. Auch bei der Rezeption muttersprachlicher Texte können jedoch sprachliche Verständnisschwierigkeiten auftreten, z.B. in Bezug auf Lexik oder Syntax, und konzeptuelle Verständnisschwierigkeiten in Bezug auf das Thema.

4.3.3 Transfer: Analyse von Problemen und Planung der Neuvertextung

Entscheidend ist, dass die Rezeption nicht aus eigenem Interesse erfolgt, sondern vom Sprachmittlungsauftrag geleitet wird.[130] Dies bedeutet, dass der Ausgangstext situativ, thematisch, funktional, semantisch, pragmatisch und stilistisch unter der Prämisse rezipiert und analysiert wird, dass er in eine andere Sprache übertragen werden muss, wobei

---

128 Gerade bei diesen medialen Realisierungsformen wird möglicherweise auch der Auftrag erst im Nachhinein formuliert werden. So erscheinen folgende Fragen realistisch: „Was stand jetzt eigentlich auf dem Schild?", „Was sollte denn dieses Plakat bedeuten?", „Was hat sie [d.h. die Figur in einem Film] gerade gesagt?".

129 Die genaue Darstellung dieser Prozesse würde zu weit führen, vgl. daher Rost 1990 für das Hörverstehen und Grabe/Stoller 2002 zum Leseverstehen. Sie sind auch nicht das, was das Typische bzw. Besondere an der Sprachmittlung ausmacht.

130 Genau betrachtet, gilt dieses Charakteristikum für sehr viele Aktivitäten im Fremdsprachenunterricht: So gibt auch bei traditionellen Hör- oder Leseverstehensübungen die Lehrkraft oft die Fragen vor, die beantwortet werden sollen, anstatt dass die Lernenden ihre eigenen Interessen und Fragen einbringen können. Anders sieht es beim *free voluntary reading* (vgl. Krashen 2011), beim *narrow listening* (vgl. Krashen 1996) und generell im unterrichtskonzeptionellen Bereich beim *task-based language teaching* aus (vgl. Müller-Hartmann/Schocker-von Ditfurth 2011). Die Besonderheit beim Sprachmitteln ist die Einführung weiterer (fiktiver) Akteure, die im Sprachwechsel Texte rezipieren wollen und daher Hilfe benötigen.

der Auftrag erfüllt werden muss. Das heißt z.B., dass Sprachmittler nicht ihren eigenen Informationsinteressen folgen dürfen, sondern die Informationen auswählen und speichern müssen, die den Auftraggeber interessieren. Hierbei sind wieder dieselben Fragen wichtig, die schon bei der Darstellung der Situation relevant waren, d.h. wer, für wen, wann, wo, warum, worüber, was bzw. was nicht, mit welchen sprachlichen und nichtsprachlichen Mitteln, in welchem Stil und Ton (vgl. Kautz 2002, 85f.; C. Nord 2010, 74). Das bedeutet, dass nicht nur auf den Inhalt des Ausgangstextes geachtet werden muss, sondern auch auf die Form, ohne dass dies zwingend im Auftrag explizit vermerkt ist. Auch müssen Sprachmittler sich selbst zurücknehmen und sich statt dessen in die Auftraggeber/Empfänger hineinversetzen und deren sprachliche, thematische und kulturelle Wissensvoraussetzungen und -lücken, aber auch deren Interessen berücksichtigen und vertreten. Allerdings müssen sich Sprachmittler auch der Tatsache bewusst sein, dass ihr eigenes Verstehen, das der Sprachmittlungshandlung zugrundeliegt, immer subjektiv geprägt ist, so dass ihre Interpretation des Gehörten oder Gelesenen in den Zieltext einfließt.

Während bei der Analyse schriftlich vorliegender Texte hier auch in größerem Maße, je nach Zeitfaktor, Recherchen in Wörterbüchern oder Hintergrund- oder Paralleltexten möglich sind, sind bei mündlichen Texten dafür Gedächtnis und Notiztechniken wichtig. Bei der Analyse eines schriftlich vorliegenden Textes wird der Sprachmittler möglicherweise mehr sprachliche und thematische Aspekte wahrnehmen, die bei der Übertragung Probleme bereiten könnten, oder den Ausgangstext stärker hinterfragen, während aufgrund der Vergänglichkeit des mündlichen Textes die Rezeption unkritischer sein mag (vgl. Kautz 2002, 301). Während schriftliche Texte tendenziell durch einen höheren Grad an Explizitheit geprägt sind (vgl. Hess-Lüttich 2001, 285), müssen Sprachmittler bei mündlichen Texten möglicherweise mehr antizipieren und inferenzieren. Auch in dieser Phase können daher wieder Nachfragen nötig oder hilfreich sein.

Nicht alle Prozessmodelle weisen zwischen Rezeption und Produktion eine gesonderte Phase aus (vgl. C. Nord 2009, 33f.). Dies erscheint jedoch gerade für die Sprachmittlung sinnvoll, bei der Laien mit beschränkten Sprachkenntnissen vermitteln und bei der in den meisten Fällen eine deutliche Umgestaltung erfolgt. Vor allem werden inhaltliche Informationen umstrukturiert. Dennoch ist diese Phase als „Verdichtung, Simplifizierung, Reduzierung der Mitteilung **oder** erläuternde Expansion" (Hallet 2008a, 6; Hervorhebung im Original) zu vereinfacht dargestellt: Nicht nur kann ein Wechsel von Schriftlichkeit zu Mündlichkeit oder umgekehrt erfolgen, sondern bei der Sprachmittlung vom Deutschen ins Englische wird bei Fremdsprachenlernern häufig eine sprachliche Vereinfachung erfolgen, während bei der Sprachmittlung vom Englischen ins Deutsche die sprachliche Komplexität erhalten oder sogar erhöht werden könnte. Ganz im Sinn der funktionalen Übersetzungstheorie steht der Transfer unter den Aspekten der Adäquatheit, der Relevanz sowie der Loyalität (vgl. Kapitel 3.5.3). Insofern entspricht diese Phase des Sprachmittlungsprozesses weitgehend dem Strategieentwurf bei Christiane Nord (2010) bzw. der Übersetzungskonzeption der PACTE-Gruppe (PACTE 2007).

Es geht in dieser Phase noch nicht um die tatsächliche Formulierung und Produktion einzelner Elemente des Zieltextes, sondern auf der Ebene des Gesamttextes um übergreifende, strategische Überlegungen dazu, wie mit inhaltlich-thematischen, kulturellen, lexikalischen, grammatisch-syntaktischen und pragmatischen Problemen umgegangen wird. Dabei ist die Bezeichnung ‚Problem' nicht unbedingt als tatsächliche Schwierigkeit zu verstehen, sondern vielmehr als Frage, wie die jeweiligen Elemente in der jeweils anderen Sprache wiedergegeben werden sollen. Zu den kulturellen Problemen gehört die Orientierung an typischen Gesprächs- oder Textkonventionen und Höflichkeitsnormen. Was fachliche und kulturelle Sachinhalte, Eigennamen und Realien betrifft, so können diese äquivalenzorientiert wiedergegeben, auf das Wesentliche reduziert, verallgemeinert, weggelassen, hervorgehoben, ausführlicher dargestellt und erläutert oder gar neu hinzugefügt werden. Auch sind u.U. Korrekturen möglich, so bei offensichtlichen Fehlern im Ausgangstext. Ähnlich sieht es auf linguistischer Ebene aus: Transkodieren, Paraphrasieren, Komprimieren, Fokussieren auf Relevantes, Verbalisieren von implizit Gemeintem, Verallgemeinern, Inferenzieren und Vorwegnehmen und Segmentieren sind die wichtigsten sprachlichen Techniken, die dem Sprachmittler zur Verfügung stehen (vgl. Kapitel 3.5.6). Sprachliche Aspekte umfassen auch den Stil, z.B. die Tendenz zum Nominalstil im Deutschen, oder die Grammatik, wie die abweichende Verwendung von *tenses* im Englischen. Pragmatische Aspekte betreffen z.B. Anpassungen von Zeit- oder Ortsangaben an die Rezeptionssituation oder die Wiedergabe der Senderintention. Im Mündlichen spielen dabei z.B. im Deutschen bei der Absichts- und Meinungsäußerung Abtönungspartikel eine wichtige Rolle (vgl. Kautz 2002, 335). Das Hauptproblem im Bereich der Pragmatik ist allerdings das Verhältnis der Funktionen von Ausgangs- und Zieltext (vgl. Kautz 2002, 120). In dieser Phase müssen Sprachmittler die sprachlichen, thematischen und kulturellen Verstehensvoraussetzungen des Empfängers bzw. die Interessen des Auftraggebers besonders stark als Kriterium für ihre Planungsentscheidungen heranziehen.

4.3.4 Produktion: Redaktion und Realisierung des Zieltextes

Nun folgt die eigentliche Produktion des Zieltextes, der entweder mündlich oder schriftlich zu realisieren ist. Darüber hinaus sind auch graphische oder bildliche Elemente denkbar, z.B. wenn zu einem Straßenschild ein Äquivalent in der Zielkultur gesucht werden oder für eine Werbebroschüre anderes Bildmaterial als in der Ausgangssprache bzw. -kultur gewählt werden soll. Wenn der Zieltext schriftlich fixiert werden soll, so lassen sich die Phase der Redaktion und Planung sowie die Phase des tatsächlichen Schreibvorgangs unterscheiden; anders liegt der Fall bei einem mündlich formulierten Zieltext, bei dem die Schritte der Planung und Ausführung beinahe zeitgleich ablaufen.[131]

In dieser Phase werden mögliche Schwächen auf Seiten des Sprachmittlers offensichtlich. Neben der unvollkommenen Beherrschung der Fremdsprache sind dies Fehler,

---

131 Zum Sprechen bzw. Schreiben in der Fremdsprache vgl. Hughes 2010 bzw. Hyland 2009.

die auch sprachlich hochkompetenten Dolmetschern oder Übersetzern passieren könnten. Auf pragmatischer Ebene hat der Sprachmittler den Auftrag zu erfüllen, d.h. er muss informieren, erläutern, unterhalten, auffordern, warnen, Kontakt herstellen, Meinungen und Gefühle übermitteln oder schaffen usw. Dabei muss er die Vorgaben zur Genauigkeit oder zum Umfang einhalten. Weiterhin ist besonders im Schriftlichen wichtig, dass der Sprachmittler Konventionen einhält. Bei der interaktiven mündlichen Sprachmittlung zeigt sich hier, ob der Sprachmittler in der Lage ist, den Sprecherwechsel zu erreichen, d.h. ob er selbst an der entsprechenden Stelle sprachmittelnd aktiv wird oder ob er die Kommunikanten unterbricht oder im Gegenteil seinen *turn* überhaupt nicht einfordert. Höflichkeitskonventionen sind sowohl bei der schriftlichen als auch mündlichen Sprachmittlung wichtig. Auf textueller Ebene sollte der Sprachmittler sich um dem Auftrag entsprechende Kohärenz und Kohäsion bemühen. Schließlich geht es um zielsprachig korrekte Verwendung von Lexik, Grammatik und Syntax, die dem Lernniveau des Sprachmittlers entspricht. Erfolgt die Sprachmittlung in die Erstsprache des Lerners, so können in allen Bereichen höhere Erwartungen an den Zieltext gestellt werden, als wenn die Sprachmittlung in die Fremdsprache erfolgt.

Die Realisierung des Zieltextes zeigt sich in ihrer akustischen Version im Sprechen, wobei Elemente wie Phonetik, Intonation, Prosodie, aber auch unterstützende paraverbale Signale, z.B. bei Formulierungsschwierigkeiten zum Einsatz kommen. In dieser Hinsicht unterscheidet sich der Sprachmittler vom professionellen Dolmetscher: Es ist durchaus legitim, dass der Sprachmittler lexikalische Lücken durch Umschreibungen begleitet von Gestik oder Mimik einsetzt. Gerade bei einer geringen Beherrschung der Zielsprache handelt es sich um eine sinnvolle Kompensationsstrategie, ebenso wie das Nachfragen bei den Kommunikanten. Weitere Kommunikationsstrategien im Schriftlichen wie im Mündlichen sind Vermeidung als Notlösung, Paraphrasieren, Vereinfachung der Sprache, Verwendung von Neologismen als Ausdruck von Kreativität und *risk-taking* oder Rückgriff auf andere Sprachen.

Die visuelle Form der Zieltextproduktion liegt bei der Erstellung eines schriftlichen Textes vor, bei dem stärker als im Mündlichen auf Kohäsion und logische Anordnung der Textbestandteile geachtet wird. Äußere Gestaltungsmerkmale wie Orthographie, Absatzbildung oder Überschriften sind ebenfalls wichtig. Während bei der mündlichen Sprachmittlung wortreiche Paraphrasen möglicherweise kaum stören, v.a. wenn eine Bedeutungsklärung im Dialog mit den anwesenden Kommunikanten möglich ist, gelten für den schriftlichen Sprachmittlungstext etwas andere Kriterien: Inhaltliche und sprachliche Wiederholungen sollten hier eher vermieden werden. In dieser Phase können bei der schriftlichen Sprachmittlung wieder vermehrt ein- oder zweisprachige Wörterbücher verwendet werden, oder es können Anregungen aus Modelltexten übernommen werden. Je nach geforderter Zieltextsorte, z.B. bei Briefen, Artikeln, Kochrezepten, Bedienungsanleitungen oder Annoncen, schließt sich die Erstellung einer Reinfassung an; weniger ist dies z.B. der Fall bei Notizen, Kurzkommentaren und Anmerkungen im Text oder Formularen. Bei der Produktion eines mündlichen Zieltextes, bei dem es sich wohl meist um Gespräche im privaten oder öffentlichen Raum handeln wird, liegt der

Zieltext vor, sobald er formuliert und ausgesprochen wird; es sind lediglich nachträgliche Korrekturen möglich.

4.3.5 Monitoring, Korrektur und Feedback

Außer Korrektur sind am Ende einer Sprachmittlungshandlung auch Monitoring und Feedback als Funktionen zu nennen. In der Formulierung „Wahrnehmung der Wirkung des Zieltextes auf den Gesprächspartner B" bei Hallet (2008a, 7) ist nur ein Teilaspekt dieser letzten Phase erfasst: Es geht nicht nur um das Wahrnehmen, sondern auch um das Reagieren und die Gestaltung der anschließenden Sprachmittlungshandlungen. Dies gilt ganz besonders für die interaktive mündliche Sprachmittlung, bei der Sprachmittler und zwei oder mehr (indirekte) Kommunikanten anwesend sind. So wird der Sprachmittler sich vergewissern, ob der jeweilige Auftrag zufriedenstellend ausgeführt wurde oder ob sprachliche oder inhaltliche Nachbesserung nötig ist. Aus der Antwort des fremdsprachlichen Kommunikanten kann der Sprachmittler möglicherweise sprachliche Verbesserungen für die weitere Vermittlung gewinnen, z.B. wenn ein Lexem verwendet wird, für das der Sprachmittler in der vorangegangenen Sprachmittlungshandlung eine Kompensationsstrategie verwenden musste, da es unbekannt war. Bei der schriftlichen Sprachmittlung, bei der kein direkter Kontakt mit den Kommunikanten besteht, sind Feedback- und Korrekturmöglichkeiten allerdings kaum gegeben.[132] Hier zeigt sich ganz deutlich eine Schwierigkeit der Aktivität Sprachmittlung im schulischen Fremdsprachenunterricht: Es wird eine Notwendigkeit zur Vermittlung zwischen zwei Sprachen behauptet, aber tatsächlich existieren keine Kommunikanten, die dieses Informationsbedürfnis haben. Auch wenn im Unterricht häufig nur so getan wird *als ob*, ergibt sich bei der Sprachmittlung das Problem, dass die Situations- und Adressatenorientierung, die das entscheidende Definitionsmerkmal darstellt (vgl. Kapitel 3.1), oft nur schwer nachvollziehbar ist. Insofern bleibt abgesehen von der Pflicht der Lehrkraft, eine möglichst präzise Aufgabenstellung zu verfassen, für den Sprachmittler besonders im Schriftlichen v.a. das Monitoring als Aufgabe. Dies umfasst die Frage, ob der Auftrag eingehalten wird und ob die eigene Rolle den Vorgaben entspricht, also ob der Sprachmittler loyal bleibt oder ob Umgestaltungen, Erläuterungen oder Meinungsäußerungen erfolgen. Bei der unterrichtlichen Sprachmittlung in mündlich konzipierten Situationen können die Akteure Feedback zeitnah simulieren, während dies bei der schriftlichen schulischen Sprachmittlung mit zeitlichem Abstand methodisch auch möglich wäre.

---

132 Professionelle Übersetzer erhalten allerdings möglicherweise auch nur insofern Feedback, als sie wieder Aufträge von demselben Auftraggeber erhalten oder nicht.

4.4 Teilkompetenzen der Sprachmittlung

Die verschiedenen Teilprozesse in den jeweiligen Interaktionskontexten setzen voraus, dass die Lernenden eine Vielzahl unterschiedlicher Kompetenzen besitzen und einsetzen können. Diese allgemeine Aussage soll im Folgenden auf Basis der vorangegangenen Ausführungen so umfassend wie möglich konkretisiert werden. Da der Kompetenzbegriff teilweise sehr leger verwendet wird, ist zuerst ein knapper Überblick darüber nötig, wie Kompetenz(en) im fremdsprachendidaktischen Diskurs definiert werden können.[133] Anschließend wird dargestellt, welche Anforderungen Sprachmittlungsaktivitäten an die Lernenden stellen.

4.4.1 Kompetenz: Facetten eines Begriffs

Neben dem seit Beginn des 21. Jahrhunderts dominierenden Kompetenzbegriff psychopädagogischer und bildungsadministrativer Provenienz (Weinert 2001; Klieme et al. 2003) ist das Konzept der Kommunikativen Kompetenz schon lange in der Fremdsprachendidaktik etabliert. Im Prinzip ist auch in der Kommunikativen Kompetenz bereits das entscheidende Merkmal enthalten, mit dem gegenwärtig Fertigkeiten von Kompetenzen unterschieden werden sollen. Der Konsens, dass der Kompetenzbegriff „mehr umfasst als das traditionelle Konzept der Fertigkeiten" (vgl. z.B. Hu/Leupold 2008, 55), beruht auf der nicht immer ausgesprochenen Vorannahme, dass Fertigkeiten wie in der audiolingualen Methode isolierbare, einzeln zu entwickelnde und zu prüfende Teilbereiche des sprachlichen Könnens darstellen. Diese Annahme berücksichtigt jedoch nicht, dass auch im kommunikativen Fremdsprachenunterricht (Teil-)Fertigkeiten als integriert und im kommunikativen Handeln realisiert angesehen werden (vgl. z.B. Krumm 2001a). Genau dieser Handlungs- und Situationsbezug wird allerdings mit der Ersetzung von ‚Fertigkeit' durch ‚Kompetenz' viel deutlicher gemacht. Daher erscheint auch die Bezeichnung von Sprachmittlung als Kompetenz überzeugender als Reimanns Vorschlag, sie als „‚transversale' Fertigkeit zu bezeichnen, insofern hier eine Integration der verschiedenen Fertigkeiten [...] möglich ist" (Reimann 2013a, 196).

Ähnliches gilt auch für das Konzept der Kommunikativen Kompetenz, das Canale als „both knowledge and skill in using this knowledge when interacting in actual communication" (Canale 1983, 5) definiert. Die Teilbereiche der Kommunikativen Kompetenz – *grammatical, sociolinguistic, discourse* und *strategic competence* – interagieren mit weiteren, noch unbestimmten Wissens-, Könnens- und Persönlichkeitsfaktoren (Canale 1983, 6). In dieser Feststellung wird klar, was der psychologische Kompetenzbegriff über das etablierte Konzept der Kommunikativen Kompetenz hinaus leistet: Er versucht, diese weiteren Elemente zu erfassen und zu benennen. Dies müsste allerdings

---

133 Eine ausführliche Aufarbeitung des Kompetenzbegriffs und der Debatte um eine Kompetenzorientierung würde zu weit führen. Dazu siehe jedoch Tesch 2010, 32–37; Müller-Hartmann/Schocker/Pant 2013, 31–35 und besonders eingehend die Beiträge in Bausch et al. 2005.

nicht unbedingt im Rahmen der bildungsadministrativen Kompetenzorientierung passieren, denn bereits Bachman fasst die *communicative language ability* begrifflich unter Einbezug von Weltwissen und psycho-physiologischen Mechanismen sowie unter Erweiterung der strategischen Kompetenz viel breiter (Bachman 1990, 84–107) als Canale, auch zusammen mit Swain, dies tut. Auch van Ek ergänzt bereits 1986 die vier genannten Teilbereiche der Kommunikativen Kompetenz um soziokulturelle und soziale Kompetenzen (van Ek 1987, 8); und Byram ist bei der Modellierung der interkulturellen kommuikativen Kompetenz federführend (vgl. Kapitel 3.4.2).

Insgesamt ist die Bezeichnung ‚Kompetenz(en)' angebracht und treffend, gleichzeitig aber auch problematisch. Dies liegt v.a. daran, dass mit dem Kompetenzbegriff ausufernde, potentiell verwirrende Definitionen verbunden sind: Auf die seit den 1970er bzw. 1990er Jahren etablierte Verwendung der kommunikativen bzw. interkulturellen (kommunikativen) Kompetenz folgt seit Beginn des 21. Jahrhunderts eine immer stärkere Ausdifferenzierung von sog. Kompetenzen im Rahmen der Kompetenzorientierung des (Fremdsprachen-)Unterrichts. So kann ‚Kompetenz', wie Thaler feststellt, als „mehrdimensionaler Passepartout-Begriff" (Thaler 2012, 23) angesehen werden.[134] Im Extremfall wird der Kompetenzbegriff bei der Beschreibung der Anforderungen und Leistungen der Fremdsprachenlernenden überstrapaziert; bei sinnvoller Verwendung gelingt es jedoch, Sprachverwendung echter Kommunikanten in sozialer Interaktion mit anderen Kommunikanten besser zu erfassen. In diese Richtung weisen auch die für den kompetenzorientierten Fremdsprachenunterricht formulierten Ziele: „Befähigung zur sprachhandelnden Situationsbewältigung" (Haß 2012, 22) oder „Selbstbestimmtheit und soziokulturelle Partizipationsfähigkeit" (Hallet 2012, 9) oder „Diskursfähigkeit" (Legutke 2010, 73). Diese Zielbeschreibungen gehen mit der Definition von Kompetenz konform, die der Psychologe Weinert gibt:

> die bei Individuen verfügbaren oder durch sie erlernbaren kognitiven Fähigkeiten und Fertigkeiten, um bestimmte Probleme zu lösen, sowie die damit verbundenen motivationalen, volitionalen und sozialen Bereitschaften und Fähigkeiten, um die Problemlösungen in variablen Situationen erfolgreich und verantwortungsvoll nutzen zu können. (Weinert 2001, 27f.)

So übernimmt die Fremdsprachendidaktik denn dann auch häufig Weinerts Definition und bestimmt Kompetenzen als „Bündel aus Fähigkeiten, Fertigkeiten, Bereitschaft, Wissen, Verstehen, Können, Problemlösen und Handeln, Erfahrung, Einstellungen und Motivation" (Müller-Hartmann/Schocker/Pant 2013, 29); auch Absichten und soziale

---

134   Die Bildungsstandards sprechen von funktionalen kommunikativen, interkulturellen und methodischen Kompetenzen, wobei zu Letzteren überraschenderweise neben Lernstrategien oder Mediennutzung auch Textrezeption gezählt wird (KMK 2003, 8 und 2004, 8). Im *CEFR* finden sich gar *existential competence* (*CEFR* 2001, 11). Vor allem aber kann die Tendenz beobachtet werden, den Modebegriff ‚Kompetenz' willkürlich zu verwenden: So bezeichnet z.B. Haß die bei Thaler (2012) als Kompetenzen geführten Aktivitäten des Hörens, des Sprechens, der Sprachmittlung etc. als „Subkompetenzen" (Haß 2011a, 42). Wortschatz und Grammatik, die in den Bildungsstandards konventionell als sprachliche Mittel bezeichnet sind (KMK 2003 und 2004), sind bei Thaler (2012) wiederum Kompetenzen, nämlich lexikalische bzw. grammatische Kompetenz.

Aspekte werden gelegentlich besonders hervorgehoben (Zydatiß 2010a, 59). Gleichzeitig wird jedoch auch das etablierte Konzept der interkulturellen kommunikativen Kompetenz weitergeführt.

Wie auch immer man jedoch Konzepte bezeichnen und inhaltlich definieren mag, so bleibt dieser Vorgang natürlich zu einem gewissen Maß willkürlich. Alternativen sind immer denkbar, besonders da sich die verschiedenen Kompetenzbereiche teilweise überschneiden (vgl. DGFF 2008). Gerade die Problemlösefähigkeit bietet sich jedoch als übergreifendes Ziel für die Sprachmittlung an und wird daher im Folgenden als Bezugspunkt gewählt: Lerner werden bei der Sprachmittlung nicht nur vor Probleme bei den etablierten Kompetenzen, sondern auch vor Transferprobleme gestellt, bei denen unterschiedliche bereits vorhandene und erlernte, erworbene und weiter entwickelte Bereiche ihres Wissens, Könnens und ihrer Persönlichkeit aktiviert werden. Die relevanten Teilkompetenzen sind somit Sprachkompetenz, Diskurskompetenz, pragmatische Kompetenz, interaktionale Kompetenz, soziolinguistische Kompetenz, strategische Kompetenz, sachlich-fachliche und (inter-)kulturelle Kompetenz, instrumentelle Kompetenz, persönlichkeitsbezogene und psychische Kompetenzen und die alle anderen Teilkompetenzen integrierende und darüber hinausweisende Transferkompetenz. Alle diese Teilkompetenzen beziehen sich gleichermaßen auf Ausgangs- und Zielsprache bzw. -kultur.

4.4.2 Sprachkompetenz

Wie bei allen (fremd-)sprachlichen Aktivitäten, ist die (fremd-)sprachliche Kompetenz die auffälligste Teilkompetenz der Sprachmittlung. Von der Sprachmittlungsrichtung hängt es ab, ob die ziel- bzw. ausgangssprachige Kompetenz bei rezeptiven bzw. produktiven Prozessen zum Einsatz kommt. Die Sprachkompetenz soll das bezeichnen, was Canale oder Bachman mit *grammatical competence* (Canale 1983, 7; Bachman 1990, 87) meinen, also lexikalisches, semantisches, grammatisches, syntaktisches, morphologisches, phonetisches und orthographisches prozedurales Wissen, das bei Rezeption bzw. Produktion eingesetzt wird. Da darunter die „Fähigkeit, formal […] korrekte Äußerungen zu formulieren" (Schmenk 2010, 136) zu verstehen ist, ist ein Vorwurf, der gegenüber der Sprachmittlung teilweise erhoben wird, nicht haltbar: nämlich die Kritik, dass unkorrektes Kauderwelsch erlaubt sei, solange der Sinn irgendwie übermittelt werde (vgl. Stößlein 2004, 25).[135] Die Sichtweise muss eine andere sein: In der Sprachmittlung werden nicht sprachlich falsche Äußerungen toleriert oder gar gefördert, sondern vielmehr lediglich die Bereitschaft und Fähigkeit der Lernenden, mit den sprachlichen Mitteln, die ihrem jeweiligen Lernstand entsprechen, als Vermittler tätig zu werden, auch wenn dies möglicherweise sprachliche Vereinfachungen im Übergang von Ausgangs- zu Zieltext erfordert. Auch lässt die geäußerte Kritik außer Acht, dass professionelle Übersetzer und Dolmetscher normalerweise in ihre Erstsprache übertragen,

---

135 Im Prinzip ist diese Kritik lediglich eine weitere Manifestation der Mythen, die sich um das Lernziel der kommunikativen Kompetenz gebildet haben (vgl. Schmenk 2005).

in der sie ein hohes Niveau besitzen sollten, während gerade von nichtgeschulten Laien bei der schulischen Sprachmittlung oft die Vermittlung in die Fremdsprache gefordert wird, so z.B. fast in allen Bundesländern in den Abituraufgaben im Fach Englisch (vgl. Kapitel 3.1.2 und 3.1.4).

Aber auch an die fremdsprachliche Kompetenz professioneller Dolmetscher und Übersetzer werden hohe Anforderungen gestellt, wohingegen nicht automatisch davon ausgegangen werden kann, dass die fremdsprachliche Sprachkompetenz von schulischen Sprachmittlern ebenfalls sehr gut entwickelt ist. Dies ist jedoch kein Grund, Sprachmittlungsaufgaben erst für höhere Niveaustufen anzusetzen (wie bei Poïarkova 2009; Michler 2013; Dendrinos/Karavas 2013). Vielmehr ist aus der methodischen Sicht auf Seiten der Lehrkräfte die Aufgabenstellung an das fremdsprachliche Niveau der Lernenden anzupassen; aus performativer Sicht auf Seiten der Lernenden bedeutet die eingeschränkte fremdsprachliche Kompetenz, dass der strategischen Kompetenz im Umgang mit dem beschränkten Können eine größere und qualitativ andere Rolle zukommt als bei professionellen Dolmetschern und Übersetzern.[136] Je niedriger das fremdsprachliche Niveau der Lernenden ist, desto höher kann ihre Problemlösefähigkeit eingeschätzt werden, wenn es ihnen gelingt, den Sprachmittlungsauftrag dennoch zu erfüllen. Dies trifft umso mehr zu, als bei der Sprachmittlung die Lernenden anders als bei einer freien Textproduktion, bei der sie selbst entscheiden können, was sie wie versprachlichen, bestimmte lexikalische oder semantische Probleme nicht einfach durch Auslassung vermeiden können, sondern andere Lösungen suchen müssen, wenn sie den Sprachmittlungsauftrag inhaltlich oder sprachlich erfüllen wollen.

Das bisher Gesagte zur sprachlichen Kompetenz gilt auch für die Erstsprache. In Abhängigkeit von der sprachlichen und inhaltlichen Komplexität können auch hier die Anforderungen an die Lernenden sehr hoch sein, beispielsweise wenn ein Artikel aus der *Zeit* zu einem komplexen politischen oder wissenschaftlichen Thema ins Englische gemittelt werden soll. Je nach Sprachmittlungssituation kann sprachliche Kompetenz auch in weiteren Fremdsprachen nötig sein. In mündlichen Sprachmittlungssituationen schließlich hängt die Aktivierung der fremdsprachlichen und der erstsprachlichen Sprachkompetenz zeitlich sehr eng zusammen, so dass schnelles Umschalten zwischen den Sprachen nötig ist.

4.4.3 Diskurskompetenz

Die Diskurskompetenz als der zweite Kompetenzkomplex, den Fremdsprachenlernende nicht nur für Sprachmittlungshandlungen benötigen, illustriert die Überschneidungen der einzelnen Kompetenzen. Bei Bachman erscheint die von Canale als eigenständige Kompetenz geführte Diskurskompetenz nicht namentlich als Kompetenz. Sie ist unter der Bezeichnung *textual competence* (Bachman 1990, 87) neben der grammatischen

---

136 Dies spiegelt sich auch in der Beschreibung von Sprachmittlungsstrategien im *CEFR* wider: „ways of coping with the demands of using finite resources to process information and establish equivalent meaning" (*CEFR* 2001, 87).

Kompetenz lediglich Teil der *organizational competence*, enthält aber im Endeffekt doch auch die Elemente, die definitorisch bei anderen Autoren der Diskurskompetenz, z.T. aber auch der pragmatischen Kompetenz, zugewiesen werden (vgl. Siebold 2008a, 60 und 2008b, 61). Die Darstellung im *CEFR*, in dem die *discourse competence* eine Unterkategorie der *pragmatic competence* ist (*CEFR* 2001, 123), kritisiert House, die beide Kompetenzen nicht für klar unterscheidbar hält (vgl. House 2003, 97). Bachman wiederum führt *pragmatic competence* getrennt auf als Oberkategorie von *illocutionary competence* und *sociolinguistic competence* (Bachman 1990, 87).

Unter Diskurskompetenz ist „mastery of how to combine grammatical forms and meanings to achieve a unified spoken or written text in different genres" (Canale 1983, 9) zu verstehen. Damit werden an die Lernenden Anforderungen gestellt im Bereich der Kohäsion durch Einsatz sprachlicher Mittel, bei der inhaltlich-semantischen Kohärenz und bei der Text- oder Gesprächsstruktur. Auch die Abfolge von Thema und Rhema und die rhetorisch wirkungsvolle Themenentfaltung gehören zur Diskurskompetenz (vgl. Bachman 1990, 88; Siebold 2008a, 60). Für mündliche Gespräche umfasst sie u.a. Konversationsmaximen und -routinen (Bachman 1990, 88; Siebold 2008a, 60). Da mündliche Sprachmittlungstexte sich oft in triadischer Interaktion entwickeln (vgl. auch Schmidt 1983), werden diese weiter unten gesondert als interaktionale Kompetenz erläutert.[137]

Mit der Nennung von *genres* kommt die sog. Textkompetenz in den Blick, die verschiedentlich als Teilkompetenz der Sprachmittlung angeführt, jedoch nicht im Detail dargestellt wird (vgl. Caspari/Schinschke 2012; Hämmerling 2014; Philipp/Rauch 2014a). Eine sehr allgemeine und vage Definition, die Textkompetenz als „die Fähigkeit zur Rezeption und Produktion von Texten im weiten Sinn, d.h. das angemessene Verstehen und regelgerechte Erstellen von schriftlichen, mündlichen, diskontinuierlichen und mehrfach kodierten Texten" (Thaler 2012, 251) bezeichnet, ist nicht sehr hilfreich, da sie nicht ausdrückt, was Texte im Besonderen auszeichnet.[138] Genau dieser Fall liegt auch vor, wenn Textkompetenz bei der Sprachmittlung als „Verfügen über Strategien zur Texterschließung, Textverarbeitung und Textproduktion" (Philipp/Rauch 2014, 13) beschrieben wird.

Daher ist das Konzept *genre* möglicherweise besser geeignet, einige der Anforderungen im Bereich der Diskurskompetenz zu beschreiben: Neben formalen Aspekten wie dem strukturellen Aufbau oder der sprachlich-stilistischen Gestaltung stellen *genre*-Theorien die Funktionen von Texten in sozialen Handlungskontexten in den Vorder-

---

137 Monologische mündliche Sprachmittlungsleistungen können vorliegen, wenn z.B. die Grußworte des Bürgermeisters beim Empfang der Austauschschüler gemittelt werden oder wenn die Zusammenfassung eines ausgangssprachlichen Textes in der Zielsprache auf den Anrufbeantworter gesprochen oder für ein Referat in der Zielsprache verwendet wird. In diesen Fällen ähneln die mündlichen Zieltexte monologischen schriftlichen Zieltexten. Andererseits können medial schriftliche Texte wie Mails oder Forenbeiträge dialogisch oder polylogisch angelegt sein und so ebenfalls interaktionale Kompetenz erfordern.

138 So wird auch aus textlinguistischer Sicht das Verhältnis von Sprach(-gebrauchs)- und Textkompetenz für unklar und definitorisch unbefriedigend gehalten (vgl. Adamzik/Heer 2009, 250–254).

grund (vgl. Hyon 1996). Swales definiert *genre* mit Fokus auf den kommunikativen
Zweck:

> A genre comprises a class of communicative events, the members of which share some set
> of communicative purposes. These purposes are recognised by the expert members of the
> parent discourse community, and thereby constitute the rationale for the genre. This ra-
> tionale shapes the schematic structure of the discourse and influences and constrains
> choice of content and style. (Swales 1990, 58)

Da auch bei Sprachmittlungshandlungen die Zwecke, die im Auftrag enthalten sind, im
Vordergrund stehen, bedeutet Textkompetenz, dass Sprachmittler erkennen können,
welche Absichten mit welchen sprachlichen und textuellen Mitteln im Ausgangstext
verfolgt werden und selbst den Zieltext so gestalten können, dass er inhaltlich, sprachlich und formal die geforderten Zwecke erfüllt. Dabei sind zwei Aspekte wichtig, die
sich überlappen: Wissen und Können sind nötig sowohl in Bezug auf Textsorten als
auch in Bezug auf Vertextungsmuster (vgl. Esser 2009). Ersteres bedeutet, dass Lernende fähig sein müssen, formale und inhaltliche Merkmale von Textsorten zu erkennen
und in gewissem Umfang auch selbst verwenden zu können. Dies ist bei stark normier-
ten Textsorten produktiv eindeutiger und offensichtlicher; gleichzeitig lassen Textsorten, die wenig normiert sind, den Lernenden bei der Produktion mehr Freiräume. Letzteres bezieht sich darauf, wie ein Thema in einem Text rhetorisch entwickelt wird.

4.4.4 Pragmatische Kompetenz

Eng verbunden mit Textsorten ist die pragmatische Kompetenz, d.h. das Wissen darüber, wie Kommunikationsabsichten versprachlicht werden und die Fertigkeit, Kommunikationsabsichten zu verstehen und selbst auszudrücken. Da sich die Pragmatik mit
den „Beziehungen zwischen sprachlichen Äußerungen und ihren jeweiligen Verwen-
dungssituationen" (Siebold 2008b, 61) beschäftigt, ist sie der Diskurskompetenz sehr
nahe. Noch stärker als diese bezieht sie sich jedoch auch auf den (außersprachlichen)
Kontext und ganz besonders auf das „Wissen […], wie Sprache verwendet werden
muss, um gewisse Ziele zu erreichen" (Gunzenhäuser/Hahn 2009, 420). Elemente der
Kommunikationssituation sind Orts- und Zeitdeixis, Funktionen des Ausgangs- und
Zieltextes, Intentionen des Verfassers sowie Adressatenbezug (vgl. Kautz 2002, 120ff.).
Für den Sprachmittler bedeutet dies, dass er zwischen der Situation des Ausgangstextes
und derjenigen des Zieltextes zu vermitteln hat: Neben Veränderungen der Deixis muss
der Sprachmittler am meisten darauf achten, ob die Funktionen von Ausgangs- und
Zieltext sich unterscheiden. Dies wird besonders im Schriftlichen oft der Fall sein, da
bei einer verkürzenden, zusammenfassenden Wiedergabe wichtiger Textinhalte möglicherweise andere Zwecke als die Vermittlung von Information verloren gehen.

In mündlichen Sprachmittlungssituationen spielt das Verstehen und Analysieren von
Sprechakten eine zentrale Rolle. Dabei geht es für den Sprachmittler vor allem darum,
das tatsächlich Gemeinte, das hinter dem Gesagten liegt, zu erkennen (vgl. Cohen 2010,
3f.). Dies kann besonders in der Fremdsprache schwierig sein, z.B. aufgrund der Ten-

denz im Englischen, Aufforderungen oder Vorschläge höflicher bzw. indirekter als im Deutschen zu formulieren. Somit ist Höflichkeit und deren sprachliche Realisierung ein wichtiger Teilaspekt der pragmatischen Kompetenz.

Die Schwierigkeit ist für Sprachmittler auch deshalb erhöht, weil sie nur z.T. ihre eigenen Absichten einbringen und v.a. aus der gesamten Situation und den Aussagen und dem Verhalten des Sprechers der Ausgangssprache dessen Absichten erschließen müssen. Dies können sie dadurch zum Ausdruck bringen, dass sie in einer interaktiven mündlichen Sprachmittlungssituation die gemittelten Aussagen verbal einleiten: „Partner A schlägt vor/warnt davor/empfiehlt/fordert auf/bittet/behauptet, dass…". Damit können Sprachmittler versuchen, sicherzustellen, dass in dem entsprechenden Sprechakt der erwünschte Erfolg tatsächlich eintritt. Dies gilt v.a. für indirekte Sprechakte im Ausgangstext, in denen der Sprecher seine Absicht nicht explizit nennt. Dabei müssen die Sprachmittler auch kontextuelle Faktoren wie das Rollenverhältnis und die soziale Nähe oder Distanz der Kommunikanten beachten (vgl. Ishihara 2010, 44–47).

4.4.5 Interaktionale Kompetenz

Auch die interaktionale Kompetenz[139] weist Überschneidungen sowohl mit der Diskurs- als auch mit der pragmatischen Kompetenz auf. Es scheint jedoch sinnvoll, sie gesondert als Teilkompetenz der Sprachmittlung auszuweisen, da der Sprachmittler bei der mündlichen Sprachmittlung, bei der zwischen zwei anwesenden Kommunikanten vermittelt wird, in besonderem Maße gefordert ist, spezielle Probleme zu lösen. Hallet versteht unter interaktionaler Kompetenz die Aufgabe des Sprachmittlers, „das Verhältnis der beteiligten Personen zueinander, deren Handlungs- oder Kommunikationsziele, deren Interessen und deren Vorwissen" zu erfassen sowie „eigene Interessen, Absichten und Ziele aus dem Vorgang der Sprachmittlung herauszuhalten und ausschließlich die Kommunikationsinteressen der zu vermittelnden Partner zu bedienen" (Hallet 2008a, 5). Abgesehen davon, dass der Sprachmittler immer auch interpretiert und daher nie völlig neutral ist, erscheint es logischer, diese beiden Kompetenzbeschreibungen eher der Transferkompetenz oder den persönlichkeitsbezogenen Kompetenzen zuzuordnen. Denn dabei handelt es sich zum einen um Analysefähigkeiten in Bezug auf Situation, Interaktanten und deren Rollen, die für das Sprachmitteln wie auch für das Übersetzen und Dolmetschen spezifisch sind; zum anderen wird in Hallets Kompetenzbeschreibungen nicht deutlich, inwieweit diese Tätigkeiten des Sprachmittlers tatsächlich interaktional sind. So ist eher Rössler zuzustimmen, die feststellt:

> Die interaktionale Kompetenz ist also im Kern eine soziale Kompetenz; sie verlangt vor allem Sensibilität für die Art der Kommunikationssituation (z.B. symmetrisch oder asymmetrisch, formell oder informell) und die jeweils verfolgte Kommunikationsabsicht. Dazu bedarf es eines beträchtlichen Einfühlungsvermögens in fremde Positionen und der

---

139   Für eine umfassende und breite Definition des Begriffs *interactional competence*, die sowohl Teilnehmerrollen, linguistische Mittel, Sprechakte, Sprecherwechsel, Korrekturen und Gesprächsorganisation umfasst: vgl. Young 2011, 429f.

Fähigkeit, diese sachlich richtig und unter Berücksichtigung kulturspezifischer Einstellungen und Haltungen sowohl des Empfängers als auch des Adressaten zu vermitteln. Interaktionale und interkulturelle Kompetenz greifen also ineinander. (Rössler 2009, 160)

Rösslers Beschreibung zeigt deutlich die Überschneidung von Teilkompetenzen auf und verortet die interaktionale Kompetenz als soziale Kompetenz mit Einfühlungsvermögen als interkulturellem Aspekt somit ebenfalls eher im persönlichkeitsbezogenen Bereich.

Bei der mündlichen Sprachmittlung zeigt sich die interaktionale Kompetenz der Sprachmittler ganz besonders darin, inwiefern sie das Gespräch mit den einzelnen Kommunikanten sowie das vermittelte Gespräch der Kommunikanten untereinander strukturieren können. Bei den Sequenzen eines (Sprachmittlungs-)Gesprächs (vgl. Liddicoat 2007, 213–278) sind in erster Linie Gesprächseröffnung und -beendigung interessant, da an diesen Stellen der Sprachmittler am ehesten die Möglichkeit hat, sich selbst als Gesprächspartner einzubringen: Er kann nicht nur die Begrüßungen der Kommunikanten übermitteln, sondern auch diese und sich selbst vorstellen oder sich z.B. am Ende des Gesprächs für Hilfestellungen bedanken. Im Verlaufe des Gesprächs hat der Sprachmittler die Aufgabe, das Gespräch zusammenzuhalten, indem er darauf achtet, dass die jeweiligen Beiträge der Kommunikanten sich ergänzen. Diese Aspekte sind bei der schriftlichen Sprachmittlung weniger relevant, da die Mittlung zeitversetzt und ohne anwesende Sender bzw. Empfänger erfolgt.

In beiden Fällen aber muss der Sprachmittler jeweils Situation und Adressat berücksichtigen und dabei besonders Informations- oder Meinungsunterschiede identifizieren. Dies zeigt sich besonders darin, ob er in der Lage ist, Ergänzungen, zusätzliche Erläuterungen für den Adressaten einzufügen und im Mündlichen Nachfragen bei den Kommunikanten zur Klärung von Un- oder Missverstandenem zu verwenden (vgl. Reimann 2013a, 209). Dabei kann auch der Einsatz von Gestik oder Mimik nötig werden. Besonders, falls es Konflikte zwischen den Kommunikanten gibt, können Nachfragen und nachträgliche Ergänzungen wichtig sein, so dass in ganz besonderem Maße *negotiation of meaning* als Aufgabe des Sprachmittlers bestimmt werden kann. Schließlich gehört dazu im Rahmen des *turn-taking* auch, den Sprecherwechsel zu organisieren, selbst an der passenden Stelle das Wort zu ergreifen oder auch durch Füllwörter und -phrasen oder *back-chanelling* das Rederecht zu behalten und Zeit zum Überlegen zu gewinnen. Genau dieser Teilaspekt der interaktionalen Kompetenz kann dem Sprachmittler besondere Probleme bereiten (vgl. Knapp [2]2013[1986]).

4.4.6 Soziolinguistische Kompetenz

Ebenfalls situativ verankert ist die soziolinguistische Teilkompetenz, die sich folgendermaßen definieren lässt: „awareness of ways in which the choice of language forms – the manner of expression – is determined by such conditions as setting, relationship between communication partners, communicative intention, etc." (van Ek 1987, 8). So geht es bei diesen soziokulturellen Regeln der Sprachverwendung darum, welche Äußerungen im Hinblick auf die Situation, den Status der Kommunikanten und den Zweck der Interaktion angemessen sind (*appropriateness*). Canale unterscheidet dabei *appropriateness of meaning* und *appropriateness of form* (Canale 1983, 7): Während Erstere sich darauf bezieht, ob eine gewisse sprachliche Handlung in ihrer Funktion in der entsprechenden Situation angemessen ist, ist mit Letzterer gemeint, dass die passenden sprachlichen Formen in Anbetracht des Gesamtkontextes gewählt werden. Bei Sprachmittlungshandlungen hat der Sprachmittler, sofern er neutral bleibt, keinen Einfluss auf die *appropriacy of meaning*; allerdings kann er vermittelnde Erklärungen hinzufügen, sollte eine Handlung in der Ausgangskultur angemessen sein und in der Zielkultur eher ungewöhnlich sein. Ein denkbares Beispiel wäre eine scheinbare Einladung, die von einem Muttersprachler des Englischen ausgesprochen wird, obwohl sich die beiden Kommunikanten kaum kennen; hier müsste der Sprachmittler u.U. ergänzen, dass diese Einladung nicht dieselbe kommunikative Funktion und Verbindlichkeit hat wie im Deutschen. Hier gibt es wieder Überschneidungen zur pragmatischen Kompetenz, z.B. zu Vorstellungen von Höflichkeit. Die *appropriateness of form* ist dagegen ein zentrales Problem bei der sprachlichen Vermittlung: Im Vergleich von Englisch und Deutsch wird man z.B. sofort an die Wiedergabe von englisch *you* mit ‚du' oder ‚Sie' im Deutschen denken oder die Verwendung von Vornamen bzw. Nachnamen zur Anrede. In letzterem Fall spielt der Status der Kommunikanten in ihrer jeweiligen Kultur eine entscheidende Rolle: So ist es durchaus denkbar, einen englischen Professor mit Vornamen anzusprechen; der Sprachmittler muss dies ggf. in seiner Vermittlungshandlung berücksichtigen.

Für die soziolinguistische Kompetenz nennt Bachman vier Aspekte: Aufmerksamkeit gegenüber Dialekten, Aufmerksamkeit gegenüber Unterschieden im *register*, Aufmerksamkeit in Bezug auf die Natürlichkeit der Formulierung und die Fähigkeit, kulturelle Anspielungen und idiomatische Redewendungen zu verstehen (Bachman 1990, 95ff.). Natürlich klingende Formulierungen, wie sie von Muttersprachlern produziert werden, sind sicher wünschenswert, können aber von Lernenden nur in begrenztem Maße erbracht werden; in dieser Hinsicht sind Lernende v.a. gefordert, ihre sprachlichen Entscheidungen zu überprüfen, z.B. in einem einsprachigen Wörterbuch oder einem Kollokationswörterbuch. Dasselbe gilt für idiomatische Phraseologismen in der Fremdsprache, an die im rezeptiven Bereich höhere Anforderungen gestellt werden können, auch mit Nachschlagen oder Nachfragen. In der Erstsprache kann auch eine entsprechend ausgebildete Kompetenz im produktiven Bereich erwartet werden. Während die kulturellen Anspielungen hier zur (inter-)kulturellen Kompetenz gezählt werden, sind die anderen beiden bei Bachman genannten Teilbereiche der soziolinguistischen Kompetenz, nämlich die Beachtung von Regiolekten, Dialekten, Soziolekten und die Berücksichtigung von *register*, sehr wichtig.

Das Wissen um Dialekte oder Regiolekte und besonders das Verstehen entsprechender Wendungen kann bei der Sprachmittlung wichtig sein; sei es, dass der Sprachmittler ein lexikalisches Element, auch im Deutschen, nicht versteht und nachfragen muss, sei es, dass der Verwender mit einem dialektalen oder regionaltypischen Ausdruck eine bestimmte Einstellung oder Wertung zum Ausdruck bringt, die der Sprachmittler in die Zielsprache transportieren muss, so z.B. im Fall des bayerischen ‚dahoam' für das Zuhause, die Heimat, woran eine enge emotionale Bindung geknüpft ist. Der Sprachmittler muss außerdem das Konzept des *register* kennen, verstehen und auch anwenden können. Unter *register* sind „semantisch und grammatisch differenzierte Varietäten differenziert nach situativen Kontexten" (Dittmar 2004, 217) zu verstehen, wobei die Aspekte Thema und Situation, Akteure und Beziehungen, Kanal und Funktion einfließen. So können je nach Handlungssituation fachsprachliche Begriffe zu mitteln sein, welche die Kommunikanten in ihren jeweiligen Ausgangssprachen möglicherweise besser beherrschen als der Sprachmittler, der versuchen muss, die fachsprachlichen Merkmale und Termini zu erkennen, zu verstehen, zu umschreiben und ggf. Erkundigungen einzuholen. Wichtig ist unter dem Aspekt des *register* in Abhängigkeit vom Verhältnis der Kommunikanten auch ganz besonders der Grad der (In-)Formalität, den der Sprachmittler erkennen und möglichst in der Übertragung bewahren muss. Bei der Sprachmittlung aus dem Englischen ist auch wichtig, dass Lernende mit verschiedenen phonetischen Varietäten in Kontakt kommen und diese zu verstehen versuchen (vgl. exemplarisch Hahn/Raaf 2015; Hutz 2015).

4.4.7 Strategische Kompetenz

Canale definiert die strategische Teilkompetenz der Kommunikativen Kompetenz folgendermaßen:

> mastery of verbal and non-verbal communication strategies that may be called into action for two main reasons: (a) to compensate for breakdowns in communication due to limiting conditions in actual communication (e.g. momentary inability to recall an idea or grammatical form) or to insufficient competence in one or more of the other areas of communicative competence; and (b) to enhance the effectiveness of communication (e.g. deliberately slow and soft speech for rhetorical effect). (Canale 1983, 10f.)

Während dem zweiten Aspekt bei der mündlichen Vermittlung sicher auch eine gewisse Bedeutung zukommen kann, z.B. um die Stimmung zwischen den Kommunikanten bei konfliktuellen Gesprächen zu entschärfen, ist der erstgenannte Aspekt im Unterschied zu professionellen Übersetzern und Dolmetschern ganz besonders wichtig für schulische Sprachmittler: Da Letztere nur eine eingeschränkte fremdsprachliche Sprachkompetenz aufweisen, werden ihnen häufig Äquivalente beim Mitteln in die Fremdsprache fehlen, so dass sie auf Strategien zurückgreifen müssen, die unter den Bezeichnungen *communicative strategies* oder *language use strategies* erfasst werden und die nicht nur die in Canales Definition angedeuteten Kompensationsstrategien umfassen (vgl. Oxford 2004, 130).[140] Kommunikativer Erfolg beruht auch auf dem Einsatz interaktionaler,

---

140   Die Unterscheidung dieser *language use strategies* von *language learning strategies* ist nicht eindeutig zu treffen und möglicherweise überhaupt nicht zielführend (vgl. Oxford 1990, 243). Auch Bachman (1990) fasst die strategische Kompetenz viel weiter als Canale. Seine Definition der strategischen Kompetenz und weitere Kataloge von Strategien fließen aufgrund ihrer (meta-)kognitiven Elemente in die Beschreibung der Transferkompetenz ein (s.u.). Zu umfassenden Klassifizierungen von Strategien vgl. Tarone 1981; Oxford 1990; Cohen 1998; O'Malley/Chamot 1990.

affektiver und sozialer Strategien (vgl. Little 2004, 578), so dass diese ebenfalls bei der strategischen Kompetenz aufgeführt werden; sie werden jedoch aufgrund von Überschneidungen teilweise auch bei anderen Teilkompetenzen genannt.

Kompensatorische Strategien bei der Sprachproduktion umfassen v.a. die Verwendung von Quasi-Synonymen, Generalisierungen und Vereinfachungen, Hyperonymen/ Hyponymen, Antonymen, *pars pro toto/totum pro parte*, Wortschöpfungen und Wortbildung, Paraphrasen, Code-Switching in die Erstsprache oder eine andere Fremdsprache und den Einsatz von Gestik und Mimik (vgl. Kolb 2009; Rössler 2009).[141] Diese Strategien müssen im Wissen der Lernenden vorhanden sein; sie müssen jedoch auch aktiv in der Produktion anwendbar sein. Besonders wichtig sind Umschreibungsstrategien, die Paraphrasen verwenden, da diese bereits mit geringen Sprachkenntnissen bei Kenntnis von Strukturschablonen wie *a thing that/a person who/a place where* usw. eingesetzt werden können (vgl. Kolb 2008a, 11). Die Vermeidung von Kommunikation und die Auswahl des Themas (vgl. Tarone 1981, 286f.; Oxford 1990, 48) sind Strategien, die dem Sprachmittler nur begrenzt zur Verfügung stehen, da er vorgegebene Inhalte übermitteln muss, sobald er den Auftrag angenommen hat und diesen loyal erfüllen will. Eher besteht die Möglichkeit des „Adjusting or approximating the message" (Oxford 1990, 48): Wenn durch inhaltliche Vereinfachungen oder Kürzungen die Inhalte korrekt und im Sinne der Kommunikanten vermittelt werden, so ist der Einsatz dieser Strategien legitim. Zu den Kompensationsstrategien gehört es auch, die Kommunikanten der Sprachmittlungssituation als Hilfe einzubeziehen, z.B. indem man sie darum bittet, den Satz zu vervollständigen und deren sprachlichen und inhaltlichen Input im Verlauf der weiteren Sprachmittlungshandlung aufnimmt und weiterverwendet. Auch Bitten um Wiederholung, zusätzliche Erklärungen oder Verbesserungen, die zu den sozialen Strategien gezählt werden (vgl. auch Rössler 2009, 164f.), dienen gleichzeitig auch dem Erzielen kommunikativen Erfolgs. Interessanterweise führt Oxford Kompensationsstrategien auch für die Sprachrezeption an, was tatsächlich logisch erscheint: Auch beim Lesen und Hören müssen die Lernenden Lücken überbrücken; dies gilt im Besonderen für Sprachmittlungssituationen, in denen vorwiegend authentische Texte, die in ihrer Gesamtheit den Sprachstand der Lernenden übertreffen, verwendet werden. Am wichtigsten ist bei der Rezeption die kompensatorische Strategie des intelligenten Ratens (vgl. Oxford 1990, 48).

Zu den von Cohen so genannten *cover strategies* gehören die Verwendung von Vereinfachungen im Bereich von Strukturen oder Wortschatz oder auch die Verwendung von nichtanalysierten, nur teilweise verstandenen *chunks* (Cohen 1998, 6). Damit hängen auch *rehearsal strategies* zusammen, bei denen grammatische, syntaktische und lexikalische Einheiten, die im kommunikativen Ernstfall zum Einsatz kommen sollen,

---

141 Warum der Einsatz von Mimik und Gestik „nicht die Regel sein sollte" (Rössler 2009, 164), ist nicht unbedingt ersichtlich; erklärbar ist diese Aussage wohl damit, dass das Ziel des Fremdsprachenunterrichts das Erlernen der verbalen Elemente dieser Sprache ist. Neben Gestik und Mimik sind im schriftlichen Code auch kleine Zeichnungen vorstellbar: So liegt der Verfasserin eine Schülerarbeit vor, in der das deutsche Wort ‚Schritte‘ mit einer Zeichnung von Fußspuren erklärt wird.

im Voraus geübt werden (Cohen 1998, 6). Diese Strategie kann für die mündliche Sprachmittlung sehr nützlich sein, vorausgesetzt, der Sprachmittler hat Zeit, sich auf die Situation vorzubereiten.[142] Durch die sprachliche Vorbereitung kann der Sprachmittler eine kognitive Entlastung erreichen, so dass Kapazitäten für andere Teiltätigkeiten der Sprachmittlungshandlung frei werden.

Abschließend muss gesagt werden, dass die angeführten Beispiele zwar auf den Bereich der Sprachkompetenz bezogen sind, dass die konkreten Strategien der strategischen Kompetenz jedoch, wie Canale betont, auch für die Diskurs- und die soziolinguistische Kompetenz gelten (Canale 1983, 11 und 24f.). Bei der Diskurskompetenz zeigt sich dies z.B. darin, dass Kohäsion im Mündlichen mit einfachsten sprachlichen Mitteln oder im Schriftlichen durch graphische Darstellungen hergestellt wird oder dass durch Füllwörter der Kontakt aufrechtgehalten wird. Im soziolinguistischen Bereich bedeutet dies beispielsweise, dass der Sprachmittler sein Unwissen offenbaren und sich bei den Kommunikanten nach Konventionen der Anrede, der Höflichkeit oder der Gesprächsgestaltung erkundigen kann. Inwieweit der Einsatz von Strategien überhaupt nötig ist, hängt von der Aufgabenstellung, ganz besonders aber vom einzelnen Sprachmittler ab.

4.4.8 Sachlich-fachliche und (inter-)kulturelle Kompetenz

Während die bisher genannten Teilkompetenzen der fremd- und muttersprachlichen Sprachmittlungskompetenz vorwiegend Können und prozedurales Wissen umfassen, so ist im Bereich der sachlich-fachlichen und (inter-)kulturellen Kompetenz zwar auch das Können wichtig, aber auch deklaratives Wissen hat eine große Bedeutung. Wenn die PACTE-Gruppe diesen Bereich für die Übersetzungskompetenz als „außersprachliche Subkompetenz" (PACTE 2007, 332) bezeichnet, so erscheint dies allerdings etwas ungünstig, da eine Trennung von Sprache und Kultur nicht möglich ist und kulturelle Phänomene sich u.a. auch in der Lexik niederschlagen. Die Bezeichnung ist insofern erklärbar, als es nicht um rezeptive und produktive Kompetenzen geht, sondern um „deklarative[s] Wissen über die Welt im Allgemeinen und in spezifischen Themen; es sind bikulturelle und enzyklopädische Kenntnisse" (PACTE 2007, 332). Auch diese recht präzise Beschreibung lässt sich noch genauer fassen. Je nach Sprachmittlungssituation, Thema und Auftrag handelt es sich um Sachwissen zu einem bestimmten Gebiet. Auch wenn bei der schulischen Sprachmittlung eher allgemeinverständliche Texte als Ausgangs- und Zieltexte dienen werden, so sind für fortgeschrittene Lerner auch Spezialthemen aus Geschichte, Naturwissenschaften, Wirtschaft, Literatur usw. denkbar, bei denen ein gewisses Hintergrundwissen hilfreich ist. Selbst bei einem Vermittlungsgespräch beim Arzt kann zumindest Grundwissen im Bereich der Medizin nötig sein.

Für Übersetzer und Dolmetscher (vgl. Kapitel 3.5.6), aber auch für Sprachmittler ist der gesamte Bereich der kulturellen Referenzen bei der Versprachlichung besonders wichtig: Es handelt sich um „[s]prachkulturspezifisches Wissen", da es um kulturell geprägtes Sach-/Denotatswissen, kulturspezifische Realia und symbolische Bedeutun-

---

142   Vgl. zur mentalen Vorplanung auch Königs 2015, 35f.

gen geht (vgl. Kupsch-Losereit 2002, 97f.). Der erste Aspekt weist darauf hin, dass Lexeme in verschiedenen Sprachen nicht deckungsgleich sind, was sich z.B. in dem o.g. Beispiel von *caffè* und ‚Kaffee' zeigt, oder auch darin, dass das deutsche Konzept ‚Kontinent' fünf Erdteile beinhaltet, das englische *continent* jedoch sieben (Kupsch-Losereit 2002, 98). Der zweite Aspekt meint das, was traditionell zur Landeskunde gerechnet wird – daher auch die Bezeichnung als enzyklopädisches Wissen – d.h. Besonderheiten in Bereichen wie Institutionen, Kleidung, Geographie, Kunst, Nahrung usw. Dies illustriert das Beispiel, in dem der Eigenname Winchester als ‚englische Eliteschule' wiedergegeben wird (vgl. Kapitel 3.5.6); ‚Winchester' ist eine für Angehörige der Zielkultur offensichtliche und leicht verständliche kulturelle Referenz, die möglicherweise eine zusätzliche Erläuterung erfordert. Symbolik bezieht sich auf Bedeutungen, die z.B. mit Farben, Blumen oder Tieren verbunden werden (Kupsch-Losereit 2002, 98). Der Sprachmittler muss in diesen Fällen entscheiden, ob und v.a. wie er kulturell geladene Lexik und Semantik von der einen in die andere Diskursgemeinschaft übermittelt. Dieser Bereich schließt aber auch Wissen über Normen, Einstellungen und Verhaltensweisen ein, wie in den Abschnitten zu soziolinguistischer, interaktionaler und pragmatischer Kompetenz zum Ausdruck kommt.

Dabei wird das – möglicherweise unterbewusste – Wissen über die Ausgangskultur immer größer sein als dasjenige über die Zielkultur, so dass der Sprachmittler bereit sein muss, seine Lücken in Bezug auf die Zielkultur offenzulegen oder diese zu kompensieren. Allerdings wird der Sprachmittler sicher häufig eher als Experte zu seiner Ausgangskultur wahrgenommen. Ausgehend von dieser Feststellung kann man sich die Frage stellen, ob dies zur Folge haben sollte, dass im Unterricht mehr Kenntnisse zu den Zielkulturen vermittelt werden sollten oder ob vielmehr sogar die Eigenkultur thematisiert werden sollte. Letzteres ist die Lösung der Lehrpläne der Deutschen Demokratischen Republik und einiger westdeutscher Lehrpläne gewesen (vgl. Kolb 2013a und 2013b). Für die erstgenannte Lösung sprechen die Tradition des Fremdsprachenunterrichts, die etablierte Verbindung von (Fremd-)Sprache und (Fremd-)Kultur und v.a. die Motivation und das Interesse der Lernenden. Es bietet sich also an, für den Sprachmittlungsunterricht beide Ansätze zu verfolgen.

Unabhängig von diesen Optionen ist die (inter-)kulturelle Kompetenz des schulischen Sprachmittlers nicht nur auf umfassendes enzyklopädisches Wissen ausgerichtet, sondern auch die von Byram genannten *skills* (vgl. Kapitel 3.4.1 und 3.4.2) sind wichtig. Der Sprachmittler muss auf Grundlage seines bereits vorhandenen oder neu eingeholten Wissens schriftliche oder mündliche Texte interpretieren, Bezüge herstellen und kulturelle Inhalte adressatengerecht vermitteln. Dabei muss er u.U. mit eingeschränktem Wissen auf Seiten des Empfängers rechnen, so dass er Erklärungen hinzufügen muss. Auch kann die Notwendigkeit bestehen, Konflikte und Missverständnisse zu entschärfen, z.B. im Bereich von Verhaltensweisen, aber auch in von Stereotypen geprägten Meinungen oder bei problematischen Tabuthemen wie den Weltkriegen. Dabei muss er auch seine eigene Rolle und seine eigenen Einstellungen relativieren.

4.4.9 Instrumentelle Kompetenz

Die instrumentelle Kompetenz könnte auch als Teilbereich der strategischen Kompetenz gesehen werden, weil sie vorwiegend der Kompensation dient. Da sie jedoch spezifisch ist für die Tätigkeit des Sprachmittlers, wie auch des Übersetzers oder Dolmetschers, wird sie gesondert dargestellt. Im *CEFR* werden einige der hier relevanten Aspekte im Rahmen der Lernfähigkeit als *study skills* oder *heuristic skills* bezeichnet (*CEFR* 2001, 107f.); der Unterschied zu diesen *skills* ebenso wie zu Lernstrategien besteht vorwiegend darin, dass die instrumentelle Kompetenz bei der Sprachmittlung nicht primär dem Sprachenlernen, sondern der erfolgreichen Ausführung einer realistischen kommunikativen Handlung dient.

Es handelt sich bei der instrumentellen Kompetenz um das Wissen der Sprachmittler darüber, welche Hilfsmittel ihnen zur Verfügung stehen; außerdem umfasst sie die Fertigkeit, die entsprechenden Hilfsmittel ausfindig zu machen, in ihnen zu recherchieren und sie zu verwenden, um den Transferprozess von der Ausgangs- in die Zielsprache erfolgreich zu bewältigen. Zum einen sind dies Wörterbücher, Lexika und andere Nachschlagewerke, um Probleme im Bereich von kulturellen und thematischen Referenzen, Lexik, Grammatik, Orthographie usw. zu lösen; zum anderen ist an Hintergrund- und Paralleltexte zu denken, um Probleme aus den genannten Bereichen sowie auf Diskurs-, Text- und soziolinguistischer und pragmatischer Ebene zu lösen. Diese Hilfsangebote können in verschiedener medialer Form, wie z.B. als gedruckte Bücher, elektronische Wörterbücher, (Online-)Korpora[143] oder Hypertexte im Internet vorliegen, so dass auch der fachkundige und kritische Umgang mit Medien eine Rolle spielt.

Die instrumentelle Kompetenz wird wohl stärker bei der Produktion eines schriftlichen Zieltextes in der Sprachmittlungssituation zur Geltung zu kommen. Dennoch ist der begrenzte Einsatz von Hilfsmitteln, z.B. von tragbaren elektronischen Wörterbüchern, wie bei Apps auf dem Mobiltelefon (vgl. Diehr 2012), auch bei der mündlichen Sprachmittlung denkbar. Auch das Hören und Einüben typischer Wortgruppen oder Sätze als unanalysierte *chunks* ist nach der Recherche entsprechender Hörtexte im Internet denkbar. Wenn die Gelegenheit zur Vorbereitung auf eine mündliche Sprachmittlungssituation besteht, z.B. wenn diese die Wiedergabe einer Rede umfasst oder wenn der Auftrag zur Vermittlung in einer Dienstleistungssituation ausreichend weit im Voraus erteilt wird, kann der Sprachmittler ein Glossar wichtiger Begriffe erstellen und im kommunikativen Ernstfall verwenden; für die schriftliche Sprachmittlung gilt dieses methodische Vorgehen immer. Derartige Glossare, die z.B. auch Konversationsroutinen, Phrasenschablonen für Paraphrasen, Satzkonnektoren, Kollokationen oder eben Terminologie enthalten können, lassen sich für andere Sprachmittlungsaufgaben weiterverwenden, so dass sich auch hier wieder Überschneidungen mit (Sprach-)Lernstrategien (vgl. Bimmel/Rampillon 2007) ergeben.

---

143 Besonders die Verwendung von Korpora bietet interessante Lern- und Übungsmöglichkeiten (vgl. Mukherjee 2002, 153–180). Allerdings ist die Auswahl dieser Korpora und die Anleitung der Lernenden zu ihrer Verwendung nicht ganz einfach, wie eine empirische Studie mit deutschen Lernenden zeigt (vgl. Geist/Hahn 2012).

Zu den Informationsquellen gehören auch Informanten. Die hilfesuchende Interaktion mit Kommunikanten der mündlichen Sprachmittlungssituation kann allerdings auch zu den sozialen Strategien gerechnet werden, da sie unter den realen Bedingungen der Echtzeitkommunikation abläuft und die Informationssuche dabei nur ein Teilaspekt ist. In der schriftlichen Sprachmittlung besteht meist wenig Möglichkeit, den Auftraggeber und noch weniger den Autor eines Textes zu kontaktieren (vgl. auch Kautz 2002, 103). Daher handelt es sich meist um außenstehende Informanten, die thematische oder sprachliche Schwierigkeiten des Ausgangstextes in der Ausgangssprache erläutern. In der unterrichtlichen Simulation der Sprachmittlung wird dies in erster Linie die Lehrkraft sein oder aber auch ein Mitlernender, der zufällig Expertenwissen zum Textthema hat. Bei einer Realsituation der Sprachmittlung sind weitere Informanten aus dem Familien- und Bekanntenkreis vorstellbar; einen persönlich unbekannten Fachmann ohne Bezahlung zu finden, erscheint allerdings selbst für professionelle Übersetzer und Dolmetscher schwierig (vgl. Kautz 2002, 104). Vorstellbar ist eine Realsituation, in der eine Schülergruppe zur bereits bestehenden deutschsprachigen Webseite eine englischsprachige Webpräsenz ihres Heimatortes erstellt und Mitarbeiter der Gemeindeverwaltung oder örtlicher kultureller Einrichtungen als Experten hinzuzieht.

In der Überarbeitungsphase einer schriftlichen Sprachmittlung manifestiert sich die instrumentelle Kompetenz darin, dass der Sprachmittler die o.g. Hilfsmittel zur Korrektur einsetzt. Dazu gehört auch in zunehmendem Maße der Einsatz der Autokorrektur- bzw. Rechtschreibfunktion von Textverarbeitungsprogrammen. Auch wenn die Handschrift sicher einen festen und gerechtfertigten Platz im (Fremdsprachen-)Unterricht hat, so ist die Verwendung von Textverarbeitungsprogrammen doch inzwischen auch zu einer Kulturtechnik geworden, die auch im Fremdsprachenunterricht entwickelt bzw. genutzt werden sollte (vgl. Huber 2009, 260–267). Auch die Recherche in Online-Wörterbüchern, Korpora oder bei Google kann Teil der Überarbeitungsphase sein. Diese Teilaspekte der instrumentellen Kompetenz sind auch im *CEFR* als Evaluations- bzw. Reparaturstrategien aufgeführt (*CEFR* 2001, 88).

4.4.10 Persönlichkeitsbezogene und psychische Kompetenzen

Während die bisher aufgeführten Kompetenzen sich v.a. auf deklaratives und prozedurales Wissen sowie auf erlernte und erlernbare Fertigkeiten beziehen, umfassen die persönlichkeitsbezogenen und psychischen Kompetenzen Einstellungen, Motivation, vorhandene Fähigkeiten etc.[144] Im *CEFR* finden sich einige Aussagen dazu unter der Bezeichnungen *existential competence* (*CEFR* 2001, 105). Auch gibt es Berührungspunkte mit Teilbereichen der interkulturellen Kompetenz. Im Bereich der Einstellungen sind hier Offenheit, Neugier, Interesse für die Mitteilungsabsichten anderer Akteure zu nennen, aber auch die Fähigkeit zur Empathie: Der Sprachmittler muss die eigene Sichtweise hintanstellen und sich in die Kommunikanten hineinversetzen können, um ihre sprachlichen, inhaltlich-thematischen und kulturellen Verstehensvoraussetzungen

---

144 Zur Unterscheidung von Fertigkeiten und Fähigkeiten s. Krumm 2001b.

und -interessen nachzuvollziehen. Zu den Einstellungen gehört auch die Bereitschaft, Risiken einzugehen, trotz der eingeschränkten Sprachkompetenz den Sprachmittlungs- auftrag anzunehmen und auch in möglicherweise konfliktbehafteten Situationen zu vermitteln.

Selbstvertrauen, aber auch die Fähigkeit zur Selbstbeobachtung sind nötig, um den Rollenerwartungen als Sprachmittler gerecht zu werden. Der Sprachmittler hat durchaus eine eigenständige Rolle, anders als die Definition des *CEFR* besagt: Er muss u.U. selbst die Initiative ergreifen, um den Auftrag zu spezifizieren, um zusätzliche Informa- tionen einzuholen bzw. hinzuzufügen oder ein stockendes Gespräch wieder in Gang zu bringen. Eigenschaften wie Belastbarkeit, Flexibilität, Spontaneität und Schnelligkeit sowie ein gutes Gedächtnis sind besonders in interaktiven mündlichen Sprachmittlungs- situationen unabdingbar. Kritik- und Urteilsfähigkeit sind nötig, um einschätzen zu können, inwieweit die Aussagen des Ausgangssprechers oder -textes korrekt und ange- messen sind, ob sie an Zielsprache und -kultur angepasst werden müssen und inwiefern der produzierte Zieltext den Erwartungen gerecht wird oder verbesserungswürdig ist.

Im Bereich der kognitiven Eigenschaften geht es um logisches Denken und um Ana- lysefähigkeit in Bezug auf den Auftrag und den Ausgangstext, wobei diese Analysefä- higkeit im Rahmen der Transferkompetenz auch erlernbar ist. Ebenfalls relevant ist Kreativität, die benötigt wird, um auftretende Sprachmittlungsprobleme zu lösen. Dabei ist in erster Linie an neue, originelle Ideen zu denken, um sprachliche Elemente des Ausgangstextes in der Zielsprache wiederzugeben, auch auf die Gefahr hin, Fehler zu produzieren. Dies kann sich z.B. in Umschreibungen, Neologismen, Gestik und Mimik und Zeichnungen zeigen oder in dem Versuch, komplexe, noch nicht erlernte Strukturen zu verwenden. Kreativität ist jedoch auch für die Neuanordnung der inhaltlichen Ele- mente nötig und zeigt sich in der Gestaltung des Textes. Beide Aspekte der Kreativität sind wichtig, damit sich die Sprachmittler vom Ausgangstext lösen und nicht wortge- treue Wiedergaben unter Wahrung des Auftrags irrelevanter Details produzieren.

Schließlich ist noch Lernfähigkeit und -bereitschaft anzuführen. Während Caspari und Schinschke speziell von Sprachlernkompetenz sprechen (Caspari/Schinschke 2012), wird hier eine allgemeinere Bezeichnung gewählt. Dies liegt auch in der Tatsache be- gründet, dass Sprachmittlung einerseits eine unterrichtliche Lernaktivität und anderer- seits eine realitätsnahe Tätigkeit ist, die außerschulisch große Relevanz hat. Die Bereit- schaft und Fähigkeit zum Lernen bezieht sich darauf, neu gewonnene Erfahrungen, Wissen und Können im sprachlichen, kulturellen, interaktionalen, strategischen oder instrumentellen Bereich zu speichern und für zukünftige Sprachmittlungshandlungen verfügbar zu machen, z.B. durch Reflexion, Wiederholen, Üben oder das Erstellen von Glossaren. Lernen in Bezug auf die Sprachmittlungskompetenz kann auch dadurch gefördert werden, dass alternative Versionen, die von anderen Lernenden, von sonstigen Laien im außerschulischen Kontext oder von Profis mit der Zielsprache als Mutterspra- che erstellt wurden, verglichen werden (s. Kolb 2009, 83).

4.4.11 Transferkompetenz

Als letzte Kompetenz ist die Transferkompetenz zu nennen, die zum einen die anderen Teilkompetenzen integriert, zum anderen jedoch für alle Sprachmittlungshandlungen typische Fähigkeiten, Fertigkeiten und Wissensbestände enthält. Die Bezeichnung ‚Transferkompetenz' wird gewählt, auch wenn dieser Terminus bei einigen Autoren in der Translationswissenschaft bereits für die Beschreibung der integrativen Kompetenz der Übersetzer und Dolmetscher verwendet wird (vgl. z.B. Neubert 2000; Presas 2007). Mit dieser ist die Transferkompetenz des Sprachmittlers nicht identisch, aber da der Sprachmittler Handlungen vollziehen muss, in denen Inhalte und Sprache zwischen zwei oder mehreren Sprachen und Kulturen überführt werden, kann man auch hier von Transfer sprechen. Es genügt dabei nicht, wie Reimann auf kognitive Kompetenz zu fokussieren (Reimann 2013a); vielmehr sind viele unterschiedliche kognitive, metakognitive, fertigkeitsbezogene und instrumentelle Komponenten zu berücksichtigen. Bachman unterscheidet in seiner weiten Definition der strategischen Kompetenz, die nicht nur für kompensatorische, sondern für jegliche Sprachverwendung gilt, die Komponenten *assessment*, *planning* und *execution* (Bachman 1990, 100). Wenn man diese auf die Sprachproduktion bezogenen Schritte auch auf die rezeptive Phase der Sprachmittlung bezieht, ist die Transferkompetenz grundlegend erfasst. Eine andere, halbwegs treffende Bezeichnung ist „Textverarbeitungskompetenz" (C. Nord 2010, 114), wobei die hier gewählte Benennung als Transferkompetenz über die linguistische Ebene der Textrezeption und -produktion hinausweist und auch die inhaltliche Ebene betont.

Die Transferkompetenz des Sprachmittlers umfasst an erster Stelle Fertigkeiten, die als metakognitive Strategien bekannt sind (z.B. Oxford 1990, 136–140; O'Malley/Chamot 1990, 47ff.): Es handelt sich nämlich um die Fertigkeiten, die Situation, den Auftrag und die Kommunikanten, ihre Stellung zueinander, ihre Absichten und Interessen sowie den schriftlich vorliegenden oder im Entstehen befindlichen mündlichen Text zu analysieren und einzuschätzen und im Anschluss die Sprachmittlungshandlungen zu planen. Entsprechend dem Zweck der Sprachmittlungshandlung müssen dann beim Hören bzw. Lesen weitere (meta-)kognitive Strategien eingesetzt werden (vgl. auch Rössler 2009; Philipp/Rauch 2014): Wichtige Teilfertigkeiten sind selektive Aufmerksamkeit, Organisation der Rezeption durch die Bestimmung von *advance organizers*, Aktivieren von Erwartungen und Vorwissen, mentales Übersetzen, Kombinieren, Inferenzieren, Zusammenfassen und Segmentieren, Notieren von zentralen Aussagen des Ausgangstextes (*note-taking*), innerliches Wiederholen zur besseren Speicherung des Gehörten, Markiertechniken im Lesetext sowie die Überprüfung und Kontrolle des Verständnisses. Die anschließende Wiedergabe von bestimmten Inhalten zu einem vorgegebenen, bestimmten Zweck setzt den Einsatz der entsprechenden Lese- oder Hörstile voraus wie detailliertes, selektives, inferierendes, suchendes, analytisches, globales, kursorisches Lesen bzw. Hören (vgl. Caspari 2008b, 58; Rost 2015, 169f.).

Das Entscheidende ist nämlich, dass all diese Strategien und Techniken primär an den zu mittelnden Inhalten ausgerichtet sind. Folgende Fragen steuern die Rezeption (vgl. auch Hämmerling 2014, 160):

- Welche Informationen sind für den Adressaten bzw. Auftraggeber relevant?
- Welche Informationen sind weniger wichtig oder im Lichte des Auftrags unnötig und müssen daher nicht beachtet werden?
- Welche Informationen sind besonders wichtig und müssen daher notiert und besonders hervorgehoben werden?
- Inwiefern unterscheiden sich die Funktionen des Ausgangs- und des Zieltextes, so dass Informationen neu angeordnet und entsprechend neu gewichtet werden müssen?
- Welche Verstehensvoraussetzungen und -lücken liegen beim Empfänger vor, so dass ggf. inhaltliche Ergänzungen und Erläuterungen erfolgen müssen?

Diese Fragen sind nicht nur für die Rezeption des Ausgangstextes wichtig, sondern bereiten gleichzeitig den Strategieentwurf für die Produktion des Zieltextes vor: Im Vergleich von Ausgangs- und Zieltext muss sich der Sprachmittler klar machen, wo konzeptuelle, inhaltliche, lexikalisch-semantische, pragmatische, kulturelle Schwierigkeiten und Unterschiede liegen und wie er diese im produktiven Teil der Sprachmittlungshandlung lösen kann. Als Orientierungs- und Entscheidungskriterium muss dem Sprachmittler dabei immer die auf Situation und Adressat bezogene Adäquatheit und die Loyalität gegenüber dem Auftrag(-geber) dienen.

Auf inhaltlicher Ebene hat der Sprachmittler die Aufgabe, Informationen zu restrukturieren und in vielen Fällen auf das Wesentliche reduziert wiederzugeben. Auf sprachlicher, pragmatischer und kultureller Ebene stellen sich Herausforderungen des Formulierens, Umschreibens und Erläuterns. Folgende (meta-)kognitive Strategien muss der Sprachmittler für die produktive Phase kennen und möglichst automatisiert einsetzen können: Planung des Outputs, Strukturieren von Gedanken durch Gliederungstechniken, durch das Erstellen eigener inhaltlicher und sprachlicher Notizen (*notemaking*), Einsatz von sprachlichen Routinen und *lexical chunks*, Sammlung von kohäsiven sprachlichen Mitteln, Einsatz von Hilfsmitteln, Beachtung von kulturellen Konventionen und Überwachung von Sprache und Inhalt.

Die von Hämmerling genannten Hinweise für die Zieltexterstellung sind jedoch nur begrenzt hilfreich, da sie viel zu stark auf Sprachmittlung als Prüfungsform mit identifizierbaren Lern(er)aktivitäten abzielen: „Übertragen Sie die Überschrift des Textes. Formulieren Sie zu Beginn Ihres Textes eine Aussage zum Thema des Ausgangstextes in der Form eines Einleitungssatzes (topic sentence) […]" (Hämmerling 2014, 161). Diese Tipps widersprechen dem folgenden Hinweis: „Folgen Sie den Konventionen der Textsorte des Zieltextes" (Hämmerling 2014, 161). Sie gelten genau betrachtet lediglich für den speziellen Zweck der Informationszusammenfassung. Damit besteht die Gefahr, vor der Caspari warnt, dass Sprachmittlung dazu missbraucht wird, eine bestimmte Textsorte ohne tatsächliche kommunikative Notwendigkeit produzieren zu lassen (Caspari 2013, 34). Dies gilt ganz besonders für die Textsorte des *résumé* bzw. *summary*, die vorwiegend eine schulische Übungsform ist. Epistemologisch fraglich ist auch, ob die Forderung „Übermitteln Sie, interpretieren Sie nicht" (Hämmerling 2014, 161) überhaupt erfüllbar ist. Sinnvoll ist es dagegen, eine Perspektivierung der Aussagen durch die Verwendung von indirekter Rede, eine Überprüfung der Sinn- und Adressatengemäßheit (vgl. Hämmerling 2014, 161) und sprachliche und formale Kontrolle, v.a. von schriftlichen Zieltexten, vorzunehmen.

4.5 Fazit: Sprachmittlung zwischen Komplexität, Obligatorik und Fakultativität

Die hier zum ersten Mal in großer Ausführlichkeit dargestellten Aspekte des Interaktions- und Prozessmodells sowie die sich daraus ergebenden Teilkompetenzen, über die der Sprachmittler verfügen muss, zeigen eindrücklich, dass Sprachmittlung als eine komplexe Kompetenz gelten muss. In Analogie zu der Bezeichnung der vier Fertigkeiten als *macro-skills*, die sich als komplexe Aktivitäten aus verschiedenen *micro-skills* zusammensetzen (vgl. Richards/Schmidt 2002, 331), kann Sprachmittlung als Makro-Kompetenz bezeichnet werden (vgl. Kolb 2014b, 100). Die Verwendung des als Modewort geltenden Begriffs ‚Kompetenz‘ ist zur Beschreibung der Sprachmittlung sehr wohl angebracht: Erstens steht viel stärker als beim Konzept der Fertigkeiten die Anwendung in realitätsnahen Handlungssituationen im Vordergrund; zweitens vereint der Kompetenzbegriff Fertigkeiten, Fähigkeiten, Wissen, Können und Einstellungen (vgl. Hu/Leupold 2008, 55f.). Um seinen Auftrag erfolgreich ausführen zu können, muss der Sprachmittler eine Vielzahl von sprachlichen, kulturellen, pragmatischen, strategischen, sozialen, interaktiven, soziolinguistischen, diskursiven Teilkompetenzen aktivieren und zielgerichtet einsetzen.

Nicht nur in der Kombination von rezeptiven und produktiven oder interaktiven Sprachhandlungen allein liegt die Komplexität der Sprachmittlung begründet, denn diese Kombination ist auch bei einsprachig konzipierten (Lern-)Aufgaben möglich und erwünscht. Vielmehr erhöht der definitorisch konstitutive Einbezug mehrerer Sprachen und Kulturen die Komplexität der erforderlichen Tätigkeiten: Neben dem raschen Umschalten zwischen den Sprachen und großer Flexibilität wird so die Transferkompetenz zwingend notwendig. Auch wenn psycholinguistisch inzwischen als gesichert gilt, dass die Muttersprache auch in einsprachig konzipierten (Unterrichts-)Situationen aktiviert wird (vgl. Butzkamm 2002; Königs 2015), werden bei der Sprachmittlung dadurch zwangsläufig bestimmte Fertigkeiten, Wissensbestände und Einstellungen aktiviert. Abgesehen von der möglicherweise ganz konkreten Gefahr, durch eine Tendenz zur wort- und strukturidentischen Wiedergabe Interferenzen (z.B. *false friends*) zu produzieren, stehen die Sprachmittler vor der ganz konkreten Herausforderung, Unterschiede zwischen Ausgangs- und Zieltext in Bezug auf Inhalt, Sprache, Pragmatik, kulturelle Referenzen, Diskursorganisation, Textsorte und kommunikative Funktion zu erkennen und damit verbundene Probleme zu lösen.

Diese Komplexität hängt mit den verschiedenen Merkmalen des Sprachmittlungsmodells zusammen, von denen einige als obligatorisch, andere als fakultativ anzusehen sind. Zu den obligatorischen Elementen gehört es, dass ein Text von einer Ausgangs- in eine Zielsprache übermittelt werden muss. In Anbetracht des Ziels des schulischen

Fremdsprachenunterrichts, die kommunikative Kompetenz in der Fremdsprache zu entwickeln, sollte daher der Textbegriff zumindest für den fremdsprachlichen Teil (entweder in Rezeption oder Produktion) auf linguistische Zeichen eingeengt werden. In Analogie zu funktionalen Übersetzungstheorien ist die Anwesenheit oder zumindest Identifizierbarkeit von Sender und Empfänger bzw. Auftraggeber ebenfalls verpflichtend nötig. Daraus ergibt sich, dass die Sprachmittlungshandlung in der gegebenen Situation einen Zweck bzw. verschiedene Funktionen für den Auftraggeber erfüllen muss, den der Sprachmittler zu beachten hat. Dies bedeutet zum einen, dass der Fokus nicht nur auf sprachlichem Transfer liegen kann, sondern dass ein inhaltlich-thematisches Informations- oder Wissensbedürfnis vorliegen muss. Zum anderen werden aus Gründen der Realitätsnähe vorwiegend Texte, die nicht primär zum Sprachenlernen, sondern mit einem realen Zweck außerhalb des Unterrichts produziert wurden, verwendet.[145] Das wichtigste obligatorische Merkmal der Sprachmittlung ist aber die Orientierung an Zweck bzw. Auftrag(-geber): Allein von diesem Kriterium hängt ab, ob inhaltlich selektiv, zusammenfassend, detailliert oder vollständig gemittelt werden muss.

Andere Forderungen, die sich in Kriterienkatalogen für ‚gute‘ Sprachmittlungsaufgaben finden, sind nicht notwendigerweise obligatorisch, sondern machen fakultative Elemente aus, anhand derer u.a. die Komplexität und der Schwierigkeitsgrad der Aufgaben gesteuert werden kann. So müssen die verschiedentlich genannten Forderungen nach Kontrastivität und Interkulturalität, nach Unterschieden in Ausgangs- und Zieltextsorten bzw. Ausgangs- und Zieltextsprachstil (*register*), nach Thema/Inhalt, nach dem Verbot des Wörterbucheinsatzes oder nach thematischer Anbindung an den vorausgegangenen Unterricht (vgl. Pfeiffer 2013; Philipp/Rauch 2010a; Erdmann 2012; Rössler 2008; Katelhön/Nied Curcio 2012) meines Erachtens nicht unbedingt erfüllt sein; sie tragen lediglich dazu bei, bestimmte Anforderungen an die Lernenden hervorzuheben bzw. den Einsatz bestimmter Strategien oder Techniken zu erzwingen. Auch eine präzise Aufgabenstellung ist nur insofern obligatorisch, als Nachfragen zur Klärung des Sprachmittlungsauftrags in simulierten schriftlichen Sprachmittlungssituationen anders als bei realen Übersetzungsaufträgen nicht möglich sind. Denkbar ist hierbei jedoch auch die Anforderung an den Sprachmittler, selbstständige Entscheidungen zu treffen. Selbst die Bedingung, dass der Sprachmittler zusammenfassend und inhaltlich kürzend zu arbeiten habe, wie sie in der folgenden Forderung formuliert wird, ist lediglich als fakultativ anzusehen:

> Bei allen Textvorgaben oder selbst erarbeiteten mündlichen Vorgaben ist darauf zu achten, dass diese auch Informationen enthalten, die für den Kommunikationszweck irrelevant sind, da sonst keine Reduktion auf relevante Inhalte möglich ist und die Sprachmittlungsaufgabe einer reinen Übersetzung sehr nahe kommen würde [...]. (Erdmann 2012, 74)

---

145   Der beliebte Begriff der ‚Authentizität‘ wird hier bewusst vermieden, da er selbst in Bezug auf das Ausgangsmaterial der Sprachmittlung viel zu komplex ist. Vgl. einige Überlegungen dazu in Kapitel 6.

Die Beschränkung auf zusammenfassende Paraphrasen würde das Konzept der Sprachmittlung zu stark einschränken und eine Reihe von Textsorten und kommunikativen Funktionen ausschließen. Derartige normative Vorgaben lassen sich nur dadurch erklären, dass Sprachmittlung nicht nur als realistische funktionale Tätigkeit von Laien analog zum professionellen Dolmetschen und Übersetzen, sondern auch als unterrichtliche Lernaktivität zur Kompetenzentwicklung gesehen wird.

5 Anstelle einer Progression: Variationen von Lernaufgaben

Das folgende Kapitel widmet sich dem Forschungsdesiderat der Progressionsbildung für die Sprachmittlung. Aufgrund der überaus hohen Komplexität der Sprachmittlung, die sich in dem Kommunikations- und Prozessmodell ebenso wie in der Beschreibung der beteiligten Teilkompetenzen widerspiegelt, wird hier die These aufgestellt, dass eine Progression, die aus mehr oder weniger präzisen Kann-Beschreibungen besteht, nur von begrenztem Wert ist. Zum einen liegt mit den Kann-Beschreibungen von *Profile deutsch* bereits eine ausführliche und im Endeffekt auch ausreichende Progressionsbildung für die Sprachmittlung vor.[146] Zum anderen zeigt die Analyse dieser und anderer, weniger stark ausdifferenzierter und detaillierter Progressionsmodelle, dass sie immer nur einige Teilaspekte erfassen können. Selbst das *CEFR* stellt allgemein fest, dass „the ease or difficulty of tasks cannot be predicted with certainty, least of all for individual learners" (*CEFR* 2001, 160). Dazu kommt, dass das Konzept der ‚Progression' sowohl von der Fremdsprachendidaktik als auch von der Pädagogik nicht eindeutig und operationalisierbar bestimmt wird. Daher wird in der vorliegenden Arbeit nach der Darstellung der wichtigsten bestehenden Progressionsvorschläge und einem kurzen theoretischen Abriss zum Konzept der Progression ein modifizierter Ansatz gewählt: Da ein lehrgangsförmiger Unterricht – aufgrund der notwendigen Orientierung an den Voraussetzungen der Lerner – nicht auf eine Entwicklung und ein Fortschreiten verzichten kann, wird die Progression im Bereich der Sprachmittlung als Zusammenspiel vieler Faktoren angesehen, die graduell unterschiedlich stark ausgeprägt sein können. Dies wird anhand einiger beispielhafter Lernaufgaben illustriert.

5.1 Bestehende Progressionsmodelle

Neben *Profile deutsch* und den davon inspirierten Beispielen für die DaF-Didaktik für italienische Deutschlernende (vgl. Katelhön/Nied Curcio 2012, 21 ff.) sind v.a. Lehrpläne, damit zusammenhängende Handreichungen und einige knappe Überlegungen aus der Fremdsprachendidaktik relevant. Aus der Vielzahl an föderalen Lehrplänen werden hier der bayerische Gymnasiallehrplan und der Berliner Lehrplan für die Sekundarstufen I und II ausgewählt: Ersterer enthält für jedes Schuljahr Aussagen zur Sprachmittlung; Letzterer fasst immer zwei Jahrgangsstufen zusammen, differenziert innerhalb dieser jedoch im Anspruchsniveau. Zwei Vorschläge aus der Dolmetsch- bzw. Überset-

---

146   Das hat wohl auch de Florio-Hansen erkannt, die in ihrem Vorschlag für eine Progression für den Französischunterricht die Formulierungen aus *Profile deutsch* einfach übernimmt und „deutsch" durch „französisch" ersetzt (de Florio-Hansen 2013a). Damit macht sie es sich aber natürlich sehr einfach.

zungsdidaktik (Gross-Dinter 2013; B. Nord 2002) zeigen weiter auf, wie komplex das Progressionskonzept ist.

5.1.1 Die Progression mit Bezug auf das *CEFR* und in *Profile deutsch*

Der Vollständigkeit halber muss angemerkt werden, dass das *CEFR* zwar keine Skalen für Sprachmittlung enthält, die (unveröffentlichte) Überarbeitung des *Breakthrough Level* (A1) jedoch einige Kann-Beschreibungen für mündliche und schriftliche Sprachmittlung aufführt:[147]

> **Spoken mediation: informal interpretation.**
> In the *personal domain*, Breakthrough learners CAN assist friends, family and foreign guests to exchange information [...]. On family holidays, or when giving hospitality to foreign visitors, they CAN help others to cope with transactions in the *public domain*, such as buying tickets, ordering meals and understanding public notices on posters, road signs, etc. [...] In addition, adult learners CAN render assistance in the *vocational domain*, using the simple language at their disposal to welcome clients and customers from abroad, show them round, help them with getting a meal or refreshments at the canteen, etc. They should not allow colleagues or superiors to expect services beyond their actual very limited competence.
> Young learners CAN help others without any knowledge of the language concerned during school exchanges and visits to buy souvenirs, make friends, etc.
>
> **Written mediation.**
> It is *most inadvisable* for learners at Breakthrough level to undertake to translate any written document with legal or commercial consequences. That is a task which *must* be left to properly qualified experts. Breakthrough level learners CAN write an informal note for a friend or relation in their mother tongue, giving the gist of a newspaper report or a personal letter written in the language they are studying, but should always make clear their very limited knowledge of the language and disclaim responsibility for its accuracy. (Council of Europe 2001b, 54f.; Hervorhebungen im Original)

Interessant an diesen Beschreibungen sind die Nennung von Kommunikationsbereichen und -situationen sowie möglichen Akteuren und v.a. die Warnung an nichtprofessionelle Sprachmittler davor, aufgrund ihrer beschränkten Sprachkompetenz zu hohe Anforderungen zu akzeptieren.

Anders sieht es in *Profile deutsch* aus, das alle Niveaustufen von A1 bis C2 umfasst: Wie auch in den Bildungsstandards erscheint in *Profile deutsch* schriftliche Sprachmittlung jedoch erst ab dem Niveau B1, ab dem sie in beide Richtungen erfolgen soll. Mündlich soll bereits ab dem Niveau A1 in beide Richtungen vermittelt werden, ab dem Niveau A2 auch interaktiv. Auf globale Kann-Beschreibungen folgen detaillierte Be-

---

147 Schon allein aus diesem Grund ist Aussagen nicht zuzustimmen, die Sprachmittlung frühestens auf dem Niveau A2 beginnen lassen, so z.B. Poïarkova: „Le premier niveau de référence (A1) n'est pas concerné par la compétence de médiation. L'apprenant n'est pas encore prêt à jouer le rôle de médiateur, à cause de ses faibles connaissances de la langue et de la culture étrangères" (Poïarkova 2009, 119).

schreibungen mit Beispielen. So lauten Erstere für das Niveau A1 für die mündliche Sprachmittlung aus dem Deutschen wie folgt:

> Kann vereinzelte bekannte Wörter oder Ausdrücke aus häufig gebrauchten, einfachen und kurzen deutschsprachigen Äußerungen zu vertrauten Themen, die langsam und ganz deutlich in Standardsprache gesprochen werden, anderen Personen in der gemeinsamen Sprache weitergeben.

> Kann Namen, Zahlen, Preisangaben und sehr einfache Informationen aus einfachen schriftlichen deutschen Texten von unmittelbarem Interesse, die illustriert und einfach strukturiert sind oder viele Internationalismen enthalten, anderen Personen in der gemeinsamen Sprache weitergeben. (Glaboniat et al. 2005, 114)

Detailliert werden diese globalen Beschreibungen dann folgendermaßen dargestellt:

> Kann aus kurzen deutschsprachigen mündlichen Äußerungen wichtige Informationen, die auf Namen oder Zahlen basieren, anderen Personen in der gemeinsamen Sprache weitergeben. [...]

> Kann aus kurzen deutschsprachigen mündlichen Äußerungen ganz einfache, alltägliche und ihm/ihr vertraute Informationen anderen Personen in der gemeinsamen Sprache weitergeben. [...]

> Kann einzelne Informationen aus einem kurzen schriftlichen, oft listenartigen deutschsprachigen Text zu vertrauten Themen anderen Personen in der gemeinsamen Sprache weitergeben, wenn der Text einfachen Basiswortschatz, Internationalismen oder visuelle Elemente enthält. (Glaboniat et al. 2005, 114f.)

Noch eine Ebene tiefer finden sich konkrete Beispiele wie das folgende: „*Kann in einem Restaurant eine einfache Bemerkung des deutschsprachigen Kellners (z.B. „Mit oder ohne Eis?") einer Kollegin in der gemeinsamen Sprache weitergeben*" (Glaboniat et al. 2005, 83; Kursivdruck im Original).

Da die ausführlichen Kann-Beschreibungen für alle Niveaus und alle Formen der Sprachmittlung, die in *Profile deutsch* auch die intralinguale Vermittlung umfasst, ein sehr umfangreiches Zitat darstellen würden, soll hier lediglich noch ein Ausschnitt aus den Bestimmungen für die schriftliche Sprachmittlung ins Deutsche gegeben werden. Auf dem Niveau B1 lauten die globalen Beschreibungen dafür:

> Kann aus mündlichen Texten einer anderen Sprache zu Themen von persönlichem oder aktuellem Interesse wichtige Aussagen mit einfachen Formulierungen in Stichworten für Deutschsprachige auf Deutsch notieren.

> Kann die wichtigsten Inhalte von schriftlichen Texten einer anderen Sprache, die von persönlichem oder aktuellem Interesse sind, mit einfachen Formulierungen oder mit Hilfe eines Wörterbuches für Deutschsprachige auf Deutsch notieren. (Glaboniat et al. 2005, 150)

Einige konkrete Beispiele für die schriftliche Sprachmittlung ins Deutsche auf dem Niveau B2 sind:

> *Kann beim Fernsehen für einen deutschsprachigen Arbeitskollegen Reiserouten und Empfehlungen eines anderssprachigen Reisemagazins klar gegliedert auf Deutsch notieren.* [...]

Kann die Inhalte einer anderssprachigen Vorladung bei der Meldebehörde für einen deutschsprachigen Mitbewohner im Studentenheim auf Deutsch notieren. […]

Kann für seine deutschsprachigen Berufskollegen im Spital die Hauptargumente eines anderssprachigen Fachbuches über Alternativmedizin in schriftlicher Form auf Deutsch zusammenfassen. (Glaboniat et al. 2005, 173f.; Kursivdruck im Original)

Diese Beispiele, ebenso wie die Fortsetzung bis zum Niveau C2, zeigen, dass sich *Profile deutsch* auf erwachsene Lerner bezieht. Dennoch ist die Mehrzahl der Deskriptoren auch für die schulische Sprachmittlung verwendbar.

Zusammenfassend ergibt sich aus den Kann-Beschreibungen von *Profile deutsch* folgendes Bild: Für die mündliche und schriftliche Sprachmittlung aus dem Deutschen in die Fremdsprache sind Kategorien der Progression die Länge, Struktur und Komplexität, Realisierung und Thema des Ausgangstextes, Umfang und Art der Informationen im Zieltext sowie Hilfsangebote, wie die folgenden ausgewählten Termini für die mündliche Sprachmittlung aus dem Deutschen in die Erstsprache illustrieren:[148]

kurz (A2, m), länger (B1, m), klar strukturiert (A2, m), komplexer (B2, m)
deutlich (A2, m), Standardsprache (A2, m), langsam (B1, m)
vertraut (A2, m), alltäglich (A2, m), von persönlichem oder aktuellem Interesse (B1, m), aus ihrem Fachgebiet (B2, m)
wichtige, erwartbare Informationen (A2, m), in groben Zügen (A2, m), erklärend (B1, m), zusammengefasst in Stichworten notieren (B1, s), Hauptpunkte (B1, s), einzelne Aussagen und Standpunkte (C1, m)
mit Hilfe von Umschreibungen (B1, m), mit Hilfe eines Wörterbuches (B1, s) (Glaboniat et al. 2005, 126, 144, 145, 149, 168, 189)

Dieselben Kategorien gelten auch für die Sprachmittlung aus der Erstsprache in die Fremdsprache Deutsch. Dabei treten Beschreibungen der Zielsprache und des Zieltextes hinzu:

mit einfachen Worten (A2, m), oft Pausen (A2, m), mit einem sehr begrenzten Repertoire an Wörtern oder einfachen Strukturen (A2, m), mit Hilfe von Umschreibungen (B1, m), mit einfachen Formulierungen (B1, s)
vereinfacht (B1, m), zusammenfassend und gut verständlich (B2, m), ausreichend klar und verständlich (B2, m), klar und größtenteils korrekt (C1, m)
Hilfe der Gesprächspartner beim Formulieren (A2, m), Wörterbuch zur Kontrolle (B2, s) (Glaboniat et al. 2005, 128, 146, 150, 169, 173, 189)

So überzeugend ein derartiges Repertoire an Adjektiven und Substantiven zur Beschreibung auf den ersten Blick wirkt, so sehr zeigt sich bei genauerer Betrachtung auch dessen Beschränktheit.[149] Ohne Kenntnisse über die einzelnen Lerner ist es schwierig, Aussagen über ‚vertraute‘ oder ‚einfache‘ Themen zu treffen: Für Jugendliche, die sich für Automechanik oder Ballett interessieren – um stereotype, aber doch treffende Beispiele

---

148   m: mündlich, s: schriftlich
149   Zu demselben Fazit gelangt z.B. Barkowski in seiner Analyse des Bereichs „Texte verarbeiten" im *CEFR* und attestiert dem *CEFR* eine „skalierte Vagheit" (Barkowski 2003, 22). Vgl. ähnlich auch Quetz 2003, 151–154 und Zydatiß 2010a, 61. Eine Studie zur Validität der Skalen des CEFR kommt ebenfalls zu zwiespältigen Ergebnissen (Bauernfänger 2016).

zu wählen – können recht spezielle Inhalte und Begriffe vertraut sein. Selbst kleine Kinder haben schon oft Spezialinteressen, wie z.B. Dinosaurier. Auch ‚kurz‘ und ‚länger‘ sind keine absoluten, sondern nur relative Kategorien: Wie lang darf ein kurzer Text sein? Auch kann nicht automatisch angenommen werden, dass ein ‚kurzer‘ Text ‚einfacher‘ ist als ein ‚langer‘ Text, da er vom Inhalt, von der sprachlichen Gestaltung oder der Gedankenführung her anspruchsvoll sein könnte. Auch die Entscheidung darüber, ob Zielsprache und Zieltext ‚einfach‘ sind, hängt u.a. von Wortschatz, Syntax, Grammatik und Textmustern ab – und von den sprachlichen Vorkenntnissen des einzelnen Lernenden. Ob Informationen zusammenfassend, erklärend oder global – und v.a. verständlich – wiedergegeben werden, kann eigentlich nur der Adressat in der konkreten Sprachmittlungshandlung endgültig beurteilen. Einschränkende Adverbien wie ‚ausreichend‘ deuten eben diese Problematik an.

Da das *Hand- und Übungsbuch zur Sprachmittlung Italienisch-Deutsch* (Katelhön/ Nied Curcio 2012) auf den Beschreibungen von *Profile deutsch* aufbaut, gilt das bisher Festgestellte auch dafür. Weitere Kategorien, welche dort in die Aufgabenerstellung einbezogen werden, umfassen Textsorten von Ausgangs- und Zieltext,[150] so z.B. Broschüre $\rightarrow$ E-Mail (A1, D$\rightarrow$I, s$\rightarrow$s), Schilder $\rightarrow$ Auskunftsgespräch (A2, I$\rightarrow$D, s$\rightarrow$m), Lied $\rightarrow$ Beschreibung mit Erläuterung (B1, I$\rightarrow$D, s$\rightarrow$s), Interview $\rightarrow$ schriftliche Ankündigung (B2, D$\rightarrow$I, m$\rightarrow$s), Vortrag $\rightarrow$ Zusammenfassung (C1, I$\rightarrow$D, m$\rightarrow$s) (Katelhön/Nied Curcio 2012, 72, 136, 172, 198 und 246) und Sprachhandlungen wie z.B. Begriffe erklären (A1), Berichten (A2), Vergleichen und Beurteilen von Zuständen (B1), Zusammenfassen (B1) (Katelhön/Nied Curcio 2012, 90, 112, 160 und 176). Sowohl in den Textsorten als auch in den unterschiedlichen Handlungen, die Lernende vollziehen sollen, können sicher Unterschiede im Schwierigkeitsgrad konstruiert werden. Da die genannten Beispiele aber wiederholt auch in verschiedenen Niveaus auftauchen, zeigt sich, dass den Autorinnen klar ist, dass auch dieses Kriterium nur relativ im Zusammenspiel mit anderen Kategorien gesehen werden kann.[151]

5.1.2 Beispiele aus Lehrplänen, Fremdsprachendidaktik und Prüfungen

Auch Lehrplänen gelingt es kaum, die Komplexität der Sprachmittlung in eine Progression zu bringen, die objektivierbaren Kriterien folgen würde. So heißt es im Berliner Gymnasiallehrplan für die Jahrgangsstufen 7 und 8 im Fach Englisch, dass im Basisniveau „einfache Informationen mündlich" und im erhöhten Niveau „einfache und kurze sprachlich gesicherte Äußerungen vorwiegend mündlich" übertragen werden sollen (Berlin 2006, 31). Während das Fortschreiten von mündlicher zu ggf. schriftlicher Wiedergabe klar erkennbar ist, kann dies nur bedingt ein Progressionskriterium sein: So könnte z.B. die mündliche Wiedergabe als zusammenhängender Kurzvortrag in der

---

150   D: Deutsch, I: Italienisch
151   In *Profile deutsch* wird explizit gesagt, dass Textsorten nicht einem bestimmten Niveau zugeordnet werden können, sondern diese Zuordnung von der geforderten Tätigkeit abhängt (Glaboniat et al. 2005, 94).

Fremdsprache sehr wohl größere Anforderungen an Lernende stellen als das Notieren von Stichpunkten im Deutschen. Die Unterscheidung der Tätigkeiten „einfache Informationen aus kurzen, nicht-linearen Texten entnehmen" vs. „aus kurzen, einfach strukturierten Alltagstexten die Kernaussage ermitteln" (Berlin 2006, 31) dagegen zeigt einen gewissen Anstieg der Anforderungen bei den mentalen Operationen an. Ähnliches gilt für den Einsatz von Strategien, der von Mimik, Gestik und Ausfindigmachen von Schlüsselwörtern zu Kompensationsstrategien des „Ausweichen[s] auf einfache, vertraute Strukturen" (Berlin 2006, 31) reicht. Die zusätzliche Nennung von weiteren Textsorten und Sprachmittlungsanlässen für das erhöhte Niveau wiederum kann nur bedingt überzeugen: Kontaktgespräche oder Werbetexte sind nicht zwangsläufig anspruchsvoller als Dienstleistungsgespräche oder Speisekarten (Berlin 2006, 31), da auch Thema und verwendete Lexik eine Rolle spielen. Und auch die Bildungsstandards operieren mit dem Kriterium der Vertrautheit von Themen und Situationen (vgl. Kapitel 3.1.2).

Noch deutlicher werden die Schwierigkeiten der Progressionsbildung im bayerischen Gymnasiallehrplan, in dem sich Phrasen finden wie ‚sehr einfach' (5.), ‚einfach' (6.), ‚typischen Alltagssituationen' (7.), ‚etwas anspruchsvolleren schriftlichen Äußerungen' (9.), ‚alltäglich' (5.), ‚vertraute Themen' (7.), ‚breiteren Spektrum von Themen' (9.), ‚verschiedene Themen' (11./12.), ‚global wiedergeben' (8.), ‚zusammenfassend' (8.), ‚in der Regel zusammenfassen oder selektiv' (11./12.), ‚ins Deutsche übersetzen' (10.)[152] (Bayer. Staatsmin. 2009a). Auch wenn der Versuch löblich ist, Aktivitäten für jede einzelne Jahrgangsstufe zu bestimmen, sind die verwendeten Bezeichnungen vage und bleiben interpretationsbedürftig. Möglicherweise um diese Aussagen zu konkretisieren, nennt das ISB in einem Begleitband „mögliche Aufgabenstellungen auf den verschiedenen Niveaus des GeR – in Abhängigkeit von Alter, Anzahl der Lernjahre und je nach dem [sic], ob eine Sprache als erste, zweite, dritte oder spätbeginnende Fremdsprache erlernt wird" (ISB 2011, 43). Damit bringen die Autoren selbst zum Ausdruck, dass die Zuordnung von Aufgabenstellungen und Niveaus von weiteren Kriterien abhängt. Dementsprechend wirft auch die Liste von Aufgabenstellungen und Sprachmittlungssituationen (ISB 2011, 44) Fragen auf: Wieso ist die Übertragung von Koch- und Backrezepten auf dem Niveau A2 angesiedelt? Wie unterscheiden sich „sehr einfache" (A1), „komplexere" (A2) und „komplexe" (B1) Wegbeschreibungen? Was sind „einfache offizielle Schreiben" (B1)? Wieso ist erst auf dem Niveau B2 der „Inhalt von Nachrichten, Artikeln, Interviews und Berichten über gesellschaftliche, politische, wirtschaftliche und wissenschaftliche Themen" wiederzugeben oder „beim Besuch öffentlicher Einrichtungen, z.B. bei einem Museums- oder Ausstellungsbesuch" zu vermitteln? Und vor allem, warum sind im Hinblick auf Nützlichkeit und Alltagsorientierung der Sprachmittlung „übliche Situationen, die im Verlauf einer Reise auftreten [...] (z.B.

---

152 Ähnlich sieht Weißmann für den universitären Übersetzungsunterricht eine Progression von der sinngemäßen Wiedergabe zum Übersetzen (Weißmann 2012a und 2012b). Es leuchtet jedoch nicht ein, warum eine Übersetzung nicht punktuell auch auf einer niedrigeren Niveaustufe, mit kürzerem Umfang oder unter Verwendung von Hilfsmitteln, verlangt werden kann, wenn Situation und Zweck dies erfordern.

Reklamation im Hotel, Beratung im Reisebüro, Arztbesuch)" ausschließlich und erst beim Niveau B1 genannt?

Genau dasselbe Vorgehen verwendet allerdings auch Hallet, der vom ersten Lernjahr bis zur Oberstufe ausgangssprachliche Textsorten und Aufgaben, die in der Zielsprache auszuführen sind, gegenüberstellt, so z.B.:

1. Lernjahr	Schilder, Ansagen	Inhalt wiedergeben
ab 5. Lernjahr	Brief	eine wichtige Passage wörtlich übersetzen; mit einem Brief antworten
Oberstufe	Originaltexte zu verschiedenen Themen des Lehrplans (Zeitungsartikel etc.)	Inhalt wiedergeben, Kernstellen wörtlich übersetzen, Antworttexte verfassen, in eigenen Äußerungen verwerten

(Hallet 1995, 300f.)

Die Problematik dieser vagen Progressionsbildung muss wohl nicht kommentiert werden, auch wenn die Beispiele für die Erstellung konkreter Sprachmittlungsaufgaben natürlich durchaus wertvoll sind.

Weitere, weniger detaillierte Vorschläge für eine Progressionsbildung rekurrieren z.B. auf Situationen und Rollen der beteiligten Akteure bzw. deren Verhältnis zum Sprachmittler (Poïarkova 2009, 119; Dendrinos/Karavas 2013, 46f.). Auch eine angenommene Progression, die mit der Sprachmittlung in die eigene Sprache beginnt und sich zur Sprachmittlung in die Fremdsprache steigert, geht von gewissen, nicht unbedingt zutreffenden Vorannahmen aus: So kann die Mittlung eines einzelnen Wortes per Paraphrase in die Fremdsprache als deutlich einfacher empfunden werden als die muttersprachliche schriftliche Wiedergabe eines längeren, einmal gehörten fremdsprachlichen Textes.

Ein besonders spezieller Vorschlag stammt von Klewitz, der eine Aufgabentypologie im „Kontinuum von common events zu critical incidents" (Klewitz 2015, 44) erstellen will. Während sich Erstere z.B. auf das Alltagsleben beziehen, sollen Letztere aus dem öffentlichen Leben, Länderprofilen oder den *cultural studies* stammen (Klewitz 2015, 44f.). Beiden Bereichen sind Operatoren, spezielle Kompetenzen, Textsorten und Lernereigenschaften (Motivation und Lernstufe) zugeordnet. Bereits die Unterscheidung zwischen *common events* und *critical incidents* wirkt konstruiert und nicht überzeugend, da die beiden Kategorien nicht auf derselben Ebene angesiedelt sind. Es ist nicht klar, warum es bei alltäglichen Ereignissen nicht auch problematische Erlebnisse und Spannungen (*critical incidents*) geben sollte. Auch die Operatoren und benötigten Kompetenzen erscheinen willkürlich gewählt, wie folgender Auszug (Abb. 18) zeigt.

	Knowledge		skills		volition
common events	context (situations, roles, addressees)	task verbs *SM specific compe-tencies*		text types genre	grade/ motivation
	every day life	*para-phrase* identify describe		poster	beginner/ inter-mediate personal prefe-rence
	every day life	name *present* outline		hobby	dito
	commo-dities	*identify* name *render*		labels wrap-per	dito interest
[…]					
critical incidents					
	public domain	describe *present* analyse *illustrate* discuss *evaluate*		cartoons statistics graphs graffiti	advanced pers. interest public issues
	country profiles	describe *compare*		school health	advanced public

Abb. 18: Matrix der Progression von <u>common events</u> zu <u>critical incidents</u> (Klewitz 2015, 44)

Als Fundgrube für die Entwicklung von Aufgabenbeispielen kann Klewitz' Vorschlag dienen, nicht aber, wie er meint, als Modell einer steigenden Komplexität der interkulturellen Teilkompetenzen der Sprachmittlung (Klewitz 2015, 45).

Vielleicht am allerdeutlichsten tritt jedoch die teilweise Willkürlichkeit von Progressionsbildungen in den griechischen *KPG*-Prüfungen zutage, zu deren Sprachmittlungs-Teilaufgaben in den Prüferhandbüchern nur allgemeine Aussagen gemacht werden: Als Kriterium des Fortschritts von B1 zu C1 gilt die zunehmende Länge der Zieltexte unter Angabe von Wortzahlen (Dendrinos/Stathopoulou 2010). Stathopoulous statistische Auswertungen der Aufgabenstellungen und der Strategien der Prüflinge lassen entgegen ihres eigenen Fazits nur begrenzt eine Progression erkennen.

Topics across levels

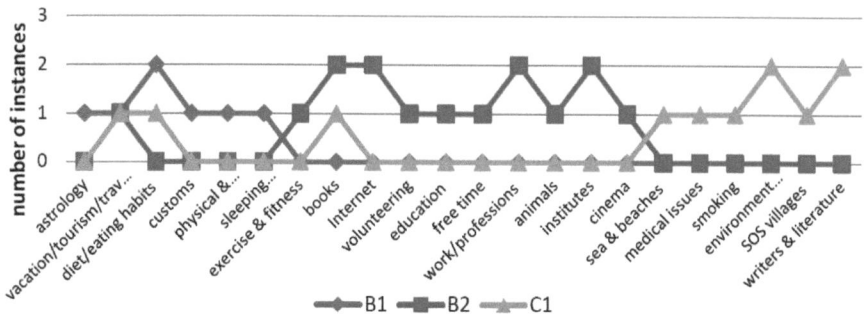

Abb. 19: Themen der Sprachmittlungstexte in den <u>KPG</u>-Prüfungen B1 bis C1 (Stathopoulou 2013a, 77)

189

Kann man z.B. aus Stathopoulous Auswertung der Themenbereiche (Abb. 19) den Schluss ziehen, dass Astrologie auf dem Niveau B1 auf jeden Fall ein vertrauteres Thema als Bücher oder die Umwelt ist oder dass Rauchen eher ein passenderes Thema für das Niveau C1 ist als Arbeit und Berufe? Noch eindrücklicher in dieser Hinsicht sind Stathopoulous Erkenntnisse, was die generischen Prozesse betrifft, welche die Prüflinge ausführen sollen (Abb. 20).

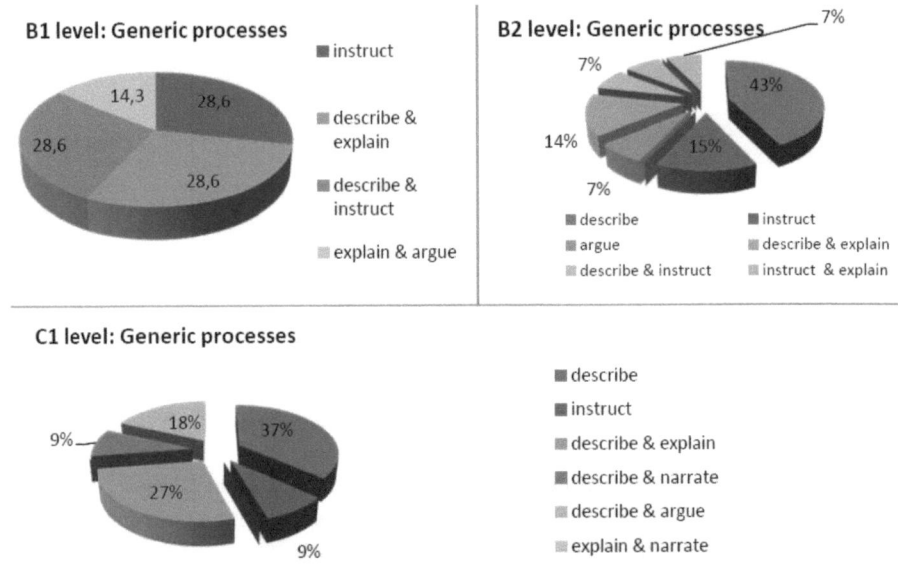

Abb. 20: Generische Prozesse bei der Zieltextproduktion in den KPG-Prüfungen (Stathopoulou 2013a, 85)

Ohne Kenntnis der Auswertung könnte man vermuten, dass die Erstellung eines beschreibenden Textes auf dem Niveau B1 häufiger vorkommt als auf dem Niveau C1 – was aber nicht der Fall ist (57,2% vs. 91%). Ob man *describe* und *explain* oder *instruct* und die Kombination aus *instruct* & *explain* klar unterscheiden kann, scheint fraglich. Während es einleuchtet, dass auf den Niveaus B2 und C1 mehr unterschiedliche Kombinationen von Funktionen auftauchen, fragt sich, wieso das sehr anspruchsvoll erscheinende *explain* & *argue* auf dem Niveau B1 am häufigsten ist (14,3%). Derartige Überlegungen ließen sich noch fortsetzen. Abschließend sei nur Stathopoulous Erkenntnis in Bezug auf die Performanz der Prüflinge in Abhängigkeit von einer Vielzahl von Faktoren zitiert:

> In text-responsible tasks (i.e., tasks which involve processing of a source text), the importance of task features, text difficulty at a conceptual or linguistic level and other task-related variables in determining strategy use has been confirmed by numerous studies (cf. Plakans, 2009a, 2009b; Brantmeier, 2002; Esmaeili, 2002; Alexander et al. 1998). According to Asención Delaney (2008: 141), task features (i.e., the nature of the topic, the number and nature of sources used, and the writing conventions required) determine the learners' performance in such tasks. (Stathopoulou 2013a, 205)

Entsprechend der unterschiedlichen Performanz von Lernenden scheint auch eine Progression von Aufgaben über verschiedene Niveaus nur im Zusammenspiel vieler einzelner Parameter greifbar und zusätzlich auch noch abhängig von den Voraussetzungen der einzelnen Lerner.[153]

5.1.3 Progression in Übersetzungs- und Dolmetschportfolios

Eben diese Komplexität scheint eher in der Übersetzungs- und Dolmetschdidaktik ein Thema zu sein.[154] Gründe dafür könnten sein, dass in der Ausbildung von professionellen Dolmetschern und Übersetzern Wert darauf gelegt wird, diese Ausbildung so systematisch und umfassend wie möglich zu gestalten und auch der Vorstellung entgegenzuwirken, dass Übersetzen oder Dolmetschen eigentlich jeder Zweisprachige könne. Wenn aber Sprachmittlung als eine komplexe Tätigkeit gilt und übereinstimmend davon ausgegangen wird, dass sie mehr als rezeptive und produktive Elemente umfasst und dass sie separat zu entwickeln ist, dann sollten alle Kriterien, die Gross-Dinter (2013) als Grundlage der Deskriptoren für die Dolmetschkompetenz nennt, berücksichtigt werden: der Schwierigkeitsgrad des Ausgangstextes, die Anforderungen an den Zieltext, der Charakter der Kommunikationssituation und der Interaktion, die Anforderungen an das Verhalten des Vermittlers und der Einsatz von Dolmetschstrategien und -techniken (Gross-Dinter 2013, 231f.). Hier werden lediglich die Ausdifferenzierungen in Bezug auf den Ausgangs- und Zieltext wiedergegeben, da sie deutlich zeigen, dass ‚einfach' und ‚schwierig' komplexe Konzepte sind. Sie umfassen nämlich:

> inhaltliche und sprachliche Komplexität; Fachlichkeit; Abstraktion; Aktualität des Themas und darüber verfügbares Vorwissen; Grad der Explizitheit der Mitteilung; Standardisierung der Sprache; Länge der zu dolmetschenden Passagen; Schnelligkeit des Vortrags (Gross-Dinter 2013, 231)

bzw.

> inhaltliche Vollständigkeit, Korrektheit und Detailgenauigkeit; grammatische und lexikalische Korrektheit auch bei kognitiver Belastung; flüssige Wiedergabe; zielsprachliche und zielkulturelle Angemessenheit; Optimierung des Zieltextes im Hinblick auf Klarheit, Strukturiertheit, Relevanz, Redundanz; Einsatz des Spektrums sprachlicher Mittel im Hinblick auf allgemein- und fachsprachlichen Wortschatz, Kohäsions- und Kohärenzmittel; angemessene Register; korrekte und natürliche Aussprache; angemessene Prosodie (Gross-Dinter 2013, 231)

Doch trotz dieser detaillierten Differenzierungen verfallen auch die Kann-Beschreibungen des Portfolios wieder in allgemeine Benennungen wie „Kann auch längere Äu-

---

153 Daher erscheinen auch die Verfahren des *standard-setting*, die z.B. das IQB für verschiedene Kompetenzen vornimmt (vgl. Harsch/Pant/Köller 2010), für die Sprachmittlung nicht hilfreich. Das mag auch mit ein Grund dafür sein, warum vom IQB bisher keine Standards für die Sprachmittlung vorliegen.

154 Exemplarisch zeigt auch Christiane Nord die Schwierigkeiten für die Elemente Übersetzungsauftrag, Ausgangstext, Strategie und Zieltextproduktion auf (C. Nord 1997).

ßerungen mühelos und flüssig wiedergeben" (Niveau IV; Gesamteindruck), „Zeigt eine *ziemlich gute Beherrschung* der Grammatik" (Niveau II, sprachliche Realisierung) oder „Ist mit *vielen* gedanklichen und sprachlichen *Mustern* in Ausgangs- und Zielkultur vertraut und *bemüht sich*, sie *angemessen wiederzugeben* (Gross-Dinter 2013, 233, 235; Kursivdruck im Original). Gleiches gilt teilweise für die Kann-Beschreibungen für das Übersetzungsportfolio bei Britta Nord, wie ein Beispiel illustriert:

> Ich kann einen in sich abgeschlossenen, logisch aufgebauten und kohärenten, stilistisch unauffälligen Text mit mir vertrauter Thematik, einfachem Wortschatz und einfacher Syntax verstehen und mit Anleitung in Bezug auf die übersetzungsrelevanten Faktoren analysieren. (B. Nord 2002, 155)

Dieser Deskriptor unterscheidet sich insofern von anderen, als er in der ersten Person verfasst ist und somit individuelle Verstehensvoraussetzungen bei der Thematik miteinschließt; Adjektive wie ‚einfach' und ‚logisch aufgebaut' sind jedoch ebenfalls immer subjektiv und nicht eindeutig definierbar.

5.2 Progression: Ein ungeklärtes oder unklärbares Prinzip?

Dieses Unvermögen, das allen bisher dargestellten Progressionsmodellen vorgehalten werden kann – nämlich das Fehlen einer eindeutigen, sprachlich und konzeptuell präzisen und zur Komplexität der Sprachmittlung (und anderer sprachlicher Aktivitäten) passenden Definition – erscheint schwer behebbar. Trotz der wichtigen Bedeutung als methodisches Prinzip führen allgemeinpädagogische und -didaktische Nachschlagewerke oder Einführungen keinen Eintrag zum Stichwort ‚Progression'; etwas anders sieht es in den fremdsprachendidaktischen Handbüchern aus, die entweder Artikel, wie im *Metzler Lexikon Fremdsprachendidaktik* (Surkamp 2010), oder zumindest Abschnitte innerhalb von Artikeln enthalten, so im *Handbuch Fremdsprachenunterricht* (Bausch et al. 2007) und im *Handbuch Fremdsprachendidaktik* (Hallet/Königs 2010). Die bisher dargestellten Progressionsvorschläge zur Sprachmittlung beruhen im weitesten Sinn auf dem allgemeinpädagogischen Prinzip des Fortschreitens vom Leichten zum Schwierigen, vom Allgemeinen zum Besonderen, vom Einfachen zum Komplexen oder vom Bekannten zum Unbekannten (vgl. Polleti 1999, 273; Harden/Witte 2006, 11; A. Witte 2006, 29ff.).

Speziell für den Fremdsprachenunterricht liegen allen Inhalten, Zielen und Verfahren Ideen von Progression zugrunde, die aber nicht immer zwingend einleuchtend sind – man denke an mehr oder weniger überzeugende Progressionen im Bereich der Grammatik (vgl. Quetz 2007, 125). Ähnliches gilt für kommunikative und situative Progressionen, da sich die „sprachliche Komplexität, aber auch die Neutralität der sprachlichen Mittel" (Quetz 2007, 125) als Ordnungsprinzipien der objektiven Überprüfung entziehen. So stellen auch Harden und Arnd Witte fest, dass eine situative Progression unmöglich zu definieren sei, da die Abfolge von Situationen im privaten, alltäglichen Umfeld zu stärker formellen und offiziellen Situationen, welche in kommunikationsorientierten Lehrwerken dominiert wird, unrealistisch sei (Harden/Witte 2006, 14).

Während außerdem lexikalische und grammatische Inhalte für eine (häufig zyklische) Progression zumindest klar benennbar sind, sind Inhalte im Bereich der Fertigkeiten „less palpable" (Decoo 2011, 17). Noch problematischer ist die Modellierung einer kulturellen Progression, wie auch Arnd Witte, der einen derartigen Vorschlag macht, selbst zugibt, u.a. da sie nicht nur kognitive, sondern auch affektive Aspekte umfassen müsse (A. Witte 2006, 41).[155]

Auch die folgende Überlegung zur Progression im Bereich der Fertigkeiten bzw. Kompetenzen enthält ebenfalls Gemeinplätze und vage Terminologie:

> Die P[rogressions]stränge in den Fertigkeiten müssen lernpsychologisch akribisch genau auf die angestrebten Kompetenzprofile ausgerichtet sein […] Eine deutliche P[rogression] im Bereich der Sprachmittlung fokussiert auf die Fähigkeit der Lernenden, die passenden Translationstechniken anzuwenden, die eine Sprachmittlungsaufgabe erfordert […] Auch die Übungskorpora unterliegen einer P[rogression], die eine Steigerung in der Komplexität, in der Steuerung durch Lernhilfen (*scaffolding*) und durch die Integration unterschiedlicher *skills* einfordern (Aufgabenprogression). (Kieweg 2010a, 250f.)

Wenn auch der Grad der Steuerung ein wichtiges Merkmal ist (vgl. auch Kieweg 2010b, 184), so bleibt unklar, was Kieweg unter ‚Kompetenzprofilen', ‚Translationstechniken' und ‚Aufgabenprogression' versteht. Da Sprachmittlung immer verschiedene Fertigkeiten und weitere Leistungen einschließt, ist sie in sich selbst bereits komplex, so dass eine Progression innerhalb der Sprachmittlungskompetenz auf andere Ansätze rekurrieren muss. Konkret hilfreicher erscheint Kiewegs Vorschlag, der eine inhaltliche mit einer kompetenzorientierten Progression verbindet: So stellt er das Thema *food* von der Primarstufe bis ins Studium bzw. in den Beruf dar, wobei die Teilthemen immer komplexer werden. Exemplarisch seien einige Auszüge aus der inhaltlichen Progression genannt: Sie reicht über Lebensmittelbezeichnungen und einfache Rezepte in der Grundschule, gesundheitsbewusstes Essverhalten in der Sekundarstufe I, Welthandel, Anbaubedingungen und Umwelt in der Sekundarstufe II zu Verordnungen, Fragen der Welternährung oder artgerechter Tierhaltung in Studium und Beruf (Kieweg 2010c, 42f.). Die Progression im Bereich der Sprachkompetenz zieht sich von der Wort- und Satzebene (lexikalische Einheiten, einfache Dialoge) zu immer komplexerer Diskurskompetenz in den zu den Themen passenden Szenarien (Kieweg 2010c, 42f.). Dieser Vorschlag zeigt, dass dasselbe Großthema mit verschiedenen Konkretisierungen auf verschiedenen Niveaustufen verwendet werden kann.

Dies gilt auch für die Sprachmittlung. Anders als bei Kieweg muss eine Progressionsbildung – nicht nur in diesem Bereich – jedoch noch mehr Faktoren berücksichtigen als Wort-, Satz- und Textebene im (produktiven) Umgang mit der Sprache. Dies liegt daran, dass Progression viel weiter zu fassen ist, als im Fremdsprachenunterricht traditionell üblich war:

---

155 Daher ist auch Bohles Annahme, dass interkulturelle Aspekte bei der Sprachmittlung mit jüngeren Lernern kaum zu realisieren seien, da diesen bei „‚landeskundlichen' oder ‚interkulturellen Themen' Vorwissen" (Bohle 2012, 95) fehle, nicht zutreffend: Es geht nicht nur um (Fakten-)Wissen, sondern auch um Einstellungen, Verhaltensweisen und den Umgang mit (Wissens-)Lücken.

Progression is not only a concept relevant for learning grammar, funtional-notional se-
quences of speech acts, pragmatics or socio-culture, it is also relevant for the social and
emotional environment of learning on the meso-level [of the classroom]. [...] And on the
micro-level of progression [of the individual], psychological effects of learning a foreign
language come into play. (Harden/Witte 2006, 20f.)

Somit umfasst Progression nämlich auch mentale und personale Prozesse, d.h. Ko- und
Rekonstruktion von Wissen, Können und Einstellungen. Mindestens genauso wichtig
wie das Anforderungsniveau in Bezug auf Themen, Text- und Genremerkmale oder
sprachliche (Vermittlungs-)Aktivitäten ist daher bei sprachmittelnden Aktivitäten die
soziale und interkulturelle Interaktion und das persönliche Engagement des Mittlers.

5.3 Eine Inspirationsquelle: Taxonomien kognitiver Operationen

Um im Besonderen die Transferprozesse bei der Sprachmittlung zu erfassen, bietet es
sich daher an, Ansätze einzubeziehen, die Taxonomien kognitiver Operationen erstellen,
auch wenn diese ebenfalls keinen absoluten Anspruch auf Objektivität erheben können
(vgl. Sercu 2004, 214f.). Derartige Taxonomien sind als Weiterentwicklungen der ursprünglichen Bloom'schen Taxonomie von Lernzielen für den kognitiven und später
auch affektiven Bereich (vgl. Bloom 1956) besonders im US-amerikanischen Raum
weit verbreitet, wo sie u.a. auch für die Erstellung und Evaluation von Curricula eingesetzt werden. Wenn auch inzwischen Konkretisierungen für affektive und psychomotorische Lernziele vorliegen, sind hier v.a. kognitive Lernziele relevant: Das zentrale
Element der Sprachmittlung sind trotz der vielfältigen anderweitigen Anforderungen an
die Lernenden die mentalen Prozesse der Textbearbeitung in Bezug auf Situation,
Zweck und Adressat. Blooms ursprüngliches Konzept wird hier nicht referiert, da seine
Aktualisierungen dessen oft kritisierte Beschränkungen (vgl. Krathwohl 2002, 212ff.;
Marzano/Kendall 2007, 8) überwinden. Dabei handelt es sich vor allem um die Kritik,
dass Bloom in der Kategorie *knowledge* verschiedene Arten des Wissens nicht differenziert und dass er Wissensinhalte und kognitive Tätigkeiten nicht unterscheidet. Schließlich ist anzumerken, dass hier lediglich zwei weit verbreitete Modelle herausgegriffen
werden (Anderson et al. 2006; Marzano/Kendall 2007) und dass anders als bei Bloom
und auch seinen Nachfolgern keine ausgiebige Lernzielklassifizierung und -operationa-
lisierung betrieben wird, sondern lediglich Teile für die Konstruktion einer Aufgabenprogression verwendet werden.

Anderson et al. unterscheiden vier Kategorien von Wissen, nämlich *factual knowledge*, d.h. „knowledge of discrete, isolated content elements (i.e., terms and facts)",
conceptual knowledge, d.h. „knowledge of larger, more organized bodies of knowledge
(i.e., concepts, principles, models, or theories)", *procedural knowledge*, d.h. Wissen
über das „How to do something, methods of inquiry, and criteria for using skills, algo-
rithms, techniques, and methods", und *metacognitive knowledge*, d.h. „Knowledge of
cognition in general as well as awareness and knowledge of one's own cognition", aber
auch Wissen über sich selbst, über eigene Stärken und Schwächen (Anderson et al.
2006, 29 und 42).

Hier zeigen sich bereits Einschränkungen in der Anwendbarkeit des Modells: Die produktive oder rezeptive Verwendung der Fremdsprache durch den Lerner in der Kommunikationssituation ist fremdsprachendidaktisch zum prozeduralen Wissen zu zählen, so dass diese Kategorie bei der Sprachmittlung, wie überhaupt bei jeder Aktivität im Fremdsprachenunterricht, immer vorkommt. Diese Tatsache wird jedoch bei Anderson et al. nicht thematisiert – wie so häufig in der psychologischen und pädagogischen Literatur wird nicht auf Fremdsprachenunterricht eingegangen. Trotz dieser Einschränkung lässt sich auch die Kategorie des prozeduralen Wissens verwenden, wenn sie für die Sprachmittlung als Wissen über spezielle Aktivitäten beim Transfer von der einen in die andere Sprache verstanden wird: Damit wird sie auf Tätigkeiten wie Auftragsanalyse, Strategieentwurf und den Umgang mit Transferproblemen bezogen. Metakognitives Wissen umfasst dann z.B. konkrete Strategien, die in den verschiedenen Phasen einer Sprachmittlungshandlung eingesetzt werden.

Die zweite Achse der Matrix zur Beschreibung von Lernzielen bei Anderson et al. wird durch sechs hierarchisch angeordnete kognitive Prozesse gebildet, die jeweils Konkretisierungen enthalten. Die sechs Kategorien lauten mit aufsteigendem Komplexitätsgrad: *remember – understand – apply – analyze – evaluate – create* (Anderson et al. 2006, 31).[156] Ein Beispiel für die Kategorie *remember* ist „Recognize the dates of important events in U.S. history"; *understand* ist u.a konkretisiert durch *summarizing* im Beispiel „Write a short summary of the events portrayed on videotapes"; eine Konkretisierung von *analyze* im Bereich *organizing* nennt als Beispiel „Structure evidence in a historical description into evidence for and against a particular historical explanation" (Anderson et al. 2006, 31). Alle drei gewählten Beispiele sind mehr oder weniger unmittelbar auf Sprachmittlungsaufgaben anwendbar, denn auch dabei müssen Informationen wiedergegeben, zusammengefasst oder entsprechend dem Zweck neu angeordnet werden. Allerdings sind auch diese sechs Kategorien kognitiver Prozesse nicht absolut passgenau für den Fremdsprachenunterricht geeignet: Dadurch, dass bei der Sprachmittlung immer ein neuer, mündlicher oder schriftlicher, Text zu erstellen ist, ist auch die Stufe des *create* immer mehr oder weniger intensiv ausgeprägt.

---

156 Die vollständige Auflistung aller Kategorien und ihrer Konkretisierungen findet sich in Abb. 21.

PROCESS CATEGORIES	COGNITIVE PROCESSES AND EXAMPLES
1. REMEMBER—Retrieve relevant knowledge from long-term memory.	
1.1 RECOGNIZING	(e.g., Recognize the dates of important events in U.S. history)
1.2 RECALLING	(e.g., Recall the dates of important events in U.S. history)
2. UNDERSTAND—Construct meaning from instructional messages, including oral, written, and graphic communication.	
2.1 INTERPRETING	(e.g., Paraphrase important speeches and documents)
2.2 EXEMPLIFYING	(e.g., Give examples of various artistic painting styles)
2.3 CLASSIFYING	(e.g., Classify observed or described cases of mental disorders)
2.4 SUMMARIZING	(e.g., Write a short summary of the events portrayed on videotapes)
2.5 INFERRING	(e.g., In learning a foreign language, infer grammatical principles from examples)
2.6 COMPARING	(e.g., Compare historical events to contemporary situations)
2.7 EXPLAINING	(e.g., Explain the causes of important eighteenth-century events in France)
3. APPLY—Carry out or use a procedure in a given situation.	
3.1 EXECUTING	(e.g., Divide one whole number by another whole number, both with multiple digits)
3.2 IMPLEMENTING	(e.g., Determine in which situations Newton's second law is appropriate)
4. ANALYZE—Break material into constituent parts and determine how parts relate to one another and to an overall structure or purpose.	
4.1 DIFFERENTIATING	(e.g., Distinguish between relevant and irrelevant numbers in a mathematical word problem)
4.2 ORGANIZING	(e.g., Structure evidence in a historical description into evidence for and against a particular historical explanation)
4.3 ATTRIBUTING	(e.g., Determine the point of view of the author of an essay in terms of his or her political perspective)
5. EVALUATE—Make judgments based on criteria and standards.	
5.1 CHECKING	(e.g., Determine whether a scientist's conclusions follow from observed data)
5.2 CRITIQUING	(e.g., Judge which of two methods is the best way to solve a given problem)
6. CREATE—Put elements together to form a coherent or functional whole; reorganize elements into a new pattern or structure.	
6.1 GENERATING	(e.g., Generate hypotheses to acount for an observed phenomenon)
6.2 PLANNING	(e.g., Plan a research paper on a given historical topic)
6.3 PRODUCING	(e.g., Build habitats for certain species for certain purposes)

Abb. 21: Kategorisierung der kognitiven Prozesse (Anderson et al. 2006, 31)

Bei diesen sechs Stufen handelt es sich nur um einen möglichen Vorschlag; eine andere Abstufung findet sich bei Marzano und Kendall (2007), die darüber hinaus im Bereich des Wissens Informationen, mentale Vorgänge und psychomotorische Vorgänge unterscheiden. Ihre Niveaustufen der Operationen lauten *retrieval – comprehension – analysis – knowledge utilization – metacognition – self-system thinking* (Marzano/Kendall 2007, 35). Während die Unterscheidung der verschiedenen Wissensformen für die Verwendung von Sprache, d.h. bei der Vermittlung von Inhalten zwischen Sprachen (Informationen) nur bedingt nützlich ist, ist die etwas andere Anordnung der Anforderungsstufen interessant. Die Verwendung von Operatoren ist natürlich immer eine Definitionsfrage,[157] aber es ist nicht nur semantisch überzeugend, *apply* und *analyze* auszutauschen, da die Verwendung von Wissen (*knowledge utilization*) für ein bestimmtes Ziel, eine Entscheidung oder eine Problemlösung, etwas anspruchsvoller erscheint als die gründliche Auseinandersetzung mit einem Inhalt (*analysis*). Allerdings muss man an alle Taxonomien kognitiver Operationen die Frage stellen, ob eine bestimmte Operation alle Operationen der darunter liegenden Stufen einschließt oder ob einige Operationen auf verschiedenen Ebenen angesiedelt sind.

Ein großes Plus der Darstellung bei Anderson et al. (2006) ist jedoch, dass bei ihnen, im Gegensatz zu Bloom und Marzano/Kendall tatsächlich Verben vorliegen, die direkt als Operatoren bei der Erstellung von Arbeitsanweisungen für Sprachmittlungsaufgaben verwendet werden können. Auch lassen sich Parallelen zu Textfunktionen nach Adamzik (2004) herstellen (vgl. Kapitel 4.2.6): Je nach Auftrag wird der Sprachmittler im Zieltext z.B. Informationen vermitteln, eine praktische Handlung anstoßen, mit anderen in Kontakt treten, eine bestimmte Haltung oder Einstellung einnehmen oder metakommunikativ Sprache erklären. Damit ist mit der genannten leichten Abwandlung die theoretische Basis für eine Progressionsbildung gelegt, so dass lediglich zu klären bleibt, was unter ‚Aufgaben‘ zu verstehen ist.

5.4 Aufgaben im Fremdsprachenunterricht

In der deutschen Fremdsprachendidaktik haben, nicht zuletzt seit der Veröffentlichung des *CEFR* und der Bildungsstandards, die ebenfalls von *tasks* bzw. ‚Aufgaben‘ sprechen, verschiedene Ansätze Hochkonjunktur, die sich auf Begriffe wie Aufgabenorientierung, *task-based language teaching* oder *task-supported language teaching*, Lernaufgaben und Kompetenzaufgaben berufen (so z.B. Müller-Hartmann/Schocker-von Ditfurth 2011; Hallet/Kramer 2012; Müller-Hartmann/Schocker/Pant 2013).[158] In Anbetracht dieser Feststellung ist es erstaunlich, dass kaum Bezüge zwischen Sprachmittlung und dem Unterrichtsprinzip der Aufgabenorientierung hergestellt werden.[159] Beispielhaft kann dafür Teschs knappes Fazit in seiner ansonsten programmatischen Dissertation *Kompetenzorientierte Lernaufgaben im Fremdsprachenunterricht* stehen:

> Die Anwendung von Sprachmittlungsaufgaben weist über die unterrichtliche Lernsituation hinaus und leidet daher in der unterrichtlichen Lernsituation häufig an einem Authentizitätsmangel. [...] Die methodisch-didaktische Reflexion wird jedoch intensiver [...],

---

157 Gerade Operatoren, besonders für Prüfungsaufgaben, werden immer wieder einmal aktualisiert oder problematisiert (vgl. z.B. Bliesener 1981 zu den Arbeitsanweisungen im Abitur; Ostkamp 2006 zu Operatoren im nordrhein-westfälischen Englischabitur; KMK 2012b für eine Liste zugelassener Operatoren für das Fach Englisch; vgl. allgemein bzw. für die Deutschdidaktik auch Schäfers 2006; Baumann 2008; Abraham/Saxalber 2012).

158 Vgl. dazu auch die grundlegenden Beiträge in Bausch et al. 2006. Kritik am Neuheits-Topos, mit dem Aufgabenorientierung oft versehen wird, findet sich u.a. bei Christ 2006; Klippel 2006; Königs 2006a.

159 Sprachmittlung fehlt z.B. bei Müller-Hartmann/Schocker-von Ditfurth (2011); es gibt keine Kompetenzaufgaben dazu in den Praxisbänden von Hallet/Krämer (2012) oder von Müller-Hartmann/Schocker/Pant 2013.

wenn auch die Konzeption eines Stufenmodells für Sprachmittlungsaufgaben [...] noch ein didaktisches Desiderat darstellt. (Tesch 2010, 99f.)

Umgekehrt werden in der fremdsprachendidaktischen Literatur zur Sprachmittlung gelegentlich knappe Bezüge zur Aufgaben- und Handlungsorientierung hergestellt (Hallet 1995 und 2008b; Kolb 2010; Rössler/Reimann 213). Dass die Literatur zum *task-based language teaching* im angelsächsischen Raum (vgl. z.B. Willis 1996; Ellis 2003; Nunan 2004) keine Hinweise auf Sprachmittlung gibt, mag mit dem Fortwirken des Einsprachigkeitsparadigmas zusammenhängen (vgl. Kapitel 3.3.2).

Nun sind Probleme der Verbindung von Sprachmittlung mit Aufgaben sicher auch in der Vielzahl von Vorstellungen begründet, die mit Aufgaben, *tasks*, Lern- oder Kompetenzaufgaben verbunden werden, so dass eine direkte methodische Umsetzung schwierig erscheint.[160] Im Prinzip liegen aufgabenorientierten Ansätzen konstruktivistische Annahmen und die im Zweitspracherwerb beobachtete Feststellung zugrunde, dass Sprache durch die natürliche Verwendung in sinnvollen, lebensweltlich relevanten Kontexten gelernt werden kann, z.B. indem Bedeutungen in der Interaktion ausgehandelt werden oder tatsächliche Probleme sprachlich gelöst werden und nicht notwendigerweise dadurch, dass speziell ausgewählte sprachliche Formen reproduziert werden (vgl. Foster 1999).[161] Diese Vorstellung wird auch in der folgenden umfassenden Definition von *task* deutlich:

A task is a workplan that requires learners to process language pragmatically in order to achieve an outcome that can be evaluated in terms of whether the correct or appropriate propositional content has been conveyed. To this end, it requires them to give primary attention to meaning and to make use of their own linguistic resources, although the design of the task may predispose them to choose particular forms. A task is intended to result in language use that bears resemblance, direct or indirect, to the way language is used in the real world. Like other language activities, a task can engage productive or receptive, and oral or written skills, and also various cognitive processes. (Ellis 2003, 16)

Gleichzeitig erlaubt diese Definition es auch, Berührungspunkte zu fremdsprachendidaktischen Modellierungen von Sprachmittlung zu erkennen: Sie zeigen sich in dem Fokus auf ein Ergebnis, das primär inhaltlich und nicht formal-sprachlich bestimmt ist, in der Verwendung der eigenen (beschränkten) sprachlichen Mittel zur Aufgabenlösung,

---

160   Zu Definitionen von *task* im englischsprachigen Diskurs vgl. Ellis 2003, 4f., zu ‚Aufgabe' bzw. zu verschiedenen Komposita mit ‚-aufgabe' vgl. Christ 2006; Hufeisen 2006.

161   Allerdings darf diese These nicht dazu verleiten, eine Dichotomie zwischen formbezogenen sprachlichen Übungen und inhaltsbezogenen kommunikativen Aufgaben zu konstruieren (vgl. dazu Caspari 2006; Hufeisen 2006; Klippel 2010). Vgl. zum Verhältnis von Aufgabe und Übung auch Caspari/Klippel 2013.

in der Ähnlichkeit zur außerunterrichtlichen realen Sprachverwendung[162] und in der Realisierung in verschiedenen Modi sowie der Integration von Fertigkeiten. Ganz ähnlich bestimmt auch Hallet Eigenschaften komplexer Kompetenzaufgaben als Lebensweltbezug und Topikalität, Komplexität aufgrund ihrer Problemorientierung, Kompetenzentwicklung hin zum Ziel der Teilhabe und Diskursfähigkeit, Prozessorientierung und Offenheit im Ablauf und Ergebnis (vgl. Hallet 2012, 12f.). Wenn Hallet auch mit der „fremdsprachigen Partizipation an gesellschaftlichen Diskursen" (Hallet 2012, 10) noch viel umfassendere, bildende und emanzipatorische Ziele verfolgt, so können diese Merkmale, je nach Aufgabenformat, auch auf Sprachmittlungsaufgaben zutreffen.

Während diese theoretischen Grundlagen sehr überzeugend sind, werden die Einschränkungen des Aufgabenkonzepts offensichtlich, sobald man eine praktische Umsetzung versucht.[163] Dies zeigt sich daran, dass es eine Vielzahl von mehr oder weniger präzisen Klassifikationen und Konstruktionsprinzipien für Aufgaben bzw. *tasks* in der deutsch- und englischsprachigen Literatur gibt (vgl. Ellis 2003, 210–218; Hallet 2012, 14–18; Müller-Hartmann/Schocker-von Ditfurth 2011, 191). Wenn z.B. gefordert wird, „Inhalte unter Beteiligung der Schüler/innen aus[zu]wählen, die lebensweltlich relevant sind" (Müller-Hartmann/Schocker/Pant 2013, 38), so ist diese Forderung einerseits banal, andererseits schwierig zu befolgen: Sie ist eben nur in Kooperation mit einer ganz konkreten Lerngruppe und dabei auch u.U. nur mit einzelnen Individuen dieser Lerngruppe erfüllbar. Dagegen ist folgende Anweisung für Sprachmittlungsaufgaben in jedem Fall ganz besonders relevant: „Den (funktionalen, kommunikativen) Zweck der Aufgabe klären (*purpose*) und die Adressaten auswählen, an die sich die Mitteilung richtet (*audience*)" (Müller-Hartmann/Schocker/Pant 2013, 40). Wenn Hallet als Planungskategorien innerhalb „komplexer Kompetenzaufgaben" Kompetenzziele, Thema und Inhalte, Input, Genres, sprachliche Mittel, Teilkompetenzaufgaben und Übungen, *Scaffolding*-Angebote, kognitive, interaktionale und diskursive Prozesse, *Outcome* und Aufgabeninstruktion nennt (Hallet 2012, 15–18), dann ist natürlich erfreulicherweise die Komplexität des Lehrerhandelns erfasst und Unterrichtsplanung als professionelle Tätigkeit dargestellt. Allerdings ist es schwierig, all diese Merkmale wirklich konkret fassbar zu machen.

Am ehesten handhabbar zur tatsächlichen Aufgabenerstellung ist Ellis' Nennung von vier Merkmalen (Abb. 22), die jedoch ebenfalls wieder in verschiedene Unterkate-

---

162   Man kann sogar sagen, dass die Sprachverwendung, die vom Sprachmittler gefordert wird, genau der Sprachverwendung entspricht, die er auch zeigen müsste, wäre er außerhalb des Klassenzimmers im Ernstfall als Sprachmittler tätig. Dagegen gibt es genügend Aufgabenbeispiele im *task-based language teaching*, die lediglich Ähnlichkeiten zum realen Sprachgebrauch haben und diesen höchstens imitieren, so z.B. die Suche von Unterschieden im Bildervergleich als *information gap activity* (vgl. Ellis 2003, 11). Während diese Aktivität nach Ellis alle Elemente einer *task* aufweist (Ellis 2003, 14), kann dies noch aus einem weiteren Grund angezweifelt werden: Es steht kein Produkt oder Ergebnis im Vordergrund, sondern höchstens ein Prozess.

163   Einfacher anwendbar scheint es dagegen, ein Phasenmodell im Rahmen des *task-based language teaching* zu erstellen, das *pre-*, *during-* und *post-task* als Abfolge vorsieht (vgl. Ellis 2003, 243–262).

gorien aufgegliedert sind: Er nennt *input, conditions, processes* und *outcomes* als Planungskategorien und versucht, die einzelnen Kriterien in eine Progression vom Einfacheren zum Schwierigeren zu bringen (Ellis 2003, 217 und 228). Doch muss auch er feststellen: „grading tasks cannot follow a precise algorithmic procedure but rather must proceed more intuitively" (Ellis 2003, 227).

Criterion			Easy	Difficult
A	**Input**			
	1	Medium	pictorial → written	→ oral
	2	Code complexity	high frequency vocabulary· short and simple sentences	low frequency vocabulary· complex sentence structure
	3	Cognitive complexity		
		a information type	static → dynamic	→ abstract
		b amount of information	few elements/ relationships	many elements/ relationships
		c degree of structure	well-defined structure	little structure
		d context dependency	here-and-now orientation	there-and-then orientation
	4	Familiarity of information	familiar	unfamiliar
B	**Conditions**			
	1	Interactant relationship (negotiation of meaning)	two-way	one-way
	2	Task demands	single task	dual task
	3	Discourse mode required to perform the task	dialogic	monologic
C	**Processes**			
	1	Cognitive operations:		
		a type	exchanging information → reasoning	→ exchanging opinions
		b reasoning need	few steps involved	many steps involved
D	**Outcomes**			
	1	Medium	pictorial	→ written → oral
	2	Scope	closed?	open?
	3	Discourse mode of task outcome	lists, descriptions, narratives, classifications	→ instructions, arguments

Abb. 22: Stufungsmodell für <u>tasks</u> (Ellis 2003, 228)

Dies soll an zwei Dimensionen bei Ellis illustriert werden. So hält er z.B. bei der kognitiven Komplexität unter Bezugnahme auf Studien fest, dass Aufgaben, bei denen die Information gleichbleibt, einfacher seien als Aufgaben, bei denen sich die Information wie z.B. in einer Videoerzählung verändere oder bei denen die erhaltene Information verändert verwendet werden müsse, z.B. um eine Meinung zu formulieren (vgl. Ellis 2003, 222f.). Dieses Beispiel entspricht in der Tat den oben dargestellten kognitiven

Operationen und spiegelt somit eine Progression wider. In Bezug auf das Medium des Arbeitsergebnisses wägt Ellis dagegen ab: „pictorial and written products may prove easier than oral products, especially if the latter involve a public presentation of some kind. However, this will again depend on the difficulty individual learners experience with the different media" (Ellis 2003, 226). Doch nicht nur von den Lernern hängt die Schwierigkeit ab, sondern auch von dem Thema, der Text- oder Gesprächssorte und den zur Verfügung stehenden Hilfen. Insofern kann auch Ellis' Übersicht nur eine Orientierung bieten, welche unterschiedlichen Aspekte evtl. zu berücksichtigen sind.

Während ein rein aufgabenbasierter Englischunterricht schon aufgrund der zwangsläufig vorhandenen Unterschiede zwischen naturalistischem Spracherwerb und schulischem Unterricht nicht sinnvoll erscheint,[164] sind einige der Grundprinzipien, die in den Fremdsprachendidaktiken für Lernaufgaben genannt werden (vgl. v.a. Caspari/Kleppin 2008, 137–140; Müller-Hartmann/Schocker/Pant 2013, 36–47) dennoch für die Gestaltung von Unterricht im Allgemeinen und für den Entwurf von Sprachmittlungsaufgaben im Besonderen verwendbar. Folgende Gesichtspunkte sind für die Entwicklung von Sprachmittlungsaufgaben am wichtigsten, wobei auch gesagt werden muss, dass diese Kriterien nicht unbedingt nur aus dem aufgabenorientierten Ansatz bzw. dem *task-based language teaching* zu generieren, sondern generelle Unterrichtsprinzipien sind:

- Produktorientierung: Die Aufgaben sind auf ein konkretes Ergebnis bzw. ein Endprodukt ausgerichtet, für das es nicht die eine, richtige Lösung gibt und das verschiedene Bearbeitungswege eröffnet. Im Idealfall hat dieses Produkt eine über das Erlernen der Fremdsprache hinausgehende (lebens-)praktische Relevanz.

- Inhaltsorientierung: Ein Auswahlkriterium sind die Lernenden persönlich betreffende, alltagsweltliche, potentiell in der außerschulischen Welt relevante, aktuelle oder emanzipatorische Inhalte. Die sprachlichen Mittel dienen dem Erreichen vorrangig inhaltlich bestimmter Ziele.

- Kommunikatives Handeln: Die Aufgaben ermöglichen realitätsnahe Sprachverwendung.

- Ganzheitlichkeit und Lernerorientierung: Die Lernenden werden als ganzheitliche Individuen gefordert, ihre kognitiven, affektiven, sozialen, emotionalen oder kreativen Begabungen einzusetzen und individuell weiterzuentwickeln.

- Evaluation: Phasen, in denen die Lernenden Rückmeldungen zu ihrem Ergebnis und den vorausgegangenen Arbeitsschritten und -prozessen erhalten, sind in den Unterrichtsablauf integriert.

- Passung und Differenzierung: Die Aufgaben sind an die Voraussetzungen der Lerner angepasst und bieten im Idealfall Möglichkeiten der Abwandlung, um verschiedene Leistungsniveaus, inhaltliche Interessen, Lernstile usw. zu bedienen.

---

164 Vgl. zur grundsätzlichen Kritik z.B. Swan 2005a und 2005b sowie Bredella 2006.

Eben dieses letztgenannte Kriterium gilt nicht nur für verschiedene Leistungsniveaus innerhalb einer einzigen Lerngruppe, sondern kann auch auf eine Progression mehr oder weniger unterschiedlicher Sprachmittlungsaufgaben angewandt werden. So wie auch Hallet in seinem komplexen Aufgabenmodell das „Differenzierungspotenzial der Aufgabenkomponenten" (Hallet 2013, 10) innerhalb einer Lerngruppe hervorhebt, genauso bietet auch die Sprachmittlung als Spezialfall einer (fremd- oder muttersprachlichen) Aufgabe aufgrund ihrer Komplexität vielfältige Differenzierungs- und Variationsmöglichkeiten, anhand derer über verschiedene Jahrgangsstufen hinweg in Form eines Spiralcurriculums eine Progression erfolgen kann.

5.5 Variationen von Sprachmittlungsaufgaben

Wie in der Darstellung des Kommunikations- und Prozessmodells sowie der beteiligten Teilkompetenzen (Kapitel 4) klar wird, ist Sprachmittlung eine derart komplexe Aktivität, dass eine Progression eigentlich nur denkbar ist, wenn man eine Vielzahl von Faktoren ansetzt, von denen dann jeweils einer oder mehrere variiert werden. Daher soll der vorliegende Vorschlag nicht so sehr ein reines Progressionsmodell, sondern vielmehr ein Variationsmodell zeigen. Die hier dargestellten Faktoren gehen aus den Überlegungen in den Kapiteln 3.4 und 3.5 sowie aus dem gesamten Kapitel 4 hervor. Hauptgrundlage aber sind die einzelnen Teilfaktoren des Interaktionsmodells (Kapitel 4.2) und die kognitiven Operationen (Kapitel 5.3), die auf den Auftrag des Sprachmittlers angewendet werden. Die folgende Darstellung (Abb. 23)[165] gibt einen Überblick über die wichtigsten Faktoren, wobei tendenziell die Komplexität und die Schwierigkeit von links nach rechts als zunehmend eingestuft wird; dies wird durch den dicken Pfeil, der von links nach rechts zeigt, dargestellt. Wie jedoch bereits bei der Diskussion bestehender Progressionsmodelle, z.B. in Bezug auf Sprachmittlungsrichtung, Modus, Thema oder Länge, diskutiert wurde, sind diese Annahmen nicht unbedingt immer stichhaltig und eindeutig. Dies wird durch den gegenläufigen Pfeil von rechts nach links und den Pfeil mit Spitzen auf beiden Seiten symbolisiert.

So wird z.B. in der Übersicht grundsätzlich davon ausgegangen, dass eine Progression von der Mittlung bildlicher, visueller Information über die mündliche Sprachmittlung eines mündlichen Ausgangstextes und die schriftliche Sprachmittlung eines mündlichen Ausgangstextes hin zur schriftlichen Sprachmittlung eines schriftlichen Ausgangstextes erfolgt. Diese Progressionsbildung beruht auf der Annahme, dass Lernende ohne starke Hemmungen mündliche, wenig normierte Sprache produzieren können (vgl. aber Ellis 2003). Je nach Situation, in der die Sprachmittlung erfolgen soll, und je nach Zieltextsorte im Schriftlichen bzw. Mündlichen, muss dies jedoch nicht immer der Fall sein. Auch kann diese Matrix keinesfalls individuelle Faktoren der Lernenden wie (fremd-)sprachliche Kenntnisse, (inter-)kulturelles Wissen, Können und Einstellungen erfassen. Am ehesten eindeutig erscheint die Steigerung der Anforderungen, was die Rolle des Sprachmittlers und den erteilten Auftrag betrifft.

---

165   E: Englisch, D: Deutsch; v: visuell, m: mündlich, s: schriftlich

Richtung	E → D D → E D ↔ E
Modus/Kanal	v → s/m s → m m → m s → m s → s
Konzeptuelle Sprache	gesprochen geschrieben
Akteure/Rollen	drei mehr symmetrisch asymmetrisch Zielsprache ⊗ Zielsprache ☑ vertraut bekannt unbekannt Laien Experten
Ort Zeit	identisch getrennt versetzt (fast) gleichzeitig
Bereich	privat öffentlich offiziell
Anlass/Funktion/Zweck	vom Sender vom Empfänger konstant verändert explizit implizit einzelne Info, Details gesamte Info, Überblick
Auftrag	remember understand analyze apply evaluate create
Rolle des Sprachmittlers	Übermittlung Erklärung interkult. Konfliktver- Vermittlung mittlung
Textsorte	nicht normiert normiert konstant verändert
Textinterna – Thema – Inhalt	alltäglich speziell wenig, konkret, explizit, viel, abstrakt, implizit, relevant irrelevant
– Länge, Struktur Wort- schatz	kurz, einfach lang, komplex beschränkt, allgemein breit, speziell
Kultur – Elemente – Unterschiede	Realia Denotate/ Stereotype Verhalten Überzeu- Konnotate gungen offensichtlich verborgen
Hilfsmittel	ohne Wörterbücher Experten/Texte

Abb. 23: Variierbare Faktoren bei der Erstellung von Sprachmittlungsaufgaben

Eine Anmerkung zur Rolle von unterschiedlichen Textsorten sei hier noch angefügt, da als Kriterium für Sprachmittlungsaufgaben wiederholt der Wechsel der Textsorte angeführt wird (z.B. Pfeiffer 2013; Caspari 2014). Exemplarisch stellt Katelhön fest: „Sprachmittlungsaufgaben sehen häufig, wenn nicht sogar immer, einen kompletten Wechsel der Kommunikationsform vor. Die Textfunktion, die Textstruktur und textsortenspezifische Merkmale ändern sich komplett" (Katelhön 2015, 271). Dies ist sicher in vielen Fällen richtig, doch muss die Auseinandersetzung mit der Textsorte von Ausgangs- vs. Zieltext gründlicher erfolgen. Als Ausgangstexte kommen sehr viele unterschiedliche Textsorten in Frage; die Zieltextsorte hängt vom Auftrag ab: Wenn dieser lautet, relevante Informationen informell wiederzugeben, so wird die Zieltextsorte oft eine Mail, ein Brief, eine Notiz, ein Memo, ein mündlicher Kurzvortrag o.Ä. sein, der kulturell nur wenig normiert ist. Auch ist es eine interessante Feststellung der kontrastiven Textlinguistik, dass die Kulturspezifik von Textsorten in Bezug auf die Produktion von Texten z.T. als wenig relevant eingeschätzt wird:

> [A]bgesehen von bestimmten relativ leicht erkennbaren Differenzen insbesondere in den Konventionen des Sozialkontakts (inklusive von Formeln, auch in Briefen) sind für bestimmte Sprachen/Kulturen spezifische Textsorten – ähnlich wie lexikalische Lücken in einer Sprache im Verhältnis zu einer anderen – relativ selten [...]. In den meisten Fällen sind etwaige Unterschiede dagegen v.a. quantitativer Natur oder auch verhältnismäßig subtil. (Adamzik 2009, 212)

Kulturspezifische Textsorten finden sich häufig in (beruflich) spezialisierten Bereichen, die auch Muttersprachlern nur begrenzt vertraut sind (Adamzik 2009, 213ff.). Als Konsequenz ergibt sich, dass viele, nicht nur spezialisierte, Textsorten v.a. rezeptiv beherrscht werden und mit möglichst realitätsnahen Aufgaben versehen werden sollten, damit ihre Funktion in ihrem jeweiligen Handlungsbereich klar wird (Fandrych/Thurmair 2011, 353; Adamzik 2009, 215).

Dies bedeutet nicht nur für Sprachmittlungsaufgaben, dass sich die Frage stellt, welche schriftlichen Textsorten im produktiven Bereich realistisch sind. Dabei ist Realismus in zweifacher Hinsicht bedeutsam: 1. Für welche Textsorten kann realistischerweise angenommen werden, dass Lernende sie auch außerschulisch produktiv beherrschen müssen? 2. Welche Textsorten sind von Lernenden realistischerweise mit ihren beschränkten Mitteln bewältigbar? Beide Fragen gelten besonders für die Sprachmittlung ins Englische. Die auf der Basis dieser Fragen gemachten Vorschläge (Kapitel 5.5) gehen deutlich über das Erstellen von *summaries* hinaus, da diese als außerschulische Aufgabenform kaum in Reinform vorkommen dürften, sondern höchstens in Verbindung mit weiteren Funktionen. Gleichzeitig berücksichtigen die Vorschläge jedoch auch den Aspekt, dass der Englischunterricht auch als Simulation und als Übungsfeld zum Erlernen der Fremdsprache dient: Dies bedeutet, dass auch Textsorten, die während der Schulzeit evtl. kaum jemals produktiv zu erstellen, aber aufgrund ihrer festen formalen, inhaltlichen oder sprachlichen Konventionen für Lernende klar erkennbar sind, als Zieltexte einbezogen werden; Beispiele sind Wetterberichte, Horoskope oder Leitartikel.

Diese Position widerspricht nun teilweise der fremdsprachendidaktischen Forderung Hallets nach „generischem Lernen" (Hallet 2011b, 2). Allerdings räumt auch Hallet ein, dass z.B. die Genre-Didaktik sich v.a. auf stärker formalisierte schriftliche Textsorten konzentriert. Sein Beispiel für die Gesprächsphasen mündlicher Interaktion, in diesem Fall zwischen Eltern und Kindern, ist jedoch sehr überzeugend (Hallet 2011b, 5). Nicht nur weil im Mündlichen kulturelle Unterschiede möglicherweise deutlicher zutage treten, spielen hier typische generische Muster eine wichtige Rolle: In der mündlichen Sprachmittlung agiert der Sprachmittler oft direkt mit Sender und Empfänger, so dass seine Vermittlerfunktion auch die Ebene der Diskursgestaltung umfasst. Im Endeffekt argumentiert auch Katelhön (2015) in diese Richtung, auch wenn sie Textmusterwissen für den Sprachmittler fordert: Ihr Beispiel nennt nämlich einen Wetterbericht aus dem Radio, dessen relevante Informationen, ergänzt mit Angaben zur passenden Kleidung und zum passenden Verhalten, informell und mündlich weitergegeben werden sollen (Katelhön 2015, 269ff.). Wichtiger ist also in ihrem Beispiel der rezeptive Umgang mit der Textsorte Wetterbericht, wohingegen produktiv eine recht unbestimmte mündliche Mitteilung erfolgen soll, die vorwiegend durch ihre Funktion bestimmt ist.

Exemplarisch wird im Folgenden auf Grundlage der hier angestellten Überlegungen zur (Un-)Möglichkeit einer eindeutigen Progression dargestellt, wie durch Konstanz gewisser Faktoren und Variation anderer Faktoren, die spezifisch für Sprachmittlung sind (vgl. Abb. 23), die Schwierigkeit einer Aufgabe variiert werden kann. Dies ist vor allem eine relative Schwierigkeit, d.h. sie ist in Bezug auf alternative Aufgabenformen zu sehen und nicht in Bezug auf das (angenommene oder gemessene) sprachliche Niveau auf Seiten der Lernenden.[166]

5.5.1 Beispiel 1: Variationen über die Textsorte Wetterbericht

Im ersten Beispiel bleibt die Textsorte (Wetterbericht) konstant, während eine Reihe anderer Faktoren für verschiedene Sprachniveaus variiert werden soll. Anhand von Wetterberichten lässt sich besonders gut belegen, dass eine Zuordnung von Textsorten zu Niveaustufen nicht eindeutig und somit auch nicht sinnvoll ist. Dies zeigen Nennungen von Wetterberichten in verschiedenen Steuerungsdokumenten: In der Datenbank von *Profile deutsch* sind für Sprachmittlung Wetterkarten den Niveaus A1 bis B2 zugeordnet und Wettervorhersagen den Niveaus B1 und B2.[167] Katelhön und Nied Curcio schlagen ein Beispiel auf dem Niveau A2 vor, bei dem Inhalte eines Wetterberichts aus dem Radio in einer Mail-Nachricht oder einer SMS vermittelt werden sollen (Katelhön/

---

166   Bibliographische Angaben zu den Materialien der Praxisbeispiele finden sich ab Seite 279. Da die Sequenzen vorwiegend als Anregungen für Aufgabenvariationen zu verstehen sind, haben die Texte illustrierenden Beispielcharakter und sind daher nicht abgedruckt. Alle Links waren gültig am 15.03.2016. Verweise auf andere Literatur sind dagegen in der Bibliographie angegeben.

167   Wetterkarten sind dabei folgende Niveaus und Realisierungen zugeordnet: A1 mündlich aus der Fremdsprache Deutsch, A2 auch in die Fremdsprache Deutsch, B1 auch schriftlich aus dem Deutschen und B2 nur schriftlich aus dem Deutschen bzw. ins Deutsche. Analog sind die Beispiele für Wetterberichte, die erst auf dem Niveau B1 beginnen. Für das Niveau C gibt es keine Beispiele.

Nied Curcio 2012, 114). Einige deutsche Lehrpläne führen ebenfalls Wetterberichte als alltägliche Texte an: So erscheinen sie im Berliner Lehrplan in der 10. Klasse für den erweiterten Standard für das Leseverstehen (B1) (Berlin 2006, 38), während sie in Bayern als „leicht verständliche authentische Texte" bereits in der 7. Klasse bei der Texterschließung von Hörtexten (A2) (Bayer. Staatsmin. 2009a) aufgelistet sind; in Musteraufgaben für die Sekundarstufe I in Niedersachsen dienen sie sogar bereits auf dem Niveau A1 als Hörtexte (Niedersächs. Kultusmin. 2008, 13). Wie nicht nur die Unterscheidung von Wetterkarten und Wetterberichten in *Profile deutsch* zeigt, kann selbst eine einzelne Textsorte in Thema und Aufbau variiert werden, so dass sich Zuordnungen zu verschiedenen Niveaustufen ergeben. Noch stärker allerdings können Variationen von Auftrag(-geber), Anlass und Funktion, Zieltextsorte, Zeit u.a. für eine Progressionsbildung herangezogen werden.

Texte über die bevorstehende Wetterlage können als Wettervorhersagen dem Bereich der Wissenschaft zugeordnet werden, wenn sie direkt von meteorologischen Instituten stammen, oder als Wetterberichte dem Bereich der Massenmedien wie Fernsehen, Hörfunk, Zeitung und Internet angehören, wenn sie für den Privatnutzer bestimmt sind; allerdings werden die Bezeichnungen nicht immer derart genau unterschieden (vgl. Krycki 2009). Ihre Hauptfunktion ist die Information der Adressaten; diese Funktion bleibt wohl auch bei der Sprachmittlung erhalten, da diejenigen, die sich für einen Wetterbericht in einer anderen Sprache interessieren, dies meist aus einem konkreten inhaltlichen Interesse in ihrer eigenen aktuellen oder bevorstehenden Situation tun werden. Wetterberichte enthalten in kurzer Form viel Information, von der meist nur ein kleiner Teil für den Empfänger relevant ist; es handelt sich meist um Bild-Text-Kombinationen, und Syntax und Wortschatz sind relativ eingeschränkt und vorhersagbar (vgl. Nordman 1998, 564ff.). Auch kulturelle Unterschiede können auftreten: Deutsche und englische Wetterberichte unterscheiden sich gewöhnlich in der Abfolge von Aussagen zu Wolken, Temperatur und Wind; die genannte Reihenfolge finden sich im Deutschen, während im Englischen nach den Wolken der Wind und dann erst die Temperatur genannt wird (vgl. Nordman 1998, 565). Dies ist allerdings ein geringerer Unterschied im Vergleich zwischen deutsch- und englischsprachigen Wetterberichten, die sprachlich eher neutral formuliert sind, und französischsprachigen Wetterberichten, die auch expressiv und emotiv sein können (vgl. Nordman 1998, 563). Schließlich ist noch zu berücksichtigen, dass bei der Bezeichnung Wetterbericht nicht nur an Wetterkarten, Temperaturangaben und gegenwärtige Berichte sowie Vorhersagen für die Zukunft zu denken ist, sondern auch an Spezialformen wie Satelliten- oder Radaraufnahmen, UV-Bericht, Pollenflug, Biowetter oder See- bzw. Bergwetter. Für Sprachmittlungsaufgaben bietet sich damit ein großes Potential zur Aufgabenvariation. Dabei liegt eine triadische Situation insofern vor, als die Inhalte eines Ausgangstextes, dessen Produzent/Sender normalerweise nicht in der konkreten Situation mit dem Empfänger in Kontakt steht, zu vermitteln sind. Dies bedeutet auch, dass der Auftrag meist vom Empfänger der Sprachmittlungshandlung stammen wird.

Wenn man als Ausgangstexte typische Wetterberichte aus den (Massen-)Medien wählt, also z.B. die Wetterseite einer Zeitung, den Wetterteil einer Nachrichtensendung in Fernsehen bzw. Radio oder die Webseite/die Twitter-Seite eines Wetterdienstes (Material 1a–c und 2a–c), so kann eine Progression, die sich auf Richtung und Modus/Kanal der Sprachmittlung stützt, folgendermaßen aussehen:

- Mündliche Sprachmittlung aus einem englischsprachigen Wetterbericht ins Deutsche, d.h. informelle Wiedergabe von relevanten englischsprachigen Informationen im Gespräch mit dem deutschsprachigen Empfänger der Sprachmittlungshandlung: ausgehend von visueller Information (Karte) über schriftliche Information (Lesetext) über audiovisuelle Information (Fernsehwetterbericht; Hör-Seh-Text) hin zu mündlicher Information (Hörtext). Bei den beiden letztgenannten Modi gibt es weitere Variationsmöglichkeiten, mit der das Anspruchsniveau gesteigert und die soziolinguistische Kompetenz gefördert werden kann: So kann eine Standardrealisierung in *received pronunciation* oder *BBC accent* (vgl. zu diesen Bezeichnungen Roach 2004) gewählt werden oder aber ein Sprecher, der mit deutlichem regionalen Akzent/Dialekt spricht.[168]

- Mündliche Sprachmittlung aus einem deutschsprachigen Wetterbericht ins Englische, d.h. informelle Wiedergabe von relevanten deutschsprachigen Informationen im Gespräch mit dem englischsprachigen Empfänger der Sprachmittlungshandlung: ausgehend von visueller Information (Karte) über schriftliche Information (Lesetext) über audiovisuelle Information (Fernsehwetterbericht; Hör-Seh-Text) hin zu mündlicher Information (Hörtext).

- Schriftliche Sprachmittlung aus einem englischsprachigen Wetterbericht ins Deutsche, d.h. Wiedergabe von relevanten englischsprachigen Informationen in informeller, wenig normierter Form an den deutschsprachigen Empfänger der Sprachmittlungshandlung: ausgehend von visueller Information (Karte) über schriftliche Information (Lesetext) über audiovisuelle Information (Fernsehwetterbericht; Hör-Seh-Text) hin zu mündlicher Information (Hörtext).

- Schriftliche Sprachmittlung aus einem deutschsprachigen Wetterbericht ins Englische, d.h. Wiedergabe von relevanten deutschsprachigen Informationen in informeller, wenig normierter Form an den englischsprachigen Empfänger der Sprachmittlungshandlung: ausgehend von visueller Information (Karte) über schriftliche Information (Lesetext) über audiovisuelle Information (Fernsehwetterbericht; Hör-Seh-Text) hin zu mündlicher Information (Hörtext).

Eine weitere Variationsmöglichkeit ergibt sich dadurch, ob Vorgaben zum Zieltext gemacht werden. Dieser Aspekt hängt stark mit dem Adressaten, dem Auftrag und dem Zweck der Sprachmittlung zusammen und wird daher weiter unten noch einmal aufgenommen. Eine Progression der Zieltexte kann folgendermaßen aussehen:

---

168 Beispielsweise gibt es auf der Webseite des britischen Met Office tägliche Wetterberichte für die Öffentlichkeit, die z.B. auch vom Fernsehsender ITV gesendet werden: Während am 15.07.2015 der Sprecher Greg Dewhurst war, der einen wenig ausgeprägten englischen Dialekt des Südwestens spricht, stammt der Wetterbericht vom 19.07.2015 von Calum MacColl, der einen sehr starken schottischen Akzent hat (Material 8).

- mündliche, monologische Fassung

- mündliches, dialogisches Gespräch

- schriftliche Notiz in Stichpunkten

- schriftliche, informelle Mail

- schriftlicher Wetterbericht

- mündlicher Wetterbericht

- schriftliche, formelle Mitteilung (Informations-, Warn- oder Aufforderungstext)

- mündlicher oder schriftlicher Fachtext (Referat, Aufsatz, Seminararbeit etc.)

Bei dieser Abfolge ist berücksichtigt, inwiefern die sprachliche Gestaltung des Zieltextes konzeptuell mündlich (und daher weniger stark reglementiert) oder schriftlich ist und inwiefern Zeit zur Be- bzw. Überarbeitung des Zieltextes besteht. Außerdem enthält die Progression auch die Frage, ob der Zieltext als Textsorte normiert ist oder nicht. Dabei wird davon ausgegangen, dass ein nichtnormierter Text, der möglicherweise auch noch in Interaktion mit einem Gesprächspartner der Sprachmittlungssituation produziert wird, bei Konstanz der anderen Faktoren tendenziell einfacher sein könnte als ein vollständiger Wetterbericht, der wiederum einfacher ist als eine andere, ebenfalls normierte Textsorte (wie ein Artikel, ein Fachaufsatz oder ein Vortrag). Die Veränderung der Textsorte wird also als einfacher angesehen, wenn nur einige Informationen auf informelle Art weitergegeben werden. Allerdings muss man sich auch fragen, inwiefern es realistisch ist, Lernende einen Wetterbericht erstellen zu lassen. Eine außerschulische Realsituation, in der dies von nichtprofessionellen Sprachmittlern gefordert wird, ist sicher nur mit Anstrengung zu konstruieren; meist wird eine selektive Wiedergabe in anderer Form erwartet werden. Andererseits lassen sich in einem relativ festen formalen Rahmen Wortschatz und kulturelle Realien und Denotate mit einer gewissen Inhaltsorientierung verwenden. Als besonders anspruchsvolle Zieltextproduktion werden Fachtexte genannt: Hier ist z.B. die Verwendung von deutsch- bzw. englischsprachigen Wetterberichten für ein Referat über Wetterbedingungen, Klimawandel o.Ä. im englisch- bzw. deutschsprachigen Geographieunterricht oder als inhaltlicher Fokus im Englischunterricht der Oberstufe denkbar.[169] Wichtige Situationen und Adressaten, für welche die (fremd-)sprachliche Mittlung eines Wetterberichts interessant sein könnte, sind also z.B.:

---

169   Vgl. auch die Überlegungen zum Thema *rain* im bilingualen Geographieunterricht bei Hallet 2002 und Klippel 2003. Bei einer Sprachmittlung, die englischsprachige Wetterberichte für ein Referat im Fach Geographie verwendet, ist folgender nicht nur inhaltlicher, sondern kognitiver Unterschied zu beachten: „Learning about 'rain' in geography therefore is a cognitively more demanding task leading to a deeper processing of the central terms than learning the meaning of new words in the foreign language class" (Klippel 2003, 73). Viel stärker als bei informeller, alltäglicher Sprachmittlung steht bei einer derartigen Situation die „Bildung wissenschaftlicher Begriffe" (Hallet 2002, 120) und deren korrekte Verwendung im Vordergrund.

- Adressaten: Eltern, Familie, Freunde, Austauschpartner, zufällig getroffene Fremde, Touristen, Mitlernende, jeweils evtl. mit Spezialinteressen (Baden, Wandern, Segeln, Surfen, Radfahren etc. oder wissenschaftliches Interesse) oder besonderen Voraussetzungen (Allergie, Hellhäutigkeit etc.)

- Situationen: Urlaubsaufenthalt, geplante Reise, geplanter Besuch, Praktikum im Touristenbüro einer Ferienregion/einer Stadtverwaltung, bilingualer Geographieunterricht, Ferienjob als Bergführer/Surflehrer/Wattführer etc., Tätigkeit im meteorologischen Wetteramt, Lehrveranstaltung im Studium

Bei den letztgenannten, zugegebenermaßen nur simulierbaren Situationen, kann der Auftrag zur Sprachmittlung auch vom Sender/Produzenten oder von einem weiteren Auftraggeber (z.B. dem Leiter des Tourismusbüros oder der Surfschule) ausgehen oder vom Sprachmittler selbst spezifiziert werden.

Am besten aber lassen sich Sprachmittlungsaufgaben mit Wetterberichten als Ausgangstextsorten über den Zweck der Sprachmittlung und den jeweiligen Auftrag in eine Progression bringen, die auf Operatoren der kognitiven Operationen zurückgreift. Dabei dient in Abhängigkeit von der Situation (z.B. Urlaubsort, Jahreszeit) derselbe Ausgangstext als Quelle, evtl. mit ergänzenden Zusatztexten (Material 1a–c und 2a–c), und die Aufgabenstellung kann folgendermaßen variiert werden:[170]

- *Remember*: An diese Stelle gehören Detailfragen nach einem Faktum, für das eine einzelne Information aufgefunden (Leseverstehen; (Hör-)Seh-Verstehen) oder gespeichert (Hörverstehen) werden muss: Wie warm soll es morgen werden? / *What's the temperature gonna be tomorrow?* (als typisch mündliche Realisierung) sowie – etwas komplexere – Detailfragen nach einer Information, die evtl. ein Abwägen, eine Einschränkung auf eine bestimmte Uhrzeit oder die Angabe einer bestimmten Wahrscheinlichkeit erfordert: Soll es morgen sonnig/wolkig werden? etc. / *Will it be sunny/cloudy tomorrow?* etc. Was sagt der Wetterbericht, soll es morgen regnen? / *What does the weather report say, will it rain tomorrow?*

- *Understand*: Verständnisfrage nach einer mehr oder weniger genau bestimmten Information, die in Abhängigkeit vom Adressaten des Zieltextes eine gewisse Auswahl oder eine gewisse Wertung erfordert: Wie soll das Wetter morgen werden? / *What's the weather gonna be like tomorrow?* Hierbei kann es z.B. auch erforderlich sein, eine Infografik auszuwerten und zu verbalisieren oder einen (Kurz-)Text mit den jeweils relevanten Informationen zusammenzufassen.

---

170 Die möglichen Aufträge werden hier jeweils auf Deutsch und auf Englisch wiedergegeben. Wenn die tatsächliche Sprachmittlung ins Deutsche stattfindet, wird in den meisten Fällen auch der Auftrag, der bei einem derart alltagsrelevanten Thema wohl meist mündlich formuliert wird, in deutscher Sprache erteilt werden. Ausnahmen sind jedoch leicht vorstellbar, wenn die deutsche Mutter ihren Sohn auffordert, dem Austauschpartner zu schreiben: „Jetzt schreibe doch endlich mal Geoffrey, was er mitbringen soll. Schau mal nach, wie das Wetter werden soll."

- *Analyze*: Auf diesem Niveau bietet sich eine Kategorisierung, ein Vergleich, eine Zuordnung, eine Kontrastierung o.Ä. an (vgl. Anderson et al. 2006, 68; Marzano/ Kendall 2007, 44–51). Mögliche Fragen sind z.B. bei einem allgemeinen *small talk* über das Wetter oder bei einem Gespräch aus tatsächlichem Interesse: Und wie ist das Wetter zu Hause? / *And what's the weather like at home?* Die Nachbarn sind doch in Italien; ist es da auch so kalt? / *Our neighbours went to Italy. Is it as cold there as it is here?* Wie sind die Aussichten für die nächsten drei Tage? / *What's the weather gonna be like over the next few days?* Soll sich das Wetter im Tagesverlauf ändern? / *Will the weather change tomorrow?* Was sagt denn der Wetterfrosch im Fernsehen; sagt er dasselbe wie heute morgen in der Zeitung stand? / *Does the TV weatherman say the same as the forecast in today's newspaper?* Schau doch noch mal auf einer anderen Webseite nach; wie soll das Wetter werden? / *Can you check a different website; maybe they'll say something different. What's the weather supposed to be like tomorrow?*

- *Apply/Make a decision/Solve a problem*: Fragen können lauten: Was meinst du, wann (i.e. Um welche Uhrzeit? An welchem Tag?) sollen wir am besten zum Baden ins Frei-/Hallenbad gehen/den Ausflug ins Museum machen/die Bergtour machen? / *What do you think is the best time/day to go to the (indoor/outdoor) pool/to visit the regional museum/to go hiking?* Ach, wenn es morgen so stark regnen soll, sollen wir nicht irgendwohin fahren, wo es besser ist? / *Well, if it rains all day tomorrow, shall we take the car and drive somewhere? Maybe it'll be nicer elsewhere.* Auf diesem Niveau erscheinen auch Aufgaben realistisch, bei denen der Sprachmittler z.B. dem Austauschpartner oder dem Gast, der ihn während seines Aufenthalts im englisch-sprachigen Ausland besuchen möchte, mitteilt, welches Wetter in den nächsten zwei Wochen angekündigt ist und welche Kleidungsstücke er einpacken soll. Fragen könnten sich auch darauf beziehen, wie ein Problem gelöst oder eine Schwierigkeit bewältigt werden soll, so z.B.: Ja, wenn es morgen Regen geben/neblig sein soll, sollen wir dann die Bergtour überhaupt machen? / *Well, if it rains/is foggy tomorrow, maybe we shouldn't go hiking at all?*

- *Evaluate*: Im Prinzip sind diese letztgenannten Fragen nicht klar von der Kategorie der Beurteilung und Einschätzung zu trennen. Im Besonderen sind hierzu aber Aufträge zu rechnen, bei denen möglicherweise Zusatzdokumente hinzugezogen werden müssen, z.B. Spezialwetterberichte zum Berg- oder Seewetter oder Gefahrenmeldungen und Wetterwarnungen (Material 3–5). So könnte eine Frage an den Sprachmittler lauten: Wie sieht es denn mit dem Baden aus, könnte da irgendetwas gefährlich werden? oder etwas abgewandelt: *What about our plans for that sailing trip? What does the shipping forecast say?* (Material 4). Hierbei können auch Wetterphänomene, die in einem geographischen Raum typisch und in einem anderen unbekannt sind, wichtig werden, so z.B. Hurrikane, Waldbrände, Strömungsverhältnisse, Gezeiten etc. Im Zentrum dieser Kategorie sind jedoch Aufträge zu sehen, bei denen z.B. der ausformulierte Wetterbericht der Massenmedien für Laien mit den Meldungen der meteorologischen Anstalten für Spezialisten auf Übereinstimmung, Widersprüche oder Vereinfachungen verglichen werden muss: Wie genau gibt der Wetterbericht die Wetterlage wieder, wenn du Satelliten-, Radarkarten und die Spezialkarten zu Hochs und Tiefs (Material 1c und 2c) einbeziehst? / *Have a look at satellite, radar and air pressure maps. How exact is the weather forecast in the newspaper?* Eine derartige Aufgabenstellung wird sich wohl am ehesten im bilingualen Geographieunterricht realisieren lassen, da sie Fachwissen voraussetzt, das erst vermittelt bzw. erworben werden muss.

- *Create*: Je nach gefordertem Zieltext können Aufträge dieser Stufe inhaltlich evtl. bereits wieder einfacher erscheinen als Aufträge der vorhergehenden Stufe. Formal jedoch stellen sie den Abschluss dar, denn hier ist die Erstellung eines neuen Produktes unter Verwendung, Integration und Neuanordnung der Informationen des Ausgangstextes verlangt. Ein Auftrag aus dem (bilingualen) Geographieunterricht kann lauten: Erstelle eine Kurzpräsentation/ein Kurzreferat für deine Mitschüler, in dem du erklärst, wieso es in den nächsten Tagen zu Hitzegewittern/Überschwemmungen kommen kann. / *Prepare an oral presentation in which you explain why there might be thunderstorms/flooding over the next few days.* Ein anderer Auftrag, der die mehr oder weniger gut vorstellbare Situation eines Praktikums oder eines Ferienjobs simuliert, könnte folgendermaßen lauten (Material 3): *You as an intern at the Innsbruck tourist office have been asked to prepare the three-day mountain weather forecast for tourists. Take their perspective, add warnings and make suggestions for activities and alternatives. Your text will be published in the daily news bulletin and online.* Zwar findet dieser Vorgang bei der Sprachmittlung auf allen Niveaustufen statt, da eine Auswahl und Übertragung von Informationen zwischen zwei Sprachen, ob mündlich oder schriftlich, erfolgt. Der Unterschied zu den Stufen *apply* bzw. *evaluate* liegt v.a. darin, dass nicht knappe, konkret vorgegebene Fragen zu beantworten sind, sondern dass im Rahmen des relativ vagen Auftrags Informationen neu anzuordnen sind und ein zusammenhängender Text, entweder als Wetterbericht oder z.B. in Form einer Informationsbroschüre oder eines Informationstextes auf der Webseite, erstellt werden soll. Der Auftrag geht also in diesem Fall vom Sender aus und die Informationen zum Wetter sind nicht punktuell ausgewählt, sondern umfassender und werden inhaltlich und formal um weitere (kreative) Elemente ergänzt. Auch als Sprachmittlung ins Deutsche ist diese Situation theoretisch vorstellbar (Material 5): Bereite eine deutschsprachige Webseite vor, in der du die Wetterbedingungen im Snowdonia National Park für die nächsten drei Tage darstellst und Vorschläge machst, was deutschsprachige Touristen bei der jeweiligen Wetterlage unternehmen können.

Weiter abstufen lassen sich derartige Arbeitsaufträge (Material 6a–b), indem variiert wird, wie explizit Auftrag und Adressat genannt werden bzw. inwieweit diese erschlossen werden müssen. So ist z.B. folgende Informationssteuerung zum Adressaten denkbar:

- Der Auftraggeber fragt explizit: Und wie stark soll der Wind denn morgen sein? In welche Richtung soll er wehen? / *What's the predicted wind speed for tomorrow? Which way is the wind gonna blow tomorrow?*

- Die Situation lautet, je nach Sprachmittlungsrichtung, lediglich folgendermaßen: Dein Freund und du, ihr seid in Schottland und wollt in der Gegend von Fort Augustus eine Radtour machen. Anhand der Wettermeldungen informierst du deinen Freund über das morgige Wetter und machst Vorschläge für die Tour. / *You are an intern at the tourist office in Wilhelmshaven. Two English tourists, clad in cycling gear, have just walked up to your desk. Tell them about the weather forecast for the next couple of days.*

Alle genannten Aufträge umfassen Faktenwissen über bestimmte Wetterphänomene ebenso wie prozedurales Wissen darüber, wie Wetterberichte und -karten zu interpretieren sind. Im Rahmen der Sprachmittlung gehört zum prozeduralen Wissen auch der Umgang mit kulturellen Unterschieden, die in Bezug auf den Wetterbericht möglicherweise jedoch weniger stark ausgeprägt sind. Zu denken ist in erster Linie an kulturspezifische Konventionen (Material 7) wie die Verwendung von Fahrenheit bzw. Celcius bei der Temperaturangabe oder von Meilen bzw. Kilometern bei der Windgeschwindigkeit. Dies ist besonders bei audio(-visuellen) Realisierungen des Wetterberichts relevant; im Schriftlichen werden oft beide Werte angegeben. Doch auch Denotationen und Konnotationen können variieren (z.B. Nebel vs. *fog, mist, haar, haze, brume*; Starkregen vs. *heavy precipitation*).[171]

Auch können Lerner individuelle lexikalische Lücken haben bzw. ein Wort nicht erkennen oder ein direktes Äquivalenz im Sprachsystem kann fehlen, wie z.B. für die deutschen Begriffe Starkregen, Wolkenbruch, Wetterfühligkeit oder im Englischen bei *T-storm, gale force wind, haar (Scot.), scorcher (BE)* oder beim umgangssprachlichen Wortschatz im mündlichen Sprachgebrauch wie *toasty (AE)*. Hier kann man auf verschiedene Art das Anforderungsniveau variieren:

- Genauigkeit der Vermittlung: Ist es akzeptabel, wenn sowohl ‚Schauer‘ und ‚Wolkenbruch‘ als auch ‚Nieselregen‘ mit *rain* als Hyperonym wiedergegeben werden, oder wird der präzise Terminus oder zumindest eine erläuternde Paraphrase erwartet? Dieselbe Frage stellt sich bei der Wiedergabe von *brighter interludes, largely sunny, sunny spells* als ‚sonnig‘ etc. Die Antwort auf diese Frage hängt in einer simulierten Sprachmittlungssituation von den Erwartungen der Lehrkraft ab; in einer außerschulischen Sprachmittlungssituation würde der Sprachmittler möglicherweise (am nächsten Tag) eine Rückmeldung zu seiner Sprachmittlungsleistung erhalten. Insofern ist erwägenswert, ob Sprachmittlung im Klassenzimmer nicht als (simulierte) Interaktion zwischen Lehrkraft und Lernendem ablaufen sollte: Erstere tut nur so, als beherrsche sie die jeweils andere Sprache nicht und kann dementsprechend von

---

171 Tatsächlich gibt es regional und national unterschiedliche Definitionen für starken Niederschlag (vgl. Groisman et al. 2001; Osborn/Maraun 2008; Climate Service Center Germany o.J.).

Letzterem die Informationen mit der gewünschten Detailtreue und Präzision elizitieren. Denkbar wären höchstens Dialoge, bei denen derjenige Lerner, der Informationen zum Wetter erfragt, angehalten ist, nachzubohren. Als – nicht sehr realistische – Ausnahme beim Wetterbericht wäre die simulierte Situation denkbar, dass der Produzent des Originalwetterberichts dem Praktikanten den Auftrag erteilt, den vollständigen Wetterbericht ins Englische/Deutsche zu übertragen, z.B. für die Webseite des meteorologischen Instituts und ankündigt, die Version überprüfen zu lassen. Andererseits kann auch vom Sprachmittler erwartet werden, dass er sprachlich ergänzend zum Ausdruck bringt, dass seine Verwendung von *rain* oder ‚Sonne' nur ein ungenaues Teilsynonym ist (*metacognitive knowledge*).

- Verwendung von ein- oder zweisprachigen Wörterbüchern: Besonders die Verwendung von Reisewörterbüchern oder Apps zum Übersetzen einzelner Fachtermini erscheint, je nach Lernstufe und Komplexitätsgrad des Wetterberichts, durchaus realistisch. Auch für die Umrechnung von Fahrenheit/Celcius und Meilen/Kilometer sollten Recherchemöglichkeiten angeboten werden. Werden derartige Hilfsmittel zur Verfügung gestellt, kann auch der geforderte Grad an Genauigkeit erhöht werden.

- Innerhalb der Stufen des *apply*, *evaluate* und *create* kann eine Progressionsbildung stattfinden, indem Lernende schriftliche Wetterberichte oder videographierte Erklärungen von Meteorologen in der Zielsprache als Modelltexte bzw. touristische Webseiten als Paralleltexte verwenden dürfen oder ihre Zieltexte ohne derartige Hilfen erstellen müssen.

Auf kulturell etwas komplexerem Niveau ist Wissen darüber anzusiedeln, welches Verhalten bei welchem Wetter angemessen ist. Dies ist allerdings nicht nur kulturspezifisch, auch wenn man sicher berücksichtigen muss, dass Wärme und Kälte in Großbritannien etwas anders eingeschätzt werden als in Deutschland; ein gutes Fazit stammt von Debrett's, dem britischen Knigge: „English summers are often disappointing, so a warm sunny day is met with a hysterical lack of inhibition" (Debrett's 2011). Es handelt sich auch um eine persönliche, individuelle Wahrnehmung, auf die der Sprachmittler eingehen muss. So ist die Antwort auf die Frage, ob es am nächsten Tag warm wird, relativ und der Sprachmittler muss offenlegen, wenn er außer der Temperaturangabe seine eigene Einschätzung gibt und sich selbst kontrollieren, inwiefern er einen möglichst objektiven Bericht liefert (*self-knowledge*). Damit sind auch persönlichkeitsbezogene Kompetenzen erforderlich. Dazu kommt auch noch das Stereotyp vom schlechten Wetter in Großbritannien, das der Sprachmittler evtl. widerlegen muss. Schließlich muss der Sprachmittler berücksichtigen, dass die Frage englischsprachiger Touristen/Besucher nach dem Wetter, deutlich stärker als die Frage deutscher Touristen/Besucher, auch eine Kontaktfunktion als Angebot zur Aufnahme eines Gesprächs haben kann (vgl. Fox 2004, 25–36).

Insgesamt aber sind die Möglichkeiten zur (inter-)kulturellen Ausdifferenzierung von Sprachmittlungsaufgaben anhand von Wetterberichten eher gering. Aktiviert werden bei den aufgeführten Aufgabenformaten neben (fremd-)sprachlicher und strategischer Kompetenz v.a. die sachlich-fachliche und instrumentelle Kompetenz. Je nach

Kommunikationssituation können auch die diskursive, pragmatische, soziolinguistische und interaktionale Kompetenz im Zentrum der Unterrichtseinheiten stehen.

5.5.2 Beispiel 2: Variationen über das Thema Napoleon

Besser lässt sich die Aktivierung interkultureller Kompetenzen durch die Variation kultureller Elemente im folgenden Beispiel erreichen, bei dem die Thematik Napoleon konstant gehalten wird. Die Wahl dieses Themas für den *Englisch*unterricht mag auf den ersten Blick überraschen, doch gibt es eine Reihe von Gründen für den Fokus auf eine historische Figur aus der *französischen* Geschichte. Erstens finden sich im Jahr 2015, 200 Jahre nach der Schlacht bei Waterloo, z.B. in der englischen, französischen und deutschen Presse sehr viele Artikel, welche die geschichtlichen Ereignisse beleuchten und damit gleichzeitig deren fortdauernde Relevanz hervorheben. Von der Faszination, die Napoleon ausübt, zeugt nicht nur das Nachstellen der Schlacht bei Waterloo – das *re-enactment* historischer Ereignisse ist ganz besonders ein Phänomen englischsprachiger Kulturen –, sondern auch die große Anzahl an immer neuen Publikationen, die sich mit ihm, seiner Herrschaft, seiner Wirkung und seinem Ende beschäftigen. Auch als kulturelle Referenz ist Napoleon im europäischen Bewusstsein verankert – man denke nur an den tierischen Protagonisten von George Orwells *Animal Farm*, an Karl Mays *Der Weg nach Waterloo*, an Abbas Lied „Waterloo" oder an die Vision eines alternativen Ablaufs der Geschichte nach Napoleons Sieg bei Waterloo in einer Episode von *Blackadder*, um einige weit bekannte, alltagskulturelle Beispiele zu nennen. Bereits zu seinen Lebzeiten wurde Napoleon in verschiedenen Ländern in literarischen Werken thematisiert (vgl. z.B. Dufraisse 1991; Semmel 2004; Beßlich 2007). Zweitens macht es dieses Thema möglich, landeskundliches, historisches Faktenwissen, kulturelle Konnotationen, Stereotype sowie Vor- und Einstellungen zu kombinieren. Napoleon ist eine genuin europäische Figur, die nicht nur für Frankreich, sondern auch für Deutschland, Großbritannien und andere Länder relevant ist, nicht zuletzt durch die Folgen des Wiener Kongresses. Dies zeigt sich besonders klar in der bayerischen Landesausstellung des Jahres 2015, die dem Verhältnis von „Napoleon und Bayern" gewidmet war (Stadt Ingolstadt 2015). Ausschlaggebend für die Wahl des Themas ist drittens die Feststellung, dass Napoleon in verschiedenen Ländern unterschiedlich eingeschätzt und wahrgenommen wird: So gesteht ein Touristenführer im belgischen Waterloo im Interview mit dem bayerischen Rundfunk auch ein, dass er die dortige entscheidende Schlacht mit Rücksicht auf die kulturelle (historische und emotionale) Vorprägung für britische, deutsche und französische Besucher unterschiedlich darstellt.[172] Damit liegt die Verbindung zur Adressatenorientierung von Sprachmittlungshandlungen nahe.

Zusammenfassen lässt sich das interkulturelle Potential (vgl. Kapitel 3.4) des Themas Napoleon für Sprachmittlungssituationen in den folgenden Aspekten: Umgang mit historischem Faktenwissen, Wissen um die Relevanz von Konnotationen, z.B. die me-

---

172   Es geht dabei um die Verwendbarkeit von Begriffen wie ‚Niederlage' und ‚Sieg', aber auch um die entscheidende Rolle Blüchers bzw. Wellingtons (Material 16).

taphorische Verwendung von ‚Waterloo' als eine vernichtende Niederlage, Wissen um und Umgang mit Auto- und Heterostereotypen sowie emotionalen Reaktionen und Einstellungen,[173] Umgang mit folkloristischen und symbolischen Handlungen wie dem *re-enactment* sowie situativ und sprachlich angemessenes Verhalten bei einem heiklen Thema. Dennoch scheint dieses Thema weniger problematisch als beispielsweise das Dritte Reich oder der Zweite Weltkrieg. Auch kann der Sprachmittler deutscher Herkunft beim Thema Napoleon eher eine Außenperspektive einnehmen, wenn er zwischen Briten und Franzosen vermittelt, so dass es mehr Variationsmöglichkeiten bei den Rollen der Kommunikanten gibt. Damit sind die Möglichkeiten zur Entwicklung von *critical cultural awareness* besonders groß. Der Aspekt der *language awareness* realisiert sich beispielsweise im Umgang mit nationalsprachlich unterschiedlich gebräuchlichen, wertenden Bezeichnungen für Napoleon wie ‚Diktator', ‚Held' oder ‚Parvenu'. Auch *communicative awareness* und *interactive awareness* lassen sich in simulierten Situationen mit Briten oder Franzosen bzw. in mehrkulturellen Situationen aktivieren: Konventionen der höflichen Gesprächsführung bei einem kulturell sensiblen Thema müssen gefunden werden und mögliche affektive Wirkungen der Wortwahl müssen berücksichtigt werden. Schließlich bietet die große Breite an möglichem Ausgangsmaterial gleichermaßen Gelegenheit zur Sprachmittlung ins Deutsche wie auch ins Englische. Als besonders komplexe Sprachmittlung kann auch aus dem Französischen ins Englische oder für Vertreter unbeteiligter Räume, z.B. für Amerikaner, gemittelt werden. Bei diesem komplexen Thema sind eher, jedoch nicht ausschließlich, Situationen denkbar, bei denen die Zieltexte schriftlich realisiert werden. Im Folgenden werden zwei Beispiele präsentiert, die eine Progression für verschiedene Anforderungsstufen vorschlagen.

Im ersten Beispiel soll vom Englischen ins Deutsche gemittelt werden. Das gewählte Unterthema ist der Plan Belgiens, zum 200. Jahrestag der Schlacht von Waterloo eine Gedenkmünze herauszugeben, dem sich Frankreich widersetzt hat. Damit rückt die symbolische Bedeutung dieses Ereignisses für verschiedene nationale Erinnerungsräume in den Fokus. Die konkreten Umsetzungsbeispiele zeigen auch, dass die Faktoren Adressat, Rollen der Kommunikanten und des Sprachmittlers, Ausgangstext und Auftrag nicht voneinander getrennt werden können. Als Ausgangstexte dienen drei Artikel aus der Tageszeitung *The Guardian*, welche die Auseinandersetzung zwischen Belgien und Frankreich neutral, kommentierend und glossierend darstellen (Material 9a–c). Folgende Situationen sind – neben der unterrichtlichen Verwendung im bilingualen Geschichtsunterricht – mit steigender Komplexität für die Sprachmittlung denkbar:

- Informelle, private Situation, z.B. mündlich im Urlaub: Einige der verwendeten Zeitungsausgaben liegen im Frühstücksraum der *Bed-and-breakfast*-Unterkunft aus. Eventuell bitten die Auftraggeber der Sprachmittlungshandlung darum, dass weitere

173 Zum englisch-französischen Verhältnis, besonders auch in Bezug auf die Wahrnehmung Napoleons, vgl. Tombs/Tombs 2008; Woodward-Smith 2014 sowie – auf humorvolle Art – Clarke 2015. Zur Bedeutung Napoleons im Frankreichbild deutscher Jugendlicher vgl. Schumann/Poggel 2008.

Artikel oder Reaktionen von (britischen) Lesern auf der Webseite recherchiert werden.

- Informelle, öffentliche Situation: Für die Schülerzeitung soll ein Artikel verfasst werden, der die britische Berichterstattung darstellt und evtl. mit der französischen oder deutschen kontrastiert.

- Öffentliche, informelle Situation: Im Rahmen eines (internationalen) Comenius-Projekts wird die Zeitungsberichterstattung zu demselben Thema aus verschiedenen Teilnehmerländern (z.B. Deutschland, Frankreich, Großbritannien, Belgien) verglichen.

- Öffentliche, formelle Situation: Als Praktikant in der bayerischen Landesausstellung oder bei einem deutschen Radiosender soll eine Presseschau zur britischen Berichterstattung zusammengestellt werden.

Bei den Adressaten ist neben ihrer nationalen Herkunft auch zu beachten, welches Interesse sie an den Informationen haben und ob ihnen überhaupt die Denotation von Waterloo bekannt ist.[174] Die Variation kann folgendermaßen aussehen:

- Deutscher Münzsammler, der v.a. an der Münze an sich interessiert ist und mehr oder weniger historisches Wissen hat

- Eltern, die möglicherweise entsprechendes Wissen haben und die im Dialog in der Urlaubssituation entsprechende Informationen selbst ergänzen können

- Deutsche Jugendliche/Mitschülerinnen, die evtl. zusätzliche Informationen benötigen

- Unbestimmte, deutschsprachige Öffentlichkeit

- Adressaten französischer Herkunft, die auch Deutsch beherrschen und deren mögliche Einstellungen zu Napoleon und Waterloo in Betracht gezogen werden müssen.

- Gemischte Gruppen, bei denen bei der Sprachmittlung darauf geachtet werden muss, die jeweiligen kulturellen Vorprägungen allesamt zu berücksichtigen. Dies ist besonders bei Ausgangstexten wichtig, die werten, ironisch oder humorvoll sein sollen.[175]

Die drei gewählten Ausgangstexte aus *The Guardian* thematisieren alle die Debatte um die belgische Gedenkmünze. Grundsätzlich sind einige Aufträge auch auf dem Niveau A1 denkbar, da unterstützende Bilder vorhanden sind und *scanning* zur isolierten Informationswiedergabe auch auf dieser Niveaustufe eingesetzt werden kann. Aufgrund ihrer sprachlichen und inhaltlichen Gestaltung lassen sich jedoch nur die ersten drei der

---

174 Letztere Feststellung mag banal erscheinen. Eine Umfrage des *National Army Museum* hat allerdings zum 200. Jahrestag der Schlacht von Waterloo unter Briten ein großes Maß an Unwissen offenbart (vgl. Material 17).

175 Zur Rolle von Humor im Englischunterricht und besonders zu *British humour* vgl. Raaf 2005, 205–223.

folgenden Sprachmittlungsaufträge mit allen Texten realisieren, so dass eine Progressionsbildung möglich ist:

- *Remember*: Der Auftrag eines Gesprächspartners bei der mündlichen Sprachmittlung kann lauten „Ich sehe, da sind Euro-Münzen abgebildet. Welche Münze ist das?" Für die schriftliche, zusammenfassende Wiedergabe können die selbst gestellten Leitfragen Wer? Wo? Was? Zu welchem Anlass? dienen.

- *Understand*: Hier umfasst der Auftrag eine Zusammenfassung des gesamten Artikels und nicht nur die Auswahl einer einzelnen Information: „Worum geht es denn in diesem Artikel?" Auch sind logische Verbindungen herzustellen und die Positionen von Belgien und Frankreich zu erklären. Die Leitfragen lauten also: Warum lehnt Frankreich die Herausgabe der Münze ab? oder – allgemeiner – Warum gibt es einen Konflikt?

- *Analyze*: Auf diesem Niveau geht es darum, den Informationsgehalt der Artikel zu kategorisieren und v.a. die Einstellung des Verfassers zu identifizieren. Der Auftrag kann daher lauten: „Und was meint der Autor zu diesem Streit?" Dies ist besonders mit dem Artikel aus *The Guardian* möglich, der nicht nur berichtet, sondern bereits in der Überschrift mit dem Verweis auf die „second battle of Waterloo" eine Wertung vornimmt; noch stärker bietet sich dieser Auftrag bei dem als Steckbrief gestalteten *feature* an (Material 9c).

- *Apply*: Anders als im Beispiel der Wetterberichte ist eine direkte Anwendung der Informationen nur bedingt möglich. Denkbar ist hier lediglich die Information an einen Münzsammler, welche anderen Münzen es zum Anlass des Jahrestags von Waterloo noch gibt. Eine Anwendung kann hier jedoch bedeuten, dass kulturelle Referenzen, die in den Ausgangstexten nicht erläutert werden, erkannt und erklärt werden müssen. Dieser Auftrag, der stärker auf Details der Ausgangstexte eingeht als die (globale) Bestimmung der Meinung des Verfassers, stellt bestimmte Anforderungen an die Rolle und das Selbstverständnis des Sprachmittlers (s.u.). Die meisten kulturellen Anspielungen, deren Kenntnis vom Journalisten vorausgesetzt wird, enthält das *feature*.

- *Evaluate*: Auch auf diesem Niveau muss die Anforderung komplexer sein als bei *analyze* und *apply*. Dies kann erreicht werden, indem verschiedene Ausgangstexte gemeinsam betrachtet werden müssen. Selbst kann sich der Sprachmittler, z.B. für die Presseschau, die Frage stellen: Wie wird von verschiedenen Ressorts an verschiedenen Tagen diese Meldung dargestellt? Auch können hier weitere Artikel, entweder aus unbeteiligter Außenperspektive wie aus *The New York Times* oder aus weiteren, aber beteiligten Außenperspektiven oder aus der Innenperspektive, z.B. aus *Le Nouvel Obs*, von der Webseite des *Fernsehsenders BFM TV* oder aus der belgischen Zeitung *La Libre Belgique* (Material 10a–c) herangezogen werden; mit den letztgenannten Artikeln kann die dreisprachige Sprachmittlung trainiert werden. Auch hier gibt es Variationsmöglichkeiten, je nachdem, ob der gewählte Hintergrundartikel z.B. vorwiegend berichtet (Material 10c, *La Libre Belgique*), erklärt

(Material 10b, *BFM TV*) oder wertet (Material 10a, *Le Nouvel Obs*). Auch können auf diesem Niveau die Haupt- oder Zwischenüberschriften der Artikel und ihre Funktionen identifiziert und benannt werden. Einbezogen werden können hier ebenfalls die z.T. unsachlichen Kommentare der Leser zu den jeweiligen Artikeln auf den Webseiten der Zeitungen.

- *Create*: An letzter Stelle steht die Produktion eines kohärenten Zieltextes. Dabei kann es sich z.B. handeln um die o.g. Presseschau oder um ein Poster mit den verschiedenen Ausgangstexten und deutschen Kommentaren, welche die bisher genannten Fragen beantworten. Denkbar wäre auch ein Blog-Eintrag auf der Webseite einer deutschen Zeitung, die ebenfalls über die belgischen Pläne berichtet hat. Während diese Aufgaben z.T. schon recht freie Textproduktionen darstellen, ist der Auftrag, die Überschriften oder bestimmte Wendungen der Ausgangstexte kulturell passend und gleichzeitig griffig wiederzugeben, eher ein enger geführter Sprachmittlungsauftrag.

Die genannten Aufträge enthalten teilweise auch unterschiedliche komplexe Anforderungen an die Rolle des Sprachmittlers im inhaltlichen und kulturellen Bereich, die im Folgenden noch einmal gesondert ausdifferenziert werden sollen:

- Übermittlung: Hierbei geht es v.a. darum, einzelne, möglichst genau fassbare Informationen aus den englischen Ausgangstexten auf Deutsch wiederzugeben. Dies lässt sich am besten durch W-Fragen oder durch klare Entscheidungsfragen steuern.

- Erklärung: Hierbei kann es sich um lexikalische Erklärungen (wie z.B. *odd denomination*; *loophole*) handeln, besonders aber auch um Erklärungen von kulturellen Anspielungen wie *battle of Waterloo, Bayeux tapestry, 70th anniversary of the Normandy landings*. Dabei spielen Hilfsmittel eine entscheidende Rolle, z.B. Wörterbücher, Lexika, Paralleltexte, die u.U. selbst das entsprechende kulturelle Ereignis nicht nur nennen, sondern erläutern, oder auch Experten, die ihr (historisches) Hintergrundwissen zur Verfügung stellen.

- Interkulturelle Vermittlung: Diese Funktion weist über (kulturelle) Erklärungen insofern hinaus, als nicht nur faktische Hintergrundinformationen darüber nötig sind, wann sich welches Ereignis wo, mit welchen beteiligten Parteien ereignet hat. Vielmehr ist es auch nötig zu ergänzen, welche Bedeutung dieses Ereignis in der jeweiligen kulturellen Gemeinschaft hat. Ganz besonders gehört es zur interkulturellen Vermittlung, Auto- und Heterostereotype zu identifizieren, bei der Wiedergabe als solche zu kennzeichnen und sie ohne Parteinahme zu übertragen.

- Konfliktvermittlung: Diese Aufgabe kann ggf. zur interkulturellen Vermittlung hinzutreten, ist allerdings in der Theorie nur schwierig vorauszuplanen. Konfliktvermittlung kann beispielsweise in einer multikulturellen Gruppe nötig werden, wenn z.B. französische Besucher der Ausstellung oder französische Teilnehmer am Comenius-Projekt Formulierungen in einem Artikel oder Kommentare von Lesern auf Webseiten unpassend finden. Am ehesten kann man Konfliktvermittlung simulieren, wenn z.B. ein gemeinsames Diskussionsforum erstellt wird, in dem deutsche und französische Schülerinnen auf Deutsch über die englischen Artikel und Kommentare diskutieren sollen. Eine andere Möglichkeit stellt die Selbstreflexion über die Erfahrungen und Gedanken beim Sprachmitteln der Ausgangstexte dar, die in einem Portfolio niedergelegt werden kann (vgl. Byram 1997; Vogt 2007).

Mit diesem Beispiel lassen sich neben der Wissenskomponente interkultureller Kompetenz auch Fertigkeiten des Interpretierens, In-Bezug-Setzens und der Informationsgewinnung, aber auch Einstellungen wie Offenheit und Neugier im Bereich der persönlichkeitsbezogenen Kompetenzen aktivieren und entwickeln. Da der Sprachmittler, besonders in mehrkulturellen Vermittlungssituationen, verschiedene Perspektiven einnehmen sollte, ist zu hoffen, dass er sich über die Komplexität der (historischen und symbolischen) Bedeutung Napoleons klar wird und somit ein Beitrag zur Entwicklung von *critical cultural awareness* geleistet werden kann. Außerdem wird beim Einsatz des *feature article* und besonders von Leserkommentaren als Teilaspekt der pragmatischen Kompetenz die Fähigkeit gefordert, den Ton des Textes zu erkennen und den Inhalt, ohne den Adressaten zu verletzen, zu übertragen. Je nach Vermittlungssituation ergeben sich besonders bei der mündlichen Sprachmittlung auch Möglichkeiten, Schwerpunkte auf die interaktionale und soziolinguistische Kompetenz zu legen.

Auch das zweite Beispiel, das auf die Einschätzung der Figur Napoleons und auf die historische Bedeutung von Waterloo fokussiert, aktiviert aufgrund seiner Thematik interkulturelle Kompetenzen. Vor allem aber soll anhand dieses Beispiels, bei dem aus dem Deutschen ins Englische gemittelt wird, gezeigt werden, wie durch die Variation von Ausgangs- und Zieltext(en) eine Progression gebildet werden kann. Realitätsnahe Situierungen könnten folgendermaßen aussehen:

- Organisierter Austausch mit britischen oder französischen Schülern im Rahmen eines Comenius-Projektes oder informell, auf privater Ebene per Mail

- Ferienjob in einer deutschen Ausstellung zu Napoleon und Betreuung von englischsprachigen Besuchern

- Praktikum in einer Ausstellung zu Napoleon und/oder Waterloo in Großbritannien oder Belgien

- Erarbeitung von Unterrichtsmaterialien für den Geschichtsunterricht oder ein bilinguales Modul, das Geschichts- und Englischunterricht verbindet. Dies könnte ein Projekt in Analogie zu dem hervorragenden, anspruchsvollen und zum interkulturellen Lernen auffordernden Unterrichtsmaterial in dem zweisprachigen Lehrbuch für den bilingualen Geschichtsunterricht in französischer Sprache *Geschichte/Histoire* (Bendick et al. 2011) sein.[176] Dort werden Napoleon und seine Wirkung nämlich

---

176 Zwar ist die Situation für den bilingualen Sachfachunterricht in Französisch mit *Abibac* eine etwas andere, aber gerade für das Englische, das meist erste Schulfremdsprache ist, könnte auch anspruchsvolles Material eingesetzt werden. Zum Mehrwert für das interkulturelle Lernen aufgrund des deutsch-französischen Perspektivenwechsels in einem anderen Band von *Histoire/Geschichte* vgl. Christ 2007.

ausführlich und vielschichtig aus deutscher und französischer Perspektive dargestellt. Empfohlenes Unterrichtsmaterial von deutschen Schulbuchverlagen (vgl. ISB
2009) für den bilingualen Geschichtsunterricht in englischer Sprache handelt Napoleon dagegen nur knapp, auf wenigen Seiten und inhaltlich dementsprechend oberflächlich ab (z.B. Weeke 2006; Kröger et al. 2007). Die deutschen Lerner könnten
für (fiktive) englischsprachige Lernende ein Dossier mit Material und Aufgaben zu-
sammenstellen und dies z.B. mit Schulbüchern für den Geschichtsunterricht in Eng-
land vergleichen, wo z.B. ein Band für *Key Stage 3* zu *Revolutionary France* Napoleon und seine Herrschaft facettenreich darstellt (Hetherton 1992).

Die Variation der Ausgangstexte kann von relativ kurzen, vorwiegend Sachinformatio-
nen und Fakten vermittelnden Beiträgen und Informationstexten zu stärker wertenden
und meinungsbildenden Texten reichen.[177] Innerhalb dieser zwei Pole kann weiter variiert werden, wie die Progression für die erstgenannten, informierenden Texte zeigen
soll, die Auszüge aus folgenden Quellen (Material 11a–b) verwendet:

- Lexika, die speziell für Kinder oder Jugendliche erstellt wurden, wie die Informationen auf der Webseite von *Was ist was?*, *Kinderzeitmaschine* oder *Geolino*

- Lexika, die sich an Erwachsene wenden (z.B. beim Fachportal für Geschichtswissenschaften)

- Spezialisierte Lexika oder Webportale, die nur Napoleon und seine Zeit thematisieren

- Kurzfassung des Begleitbandes zur bayerischen Landesausstellung „Napoleon und
  Bayern" (Haus der Bayerischen Geschichte 2015a)

- Langfassung des Begleitbandes zur bayerischen Landesausstellung „Napoleon und
  Bayern" (Haus der Bayerischen Geschichte 2015b)

Die entsprechenden Aufträge für alle genannten Ausgangstexte können folgendermaßen
lauten: *Describe and categorise the evaluation of Napoleon's impact on Germany and
Bavaria – Outline the description of events leading up to and including the battle of
Waterloo – Evaluate Napoleon's, Wellington's and Blucher's roles at the battle of Waterloo as they are presented in your text excerpts – Present the judgements passed on
Napoleon, using (only) information from the source text(s).* Selbst bei den Weblexika
für Kinder finden sich Wertungen, wenn Napoleon z.B. als „Diktator" (*Kinderzeitmaschine*) oder als „Weltveränderer" (*Geolino*) bezeichnet wird. Interessanterweise erwähnt *Geolino* Napoleons zweite hunderttägige Herrschaft und seine Niederlage bei
Waterloo überhaupt nicht, so dass Lernende auch zu einem Vergleich der Webseiten bei
der Sprachmittlung aufgefordert werden können. Die genannten Ausgangstexte weisen

---

177 Natürlich muss berücksichtigt werden, dass auch Geschichtsschreibung nicht objektiv sein
kann, sondern subjektiv wertet und auswählt. Vgl. wegweisend White 1973 zu narrativen
Strategien von Historikern und zur Unmöglichkeit von ‚Wahrheit' in der Geschichtswis-
senschaft.

einen steigenden Umfang auf, so dass die Lernenden immer stärker gefordert sind, die relevanten Informationen, d.h. Napoleons Einfluss bzw. die Darstellung von Waterloo, ausfindig zu machen. Auch der Auftrag *Compare and evaluate your English version and the English version produced by a translation tool/by the author of the published English version* kann insofern reizvoll sein, als er die Problematik der Übersetzung kulturspezifischer Lexik wie ‚Befreiungskriege‘ oder ‚Völkerschlacht‘, latente Wertungen, Auslassungen und Ergänzungen bei Lernenden, aber auch in veröffentlichten Versionen aufdecken kann.[178]

Bei den meinungsbildenden, wertenden Texten sind zum einen Bücherrezensionen gute Ausgangstexte für die Sprachmittlung, zum anderen sind Interviews und Diskussionen mit verschiedenen Personen ergiebig. Auch innerhalb dieser Textsorten lässt sich der Komplexitätsgrad variieren:

- Buchbesprechung: mehrfach rezipierbarer Lesetext bzw. einmalig präsentierter monologischer Hörtext bzw. einmalig präsentierter dialogischer Hörtext (Material 12a–c). Damit variiert auch die Zeit, die zur Ein- und Bearbeitung zur Verfügung steht. Natürlich kann jedoch ein Podcast auch mehrmals angehört werden. Der dialogische Hörtext ist insofern schwieriger, als im Gespräch von Moderator und Rezensent für die Bewertung des Buches unwichtige Informationen genannt werden können, die vom Sprachmittler unbeachtet bleiben müssen. Andererseits können die Kommentare des Moderators bei der Einschätzung der Rezension durch den Rezensenten hilfreich sein. Damit zeigt sich auch hier wieder eine Abhängigkeit vom Sprachmittlungsauftrag, der z.B. lauten kann: *What does the reviewer say about the new publications about Napoleon and Waterloo? Which one(s) does the reviewer recommend most, and why? How are the other protagonists like Wellington and Blucher dealt with, and does the reviewer express a personal evaluation of Napoleon's historical impact?* Die letztgenannte Frage verlangt ein besonders genaues Lesen bzw. Hören, ein Achten auf wertende Adjektive oder Substantive, bei Hörtexten z.B. auch auf Intonation und Tonfall.

- Interview/Diskussion: schriftlich festgehaltenes Interview oder Streitgespräch oder Forumsdiskussion bzw. Interview aus einer Fernsehsendung bzw. Interview im Radio (Material 13a–g). Der Modus/Kanal bestimmt die Schwierigkeiten, die bei der Rezeption, dem Verständnis und der Verarbeitung des Ausgangstextes auftreten können. Durch die visuelle Unterstützung bei einem Fernsehbeitrag ist es für den Sprachmittler u.U. im Vergleich zur Radiosendung einfacher, Wertungen des interviewten Journalisten und Buchautors aus Gestik und Mimik zu erschließen. Ein

---

178 Im Kapitel zu „Mythos Napoleon auf Bayerisch" (Material 11b) des dreisprachigen Katalogs zur Bayerischen Landesausstellung kann z.B. die Wiedergabe des Deutschen „Man verdankte Napoleon das Königreich und auch die Modernisierung des Landes wäre ohne seinen indirekten Einfluss vermutlich nicht so rasch vonstatten gegangen" als „The realm had the victor Napoleon to thank for its elevation to a kingdom and transformation into a modern state" (Haus der Bayerischen Geschichte 2015a, 36 und 86) nicht nur inhaltlich, sondern v.a. auch sprachlich diskutiert werden, da die englische Wiedergabe weit davon entfernt ist, elegant oder idiomatisch zu sein.

Streitgespräch ist insofern komplexer als ein Interview, als die Perspektiven der beteiligten Personen ausgewogen dargestellt werden müssen und eine Koordination der Aussagen im Zieltext erfolgen muss. Dies zeigt sich besonders gut in einem Auszug aus einem Streitgespräch (Material 13f), da der polnische Gesprächspartner sich explizit gegen die (vorherrschende) westeuropäische Interpretation Napoleons und des Wiener Kongresses wendet und Napoleon nicht mit Hitler verglichen sehen will (*Zeit Geschichte* 2/2015, 95). Weiterhin kann eine Abstufung durch die Variation der Interviewpartner in den Ausgangstexten erreicht werden: Bei identischem Sprachmittlungsauftrag macht es einen Unterschied, ob ein deutscher oder ein französischer Historiker (Material 13a und 13g), ein britischer Romancier, ein lebendes Familienmitglied Napoleons oder ein deutscher Laiendarsteller beim *re-enactment* von Waterloo interviewt wird (Material 13h–j). Ein Auftrag, der auf die unterschiedlichen Perspektivierungen eingeht, könnte z.B. folgendermaßen lauten: *Identify the interviewee's positions. Contrast factual information and opinions. Try and explain what makes the interviewees hold their opinions.*

- Dokumentarfilm: Hier ist z.B. an eine Episode aus der Reihe *Die Deutschen* zu denken, die den Titel trägt „Napoleon und die Deutschen" (Material 14). Aufgrund ihrer Länge von knapp 45 Minuten und der kombinierten Unterhaltungs- und Informationsfunktion ist die Informationsentnahme und -zusammenfassung hier wohl am komplexesten, denn es wechseln Erzählerkommentare, Intervieweinblendungen von Experten und Spielfilmszenen ab. Auch werden durch die gewählten Bilder und die Musik Wertungen transportiert, die der Sprachmittler erkennen und ggf. erklären muss, z.B. wenn der Kaiserthron Karls des Großen im Aachener Dom oder Bilder und Statuen von Friedrich dem Großen eingeblendet werden. Dies setzt voraus, dass die Erläuterungen des Erzählers mit den entsprechenden Bildern in Verbindung gesetzt werden und dass ggf. Hintergrundinformationen recherchiert werden. Bei Verwendung dieses Filmes ist somit über die Wiedergabe von Informationen hinaus die Erklärung und interkulturelle Vermittlung besonders notwendig.

Möglichst realistische Zieltextvorgaben mit entsprechenden Aufträgen können beispielsweise wie folgt lauten:

- *Write an e-mail to your (English/American/French) exchange partner in which you tell him/her about how Napoleon/Waterloo is perceived/depicted in the new books/in the newspaper or radio or television interview.*

- *Write a letter to the editor of* The Telegraph, *commenting on the interview with present Duke of Wellington about the significance of Waterloo (Material 15a) and add opinions and perspectives from the German interviews that you think are missing in the English interview. / Participate in one of the threads on Waterloo in an English online forum on the Napoleonic wars (Material 11a) and outline your opinion of its significance, based on the interviews you have read.*

- *Write a book review in English about the books presented in the German texts.* Hier können englischsprachige Originalrezensionen, entweder aus der Presse oder von

Bewertungen von Käufern bei Online-Buchhandlungen, als Parallel- oder Modelltexte während der Produktion oder als Vergleichstexte bei der Überarbeitung herangezogen werden. Dies kann besonders im lexikalischen Bereich interessant sein, um historische Fachbegriffe ausfindig zu machen.[179] Auch können diese Texte als Muster für die Struktur einer Buchrezension dienen.

- *Choose an excerpt from one/each of the source text(s) that is relevatory as far as the position of its/their authors is concerned. Create a poster for the exhibition and write a summary/explanation/commentary in English.*

- *For your CLIL history class write a reaction paper, integrating the views in the interview(s) you just read.*

- *Choose excerpts from the source texts to present different perspectives on Napoleon to your peers in England/in Germany. Come up with questions for the interpretation of these excerpts/tasks for mediating these texts into English and write the answers for the teacher's manual.*

Am anspruchsvollsten ist sicher folgender Auftrag, der wohl am ehesten für die gymnasiale Oberstufe geeignet ist: *On the basis of the source texts, prepare a debate on the topic „Napoleon – the Great?"* Im Rahmen mündlicher Prüfungen werden bereits gelegentlich die Strukturen der britischen Debattierkultur trainiert. Gerade zu diesem Thema lassen sich Ausschnitte aus einer Fernsehdebatte zwischen den Historikern Andrew Roberts und Adam Zamoyski unter Leitung von Jeremy Paxman (Material 15b) zum Vergleich heranziehen. Wird diese Aufgabenstellung nicht dahingehend präzisiert, dass nur die Informationen aus den Ausgangstexten verwendet werden dürfen, so liegt jedoch eher eine Produktions- als eine Sprachmittlungsaufgabe vor. Auch fehlt der tatsächliche englischsprachige Adressat – es sei denn, diese Debatte wird z.B. vor Austauschschülern präsentiert.

Der Schwerpunkt bei der Aufgabenprogression mit dem Thema Napoleon liegt auf interkultureller Kompetenz. Doch zeigt die Variation der verschiedenen Faktoren auch, dass neben der Sprachkompetenz besonders sachlich-fachliche und instrumentelle Kompetenzen aktiviert werden können. Besonders im zweiten Beispiel können viele unterschiedliche Zieltextsorten gefordert werden, so dass sich die Diskurskompetenz trainieren lässt. Außerdem dürfte aufgrund der relativ komplexen Situation und Thematik die Transferkompetenz mit der Identifizierung von Problemen und der Planung von Strategien eine besonders große Bedeutung haben.

---

179 Zur Problematisierung und Schwierigkeit der Begriffs- und Konzeptbildung im bilingualen Geschichtsunterricht vgl. Alavi 2004 und Hasberg 2007.

5.5.3 Beispiel 3: Variationen über den Modus Mündlichkeit

Während das vorangegangene Beispiel zum Thema Napoleon vorwiegend auf schriftliche Ausgangstexte zurückgreift und auch meist schriftliche Zieltexte verlangt, soll im folgenden Beispiel der Modus der Mündlichkeit für die Zieltextproduktion als fester Faktor gewählt werden, um den herum andere Faktoren variiert werden. Die Beschränkung auf die mündliche Realisierung der Zieltexte bedeutet, dass die Ausgangstexte als wiederum veränderbarer Faktor schriftliche und mündliche Texte, aber auch Text-Bild-Kombinationen umfassen können. Dieses Beispiel mit Fokus auf mündliche Produktion wird gewählt, da der Förderung der Mündlichkeit im Fremdsprachenunterricht zumindest in den letzten zehn Jahren vermehrt Aufmerksamkeit geschenkt worden ist: Dies zeigt sich z.B. in der Einführung mündlicher Prüfungen in Leistungserhebungen oder dem Abitur (vgl. ISB 2005; KMK 2012a). Dennoch scheint die durch die DESI-Studie belegte „Sprachlosigkeit im Klassenzimmer" (Taubenböck 2007, 2) noch immer nicht überwunden (vgl. Rogge 2012; Kurtz 2014).[180] In Bezug auf die Sprachmittlung lässt sich feststellen, dass bisher relativ wenige, echte mündliche Aufgaben vorliegen (vgl. Kapitel 3.1.4). Man könnte dies damit erklären, dass auch in mündlichen Prüfungen, besonders im Abitur, Sprachmittlung bislang wenig oder gar nicht geprüft wird (vgl. Rössler/Reimann 2013, 19f.; Reimann 2013b, 8), so dass kein *backwash effect* in Unterrichtsmaterialien erfolgt.

Mindestens genauso nahe liegt jedoch die Erklärung, dass es außerordentlich schwierig ist, mündliche Sprachmittlungsaufgaben für den unterrichtlichen Einsatz zu konzipieren, die (außerschulischen) Realsituationen möglichst nahe sind, in denen Sprachmittlung tatsächlich notwendig würde. Dies gilt besonders für die mündliche Vermittlung in triadischen Situationen, in denen der Sprachmittler in einem Gespräch zwischen zwei Kommunikanten mit unterschiedlicher Ausgangssprache vermittelt. Dafür gibt es drei Hauptgründe. Erstens muss sichergestellt werden, dass es sich tatsächlich um eine Gesprächssituation handelt, d.h. es widerspricht dieser Vorgabe, wenn die Dialoge den Kommunikanten und v.a. dem Sprachmittler schriftlich vorliegen (vgl. Kolb 2009; Ostermeier 2013) und diese evtl. auch noch schriftlich zu mitteln sind. Dies ist jedoch bei gedruckten Unterrichtsmaterialien von Verlagen häufig der Fall (vgl. Flach et al. 2014). Das zweite Problem ergibt sich durch die Unterscheidung von konzeptioneller Schriftlichkeit und Mündlichkeit: Wenn die Sprachmittlungsdialoge ausformuliert vorgegeben werden, liegt nur in den wenigsten Fällen spontane, mündliche

---

180   Die Tatsache, dass die 34. Frühjahrskonferenz der Fremdsprachendidaktiker sich im Jahr 2014 der Mündlichkeit gewidmet hat, ist ein deutlicher Hinweis darauf, dass dieses Thema für die fremdsprachendidaktische Forschung und auch für die Weiterentwicklung der Unterrichtspraxis als dringlich angesehen wird (vgl. die Beiträge in Burwitz-Melzer et al. 2014).

Sprache vor.[181] Daher kann es sinnvoll sein, zwischen authentischem und natürlichem Sprachgebrauch zu unterscheiden: Letzterer findet sich in spontanen Gesprächen, Ersterer reproduziert oder imitiert natürlichen, spontanen Sprachgebrauch und findet sich z.B. in Dramen, in Filmdialogen oder auch in Gesprächssituationen im Klassenzimmer (vgl. Al-Surmi 2012, 672f.). Damit ist zwar grundsätzlich keine Abwertung von authentischem Sprachgebrauch verbunden. Wenn jedoch pragmatische, diskursive und interaktive Kompetenzen des Sprachmittlers trainiert werden sollen, wäre es wünschenswert, dass möglichst spontane Sprache vorliegt. Dies ist gegeben, wenn Lernende ihre Sprachmittlungsdialoge nicht aus Vorgaben lediglich nachspielen, sondern sie selbst entwickeln (vgl. Kräling et al. 2013, 35). In diesem Fall ergibt sich jedoch u.U. das Problem, dass Lernende sprachliche, inhaltliche oder interkulturelle Probleme vermeiden oder überhaupt nicht erkennen.[182] Damit ist auch die dritte Schwierigkeit bei der Konzeption mündlicher Sprachmittlungsaufgaben angeschnitten: Da die Lernenden eine gemeinsame Sprache teilen, ist eine Sprachmittlungsituation, in der drei Lernende alle drei Rollen spielen, relativ künstlich. Natürlich ist ein Großteil des Fremdsprachenunterrichts – wie überhaupt des Unterrichts an sich – lediglich Simulation, aber in Bezug auf Sprachmittlung, bei der Inhalte vermittelt werden sollen, die der Empfänger in der Ausgangssprache eben *nicht* versteht, ist dies besonders problematisch. Selbst wenn man die Rolle des fremdsprachlichen Sprechers mit einem leistungsstarken Lernenden besetzt (vgl. Senkbeil/Engbers 2011, 49; Ostermeier 2013, 14), bleibt dieses Problem bestehen. Eine Lösung, die allerdings wiederum die Sprechanteile der Lehrkraft erhöht, wäre, dass diese den Part des einsprachig-englischsprachigen Kommunikanten übernimmt und somit Nichtverstehen überzeugender vortäuschen kann als ein Lernender und gleichzeitig die Fremdsprache mit authentischer oder sogar natürlicher mündlicher Sprache verwenden kann.

Unter Berücksichtigung dieser drei Problemfelder sollen die folgenden Variationen über mündliche Zieltexte einige Anregungen zur Progressionsbildung dieses Aufgabentyps geben. Dabei werden sowohl Sprachmittlungssituationen präsentiert, bei denen in eine Richtung – und zwar in diesen Beispielen ins Englische – gemittelt wird, als auch interaktive Sprachmittlungssituationen, bei denen der Sprachmittler zwischen dem Englischen und dem Deutschen vermitteln muss. Besonders bei den letztgenannten Unterrichtsvorschlägen spielt die interaktive Kompetenz eine wichtige Rolle.

Das erste Teilbeispiel variiert den Kanal der deutschen Ausgangstexte, wohingegen neben der Mündlichkeit der englischen Zieltexte auch das Thema der Ausgangstexte unverändert bleibt, so dass mit den verschiedenen Ausgangstextsorten thematisch sehr ähnliche Spiegel- bzw. Vergleichstexte vorliegen (vgl. Kapitel 3.5.6). Es handelt sich

---

181 Dies entspricht der Unterscheidung von *scripted* und *unscripted* (vgl. Schubert 2008, 114) und zeigt sich beispielsweise auch in gedruckten Interviews, die redaktionell bearbeitet wurden, so dass sie keine oder kaum Merkmale mündlicher Sprache wie Pausen, Füllwörter, Bruchstücke, Überlappungen oder Ellipsen enthalten. Vgl. auch Zydatiß 2010b zur Abgrenzung und Überschneidungen von Mündlichkeit und Schriftlichkeit.

182 Hier kämen dann eher unerwünschte bzw. inhaltlich kontraproduktive *avoidance strategies* (vgl. Tarone 1981) zum Einsatz. Generell ist es im Fremdsprachenunterricht schwieriger, Gespräche zu planen als monologisches Sprechen (vgl. Königs 2014, 114).

dabei um ein Projekt zum Thema Bildungs(un-)gerechtigkeit, in dem junge Menschen mit nichtakademischem Familienhintergrund von ihrem Bildungsweg bis zum Studium berichten (vgl. Bitiş/Borst 2013). Aufgrund der Thematik sind so auch (inter-)kulturelle Aspekte relevant. Dieselbe Person, eine junge Türkin aus Berlin, berichtet auf drei verschiedene Arten über ihren Bildungsgang zum Abitur an einer katholischen Schule (Material 18a–c), wodurch sich folgende Progression der Ausgangstexte anbietet:

- Darstellung des Bildungsgangs als Comic, erläuternde Texte in der ersten Person und Sprechblasen der Protagonistin und anderer Personen aus ihrem Umfeld (Material 18a)

- Schriftliche Ausformulierung des Bildungsgangs als Ich-Erzählung (Material 18b)

- Darstellung des Bildungsgangs in einer monologischen Podcast-Aufnahme, vorgetragen in Ich-Form (Material 18c)

Diese Abfolge erscheint insofern überzeugend, als im Comic der Bildungsweg chronologisch dargestellt wird und durch die Darstellung in Bildern eine Beschränkung auf ausgewählte Ereignisse erfolgt. Der schriftliche Ausgangstext kann in beliebigem Tempo mehrfach rezipiert werden, während der Podcast, je nach Unterrichtsvorgabe, u.U. nicht dauerhaft vorliegt. Diesen beiden zuletzt genannten Textsorten ist gemeinsam, dass sie länger sind, so dass möglicherweise irrelevante oder vom eigentlichen Thema abschweifende Aussagen enthalten sein können. Inwiefern daher eine Auswahl, Reduzierung und Verdichtung von Information bei der Sprachmittlung erfolgen muss, hängt von der Situation und dem Auftrag ab. Realitätsnah erscheint die Simulation des Ausstellungsbesuchs zu diesem Projekt *Lux Like Comic* (Rosa Luxemburg Stifung o.J.) mit einem englischsprachigen Austauschschüler oder die Information englischsprachiger Besucher, evtl. mit Deutschkenntnissen, im Rahmen einer Tätigkeit als Führer in dieser Ausstellung. Mögliche Aufträge seien hier knapp aufgeführt:

- *Remember: Who is the interviewee? What is her family background?* Hierbei handelt es sich um W-Fragen, die das Ausfindigmachen präziser Informationen voraussetzen.

- *Understand: Why does she attend a Catholic school?* Auf dieser Stufe sind logische Zusammenhänge herzustellen und zu übermitteln.

- *Analyze: What is special about her school education? What does the interviewee think about her educational career? How does she feel about her personal and her educational background?* Bei dieser Frage ist zusätzlich zur Wiedergabe von Information auch eine Interpretation nötig, die für den Comic bzw. den Podcast noch präzisiert werden kann: *Look at her facial expression/Listen to her tone to find out how she feels about her situation.*

- *Apply: Explain what is meant by expressions such as 'freiwilliges soziales Jahr', 'Abitur', 'Realschulabschluss', 'PISA-Quote', 'Eliteschule' or 'Frauenhaus' etc. Also explain how these terms relate to the interviewee's educational career.* Aufträge auf dem Anforderungsniveau der Anwendung verlangen in diesem Aufgabenbeispiel, dass der Sprachmittler Außenstehenden kulturspezifische Begriffe erläutert.

- *Evaluate: What particular (inter-)cultural issues is this interviewee faced with because of her personal and educational background?* Auch hier sind Interpretation und ausgewogene Darstellung nötig, vor allem aber bietet es sich an, interkulturelle Aspekte einzubeziehen: Die interviewte Person berichtet in Comic, Podcast und Schrifttext von gelegentlichen Konflikten und Vorurteilen in ihrer deutschen Schule aufgrund ihrer türkisch-kurdischen Herkunft. In diesem Fall kann zusätzlich zur Erläuterung der deutschen Debatte um das Burkaverbot eine Perspektivenübernahme und -koordinierung angebahnt werden, wenn die entsprechenden Texte des Comics (Material 15a) für Kommunikanten aus englischsprachigen Ländern vermittelt werden müssen.

- *Create:* Die Stufe des *create* ist schwierig zu realisieren, besonders wenn der Zieltext mündlich produziert werden soll. Denkbar wäre es, die Sprechblasen des Comics (Material 18a) ins Englische zu übertragen (*Write an English version of the cartoon/the speech bubbles*), da somit zumindest teilweise konzeptionelle Mündlichkeit erhalten bliebe. Auch lässt sich so besonders die Kreativität der Lernenden bei der Verwendung des Englischen anregen.

Auch durch die Variation der Deutschkenntnisse der Akteure kann eine Progressionsbildung erfolgen; dies soll nur an zwei Vorschlägen (Material 18a) illustriert werden:

- Ein anglophoner Besucher mit recht guten Deutschkenntnissen könnte fragen: *I can see that her teachers are monks. But I don't understand why there is an arrow pointing at this monk's shoes. It doesn't say 'Schuh' anywhere in the text, only 'Latschen'.* oder: *Rodja seems to be angry at her peer, who has just said something about PISA. What does 'versauen' mean?* In diesem Fall müssen Lernende nicht nur den Begriff umschreiben, sondern auch Erläuterungen zur Sprachebene oder zu Konnotationen hinzufügen. Damit wird die soziolinguistische Kompetenz aktiviert.

- Ein anglophoner Besucher mit sehr geringen Deutschkenntnissen könnte entweder eine Wiedergabe aller Sprechblasen des Comics wünschen oder eine knappe Zusammenfassung des Bildungswegs. Erstgenannter Auftrag wäre sehr umfangreich und anspruchsvoll; im letztgenannten Auftrag könnte der Sprachmittler selbst entscheiden, welche Informationen er überhaupt nennt.

Während dieses Sprachmittlungsbeispiel ins Englische keine Interaktion zwischen zwei realen Kommunikanten mit unterschiedlicher Sprache enthält, soll im Folgenden versucht werden, Beispiele für die interaktive Sprachmittlung zu entwickeln, die eine Progression aufweisen. Wenn auch die weiter oben identifizierten Schwierigkeiten bei der Konstruktion von realitätsnahen, authentischen, möglicherweise aber nicht natürlichen Dialogen nicht völlig überwindbar sind, so kann durch geschickte Auswahl des Ausgangsmaterials jedoch zumindest versucht werden, zweisprachige Dialogsituationen zu simulieren. Dabei bieten sich verschiedene Medien an, deren Potential für den Englischunterricht in Deutschland – jedoch nicht für die Sprachmittlung im Besonderen – bereits entdeckt worden ist: Dies sind v.a. Comics (vgl. Schüwer 2005), Filme, Sitcoms und Seifenopern (vgl. Thaler 2005; Emig 2006; Gunzenhäuser/Hahn 2009; Henseler/Möller/Surkamp 2011a). Bei dieser Aktivität sind diese Medien nicht primär wegen umfassender, anspruchsvoller, erzieherischer Ziele im Bereich der Medienkompetenz oder der Entwicklung von Hör-Seh-Verstehen wichtig. Vielmehr wird es durch die dort zu findende authentische, gesprochene Sprache, die durch *setting*, Bilder und Ton in einem außersprachlichen Kontext verankert ist, möglich, mündliche Sprachmittlung von der Künstlichkeit und Banalität eigens erstellter Dialoge zu befreien. Was Henseler et al. über Filmdialoge sagen, gilt mit Einschränkungen so für alle genannten Ausgangsmedien:

> [N]eben verbalen [kommen] auch non-verbale und paralinguistische Aspekte von Kommunikation wie Mimik, Gestik und Körpersprache bzw. Intonation, Sprechtempo und Sprechpausen zur Geltung, die Bestandteil jeder mündlichen Kommunikation sind, aber im Fremdsprachenunterricht häufig zu wenig berücksichtig werden. (Henseler/Möller/Surkamp 2011b, 9)

Als vorangestelltes Strategietraining einer Teilkompetenz bieten sich folgende Vor-Übungen an: Einzelwörter müssen im Rahmen eines *Taboo*-Spiels in der Fremdsprache umschrieben und von den Mitlernenden auf Deutsch erraten werden. Dasselbe gilt, wenn zur Vorbereitung Dialoge aus der Fremdsprache idiomatisch in gesprochene Sprache im Deutschen übertragen werden oder professionelle Synchronisierungen bzw. Untertitel mit dem Original verglichen werden (vgl. Thaler 2013, 109).

Als Ausgangstexte für anschließende Sprachmittlungsdialoge sind z.B. folgende Texte mit aufsteigender Schwierigkeit geeignet:

- zweisprachige Geschichten für Kinder mit Themen des kindlichen Alltags, in denen deutsch- und englischsprachige Figuren aufeinandertreffen (Material 19). So enthalten z.B. die Bände der Reihe *Die Kindergartenbande* kurze, mit Bildern gestützte Geschichten, in die deutsch-englische Dialoge integriert sind. Da diese Geschichten zum (spielerischen) Sprachenlernen konzipiert sind, sind die Dialoge streng genommen nicht authentisch. Sie können jedoch von den Lernenden aus dem Text der Erzählung entnommen und um die Rolle des Sprachmittlers ergänzt werden: Dazu müssen die jeweiligen Reaktionen oder Antworten in der jeweils anderen Sprache entfernt werden, so dass der Sprachmittler diese Lücken füllen muss.

- Cartoons oder Comics (Material 20 und 21) zu verschiedenen Themen, die am besten in der englischsprachigen Originalversion und einer deutschen Übersetzung vorliegen sollten. Dann können den Lernenden im Rollenspiel entweder neu kombinierte zweisprachige Comics vorgelegt werden oder sozusagen halbe Comics mit jeweils gelöschten, leeren Sprechblasen.

- zweisprachige Interviews, wie sie sich z.B. im *Lufthansa Magazin* (Material 22) finden. Zwar handelt es sich hier um *scripted texts*, die sich aber in Texte umwandeln lassen, die stärker mündliche Sprache aufweisen.

- Ausschnitte aus Seifenopern, Spielfilmen oder Sitcoms zu verschiedenen Themen, die ebenfalls auf DVD in der englischen und der deutschen Version verfügbar sein sollten. Besonders Seifenopern und mehr noch Sitcoms wird dabei in einigen wissenschaftlichen Analysen eine der natürlichen Konversation ähnliche Sprachverwendung zugesprochen (Quaglio 2009; Al-Surmi 2012; Jones/Horak 2014).[183] Allerdings zeigen Untersuchungen auch, dass bei der Synchronisation teilweise Veränderungen der Stilebene erfolgen (vgl. Herbst 1994). Mit Filmszenen lässt sich zumindest in Ansätzen einüben, wie der Sprachmittler mit Pausen, Wiederholungen oder Satzbrüchen im Ausgangstext (vgl. Quaglio 2009; Al-Surmi 2012) umgehen sollte, d.h. der Sprachmittler muss bei der Übertragung z.B. den Text straffen, Unvollständiges ergänzen oder Irrelevantes auslassen.

Bei den Cartoons und Comics lassen sich neue zweisprachige Dialoge kombinieren, welche die Lernenden nachspielen können. Denkbar ist auch für die Cartoons und Comics ebenso wie für die Interviews, dass die Lernenden in drei Gruppen aufgeteilt werden: Während eine Gruppe unter Verwendung von Hilfsmitteln (z.B. Wörterbüchern, Paralleltexten, Experten) die englische Version liest bzw. hört und sieht, beschäftigt sich die zweite Gruppe mit der deutschen Version; die dritte Gruppe sind die Sprachmittler. Im nächsten Schritt spielen jeweils ein Lernender aus der ersten und zweiten Gruppe den Dialog – am besten ohne textliche Unterstützung – nach, und der Sprachmittler vermittelt in dieser Situation. Dadurch ist die Steuerung des Dialogs stärker, als wenn die Lernenden diesen selbst entwerfen müssen (vgl. dazu Kräling et al. 2013), aber es handelt sich nicht um einen *scripted dialogue*, der abgelesen wird. Auch könnte z.B. das Interview durch weitere, selbst formulierte Fragen und Antworten ergänzt werden.

Durch die Kürze der Redebeiträge, die besonders durch den begrenzten Umfang von Sprechblasen in Comics zum Tragen kommt, kann davon ausgegangen werden, dass der Sprachmittler die Ausgangstexte jeweils mehr oder weniger vollständig überträgt wird. Doch auch in diesem Fall lassen sich die Anforderungen an den Sprachmittler steuern, wie die folgende Konkretisierung anhand einer Szene mit Walt Disneys Dagobert/Uncle Scrooge und Donald Duck (Material 20a–b) zeigen soll. Die beispielhaften Aufträge gehen davon aus, dass Donald deutsch spricht und Dagobert englisch, aber auch die umgekehrte Aufteilung wäre denkbar. In der vorliegenden Szene verkleidet sich Donald als Bettler, um Dagobert zu einer Geldspende zu bewegen. Damit liegen asymmetrische Rollenverhältnisse zwischen einem Bittsteller und dem Gewährenden vor, die zur Variation des Auftrags verwendet werden können:

---

183 Der natürlichen Sprache noch näher sind Dialoge aus Korpora der mündlichen Sprache (z.B. Carter/McCarthy 1997), die z.B. auch Überlappungen, *turn-taking* und *holding the floor* illustrieren können; aber in diesen Fällen fehlt eine (professionelle) deutsche Fassung als Gegenpart für die Sprachmittlungsdialoge, so dass diese von den Lehrkräften selbst zu erstellen wäre. Ebenfalls denkbar sind Werbespots, sofern sie zweisprachig bzw. mit Untertiteln vorliegen (Material 23a–b).

- *Remember*: Gib die inhaltlichen Fakten des Gesprächs von Dagobert Duck als geizigem Millionär und Donald Duck als Bettler in direkter Rede wieder.

- *Apply*: Versuche zusätzlich, in der jeweils anderen Sprache die Wendungen „poor fellow", „a dime", „Überhaupt nicht!" und „lieber Herr" auf idiomatische Art wiederzugeben.

- *Analyze and evaluate*: Verwende indirekte Rede und treffende einleitende Verben, um in der jeweils anderen Sprache zum Ausdruck zu bringen, in welcher Stimmung/mit welchen Gefühlen/mit welcher Intention/mit welcher Einstellung Donald bzw. Dagobert sprechen. Achte dazu auf Mimik und Gestik im ursprünglichen Cartoon. Überlege auch, welcher Tonfall angemessen ist.

Besonders durch den letztgenannten Auftrag kann die pragmatische Kompetenz des Sprachmittlers geschult werden.

Ebenfalls über die Kommunikanten lässt sich in der folgenden Situation, die auf *Asterix bei den Briten* bzw. *Asterix in Britain* zurückgreift (Material 21a–b), das Anforderungsniveau unterschiedlich gestalten. Asterix und Obelix begegnen in Begleitung von Asterix' britischem Vetter Anticlimax unvertrautem Essen und Getränken, z.B. lauwarmem Bier und gekochtem Wildschwein mit Pfefferminzsauce, und äußern sich dazu. Als vierter Kommunikant ist der Wirt anwesend. Da diese Szene bei den Briten spielt, erscheint es überzeugender, Asterix und Obelix deutsch sprechen zu lassen und Anticlimax und den Wirt englisch.[184] Bei diesem potentiellen *critical incident*, der besondere Anforderungen an die Höflichkeit und das Vermittlungsgeschick des Sprachmittlers stellt, könnten die abgestuften Aufträge folgendermaßen lauten:

- *Remember* mit Übermittlung: Gib die Aussagen des Wirtes und von Anticlimax auf Deutsch wieder.
- *Analyze* mit Erklärung: Bereite Obelix darauf vor, was er bei einem „British meal" u.U. zu erwarten hat. Erkläre ihm Anticlimax' Äußerung zur Temperatur des Bieres.

- *Apply and evaluate*: Entscheide, welche Aussagen du für den Wirt des Gasthauses übertragen und welche Aussagen du Anticlimax ggf. etwas später, wenn ihr das Gasthaus verlassen habt, übermitteln möchtest.

- *Evaluate* mit interkultureller Vermittlung: Anticlimax, der etwas deutsch versteht, möchte wissen, worüber sich Asterix und Obelix während des Essens unterhalten. Gib ihr Gespräch zusammenfassend wieder, ohne jedoch unhöflich zu sein.

- *Create* mit interkultureller Vermittlung: Versuche, ein idiomatisches, englisches Äquivalent für diesen Satz zu finden: „In Britannien hat man sich den britischen Gepflogenheiten anzupassen" (Material 21b). Erkläre dann Obelix und Anticlimax jeweils verschiedene, möglicherweise oder angeblich typische Bräuche.

---

184 In einer Klasse, die auch Französisch lernt, wäre es natürlich überzeugender und realitätsnäher, das französischsprachige Original zu verwenden.

Mit diesen abgestuften Aufgabenstellungen können in unterschiedlichem Maß interkulturelle, interaktionale und pragmatische Kompetenzen aktivtiert bzw. weiterentwickelt werden.

Andere Aspekte der pragmatischen, interaktionalen oder instrumentellen Kompetenz des Sprachmittlers können beim Einsatz von zweisprachigen Interviews in simulierten Sprachmittlungssituationen aktiviert werden. Wenn z.B. in einem Interview der *turn* des interviewten Schauspielers Orlando Bloom sehr lang und inhaltlich anspruchsvoll ist (Material 22), kann die abgestufte Aufgabenstellung für den Sprachmittler folgendermaßen lauten:

- Mache dir einige Notizen, um in groben Zügen wiederzugeben, was Orlando Bloom auf die gestellte Frage antwortet.

- Mache dir ausreichend viele Notizen, um seine Antwort so vollständig wie möglich wiederzugeben.

- Unterbrich' Orlando Bloom höflich an einer passenden Stelle, damit du das bisher Gesagte möglichst genau ins Deutsche übertragen kannst.

- Frage nach, wenn du etwas nicht verstanden hast und bitte ggf. um Wiederholung oder Erklärung einzelner Wörter.

Auch in dieser Situation gilt jedoch wieder die Einschränkung, dass ein Lernender die Rolle des englischsprachigen Muttersprachlers nur unvollkommen ausfüllen kann, so dass das *turn-taking* lediglich simuliert werden kann. Dennoch kann durch derartige gesteuerte Dialogsituationen ein besonderer Schwerpunkt auf die pragmatische, soziolinguistische und interaktionale Kompetenz gelegt werden.

5.6 Fazit: Der Auftrag als zentrales Variationskriterium

Die dargestellten Unterrichtsvorschläge zeigen die zuvor erläuterte Komplexität von Sprachmittlung auf: Die umfassende Definition und Ausdifferenzierung der Teilkompetenzen und -prozesse (Kapitel 4) spiegelt sich in der Vielzahl von Faktoren, die bei konkreten Sprachmittlungsaufgaben variiert werden können. Daher wäre eine Progression, die lediglich mit den Kategorien ‚einfach‘, ‚kurz‘ oder ‚vertraut‘ operiert, zu simpel und schematisch. Vielmehr ist es sinnvoll, einen oder mehrere feste Faktoren zu bestimmen und andere Faktoren für verschiedene Lernniveaus in verschiedenen Schuljahren zu variieren. Am besten lassen sich Sprachmittlungsaufgaben im Anspruchsgrad über die Variation des Auftrags in der Sprachmittlungssituation verändern. Dieses Fazit ist völlig stimmig, da Zweck, Situation und Adressat auch die entscheidenden, obligatorischen Definitionselemente sind, mit denen kommunikative, interkulturelle Sprachmittlungsaufgaben von dekontextualisierten Übersetzungsübungen zum Zweck der Überprüfung von Wortschatz- und Grammatikerwerb unterschieden werden können (vgl. Kapitel 3.2). Dies bedeutet für Lehrkräfte, dass sich ihnen besondere Anforderungen bei der Entwicklung von konkreten Aufgabenstellungen zum Ausgangsmaterial stellen: Der

Auftrag kann in den meisten Fällen nicht lauten „Gib den Inhalt wieder" oder „Sum up the relevant information", da diese Formulierungen zu allgemein sind. Vielmehr sollten präzise Operatoren in Bezug auf Situation und Kommunikanten gefunden werden, die auf bestimmte kognitive Prozesse abzielen. Gelingt dies, gehen Sprachmittlungsaufgaben in ihren Anforderungen über Lese- oder Hörverstehensaufträge hinaus (vgl. auch HIBB 2010). Aufgabe ist dann nicht nur, bestimmte Informationen zu finden, sondern diese auch zu verarbeiten und in der jeweiligen Situation durch den Auftrag gesteuert zu verwenden. Von Produktionsaufgaben, die den Ausgangstext v.a. als inhaltlichen Impuls sehen (vgl. Oesterreicher 2013), unterscheiden sich die dargestellten Sprachmittlungsaufgaben dann immer noch dadurch, dass der Auftraggeber bzw. Adressat konkrete, im Auftrag präzise angeforderte Informationen wünscht, so dass der Sprachmittler nicht völlig frei in seiner Sprachproduktion ist.

6   Schluss

In Anbetracht der zu Beginn festgestellten Fülle an bereits vorhandener wissenschaftlicher Literatur (s. Kapitel 2.1) und der bereits länger stattfindenden Diskussion um das Thema Sprachmittlung (s. Kapitel 3) soll im Folgenden kritisch reflektiert werden, welchen Mehrwert für Theorie und Praxis die vorliegende Arbeit bietet. Dazu werden die Ergebnisse unter Berücksichtigung der Forschungsmethodologie zusammengefasst und anschließend Möglichkeiten zur Weiterführung der Forschung vorgeschlagen (Kapitel 6.1). Außerdem wird abschließend ein Schlaglicht auf die Stellung von Sprachmittlung in der Debatte um Authentizität geworfen (Kapitel 6.2). Dieser Aspekt hätte im Hauptteil der Arbeit auch als ein Mythos bzw. eine Lücke untersucht werden können, bietet sich jedoch aufgrund seines konzeptionellen Umfangs noch mehr als eigenständige zukünftige Forschungsarbeit an.

6.1   Bilanz und Implikationen

Im Rückblick auf die vorliegende Forschungsarbeit kann man sich zuallererst fragen, ob mehr als ein Jahrzehnt nach der offiziellen Einführung der Aktivität Sprachmittlung in den schulischen Fremdsprachenunterricht eine vorwiegend der theoretischen Forschung zuzuordnende Arbeit überhaupt noch benötigt wird. Diese Frage lässt sich aus mehrerlei Gründen bejahen. Die in Kapitel 1.3 vorgestellten und in der Arbeit verwendeten Methoden der theoretischen Forschung haben gezeigt, dass bestimmte, in der Forschungsliteratur häufig anzutreffende Aussagen entweder noch nicht ausreichend differenziert waren – und somit Lücken der Forschung darstellten – oder zu ungenau und zu unreflektiert waren – und damit als Mythen des bisherigen Fachdiskurses bezeichnet werden können. Durch die Methoden der Kritik und der Analyse der bestehenden Literatur zur Sprachmittlung und durch Recherchen in Bezugswissenschaften kann Sprachmittlung nun umfassend eingeordnet werden:

- Terminologisch und definitorisch wurde untersucht, was verschiedene Akteure des Fremdsprachenunterrichts und der Fremdsprachendidaktik unter ‚Sprachmittlung‘ verstehen (Kapitel 3.1). Somit lässt sich nun auch die Bezeichnung ‚Sprachmittlung‘ für schulische und andere Kontexte genau definieren (Abb. 1, S. 58).
- Historisch wurde Sprachmittlung in die schon sehr lange bestehende und immer wieder ähnlich geführte Debatte um das Übersetzen im Fremdsprachenunterricht eingegliedert (Kapitel 3.2).
- International wurde Sprachmittlung einerseits als ein vorwiegend deutsches Interesse identifiziert, andererseits aber auch an verschiedene aktuelle Tendenzen und Strömungen wie Mehrsprachigkeit und *translanguaging* angebunden (Kapitel 3.3).

- Konzeptuell wurde besonders für die Englischdidaktik zum ersten Mal ausführlich und präzise das Verhältnis von interkultureller Kompetenz und Sprachmittlung unter inhaltlichen, wissensbasierten, sprachlichen, könnensorientierten und einstellungsbezogenen Gesichtspunkten dargestellt (Kapitel 3.4).
- Ebenfalls konzeptuell wurden erstmals detailliert verschiedene Berührungspunkte und Inspirationsquellen aufgeführt, welche die Translationswissenschaft für die schulische Sprachmittlung bietet (Kapitel 3.5).

Bei den Verfahren der Analyse und der Kritik, d.h. der Untersuchung der Darstellung von ‚Sprachmittlung‘ und des Hinterfragens von scheinbaren Gewissheiten des Diskurses zu diesem Thema (vgl. Tenorth 2010, 89–94), handelt es sich grundsätzlich um Textinterpretationen. Wie es für hermeneutische Verfahren typisch ist, fließt das Vorverständnis der Verfasserin ein, das umso ausgeprägter war, als bereits eine größere Anzahl eigener Publikationen zum Thema vorlag und eigene Praxiserfahrungen vorhanden waren. Die Auseinandersetzung mit Mythen und Lücken des Diskurses hat jedoch im hermeneutischen Zirkel (vgl. Gadamer 1960) auch teilweise zur Veränderung bzw. Anpassung eigener, früher vertretener Positionen geführt.

Gleichzeitig sollte bei der textinterpretierenden Methode vermieden werden, „die in der vorfindbaren Literatur [...] nahegelegten Deutungen des Untersuchungsgegenstandes als unreflektierte Vorgabe für das eigene weitere Vorgehen zu übernehmen" (Keller 2007, 82). Diese Forderung an hermeneutische Forschung hat sich in Kapitel 4 niedergeschlagen: Dort wird – zwar ausgehend von fremden und eigenen Modellen, aber doch auf neue, grundlegende und möglichst umfassende Art – eine theoretische Modellierung der Sprachmittlung als Interaktionsprozess vorgenommen, der durch zehn Merkmale und fünf Verfahrensschritte gekennzeichnet ist (Abb. 16, S. 137). Die vorliegende Arbeit hat durchgehend aufzuzeigen versucht, warum die Situation mit Akteuren und Zweck der Sprachmittlungshandlung das zentrale Kriterium ist. Daraus ergibt sich, dass im Teilprozess des Transfers, der Sprachmittlung von einsprachigen rezeptiven oder produktiven Aktivitäten unterscheidet, die Analyse von Übertragungsschwierigkeiten und ihre geplante Bewältigung im Mittelpunkt stehen. Auf dieser Basis ist in dieser Arbeit die Aktivität Sprachmittlung als Lerngegenstand didaktisch (weiter-)entwickelt worden und kann als Makro-Kompetenz mit zehn Teilkompetenzen (Kapitel 4.4) präsentiert werden.

Mit diesen Modellierungen realisiert sich Konstruktion als die dritte Verfahrensweise theoretischer Forschung (vgl. Tenorth 2010, 96). Eine derartig differenzierte Darstellung lag bisher in der Fremdsprachendidaktik nicht vor, so dass die vorliegende Arbeit hier ebenfalls und zumindest vorläufig eine Lücke schließt. Da theoretische Arbeiten ein Diskussionsangebot darstellen, ist eine Weiterentwicklung der vorliegenden Modellierungen durchaus mitbedacht: So kann die Fremdsprachendidaktik z.B. Alternativen oder Ergänzungen der hier vorgeschlagenen Teilkompetenzen entwickeln. Dieses Selbstverständnis der vorliegenden Arbeit spiegelt sich auch in der zusammenfassenden Feststellung wider, die Sprachmittlung als komplexe Kompetenz mit obligatorischen, aber auch fakultativen Elementen sieht (Kapitel 4.5).

In Anlehnung an die Skopostheorie der funktionalen Translationswissenschaft lässt sich als zentrales obligatorisches Element der Auftrag und somit die Adressaten- und Situationsorientierung bestimmen und durch die zeitliche, örtliche, terminologische und konzeptuelle Verortung der Sprachmittlung auch begründen. Dieses Fazit liegt dann auch folgerichtig dem abschließenden, fünften Kapitel zugrunde, das nur durch die Entscheidung zur theoretischen Forschung möglich wurde, denn was generell für das Verhältnis von Theorie und Praxis gilt, trifft auch hier zu: Die praktische Umsetzung von Sprachmittlung in konkrete Aufgaben setzt voraus, dass der Gegenstand zuerst umfassend aus verschiedenen Perspektiven legitimiert, rekonstruiert und didaktisiert wurde. Sodann beantwortet das fünfte Kapitel die Forschungsfrage nach dem Verhältnis von Komplexität und Lernstufen. Außerdem sind die vorgeschlagenen Variationskriterien (Abb. 23, S. 203) ein Angebot an die Praxis, bestehende, teilweise aufgrund des Drucks durch die Bildungsverwaltung sehr schnell produzierte Aufgabenformen zu überdenken oder zu verbessern. Auch die Verfasserin bezieht sich selbst dabei mit ein, denn auch ihre ursprüngliche Beschäftigung mit Sprachmittlung ging von der praktischen Aufgabenentwicklung aus. Somit ist auch Kapitel 5 Teil der Veränderung des Vorverständnisses und generiert aus der Theorie Neues.

Der aus den theoretischen Modellierungen hervorgehende Vorschlag zur Variation von Sprachmittlungsaufgaben eröffnet besonders der empirischen Forschung Möglichkeiten zu weiterführenden Arbeiten. Dabei erscheint es aufgrund der durchgängig offensichtlich gewordenen Komplexiät von Sprachmittlung weniger vordringlich, wie für andere Aktivitäten Niveaubeschreibungen von A1 bis C2 zu erstellen. Vielmehr bietet es sich eher an, die Variationsmöglichkeiten von Sprachmittlungsaufgaben tatsächlich systematisch anhand der vorgeschlagenen Faktoren (Abb. 23, S. 203) mit Lernenden zu erproben. Hier könnte man fragen, ob und wie sich z.B. bei denselben Lernenden eine Entwicklung bzw. Progression zeigen lässt oder ob und wie Lernende verschiedener Niveaus mit variierten Aufgaben umgehen. Dabei könnte auch untersucht werden, wie individuelle Lernende an komplexe Sprachmittlungsaufgaben herangehen, ob sie diese Komplexität überhaupt wahrnehmen, ob die identifizierten Faktoren tatsächlich auftreten oder ob gar noch weitere Faktoren berücksichtigt werden müssten.

6.2 Ausblick: Sprachmittlung – eine Frage der Authentizität?

Ein weiterer Aspekt, der nicht nur bei der Konzeption von Sprachmittlungsaufgaben (Kapitel 5), sondern auch bei der zeitlichen, örtlichen und konzeptionellen Verortung der Sprachmittlung (Kapitel 3) und besonders bei der Modellierung der Makro-Kompetenz Sprachmittlung (Kapitel 4) immer wieder auftaucht, ist die Bedeutung von Authentizität. Während Authentizität *per se* zu den Mythen der Fremdsprachendidaktik gezählt werden kann, ist die Kombination von Authentizität und Sprachmittlung nicht so sehr ein Mythos als vielmehr eine Forschungslücke. Daher sollen im Folgenden einige Überlegungen, die sich aus den vorangegangenen Kapiteln ergeben, als Denkanstöße präsentiert werden. Dabei können nur einige Gesichtspunkte angeschnitten werden, da bereits die Debatte um Authentizität im Fremdsprachenunterricht sehr vielschichtig ist und deren Darstellung somit ausufern müsste.[185]

In Bezug auf den Zusammenhang von Sprachmittlung und Authentizität werden in der vorhandenen Forschungsliteratur folgende Aspekte genannt:

- Verwendung authentischer Ausgangstexte (z.B. Kolb 2010, 181; Michler 2013, 172; Pfeiffer 2013, 57f.; Otten 2013, 139; Jeske 2013a, 253; Senkbeil/Engbers 2011, 47)

- Schaffung möglichst authentischer Situationen, in denen Sprachmittlung erfolgen muss (z.B. Rössler 2008, 58; Philipp/Rauch 2010, 4; Caspari/Schinschke 2010, 32; Senkbeil/Engbers 2011, 47; Katelhön/Nied Curcio 2012, 21; Pfeiffer 2013, 55; Fäcke 2013, 119)

- Einschätzung von konkreten Aufgaben als „authentisch" oder „nützlich" durch die Lernenden oder Lehrenden (Kolb 2009, 84; Caspari 2013, 28; Otten 2013, 136f.)

Während dieser dritte Aspekt, wahrscheinlich aufgrund fehlender empirischer Untersuchungen, nur sehr selten erscheint, sind die beiden anderen Forderungen bzw. Feststellungen feste Größen des fremdsprachendidaktischen Diskurses.[186] Dabei erfolgt jedoch immer wieder eine – durchaus angebrachte – Einschränkung, die sich in der Verwendung von Wendungen wie ‚quasi-authentisch', ‚möglichst authentisch' oder ‚realitätsnah' (z.B. Rössler 2009, 166; Grünewald 2012, 64) widerspiegelt. Die drei genannten Aspekte von Authentizität bei der Sprachmittlung haben ihre Entsprechung in der allgemeinen Diskussion um Authentizität (vgl. Edelhoff 1986; Decke-Cornill 2004; Gilmore 2007). So fasst Gilmore die verschiedenen Gesichtspunkte treffend zusammen: „the concept of authenticity can be situated in either the text itself, in the participants, in the social or cultural situation and purposes of the communicative act, or some combination of these" (Gilmore 2007, 98).

Für die Sprachmittlung bedeutet dies, dass zum einen die mündlichen, schriftlichen oder (audio-)visuellen Texte authentisch sein können. Allerdings stellt sich nicht nur die Frage, was ‚authentisch' in diesem Fall bedeutet, sondern auch inwiefern dieses Kriterium bei verschiedenen Realisierungsformen der Sprachmittlung erfüllbar ist. Wenn man als ‚authentisch' Texte bezeichnet, die nicht für das Fremdsprachenlernen entwickelt wurden, d.h. nicht dem grammatischen und lexikalischen Lernstand angepasst sind oder vereinfacht wurden, sondern Sprache in der echten, außerschulischen Sprachverwendung präsentieren, so ist dieser Aspekt sicher durchaus wichtig für die Sprachmittlung. Handelt es sich z.B. um (deutsche oder englische) schriftliche Ausgangstexte, so lassen sich u.a. strategische und instrumentelle Kompetenzen auch schon bei Lernenden im Anfangsunterricht (weiter-)entwickeln, wenn diese z.B. Wörter umschreiben oder nachschlagen oder um Hilfe bitten müssen. Dies bedeutet jedoch nicht zwangsläufig, dass es sich um Texte handeln muss, die von deutschen oder englischen Muttersprachlern verfasst wurden: Gerade für den Englischunterricht sind auch Sprachmittlungssituationen

---

185   Für einen Überblick vgl. Decke-Cornill 2004, Gilmore 2007 und Mishan 2005.
186   Eine knappe Nennung weiterer Aspekte findet sich bei Kolb 2010, 181.

vorstellbar, in denen Englisch *lingua franca* ist. Eine andere Problematik muss berücksichtigt werden, wenn im Englischunterricht interaktiv mündlich vermittelt werden soll: Diese Fälle werden bisher meist durch Rollenspiele deutschsprachiger Lernender simuliert, die auch den einsprachig fremdsprachigen Part übernehmen. Je nach Steuerung durch Material kann hier evtl. noch *authentische* Sprache vorliegen; es ist jedoch schwierig, *natürliche* Sprachverwendung einzubeziehen (vgl. dazu Al-Surmi 2012).[187] Auch insofern scheint statt der Forderung nach authentischen Texten die Unterscheidung zwischen *real* und *realistic* (Pearce 2002) eher angebracht.

Eng mit dieser Problematik hängt der zweite Aspekt von Authentizität zusammen, nämlich die Authentizität der Textfunktion und der Verwendungssituation. Hierunter fallen im wissenschaftlichen Diskurs zur Authentizität Aussagen, die auf „the response of the receiver" (Widdowson 1979, 165), auf „the social purpose [of the text]" (Little et al. 1989, 25) oder auf „an authentic communicative objective" (Swaffar 1985, 17) fokussieren. Dazu gehören neben Überlegungen zum landeskundlichen bzw. kulturellen Gehalt von Texten (z.B. Edelhoff 1986, 31; Pulverness 1999) v.a. Aussagen zur *task authenticity* (vgl. Mishan 2005, 67–94). Dieser Teilaspekt aus der Authentizitätsdebatte stellt sich für die Sprachmittlung konkret etwas anders dar als für den Fremdsprachenunterricht allgemein. Die Lernenden können bei der Sprachmittlung gar nicht selbst, aus eigenem Interesse und getreu der Intention des Urhebers auf die Ausgangstexte reagieren; vielmehr ist ihnen vorgegeben, diese Texte im Auftrag eines anderen in der jeweils anderen Sprache wiederzugeben. Dies ist sicher ein Grund dafür, warum im fremdsprachendidaktischen Diskurs zur Sprachmittlung wiederholt statt von Authentizität davon gesprochen wird, dass „Realitätsnähe" (Kolb 2014b, 101) vorliegen, dass die Situation „möglichst wirklichkeitsnah" (Caspari/Schinschke 2010, 32) sein, dass „die konstruierte, fiktive Situation insgesamt stimmig" (Pfeiffer 2013, 55) wirken und dass „die Erzeugung eines wenn nicht authentischen, so doch zumindest nachvollziehbaren Kommunikationsanlasses" (Rössler 2008, 58) erfolgen müsse.

In der Tat können derartige Bedingungen bei der Sprachmittlung im Klassenzimmer oft nur simuliert werden. Es sind erstens meist keine Kommunikanten vorhanden, die eine der Sprachen der Sprachmittlungssituation nicht beherrschen. Dieses Problem lässt sich lediglich dadurch abschwächen, dass die Lehrkraft so tut, als ob sie diese Sprache nicht spräche oder dass in der Schule für Lerner anderer Leistungsstufen oder anderer Herkunftssprachen gemittelt werden soll. Vor allem aber ist an den Einbezug außerschulischer Lernorte in (Email-)Projekten oder Begegnungen zu denken, in denen tatsächlich auch (inter-)kulturelle und persönlichkeitsbezogene Komponenten in der Interaktion aktiviert werden können. Zweitens ist zu überlegen, welche Situationen und welche Aufträge für welche Lernenden denn überhaupt realitätsnah sind. Dabei ist nicht nur an die gegenwärtige Relevanz, sondern ggf. auch an die Vorbereitung auf Studium oder Berufsausbildung zu denken. Auch wird dadurch die Fokussierung auf Alltagssitu-

---

187   Dies zeigt besonders schön das Beispiel bei Knapp (^{2}2013 [1986]), in dem die Schwierigkeit des *turn-taking* nicht in einer simulierten, sondern in einer echten Sprachmittlungssituation zwischen deutschen und asiatischen Studierenden dargestellt wird.

ationen legitimiert: Gerade in informellen, spontan entstehenden Situationen wie unter Freunden, Austauschpartnern, im Urlaub, in Restaurants oder in Geschäften scheint die Notwendigkeit zweisprachiger Vermittlung besonders realistisch.[188] Diese Feststellung hat zur Folge, dass im Englischunterricht noch deutlich mehr Gewicht auf die Entwicklung improvisierenden Sprachgebrauchs und auf konzeptionelle Mündlichkeit, gerade auch in möglichst zwangsloser Interaktion zwischen Lernenden und Lehrkraft, gelegt werden sollte (vgl. Kurtz 2014). Andererseits verlangt dieser Aspekt der Authentizität auch einen undogmatischen Umgang mit der Definition von Sprachmittlung: So kann u.a. Pfeiffer nicht zugestimmt werden, der meint, dass es sich bei Sprachmittlung „ja nur [sic!] um eine sinngemäße Übertragung von Inhalten handelt" (Pfeiffer 2013, 61). Es sind durchaus Textsorten (z.B. Gebrauchsanweisungen, Fachtexte, Dialoge) und Situationen vorstellbar, bei denen auftragsgemäß detailgenau gemittelt bzw. sogar übersetzt werden muss (vgl. Gnutzmann 2009, 62–71; House 2008, 147; Caspari 2013, 36; Königs 2015, 39), so dass besonders hohe Herausforderungen an die (fremd-)sprachliche, diskursive, pragmatische und interaktive Kompetenz gestellt werden.

Damit kristallisiert sich als ein wichtiger, möglicherweise *der* wichtigste Aspekt die auf die Lernenden und ihre Lernprozesse bezogene Authentizität heraus. Damit ist zum einen an „selbstidentisches Schülerhandeln" (Decke-Cornill 2004, 20) zu denken, wenn Lernende z.B. in außerschulischen Realsituationen sprachmitteln, im unterrichtlichen *Taboo*-Spiel unbekannte Wörter umschreiben oder gelegentlich Mitlernenden auf Deutsch komplizierte Sachverhalte erläutern. Zum anderen ist dabei auch zu berücksichtigen, dass die erst- oder fremdsprachlichen Vorkenntnisse der Lernenden Einfluss auf ihr Erlernen weiterer Fremdsprachen haben und dass der Rückgriff auf die Erstsprache, z.B. als mentales Übersetzen, ganz natürlich und möglicherweise unvermeidbar ist.

Schließlich aber sind die Lernenden in der Hinsicht zu berücksichtigen, als gefragt werden muss, welche Situationen und Aufträge der Sprachmittlung ihnen selbst überzeugend, realistisch oder hinreichend authentisch als Vorbereitung auf mögliche Realsituationen erscheinen (vgl. auch Breen 1985). Somit sollte Sprachmittlung auch nicht als (neues) Übungs- und Prüfungsformat instrumentalisiert werden. Interessant wäre es in dieser Hinsicht, das folgende, der Verfasserin bisher nur in eigener anekdotenhafter Unterrichtserfahrung begegnete Phänomen auf seine tatsächliche Existenz und Verbreitung zu untersuchen: Lernende wünschen sich nicht nur eine zusammenfassende, umschreibende Wiedergabe von Inhalten, sondern möchten in entsprechenden Kontexten auch genau und vollständig Inhalte wiedergeben oder fordern die Erweiterung ihres Wortschatzes, um Sachverhalte im Deutschen und v.a. im Englischen präzise bezeichnen zu können.

---

188   Die folgende Situation, welche die Verfasserin erst kürzlich in einer Drogerie erlebte, dürfte insgesamt sehr vertraut sein: Die Kassiererin fragte die Anwesenden, ob jemand Englisch spräche und im Gespräch mit japanischen Touristen vermitteln könne.

Literatur

Aarts, F.G.A.M. (1968). Translation and Foreign Language Teaching. *ELT Journal* 22/3. 220–226.

Abend, Heike (1988a). Das Reisewörterbuch verdient die Aufmerksamkeit der Wörterbuch-forschung. Teil I: Das Reisewörterbuch als Stiefkind der Wörterbuchforschung. *Lebende Sprachen* 3. 98–101.

Abend, Heike (1988b). Das Reisewörterbuch verdient die Aufmerksamkeit der Wörterbuch-forschung. Teil II: Kritische Betrachtung ausgewählter Reisewörterbücher. *Lebende Sprachen* 4. 156–159.

Abraham, Ulf/Saxalber, Annemarie (2012). Typen sprachlichen Handelns („Operatoren") in der neuen standardisierten Reifeprüfung Deutsch. *ide* 36/1. 36–40.

Adamzik, Kirsten (2004). *Textlinguistik. Eine einführende Darstellung.* Tübingen: Niemeyer.

Adamzik, Kirsten (2009). Textsorten im Fremdsprachenunterricht – auf dem Weg zu plurikultureller Kompetenz? In: Adamzik, Kirsten/Krause, Wolf-Dieter (Hrsg.) (2009). *Text-Arbeiten. Textsorten im fremd- und muttersprachlichen Unterricht an Schule und Hochschule.* 2. Aufl. Tübingen: Gunter Narr. 211–246.

Adamzik, Kristen/Heer, Nelly (2009). Textkompetenz. Zur analytischen Unterscheidung von Fähigkeiten im Umgang mit Texten. In: Adamzik, Kirsten/Krause Wolf-Dieter (Hrsg.) (2009). *Text-Arbeiten. Textsorten im fremd- und muttersprachlichen Unterricht an Schule und Hochschule.* 2. Aufl. Tübingen: Gunter Narr. 247–285.

Aden, Joëlle (2012). La médiation linguistique au fondement du sens partagé. Vers un paradigme de l'enaction en didactique des langues. *ELA* 167. 267–284.

Alavi, Bettina (2004). Begriffsbildung im Geschichtsunterricht. Problemstellungen und Befunde. In: Uffelmann, Uwe/Seidenfuß, Manfred (Hrsg.) (2004). *Verstehen und Vermitteln.* Idstein: Schulze-Kirchner. 39–61.

Alderson, Charles J. (2001a). A felvonó nem muködik. Ön ma elviselhetetlen lesz – Avagy a fordítás és az új érettségi. *Iskolakultúra* 11. 100–112.

Alderson, Charles J. (2001b). Is Translation a Good Testing Technique? Plenary Address to the Magyar Macmillan Conference, April 8th, 2001. http://www.lancaster.ac.uk/fass/projects/examreform/Pages/Articles.html (15.03.2016).

Alderson, Charles J. (2007). The CEFR and the Need for More Research. *The Modern Language Journal* 91/4. 659–663.

Alègre, Sandrine (2012). Activités langagières de médiation dans le système de certification grec KPG. *ELA* 167. 355–367.

Alexander, Patricia A./Graham, Steven/Harris, Karen R. (1998). A Perspective on Strategy Research: Progress and Prospects. *Educational Psychology Review* 10/2. 129–154.

Al-Surmi, Masoor (2012). Authenticity and TV Shows. A Multidimensional Analysis Perspective. *TESOL Quarterly* 46/4. 671–694.

Anderson, Lorin W./Krathwohl, David R./Airasian, Peter W. (Hrsg.) (2006). *A Taxonomy for Learning, Teaching and Assessing. A Revision of Bloom's Taxonomy of Educational Objectives*. New York: Longman Pearson.

Appel, Joachim (1985). Dolmetschen als Übungsform im Oberstufenunterricht. *Praxis des neusprachlichen Unterrichts* 32/1. 54–58.

Aronstein, Philipp (1921). *Methodik des neusprachlichen Unterrichts. Erster Band: Die Grundlagen*. Leipzig: Teubner.

Association of Language Awareness (o.J.). *Language Awareness Defined*. http://www.lexi cally.net/ala/la_defined.htm (15.03.2016).

Aumann, Ilona/Körber, Antje/Nieswand, Jörg/Schulze, Jörg (2011). *Sicher in Mediation. Abi Workshop English*. Stuttgart: Klett.

Bachman, Lyle F. (1990). *Fundamental Considerations in Language Testing*. Oxford: OUP.

Baden-Württemberg Ministerium für Kultus, Jugend und Sport (2004a). *Bildungsplan Allgemein bildendes Gymnasium*. http://www.bildung-staerkt-menschen.de/service/down loads/Bildungsplaene/Gymnasium/Gymnasium_Bildungsplan_Gesamt.pdf (15.03.2016).

Baden-Württemberg Ministerium für Kultus, Jugend und Sport (2004b). *Bildungsplan Realschule*. http://www.bildung-staerkt-menschen.de/service/downloads/Bildungsplaene/Real schule/Realschule_Bildungsplan_Gesamt.pdf (15.03.2016).

Baden-Württemberg Ministerium für Kultus, Jugend und Sport (2009). *Bildungsplan für die Berufsoberschule. Oberstufe der Berufsoberschule. Allgemeine Fächer. Heft 2 Englisch. Schuljahr 1 und 2*. http://www.ls-bw.de/bildungsplaene/beruflschulen/bos/Oberstufe/ Allgemein/BOS-allg-Faecher_Englisch_LPH-2-2009.pdf (15.03.2016).

Baden-Württemberg Ministerium für Kultus, Jugend und Sport (2012). *Bildungsplan Werkrealschule*. http://www.bildung-staerkt-menschen.de/service/downloads/Bildungsplaene/ Werkrealschule/Bildungsplan2012_WRS_Internet.pdf (15.03.2016).

Baker, Colin (2011). *Foundations of Bilingual Education and Bilingualism*. 5. Aufl. Bristol: Multilingual Matters.

Bär, Marcus (2009). *Förderung von Mehrsprachigkeit und Lernkompetenz. Fallstudien zu Interkomprehensionsunterricht mit Schülern der Klassen 8 bis 10*. Tübingen: Gunter Narr.

Barkowski, Hans (2003). Skalierte Vagheit – der europäische Referenzrahmen für Sprachen und sein Versuch, die sprachliche Kommunikationskompetenz des Menschen für Anliegen des Fremdsprachenunterrichts niveaugerecht zu portionieren. In: Bausch et al. (Hrsg.) (2003). 22–28.

Bassnett, Susan/Lefevere, André (Hrsg.) (1990). *Translation, History, and Culture*. London: Pinter Publishers.

Bauernfänger, Olaf (2016). Die Skalen des Gemeinsamen europäischen Referenzrahmens für Sprachen im Praxistest. Eine empirische Studie zur Validität des Referenzrahmens. *Zeitschrift für Fremdsprachenforschung* 27/1. 59–76.

Baumann, Rüdeger (2008). Probleme der Aufgabenkonstruktion gemäß Bildungsstandards. Überlegungen zu Kompetenzstufen und Operatoren. *Log in* 153. 54–59.

Bausch, Karl-Richard (1977). Zur Übertragbarkeit der „Übersetzung als Fertigkeit" auf die „Übersetzung als Übungsform". *Die Neueren Sprachen* 5/6. 517–535.

Bausch, Karl-Richard (1980). Sprachmittlung. In: Althaus, Hans Peter (Hrsg.) (1980). *Lexikon der germanistischen Linguistik*. 2. Aufl. Tübingen: Niemeyer. 797–802.

Bausch, Karl-Richard/Burwitz-Melzer, Eva/Königs, Frank G./Krumm, Hans-Jürgen (Hrsg.) (2005). *Bildungsstandards für den Fremdsprachenunterricht auf dem Prüfstand. Ar-*

beitspapiere der 25. Frühjahrskonferenz zur Erforschung des Fremdsprachenunterrichts. Tübingen: Gunter Narr.

Bausch, Karl-Richard/Burwitz-Melzer, Eva/Königs, Frank G./Krumm, Hans-Jürgen (Hrsg.) (2006). *Aufgabenorientierung als Aufgabe. Arbeitspapiere der 26. Frühjahrskonferenz zur Erforschung des Fremdsprachenunterrichts.* Tübingen: Gunter Narr.

Bausch, Karl-Richard/Burwitz-Melzer, Eva/Königs, Frank G./Krumm, Hans-Jürgen (Hrsg.) (2011). *Erforschung des Lehrens und Lernens fremder Sprachen. Forschungsethik, Forschungsmethodik und Politik. Arbeitspapiere der 31. Frühjahrskonferenz zur Erforschung des Fremdsprachenunterrichts.* Tübingen: Gunter Narr.

Bausch, Karl-Richard/Christ, Herbert/Königs, Frank G./Krumm, Hans-Jürgen (Hrsg.) (2003). *Der Gemeinsame europäische Referenzrahmen für Sprachen in der Diskussion. Arbeitspapiere der 22. Frühjahrskonferenz zur Erforschung des Fremdsprachenunterrichts.* Tübingen: Gunter Narr.

Bausch, Karl-Richard/Christ, Herbert/Krumm, Hans-Jürgen (2007). *Handbuch Fremdsprachenunterricht.* 5. Aufl. Tübingen: Francke.

Bausch, Karl-Richard/Königs, Frank G./Krumm, Hans-Jürgen (Hrsg.) (2004). *Mehrsprachigkeit im Fokus. Arbeitspapiere der 24. Frühjahrskonferenz zur Erforschung des Fremdsprachenunterrichts.* Tübingen: Gunter Narr.

Bausch, Karl-Richard/Weller, Franz-Rudolf (Hrsg.) (1981). *Übersetzen und Fremdsprachenunterricht.* Frankfurt/M.: Diesterweg.

Bayerisches Staatsministerium für Bildung und Kultus, Wissenschaft und Kunst (2014). *LehrplanPLUS Grundschule. Lehrplan für die bayerische Grundschule.* https://www.lehrplanplus.bayern.de/schulart/grundschule (15.03.2016).

Bayerisches Staatsministerium für Bildung und Kultus, Wissenschaft und Kunst (2016). *LehrplanPLUS Gymnasium. Lehrplan für das Gymnasium in Bayern.* http://www.lehrplanplus.bayern.de/schulart/gymnasium (01.03.2016).

Bayerisches Staatsministerium für Unterricht und Kultus (2001). *Lehrplan für die Realschulen in Bayern.* http://www.isb.bayern.de/realschule/lehrplan/realschule-r6/ (15.03.2016).

Bayerisches Staatsministerium für Unterricht und Kultus (2004). *Lehrplan für die Mittelschule in Bayern.* http://www.isb.bayern.de/mittelschule/lehrplan/mittelschule/ (15.03.2016).

Bayerisches Staatsministerium für Unterricht und Kultus (2009a). *Lehrplan für das Gymnasium in Bayern.* www.isb-gym8-lehrplan.de/ (15.03.2016).

Bayerisches Staatsministerium für Unterricht und Kultus (2009b). *Kombinierte Abiturprüfung in den modernen Fremdsprachen.* https://www.isb.bayern.de/download/10587/kombinierte_abiturpruefungen_kms_25_09_2009.pdf (15.03.2016).

Bayerisches Staatsministerium für Unterricht und Kultus (2010). *Fachabiturprüfung zum Erwerb der Fachhochschulreife an Fachoberschulen und Berufsoberschulen.* unveröff.

Bayerisches Staatsministerium für Unterricht und Kultus/Behörde für Schule und Berufsbildung Hamburg/Ministerium für Bildung, Wissenschaft und Kultur des Landes Mecklenburg-Vorpommern/Niedersächsisches Kultusministerium/Sächsisches Staatsministerium für Kultus und Sport/Ministerium für Bildung und Kultur Schleswig-Holstein (Hrsg.) (2012). *Musteraufgaben für das Fach Englisch.* http://za.lernnetz2.de/docs/2014/musteraufgaben/Musteraufgaben_Englisch_Mediation_2012.pdf (15.03.2016).

Bayerisches Staatsministerium für Unterricht, Kultus, Wissenschaft und Kunst (1992). *Lehrpläne für die Fachakademie für Fremdsprachenberufe. Englisch. 1., 2., 3. Studienjahr und Aufbaustudium.* http://www.isb.bayern.de/download/8774/fak_f__fremdsprachenberufe_-_englisch_maerz_1992.pdf (15.03.2016).

Bayerisches Staatsministerium für Unterricht, Kultus, Wissenschaft und Kunst (1997). *Lehrplan für die Berufsschule. Englisch für kaufmännische und verwaltende Berufe*. https://www.isb.bayern.de/berufsschule/lehrplan/berufsschule/fachlehrplan/227/ (15.03.2016).

Bayerisches Staatsministerium für Unterricht, Kultus, Wissenschaft und Kunst (1998). *Lehrpläne für die Berufsoberschule. Alle Ausbildungsrichtungen. Unterrichtsfach: Englisch. Jahrgangsstufen 12 und 13*. https://www.isb.bayern.de/download/8677/lp_bos_englisch_12-13.pdf (15.03.2016).

Bayrhuber, Horst/Harms, Ute/Muszynski, Bernhard/Ralle, Bernd/Rotgangel, Martin/schön, Lutz-Helmut/Vollmer, Helmut J./Weigand, Hans-Georg (Hrsg.) (2012). *Formate Fachdidaktischer Forschung: Empirische Projekte – historische Analysen – theoretische Grundlegungen*. Münster: Waxmann.

Behr, Ursula/Wapenhans, Heike (2008). Sprachmittlung von Anfang an. Russisch auf den Kompetenzstufen A1 und A2. *Praxis Fremdsprachenunterricht* 5. 52–57.

Behr, Ursula/Wapenhans, Heike (2014). Sprachmittlung als kommunikative Aktivität im Russischunterricht. In: Bergmann, Anka (Hrsg.) (2014). *Fachdidaktik Russisch. Eine Einführung*. Tübingen: Narr Francke Attempto. 158–170.

Beile, Werner (1991). Interlingual Exercises for Intercultural Communication. *Der Fremdsprachliche Unterricht Englisch* 25/1. 22–24 und 29f.

Bellos, David (2011). *Is That a Fish in Your Ear? Translation and the Meaning of Everything*. London: Penguin.

Bendick, Rainer/Geiss, Peter/Henri, Daniel/Le Quintrec, Guillaume (Hrsg.) (2011). *Histoire/Geschichte. Europa und die Welt von der Antike bis 1815*. Stuttgart: Klett.

Beres, Anna M. (2015). An Overview of Translanguaging. 20 Years of 'Giving Voice to Those who do not Speak'. *Translation and Translanguaging in Multilingual Contexts* 1/1. 103–118.

Berlin Senatsverwaltung für Bildung, Jugend und Sport (2006). *Rahmenlehrplan für die Grundschule und die Sekundarstufe I. Jahrgangsstufe 3–6 Grundschule Jahrgangsstufe 7–10 Hauptschule Realschule Gesamtschule Gymnasium. Englisch 1./2. Fremdsprache*. https://www.berlin.de/imperia/md/content/sen-bildung/schulorganisation/lehrplaene/sek1_englisch.pdf (15.03.2016).

Berlin Senatsverwaltung für Bildung, Jugend und Sport (2012). *Rahmenlehrplan für Unterricht und Erziehung. Berufsoberschule (BOS) Jahrgangsstufen 12 und 13, Fachoberschule (FOS)* Jahrgangsstufe 12. Fach Englisch. http://bildungsserver.berlin-brandenburg.de/unterricht/rahmenlehrplaene/rahmenlehrplan-berufl-bildung/rahmenplaene-be/#c29701 (15.03.2016).

Berlin Senatsverwaltung für Bildung, Jugend und Sport (2014). *Rahmenlehrplan für den Unterricht in der gymnasialen Oberstufe. Gymnasien Integrierte Sekundarschulen mit gymnasialer Oberstufe Berufliche Gymnasien Kollegs Abendgymnasien. Englisch*. http://www.berlin.de/imperia/md/content/sen-bildung/unterricht/lehrplaene/sek2_englisch_neu2014.pdf (15.03.2016).

Berlin Senatsverwaltung für Bildung, Wissenschaft und Forschung/LISUM (2008). *Fachbrief Nr. 16. Englisch*. http://bildungsserver.berlin-brandenburg.de/fileadmin/bbb/unterricht/fachbriefe_berlin/englisch/fachbrief_englisch_16.pdf (15.03.2016).

Beßlich, Barbara (2007). *Der deutsche Napoleon-Mythos. Literatur und Erinnerung. 1800 bis 1945*. Darmstadt: Wiss. Buchges.

Bickert, Norbert (2015). Sprachmittlung im Rahmen universitären Sprachunterrichts. In: Nied Curcio/Katelhön/Bašič (Hrsg.) (2015). 157–176.

Bimmel, Peter/Rampillon, Ute (2007). *Lernerautonomie und Lernstrategien.* Berlin/München: Langenscheidt.

Bischoff, Rolf (2007). Mediating. *What's new? Das Englisch-Magazin.* Autumn 2007. 16–17.

Bischoff, Rolf (2008). Mediating in Theorie und Praxis. *Praxis Fremdsprachenunterricht* 5. 14–17.

Bliesener, Ulrich (1981). Arbeitsanweisungen im schriftlichen Abitur – Englisch. Überlegungen und Hinweise zu sinnvollen und schülergemäßen Aufgabenstellungen. *Praxis des neusprachlichen Unterrichts* 28/4. 357–367.

Bloom, Benjamin (Hrsg.) (1956). *Taxonomy of Educational Objectives. The Classification of Educational Goals. Handbook 1: Cognitive Domain.* New York: David McKay.

Bludau, Michael (2002). Editing – der weiße Fleck auf der fachdidaktischen Landkarte. *Fremdsprachenunterricht* 55/2. 86–89.

Bohle, Friederike (2012). *Sprachmittlung im Fremdsprachenunterricht. Mit Anwendungsbeispielen für den Spanischunterricht.* Hamburg: Diplomica.

Bohlen, Adolf (1953). *Methodik des neusprachlichen Unterrichts.* Heidelberg: Quelle & Meyer.

Bommel, Antje (2009). *Die Rolle der Kompetenz „Sprachmittlung" im schulischen Fremdsprachenerwerb. Theorie und Praxis bei schriftlichen Abitur-Leistungskursprüfungen im Fach Französisch in ausgewählten Bundesländern.* Unveröff. BA-Arbeit. Hochschule für Angewandte Sprachen, München.

Bösch, Sarah (2014). Rez. Daniel Reimann & Andrea Rössler (Hrsg.). *Sprachmittlung im Fremdsprachenunterricht.* Tübingen: Gunter Narr, 2013. *Praxis Fremdsprachenunterricht Französisch* 4. 13.

Brandenburg Ministerium für Bildung, Jugend und Sport (2008). *Rahmenlehrplan für moderne Fremdsprachen. Jahrgangsstufen 1–10. Erste Fremdsprache. Begegnung mit fremden Sprachen.* http://bildungsserver.berlin-brandenburg.de/fileadmin/bbb/unterricht/rahmenlehrplaene/sekundarstufe_I/2008/1.Fremdsprache-RLP_Sek.I_2008_Brandenburg.pdf (15.03.2016).

Brandenburg Ministerium für Bildung, Jugend und Sport (2011). *Unterrichtsvorgaben Englisch Sekundarstufe II Fachoberschule.* http://bildungsserver.berlin-brandenburg.de/fileadmin/bbb/unterricht/rahmenlehrplaene/berufliche_bildung/bb/Englisch-UV_FOS_2011_Brandenburg.pdf (15.03.2016).

Brandenburg Ministerium für Bildung, Jugend und Sport (2014). *Rahmenlehrplan für den Unterricht in der gymnasialen Oberstufe im Land Brandenburg. Englisch.* http://bildungsserver.berlin-brandenburg.de/unterricht/rahmenlehrplaene/gymnasiale-oberstufe/curricul a-gost-bb/?L=0 (15.03.2016).

Brandt, Bertolt (1969). Zur Gestaltung von Übungen im sinngemäßen Übertragen muttersprachig formulierter Sachverhalte in die Fremdsprache. *Fremdsprachenunterricht* 4. 174–179.

Brantmeier, Cindy (2002). Second Language Reading Strategy Research at the Secondary and University Levels. Variations, Disparities, and Generalizability. *The Reading Matrix* 2/2. 1–14.

Bredella, Lothar (2006). Probleme des aufgabenorientierten Fremdsprachenunterrichts. In: Bausch et al. (Hrsg.) (2006). 18–24.

Breen, Michael (1985). Authenticity in the Language Classroom. *Applied Linguistics* 6/1, 60–70.

Bremen Senator für Bildung und Wissenschaft (2006). *Englisch. Bildungsplan für das Gymnasium. Jahrgangsstufe 5–10.* http://www.lis.bremen.de/de/detail.php?gsid=bremen56.c.15226.de (15.03.2016).

Bremen Senator für Bildung und Wissenschaft (2010). *Englisch. Bildungsplan für die Oberschule. Jahrgangsstufe 5–10.* http://www.lis.bremen.de/schulqualitaet/detail.php?gsid=bremen56.c.15226.de (15.03.2016).

Bremen Senatorin für Bildung und Wissenschaft (2013). *Englisch. Bildungsplan für die Grundschule 3–4.* http://www.lis.bremen.de/sixcms/media.php/13/130515_bpenglisch_primar.pdf (15.03.2016).

Brinker, Klaus (2010). *Linguistische Textanalyse. Eine Einführung in Grundbegriffe und Methoden.* 7., durchgesehene Aufl. Berlin: Erich Schmidt.

Brinker, Klaus/Antos, Gerd/Heinemann, Wolfgang/Sager, Sven F. (Hrsg.) (2000/2001). *Text- und Gesprächslinguistik. Ein internationales Handbuch zeitgenössischer Forschung.* 1./2. Halbband. Berlin: de Gruyter.

British Council/Goethe-Institut/Centre de recherche et d'étude pour la diffusion du français (Hrsg.) (1991). *The Role of Translation in Foreign Language Teaching. Die Rolle der Übersetzung im Fremdsprachenunterricht. Le rôle de la traduction dans l'enseignement des langues étrangères.* Paris: Didier.

Brose, Claudia (2012). Sprachmittlungsaufgabe „How does cyberbullying affect you?". *Englisch 5 bis 10* 20. 40–41.

Buck, Gary (1992). Translation as a Language Testing Procedure. Does It Work? *Language Testing 9/2.* 123–148.

Bundesministerium für Bildung und Frauen (2015). *Standardisierte kompetenzorientierte Reifeprüfung an AHS.* https://www.bmbf.gv.at/schulen/unterricht/ba/reifepruefung_ahs_mslf_lf.html (15.03.2016).

Burwitz-Melzer, Eva/Königs, Frank G./Riemer, Claudia (Hrsg.) (2014). *Perspektiven der Mündlichkeit. Arbeitspapiere der 34. Frühjahrskonferenz zur Erforschung des Fremdsprachenunterrichts.* Tübingen: Gunter Narr.

Butzkamm, Wolfgang (1976). Über einsprachige und zweisprachige Strukturübungen. *Der fremdsprachliche Unterricht* 40. 36–47.

Butzkamm, Wolfgang (2002). *Psycholinguistik des Fremdsprachenunterrichts. Natürliche Künstlichkeit. Von der Muttersprache zur Fremdsprache.* 3. Aufl. Tübingen: Francke.

Butzkamm, Wolfgang (2003). We Only Learn Language Once. The Role of the Mother Tongue in FL Classrooms: Death of a Dogma. *The Language Learning Journal* 28/1. 29–39.

Butzkamm, Wolfgang (2004). *Lust zum Lehren, Lust zum Lernen. Eine neue Methodik für die Fremdsprachen.* Tübingen: Francke.

Butzkamm, Wolfgang/Caldwell, John A.W. (2009). *The Bilingual Reform. A Paradigm Shift in Foreign Language Teaching.* Tübingen: Gunter Narr.

Byram, Michael (1997). *Teaching and Assessing Intercultural Communicative Competence.* Clevedon: Multilingual Matters.

Byram, Michael (2008). *From Foreign Language Education to Education for Intercultural Citizenship.* Clevedon: Multilingual Matters.

Byram, Michael (2012). Characteristics and Competences of the Plurilingual and Intercultural Citizen. In: Fäcke, Christiane/Martinez, Hélène/Meißner, Franz-Joseph (Hrsg.)

(2012). *Mehrsprachigkeit. Bildung – Kommunikation – Standards.* Stuttgart: Klett. 15–25.

Byram, Michael (2013). Mediation. In: Byram, Michael/Hu, Adelheid (Hrsg.) (2013). *Routledge Encyclopedia of Language Teaching and Learning.* 2. Aufl. Abingdon: Routledge. 456–457.

Byram, Michael/Gribkova, Bella/Starkey, Hugh (2002). *Developing the Intercultural Dimension in Language Teaching. A Practical Introduction for Teachers.* http://www.coe.int (15.03.2016).

Byram, Michael/Parmenter, Lynne (Hrsg.) (2012). *The Common European Framework of Reference. The Globalisation of Language Education Policy.* Clevedon: Multilingual Matters.

Byram, Michael/Zarate, Geneviève (1997a). Definitions, Objectives and Assessment of Sociocultural Competence. In: Byram, Michael/Zarate, Geneviève/Neuner, Gerhard (Hrsg.) (1997a). *Sociocultural Competence in Language Learning and Teaching.* http://www.coe.int (15.03.2016). 9–43.

Byram, Michael/Zarate, Geneviève (1997b). Définitions, objectifs et évaluation de la compétence socioculturelle. In: Byram, Michael/Zarate, Geneviève/Neuner, Gerhard (Hrsg.) (1997b). *La compétence socioculturelle dans l'apprentissage et l'enseignement des langues. Vers un Cadre européen commun de référence pour l'apprentissage et l'enseignement des langues vivantes: études préparatoires.* http://www.coe.int (15.03.2016). 9–43.

Camerer, Rudolf (2008). Zwischen Sprachen und Kulturen mitteln. *At Work* 14. 3–5.

Canagarajah, Suresh (2011). Translanguaging in the Classroom. Emerging Issues for Research and Pedagogy. *Applied Linguistics Review* 2. 1–28.

Canale, Michael (1983). From Communicative Competence to Communicative Language Pedagogy. In: Richards, Jack C./Schmidt, Richard W. (Hrsg.) (1983). *Language and Communication.* London: Longman. 2–27.

Candelier, Michel/Camilleri-Grima, Antoinette/Castellotti, Véronique/de Pietro, Jean-François/Lörincz, Ildikó/Meissner, Franz-Joseph/Schröder-Sura, Anna/Nogueral, Artur (2012). *A Framework of Reference for Pluralistic Approaches to Languages and Cultures.* Council of Europe. http://carap.ecml.at (15.03.2016).

Carreres, Angeles/Noriega-Sánchez, María (2011). Translation in Language Teaching. Insights from Professional Translator Training. *The Language Learning Journal* 39/3. 281–297.

Carter, Ronald (2004). *Language and Creativity. The Art of Common Talk.* New York: Routledge.

Carter, Ronald/McCarthy, Michael (1997). *Exploring Spoken English.* Cambridge: CUP.

Carvalho Neto, Geraldo Luiz de (2007). Sprachmittlung und der DaF-Unterricht nach GER. *Projekt* 45. 21–25.

Caspari, Daniela (2006). Aufgabenorientierung im Fremdsprachenunterricht. In: Bausch et al. (Hrsg.) (2006). 33–42.

Caspari, Daniela (2008a). Didaktisches Lexikon: Sprachmittlung. *Praxis Fremdsprachenunterricht* 5. 60.

Caspari, Daniela (2008b). Didaktisches Lexikon: Leseverstehen. *Praxis Fremdsprachenunterricht* 6. 58.

Caspari, Daniela (2011). Zum Verhältnis von ‚Theorie' und ‚Praxis' im Forschungsfeld ‚Lehren und Lernen von Fremdsprachen'. In: Bausch et al. (Hrsg.) (2011). 42–51.

Caspari, Daniela (2012). Didaktisches Lexikon: Methodenkompetenz. *Praxis Fremdsprachenunterricht* 1. 15–16.

Caspari, Daniela (2013). Sprachmittlung als kommunikative Situation. Eine Aufgabentypoloie als Anstoß zur Weiterentwicklung eines Sprachmittlungsmodells. In: Reimann/Rössler (Hrsg.) (2013). 27–43.

Caspari, Daniela (2014). Sprachmittlung – eine neue Chance für die neue Mündlichkeit (nicht nur) im Französischunterricht. In: Burwitz-Melzer et al. (Hrsg.) (2014). 29–38.

Caspari, Daniela/Kleppin, Karin (2008). Lernaufgaben. Kriterien und Beispiele. In: Tesch, Bernd/Leupold, Eynar/Köller, Olaf (Hrsg.) (2008). *Bildungsstandards Französisch: konkret. Sekundarstufe I: Grundlagen, Aufgabenbeispiele und Unterrichtsanregungen.* Berlin: Cornelsen Scriptor. 88–148.

Caspari, Daniela/Klippel, Friederike (2013). Übungen statt Aufgaben! Pro und Contra. *Fremdsprachen Lehren und Lernen* 42/2. 129–130.

Caspari, Daniela/Klippel, Friederike/Legutke, Michael/Schramm, Karen (Hrsg.) (2016). *Forschungsmethoden in der Fremdsprachendidaktik. Ein Handbuch.* Tübingen: Gunter Narr.

Caspari, Daniela/Schinschke, Andrea (2007). Interkulturelles Lernen. Konsequenzen für die Konturierung eines fachdidaktischen Konzepts aufgrund seiner Rezeption in der Berliner Schule. In: Bredella, Lothar/Christ, Herbert (Hrsg) (2007). *Fremdverstehen und interkulturelle Kompetenz.* Tübingen: Gunter Narr. 78–100.

Caspari, Daniela/Schinschke, Andrea (2009). Aufgaben zur Feststellung und Überprüfung interkultureller Kompetenzen im Fremdsprachenunterricht – Entwurf einer Typologie. In: Byram, Michael/Hu, Adelheid (Hrsg.) (2009). *Interkulturelle Kompetenz und fremdsprachliches Lernen. Modelle, Empirie, Evaluation.* Tübingen: Gunter Narr. 273–285.

Caspari, Daniela/Schinschke, Andrea (2010). Sprachmittlungsaufgaben gestalten. Zum interkulturellen Potenzial von Sprachmittlung. *Der fremdsprachliche Unterricht Französisch* 108. 30–33.

Caspari, Daniela/Schinschke, Andrea (2012). Sprachmittlung. Überlegungen zur Förderung einer komplexen Kompetenz. *Fremdsprachen Lehren und Lernen* 41. 40–53.

Caspari, Daniela/Schinschke, Andrea (2016). 2.8 Sprachmittlung. In: Tesch, Bernd/von Hammerstein, Xenia/Stanat, Petra/Rossa, Henning (Hrsg.). *Bildungsstandards aktuell: Englisch/Französisch in der Sekundarstufe II.* Braunschweig: Diesterweg. 179–200.

Christ, Herbert (2006). Lernaufgaben als Steuerungsinstrumente? In: Bausch et al. (Hrsg.) (2006). 43–51.

Christ, Herbert (2007). Das deutsch-französische Geschichtsbuch *Histoire/Geschichte: Europa und die Welt seit 1945 – Europe et le monde depuis 1945. Französisch heute* 38/4. 310–320.

Christ, Herbert/Rang, Hans-Joachim (1985). *Fremdsprachenunterricht unter staatlicher Verwaltung 1700 bis 1945. Band III. Neuere Fremdsprachen I.* Tübingen: Gunter Narr.

Cinato, Lucia (2015). Traduzione e mediazione all'università. In: Nied Curcio/Katelhön/Bašič (Hrsg.) (2015). 147–156.

Clarke, Stephen (2015). *How the French Won Waterloo (or Think They Did).* London: Century.

Climate Service Center Germany (o.J.). Starkregen. http://www.climate-service-center.de/033610/index_0033610.html.de (15.03.2016).

Cohen, Andrew (1998). *Strategies in Learning and Using a Second Language.* London: Longman.

Cohen, Andrew (2010). Coming to Terms with Pragmatics. In: Ishihara, Noriko/Cohen, Andrew (2010). *Teaching and Learning Pragmatics. Where Language and Culture Meet*. Harlow: Pearson. 3–20.

Cook, Guy (2010). *Translation in Language Teaching. An Argument for Reassessment*. Oxford: OUP.

Cook, Vivian (2001). Using the First Language in the Classroom. *The Canadian Modern Language Review* 57/3. 402–423.

Cook, Vivian (2002). Background to the L2 User. In: Cook, Vivian (Hrsg.) (2002). *Portraits of the L2 User*. Clevedon: Multilingual Matters. 1–28.

Cornelsen Verlag (2016). *Cornelsen English Network*. http://cornelsen-english-network.de/ cen_public (15.03.2016).

Council of Europe (2001a). *Common European Framework of Reference for Languages. Learning, Teaching, Assessment* [*CEFR*]. http://www.coe.int/t/dg4/linguistic/source/fram ework_en.pdf (15.03.2016).

Council of Europe (2001b). *Breakthrough Specifications* (unpublished). http://www.coe.int/ t/dg4/linguistic/DNR_EN.asp (15.03.2016).

Curci, Anna Maria (2008). „Gut begonnen…" Wege zur Sprachmittlung für junge Erwachsene. *daf-Werkstatt* 11–12. 49–60.

de Carlo, Maddalena (2012). Traduction et médiation dans l'enseignement-apprentissage linguistique. *ELA* 167. 299–311.

de Florio-Hansen, Inez (2008). Sprachmitteln. Überlegungen zur Mediation im Fremdsprachenunterricht. *Praxis Fremdsprachenunterricht* 5. 3–8, 13.

de Florio-Hansen, Inez (2013a). Sprachmittlung in alltagsweltlicher Kommunikation. Eine komplexe Herausforderung für Fremdsprachenlehrer und -lerner. In: Reimann/Rössler (Hrsg.) (2013). 65–92.

de Florio-Hansen, Inez (2013b). Translation Competence in Foreign Language Learning. Can Language Methodology Benefit from Translation Studies? *Journal of Linguistics and Language Teaching* 4/2. 39–68.

de Florio-Hansen, Inez (2015). Interlinguale Kompetenz. Von der informellen zur berufsbezogenen Sprachmittlung. In: de Florio-Hansen/Klein (Hrsg.) (2015). 7–28.

de Florio-Hansen, Inez/Klein, Erwin (Hrsg.) (2015). *Sprachmittlung im Fremdsprachenunterricht. Akten des GMF-Sprachentages Aachen 2013*. Gießener elektronische Bibliothek. http://geb.uni-giessen.de/geb/volltexte/2015/11300/pdf/GiFon_3.pdf (15.03.2016).

Deardorff, Darla K. (Hrsg.) (2009). *The SAGE Handbook of Intercultural Competence*. Thousand Oaks: SAGE.

Debrett's Twitter Account (2011). https://twitter.com/debretts (15.03.2016).

Decke-Cornill, Helene (2004). Die Kategorie der Authentizität im mediendidaktischen Diskurs der Fremdsprachendidaktik. In: Bosenius, Petra/Donnerstag, Jürgen (Hrsg.) (2004). *Interaktive Medien und Fremdsprachenlernen*. Frankfurt/M.: Peter Lang. 17–27.

Decoo, Wilfried (2011). *Systemization in Foreign Language Teaching. Monitoring Content Progression*. London: Routledge.

Delaney, Asención (2008). Investigating the Reading-to-Write Construct. *Journal of English for Academic Purposes* 7. 140–150.

Dendrinos, Bessie (2006). Mediation in Communication, Language Teaching and Testing. *Journal of Applied Linguistics* 22. 9–35.

Dendrinos, Bessie (2009). Rationale and Ideology of the KPG Exams. *ELT News September* 2009. http://rcel.enl.uoa.gr/kpg/kpgcorner_sep2009.htm (15.03.2016).

Dendrinos, Bessie (2013). Testing and Teaching Mediation. *Directions in Language Teaching and Testing* 1. http://rcel.enl.uoa.gr/directions/current_issue.htm (15.03.2016).

Dendrinos, Bessie/Karavas, Kia (Hrsg.) (2013). *The KPG Handbook. Performance Descriptors and Specifications.* http://rcel.enl.uoa.gr/kpg/publications.htm (15.03.2016).

Dendrinos, Bessie/Stathopoulou, Maria (2010). Mediation Activities. Cross-Language Communication Performance. *ELT News* May 2010. http://rcel.enl.uoa.gr/kpg/kpgcorner_may2010.htm (15.03.2016).

Der fremdsprachliche Unterricht 40/1976.

Der fremdsprachliche Unterricht Englisch 93/2008.

Der fremdsprachliche Unterricht Französisch 108/2010.

Der fremdsprachliche Unterricht Spanisch 43/2013.

DGFF [Deutsche Gesellschaft für Fremdsprachenforschung] (2008). *Positionspapier. Kompetenzorientierung, Bildungsstandards und fremdsprachliches Lernen. Herausforderungen an die Fremdsprachenforschung.* http://www.dgff.de/de/stellungnahmen.html (15.03. 2016).

Diehr, Bärbel (2012). Learner's Little Helpers. Mit elektronischen Wörterbüchern das Englischlernen erleichtern. *Der fremdsprachliche Unterricht Englisch* 120. 2–8.

Die Neueren Sprachen 5–6/1977.

Dilts, Robert B. (1990). *Changing Belief Systems with NLP.* California: Meta Publ.

Dittmar, Norbert (2004). *Register*/Register. In: Ammon, Ulrich (Hrsg.) (2004). *Sociolinguistics/Soziolinguistik.* Bd. 1. Berlin: de Gruyter. 216–226.

Doff, Sabine (2008). *Englischdidaktik in der BRD 1949–1989. Konzeptuelle Genese einer Wissenschaft im Dialog von Theorie und Praxis.* München: Langenscheidt.

Doff, Sabine (Hrsg.) (2012). *Fremdsprachenunterricht empirisch erforschen: Grundlagen – Methoden – Anwendung.* Tübingen: Gunter Narr.

Duff, Alan (1989). *Translation.* Oxford: OUP.

Dufraisse, Roger (Hrsg.) (1991). *Revolution und Gegenrevolution 1789–1830. Zur geistigen Auseinandersetzung in Deutschland und Frankreich.* München: Oldenbourg.

Dürscheid Christa/Wagner, Franc/Brommer, Sarah (2010). *Wie Jugendliche schreiben. Schreibkompetenz und neue Medien.* Berlin: de Gruyter.

Eco, Umberto (2003). *Dire quasi la stessa cosa: Esperienze di traduzione.* Mailand: Bompiani.

Eco, Umberto (2006). *Quasi dasselbe mit anderen Worten. Über das Übersetzen.* Übers. von Burkhart Kroeber. München: Hanser.

Edelhoff, Christoph (1986). Authentizität im Fremdsprachenunterricht. Landeskunde, Texte, Lernende. *Zielsprache Deutsch* 17/4. 23–50.

Edmondson, Willis/House, Juliane (1998). Interkulturelles Lernen. Ein überflüssiger Begriff. *Zeitschrift für Fremdsprachenforschung* 9/2. 161–188.

Ehnert, Rolf/Schleyer, Walter (1987) (Hrsg.). *Übersetzen im Fremdsprachenunterricht. Beiträge zur Übersetzungswissenschaft – Annäherungen an eine Übersetzungsdidaktik. Materialien Deutsch als Fremdsprache.* Regensburg: DAAD.

Eichinger, Ludwig M. (2003). Mediation und Vermittlung. Verstehen erzeugen und Verständnis wecken. *Jahrbuch Deutsch als Fremdsprache* 29. 95–106.

Ellis, Rod (1994). *The Study of Second Language Acquisition.* Oxford: OUP.

Ellis, Rod (2003). *Task-Based Language Learning and Teaching.* Oxford: OUP.

Emig, Rainer (2006). Taking Comedy Seriously: British Sitcoms in the Classroom. In: Linke, Gabriele (Hrsg.) (2006). *New Media – New Teaching Options?!* Heidelberg: Carl Winter. 17–35.

Engbers, Simona/Senkbeil, Karsten (2011). Materialien zur Schulung interkultureller Kompetenz durch Sprachmittlungsaktivitäten. Eine Unterrichtsreihe für die 8. Klasse. *Forum Sprache* 6. 90–105.

Englisch 5 bis 10. Mediation 24/2013.

Erdmann, Lena (2012). Multilinguale Sprachmittlung im Spanischunterricht. *Beiträge zur Fremdsprachenvermittlung* 52. 61–95.

Esmaeili, Hameed (2002). Integrated Reading and Writing Tasks and ESL Students' Reading and Writing Performance in an English Language Test. *Canadian Modern Language Journal* 58/4. 599–622.

Esser, Jürgen (2009). *Introduction to English Text-Linguistics*. Frankfurt/M.: Peter Lang.

Estrada García, Rosa María/Wieser, Doris (2010). *Línea verde ESPECIAL zu Band 1, Lektion 8A, 8B und Un paso más 3.* Nr. 02, November 2010. http://www2.klett.de/sixcms/ media.php/229/Especial_Linea_Ver_02.pdf (15.03.2016).

Ettinger, Stefan (1977). Übersetzen und Sprachunterricht. Einige Bemerkungen zur Verwendung und zur Funktion der Übersetzung an Schule und Hochschule. *Die Neueren Sprachen* 5/6. 548–553.

Ettinger, Stefan (1988). Kehrt der Sprachunterricht wieder um? Die Übersetzung im schulischen und universitären Fremdsprachenunterricht der letzten Jahre. *Fremdsprachen lehren und lernen* 17. 11–27.

Etudes de linguistique appliquée. La médiation linguistique. 167/2012.

Euro Exam Ltd (o.J.). *Euroexam B2 Webset. Practice Test B2.* http://www.euroexam.org/ practice-test-b2 (15.03.2016).

Europarat (2001). *Gemeinsamer europäischer Referenzrahmen für Sprachen: lehren, lernen, beurteilen [GER].* Berlin/München: Langenscheidt.

Fandrych, Christian/Thurmair, Maria (2011). *Textsorten im Deutschen.* Tübingen: Stauffenburg.

Fäcke, Christiane (2013). Aufgabenformate zur Sprachmittlung in Französisch- und Spanischlehrwerken seit den 1980er Jahren. In: Reimann/Rössler (Hrsg.) (2013). 117–130.

Ferreira, Aline/Schwieter, John W./Gile, Daniel (2015). The Position of Psycholinguistic and Cognitive Science in Translation and Interpreting. An Introduction. In: Ferreira, Aline/Schwieter, John W. (Hrsg.) (2015). *Psycholinguistic and Cognitive Inquiries into Translation and Interpreting.* Amsterdam: John Benjamins. 3–15.

Fischer, Jenny (2012). *Übersetzen als Sprachmittlung im Deutsch-als-Fremdsprache-Unterricht. Sprachmittlung als fünfte Fertigkeit und/oder Übungsform? Über das didaktische Potenzial von Sprachmittlungsaufgaben mit Beispielen für den brasilianischen DaF-Unterricht.* MA-Arbeit. Univ. Leipzig/Univ. federal do Paraná. http://dspace.c3sl.ufpr.br /dspace/bitstream/handle/1884/36198/R%20-%20D%20-%20JENNY%20FISCHER.pdf? sequence=1 (15.03.2016).

Fisher, Douglas/Prey, Nancy/Lapp, Diane (2012). *Text Complexity. Raising Rigor in Reading.* Newark: International Reading Association.

Flach, Ulrike/Friedrich, Senta/Keller, Timo/Lehmacher, Silke/Mulla, Ursula/Ringel-Eichinger, Angela/Schweitzer, Bärbel/Seidl, Jennifer (2014). *Mediation. Texte und Aufgaben zur Sprachmittlung. Englisch 1.–6. Lernjahr.* Berlin: Cornelsen.

Foster, Pauline (1999). Key Concepts in ELT. Task-based Learning and Pedagogy. *ELT Journal* 53/1. 69–70.

Fox, Kate (2004). *Watching the English. The Hidden Rules of English Behaviour*. London: Hodder & Stoughton.

Französisch heute 45(1)/2014.

Freudenfeld, Regina (2008). Sprachmittlung im interkulturellen Kontext. Mehrsprachigkeit als Chance für DaF-/DaZ-Studierende. In: Chlosta, Christoph/Leder, Gabriela/Krischer, Barbara (Hrsg.) (2008). *Auf neuen Wegen. Deutsch als Fremdsprache in Forschung und Praxis*. Göttingen: Universitätsverlag, 431–442.

Freudenfeld, Regina/Nord, Britta (Hrsg.) (2007). *Professionell kommunizieren. Neue Berufsfelder – Neue Vermittlungskonzepte*. Hildesheim: Olms.

Friederich, Wolf (1976). Übersetzen systematisch lehren. *Der Fremdsprachliche Unterricht* 40. 48–55.

Fulcher, Glenn (1997). Text Difficulty and Accessability. Reading Formulae and Expert Judgement. *System* 25/4. 497–513.

Gadamer, Hans-Georg (1960). *Wahrheit und Methode. Grundzüge einer philosophischen Hermeneutik*. Tübingen: Mohr.

García Álvarez, Ana María (2008). Der translatorische Kommentar als Evaluationsmodell der studentischen Übersetzungsprozesse. *Lebende Sprachen* 1. 26–32.

García, Ofelia (2009). *Bilingual Education in the 21st Century. A Global Perspective*. Malden/MA: Blackwell.

García, Ofelia/Wei, Li (2014). *Translanguaging. Language, Bilingualism and Education*. Houndmills/Basingstoke: Palgrave Macmillan.

García, Ofelia/Wei, Li (2015). Translanguaging, Bilingualism, and Bilingual Education. In: Wright, Wayne E./Boun, Sovicheth/García, Ofelia (Hrsg.). *The Handbook of Bilingual and Multilingual Education*. 223–240.

Gardenier, Frauke (2015). „Ich bin da gestern wieder über was gestolpert". Sprachmittlung im Italienischunterricht. In: de Florio-Hansen/Klein (Hrsg.) (2015). 83–98.

Gebauer, Stephanie/Kieweg, Werner (2008). „Frag ihn bitte mal für mich, ob ...". Sprachmittlungsaufgaben erstellen und bewerten. *Der fremdsprachliche Unterricht Englisch* 93. 20–27.

Geist, Monika/Hahn, Angela (2012). Using a Corpus for Written Production. A Classroom Study. In: Thomas, James Edward/Boulton, Alex (Hrsg.) (2012). *Input, Process and Product: Developments in Teaching and Language Corpora*. Brno: Masaryk University Press. 123–135.

Giese, Agnes (2010). Que faire à Berlin le week-end? Schriftliche Sprachmittlung vorbereiten und bewerten. *Der fremdsprachliche Unterricht Französisch* 108. 22–29.

Gilmore, Alex (2007). Authentic Materials and Authenticity in Foreign Language Learning. *Language Teaching* 40/2. 97–118.

Glaboniat, Manuela/Müller, Martin/Rusch, Paul/Schmitz, Helen/Wertenschlag, Lukas (2005). *Profile deutsch*. München: Langenscheidt.

Glauning, Friedrich (1910). *Didaktik und Methodik des englischen Unterrichts*. 3. Aufl. München: Beck.

Gnutzmann, Claus (2009). Translation as Language Awareness. Overburdening or Enriching the Foreign Language Classroom. In: Witte/Harden/Ramos de Oliveira Harden (Hrsg.) (2009a). 53–77.

Gnutzmann, Claus/Bohnensteffen, Markus (2012). Grammar and Translation. A Comeback? *Anglistik* 23/1. 49–60.

Gnutzmann, Claus/Königs, Frank G. (Hrsg.) (2006). *Sprachdidaktik – interkulturell. Fremdsprachen Lehren und Lernen* 35. Tübingen: Gunter Narr.

Göhlich, Michael/Weber, Susanne/Schröer, Andreas u.a. (2014). *Forschungsmemorandum der Organisationspädagogik.* http://www.budrich-journals.de/index.php/ew/article/down load/17212/14981 (15.03.2016).

Göpferich, Susanne (2008). *Translationsprozessforschung. Stand – Methoden – Perspektiven.* Tübingen: Gunter Narr.

Gorbahn, Adeline (1988). Fehlerprotokolle in der Übersetzung aus dem Englischen. *Fremdsprachen lehren und lernen* 17. 133–153.

Grabe, William/Stoller, Fredericka (2002). *Teaching and Researching Reading.* Harlow: Pearson.

Greek Ministry of Education & Religious Affairs (2013). *State Certificate of Language Proficiency. Level C. November 2013.* http://rcel.enl.uoa.gr/kpg/C_Level.htm (15.03. 2016).

Greek Ministry of Education & Religious Affairs (2014a). *Oral Examiner Information Pack September 2014.* http://rcel.enl.uoa.gr/kpg/exam_train.htm (15.03.2016).

Greek Ministry of Education & Religious Affairs (2014b). *Script Rater Guide May 2014.* http://rcel.enl.uoa.gr/kpg/script_train.htm (15.03.2016).

Greek Ministry of Education & Religious Affairs (2014c). *State Certificate of Language Proficiency. Level B. May 2014.* http://rcel.enl.uoa.gr/kpg/B_Level.htm (15.03.2016).

Gregorzewski, Nicole (2010). Bewertung von Sprachmittlungsaufgaben. *Praxis Fremdsprachenunterricht Englisch* 6. Online-Dokument: http://www.oldenbourg-klick.de/zeitschrif ten/praxis-fremdsprachenunterricht-englisch/2010-6/ (15.03.2016).

Groisman, Pavel Ya/Knight, Richard W./Karl, Thomas R. (2001). Heavy Precipitation and High Steamflow in the Contiguous United States. Trends in the Twentieth Century. *Bulletin of the American Meteorological Society* 82/2. 219–246.

Gross-Dinter, Ursula (2007). Portfoliodidaktik in der Dolmetscherausbildung. In: Freudenfeld/Nord (Hrsg.) (2007). 125–143.

Gross-Dinter, Ursula (2013). Anforderungsprogression und Leistungsevaluation beim bilateralen Konsekutivdolmetschen. Konzeption eines Kompetenzrasters und erste Erfahrungen von Lehrenden und Lernenden im Rahmen der Arbeit mit einem Dolmetschportfolio. In: Baumann, Klaus-Dieter/Kalverkämper, Hartwig (Hrsg.) (2013). *Theorie und Praxis des Dolmetschens und Übersetzens in fachlichen Kontexten.* Berlin: Frank & Timme. 225–262.

Grotjahn, Rüdiger/Klevinghaus, Ursula (1975). *Zum Stellenwert der Übersetzung im Fremdsprachenunterricht.* Heidelberg: Groos.

Grucza, Franciszek (1970). Fremdsprachenunterricht und Übersetzung. In: Bausch/Weller (Hrsg.) (1981). 32–45.

Grünewald, Andreas (2012). Förderung interkultureller Kompetenz durch Lernaufgaben. *Fremdsprachen lehren und lernen* 41/1. 54–71.

Grünewald, Andreas (2013). Interkulturelle Kompetenz und Sprachmittlung. *Hispanorama* 139. 91–95.

Günthner, Susanne (2010). Interkulturelle Kommunikation aus linguistischer Perspektive. In: Krumm, Hans-Jürgen/Fandrych, Christian/Hufeisen, Britta/Riemer, Claudia (Hrsg.) (2010).

Deutsch als Fremdsprache. Ein internationales Handbuch. Band 1. Berlin/New York: de Gruyter. 331–342.

Gunzenhäuser, Randi/Hahn, Angela (2009). Sitcoms und Pragmatik. In: Leitzke-Ungerer, Eva (Hrsg.) (2009). *Film im Fremdsprachenunterricht.* Stuttgart: ibidem. 419–434.

Gymnasium Bad Nenndorf (2008/2009). *Schulinternes Curriculum Englisch Schuljahr 2008/2009.* http://www.gymbane.de/fileadmin/user_upload/bilder/Englisch/Schulcurriculum_Englisch_08-09.pdf (15.03.2016).

Hahn, Angela/Raaf, Bettina (2015). My Accent is Brilliant – Zwei englische Varietäten verstehen und analysieren. *Der Fremdsprachliche Unterricht Englisch* 134. 26–30.

Hale, Sandra (2011). Public Service Interpreting. In: Malmkjær, Kirsten/Windle, Kevin (Hrsg.) (2011). *The Oxford Handbook of Translation Studies.* Oxford: OUP. 343–356.

Hall, Edward T. (1959). *The Silent Language.* New York: Doubleday.

Hallet, Wolfgang (1995). Interkulturelle Kommunikation durch kommunikatives Übersetzen im schulischen Englischunterricht. In: Beyer, Manfred/Diller, Hans-Jürgen/Kornelius, Joachim/Otto, Erwin/Stratmann, Gerd (Hrsg.) (1995). *Realities of Translating. Anglistik & Englischunterricht.* Heidelberg: Carl Winter. 277–312.

Hallet, Wolfgang (2002). Auf dem Weg zu einer bilingualen Sachfachdidaktik. *Praxis des neusprachlichen Unterrichts* 49/2. 115–126.

Hallet, Wolfgang (2008a). Zwischen Sprachen und Kulturen vermitteln. Interlinguale Kommunikation als Aufgabe. *Der fremdsprachliche Unterricht Englisch* 93. 2–7.

Hallet, Wolfgang (2008b). Die mehrsprachige Schule. Sprachmittlung im schulischen Kontext. *Der fremdsprachliche Unterricht Englisch* 93. 40–42.

Hallet, Wolfgang (2011a). Agenda-setting. Bildungspolitik und nachholende Fremdsprachenforschung. In: Bausch et al. (Hrsg.) (2011). 64–72.

Hallet, Wolfgang (2011b). Generisches Lernen. Muster und Strukturen der sprachlichen Interaktion erkennen und anwenden. *Der fremdsprachliche Unterricht Englisch* 114. 2–7.

Hallet, Wolfgang (2012). Die komplexe Kompetenzaufgabe. Fremdsprachige Diskursfähigkeit als kulturelle Teilhabe und Unterrichtspraxis. In: Hallet/Krämer (Hrsg.) (2012). 8–19.

Hallet, Wolfgang (2013). Differenziert arbeiten mit der Kompetenzaufgabe. *Der fremdsprachliche Unterricht Englisch* 124. 10–11.

Hallet, Wolfgang/Königs, Frank G. (Hrsg.) (2010). *Handbuch Fremdsprachendidaktik.* Seelze: Kallmeyer.

Hallet, Wolfgang/Krämer, Ulrich (Hrsg.) (2012). *Kompetenzaufgaben im Englischunterricht. Grundlagen und Unterrichtsbeispiele.* Seelze: Kallmeyer.

Hamburg Behörde für Bildung und Sport (2007). *Rahmenplan Englisch. Bildungsplan achtstufiges Gymnasium. Sekundarstufe I.* http://www.hamburg.de/contentblob/2536322/data/englisch-gy8-sek-i.pdf (15.03.2016).

Hamburg Behörde für Schule und Berufsbildung (2011a). *Bildungsplan Grundschule Englisch.* http://www.hamburg.de/contentblob/2481798/data/englisch-gs.pdf (15.03.2016).

Hamburg Behörde für Schule und Berufsbildung (2011b). *Bildungsplan Gymnasium. Sekundarstufe I. Englisch.* http://www.hamburg.de/bildungsplaene/2363352/gym-seki/ (15.03.2016).

Hamburg Behörde für Schule und Berufsbildung (2011c). *Bildungsplan Stadtteilschule. Jahrgangsstufen 5–11 Englisch.* http://www.hamburg.de/bildungsplaene/2363316/start-stadtteilschule/ (15.03.2016).

Hamm, Wolfgang (1984). Dolmetschen – eine rezeptiv-produktive Fertigkeit. *Hauptschulmagazin* 7. 5–6.

Hamm, Wolfgang (2007). I'd like to order... Vom Grunddialog zum Gesprächsdolmetschen. *Schulmagazin 5 bis 10* 75/3. 33–36.

Hämmerling, Helga (2014). Sprachmittlung – Prüfungsteil im Abitur der modernen Fremdsprachen ab 2015 (erhöhtes Anforderungsniveau). In: Jantowski, Andreas/Möllers, Rigobert (Hrsg.) (2014). *Unterricht im Spannungsfeld zwischen Kompetenz- und Standardorientierung.* Bad Berka: Thillm. 156–167.

Harden, Theo/Witte, Arnd (2006). Introduction. In: Harden, Theo/Witte, Arnd/Köhler, Dirk (Hrsg.) (2006). *The Concept of Progression in the Teaching and Learning of Foreign Languages.* Bern: Peter Lang. 11–24.

Harris, Brian (2012). *An Annotated Chronological Bibliography of Natural Translation Studies with Native Translation and Language Brokering.* 1913–2012. https://www.aca demia.edu/5855596/Bibliography_of_natural_translation (15.03.2016).

Harsch, Claudia (2006). *Der Gemeinsame europäische Referenzrahmen: Leistung und Grenzen. Die Bedeutung des Referenzrahmens im Kontext der Beurteilung von Sprachvermögen am Beispiel des semikreativen Schreibens im DESI-Projekt.* Diss. Augsburg. http://www.opus-bayern.de/uni-augsburg/volltexte/2006/368/ (15.03.2016).

Harsch, Claudia/Pant, Hans Anand/Köller, Olaf (Hrsg.) (2010). *Calibrating Standards-based Assessment Tasks for English as a First Foreign Language. Standard-setting Procedures in Germany.* Münster: Waxmann.

Hasberg, Wolfgang (2007). Historisches Lernen – bilingual? Vorgaben für den englischsprachigen Geschichtsunterricht kritisch gelesen. In: Bosenius, Petra/Donnerstag, Jürgen/Rohde, Andreas (Hrsg.) (2007). *Der bilinguale Unterricht Englisch aus der Sicht der Fachdidaktiken.* Trier: WVT. 37–63.

Haß, Frank (2006) (Hrsg.). *Fachdidaktik Englisch.* Stuttgart: Klett.

Haß, Frank (2011a). Sprachmittlung (Mediation). *Englisch 5 bis 10* 15. 42–43.

Haß, Frank (2011b). Sprachmittlungskompetenz überprüfen. *Englisch 5 bis 10* 15. 44–45.

Haß, Frank (2012). Fertigkeitsentwicklung im kompetenzorientierten Englischunterricht. In: Hallet/Krämer (Hrsg.) (2012). 20–29.

Haß, Frank (2013). Sprachmittlungskompetenz überprüfen. *Englisch 5 bis 10* 24. 34–35.

Haus der Bayerischen Geschichte (Hrsg.) (2015a). *Napoleon und Bayern. Der Kurzführer zur Landesausstellung.* Augsburg: Haus der Bayerischen Geschichte.

Haus der Bayerischen Geschichte (Hrsg.) (2015b). *Napoleon und Bayern. Der Katalog zur Landesausstellung.* Augsburg: Haus der Bayerischen Geschichte.

Hausmann, Franz Xaver (1975). Übersetzen – und was weiter? Zur Praxis der Fremdsprachenausbildung in der Universität. *Linguistische Berichte* 35. 54–56.

Heinemann, Margot (2000). Textsorten des Alltags. In: Brinker et al. (Hrsg.) (2000). 603–614.

Hellfritzsch, Volkmar (1979). Reagieren auf muttersprachig gegebene Sachverhalte in Form des sinngemäßen Übertragens. *Fremdsprachenunterricht* 1. 28–36.

Henseler, Roswitha/Möller, Stefan/Surkamp, Carola (2011a). Die Verbindung von Film und Ton. Förderung von ‚Hör-Seh-Verstehen‘ als Teil von Filmverstehen im Englischunterricht. *Der fremdsprachliche Unterricht Englisch* 112/113. 2–12.

Henseler, Roswitha/Möller, Stefan/Surkamp, Carola (2011b). *Filme im Englischunterricht. Grundlagen, Methoden, Genres.* Seelze: Klett Kallmeyer.

Hentschel, Elke (2009). Translation As an Inevitable Part of Foreign Language Acquisition. In: Witte/Harden/Ramos de Oliveira Harden (Hrsg.) (2009a). 15–30.

Herbst, Thomas (1994). *Linguistische Aspekte der Synchronisation von Fernsehserien: Phonetik, Textlinguistik, Übersetzungstheorie*. Berlin: de Gruyter.

Hertog, Erik (2010). Community Interpreting. In: Gambier, Yves/van Doorslaer, Luc (Hrsg.) (2010). *Handbook of Translation Studies*. Band 1. Amsterdam/Philadelphia: John Benjamins. 49–54.

Hessisches Kultusministerium (2002a). *Lehrplan Englisch. Bildungsgang Hauptschule.* Jahrgangsstufen 5 bis 9/10. https://kultusministerium.hessen.de/sites/default/files/HKM/lphauptenglisch.pdf (15.03.2016).

Hessisches Kultusministerium (2002b). *Lehrplan Englisch. Bildungsgang Realschule.* Jahrgangsstufen 5 bis 10. https://kultusministerium.hessen.de/sites/default/files/HKM/lprealenglisch.pdf (15.03.2016).

Hessisches Kultusministerium (2010). *Lehrplan Englisch. Gymnasialer Bildungsgang. Jahrgangsstufen 5G bis 9G und gymnasiale Oberstufe.* http://hvgg.de/file_upload/data11677.pdf (15.03.2016).

Hessisches Kultusministerium (2011). *Bildungsstandards und Inhaltsfelder. Das neue Kerncurriculum für Hessen. Sekundarstufe I – Hauptschule. Moderne Fremdsprachen.* https://kultusministerium.hessen.de/sites/default/files/media/kerncurriculum_moderne_fremdsprachen_hauptschule.pdf (15.03.2016).

Hess-Lüttich, Ernest (2001). Textsorten gesprochener Sprache. In: Helbig, Gerhard/Götze, Lutz/Henrici, Gert/Krumm, Hans-Jürgen (Hrsg.) (2001). *Deutsch als Fremdsprache. Ein internationales Handbuch*. Berlin: de Gruyter. 280–300.

Hetherton, Greg (1992). *Revolutionary France. Liberty, Tyranny and Terror*. Cambridge: CUP.

Heuer, Helmut/Klippel, Friederike (1987). *Englischmethodik*. Berlin: Cornelsen.

HIBB (Hamburger Institut für Berufliche Bildung) (2010). *Sprachmittlung (Mediation). Schriftliche Sprachmittlungsaufgaben erstellen und bewerten.* http://epub.sub.uni-hamburg.de/epub/volltexte/2014/31191/pdf/Sprachmittlung_Dezember_2010.pdf (15.03.2016).

Hoch, Christoph (2015). Sprachmittlungsstrategien im Italienischunterricht. Bausteine für die Spracherwerbs- und Übergangsstufe. In: de Florio-Hansen/Klein (Hrsg.) (2013). 59–82.

Hönig, Hans (1988). Übersetzen lernt man nicht durch Übersetzen. Ein Plädoyer für eine Propädeutik des Übersetzens. *Fremdsprachen Lehren und Lernen* 17. 154–167.

Hönig, Hans G./Kußmaul, Paul (1982). *Strategie der Übersetzung. Ein Lehr- und Arbeitsbuch*. Tübingen: Gunter Narr.

Horn, Dieter S. (2007). London by Eye and Ear. Mediation bedeutet mehr als Übersetzen. *Praxis Englisch* 1/2. 18–21.

Horn, Dieter S. (2013). Sprachmittlung – mehr als Übersetzen! *Praxis Englisch* 7/4. 47–48.

House, Juliane (1977). A Model for Translation Quality Assessement. Tübingen: Gunter Narr.

House, Juliane (1996). Zum Erwerb Interkultureller Kompetenz im Unterricht des Deutschen als Fremdsprache. *Zeitschrift für Interkulturellen Fremdsprachenunterricht* 1/3. https://zif.spz.tu-darmstadt.de/jg-01-3/beitrag/house.htm (15.03.2016).

House, Juliane (2001). Übersetzen und Deutschunterricht. In: Helbig, Gerhard/Götze, Lutz/Henrici, Gert/Krumm, Hans-Jürgen (Hrsg.) (2001). *Deutsch als Fremdsprache. Ein internationales Handbuch*. Berlin: de Gruyter. 258–268.

House, Juliane (2003). Der Gemeinsame europäische Referenzrahmen für Sprachen – Anspruch und Realität. In: Bausch et al. (Hrsg.) (2003). 95–104.

House, Juliane (2006). Communicative Styles in English and German. *European Journal of English Studies* 10/3. 249–267.

House, Juliane (2008). Using Translation to Improve Pragmatic Competence. In: Alcon Soler, Eca/Martinez Flor, Alicia (Hrsg.) (2008). *Investigating Pragmatics in Foreign Language Learning, Teaching and Testing*. Bristol: Multilingual Matters, 2008, 135–152.

House, Juliane (2009). *Translation*. Oxford: OUP.

House, Juliane (2010). Übersetzen und Sprachmitteln. In: Krumm, Hans-Jürgen/Fandrych, Christian/Hufeisen, Britta/Riemer, Claudia (Hrsg.) (2010). *Deutsch als Fremd- und Zweitsprache. Ein internationales Handbuch*. Bd. 1. Berlin: de Gruyter. 323–331.

Hu, Adelheid (2000). Begrifflichkeit und interkulturelles Lernen. Eine Replik auf Edmondson & House (1999). *Zeitschrift für Fremdsprachenforschung* 11/1. 130–136.

Hu, Adelheid (2004). Mehrsprachigkeit als Voraussetzung und Ziel von Sprachenunterricht in der Schule. In: Bausch, Karl-Richard/Königs, Frank G./Krumm, Hans-Jürgen (Hrsg.) (2004). *Mehrsprachigkeit. Dokumentation der Frühjahrskonferenz zur Erforschung des Fremdsprachenlernens*. Tübingen: Gunter Narr.

Hu, Adelheid/Leupold, Eynar (2008). Kompetenzorientierung und Französischunterricht. In: Tesch, Bernd/Leupold, Eynar/Köller, Olaf (Hrsg.) (2008). *Bildungsstandards Französisch: konkret. Sekundarstufe I: Aufgabenbeispiele und Unterrichtsanregungen*. Berlin: Cornelsen Scritpor. 51–84.

Huber, Sabine (2009). *Laptop-Klassen im Englischunterricht*. München: Langenscheidt.

Hufeisen, Britta (2006). Schulaufgaben, Hausaufgaben, Textaufgaben, Übungsaufgaben, Testaufgaben, Prüfungsaufgaben, Evaluationsaufgaben, Kompetenzüberprüfungsaufgaben – Was ist Aufgabenorientierung und zu welchem Zweck könnte sie im Fremdsprachenunterricht sinnvoll sein? In: Bausch et al. (Hrsg.) (2006). 90–101.

Hughes, Rebecca (2010). *Teaching and Researching Speaking*. 2. Aufl. London: Routledge.

Hüllen, Werner (2005). *Kleine Geschichte des Fremdsprachenlernens*. Berlin: Erich Schmidt.

Hummel, Kirsten M. (2014). *Introducing Second Language Acquisition. Perspectives and Practices*. Chichester: Wiley Blackwell.

Hurtado Albir, Amparo (2010). Competence. In: Gambier, Yves/van Doorslaer, Luc (Hrsg.) (2010). *Handbook of Translation Studies*. Band 1. Amsterdam/Philadelphia: John Benjamins. 55–59.

Hutz, Matthias (2015). English Around the World. Varietäten des Englischen erforschen. *Der fremdsprachliche Unterricht Englisch* 134. 40–47.

Hyland, Ken (2009). *Teaching and Researching Writing*. 2. Aufl. London: Routledge.

Hymes, Dell (1974). *Foundations in Sociolinguistics. An Ethnographic Approach*. Philadelphia: University of Pennsylvania Press.

Hyon, Sunny (1996). Genre in Three Traditions. Implications for ESL. *TESOL Quarterly* 30/4. 693–722.

ISB (Staatsinstitut für Schulqualität und Bildungsforschung München) (2004). *Link-Ebene zum Lehrplan G8 Englisch. Sprachmittlung. Aufgabenbeispiele für die Jahrgangsstufe 5.*

Daily Routine. http://www.isb-gym8-lehrplan.de/contentserv/3.1.neu/g8.de/index.php? StoryID=26737 (15.03.2016).

ISB (Staatsinstitut für Schulqualität und Bildungsforschung München) (2005). *Time to talk! Eine Handreichung zur Mündlichkeit im Unterricht der modernen Fremdsprachen.* Berlin: Cornelsen.

ISB (Staatsinstitut für Schulqualität und Bildungsforschung München) (2009). *Bibliographie: Bilingualer Sachfachunterricht.* http://www.bayern-bilingual.de/gymnasium/user files/Bibliographie_BSU_Sept09.pdf (15.03. 2016).

ISB (Staatsinstitut für Schulqualität und Bildungsforschung München) (2010). *Übungsaufgaben zur Vorbereitung auf die Kombinierte Abiturprüfung im achtjährigen Gymnasium.* http://www.isb.bayern.de/schulartspezifisches/materialien/uebungsaufgaben-zur-kombini erten-abiturpruefung-en/ (15.03.2016).

ISB (Staatsinstitut für Schulqualität und Bildungsforschung München) (2011). *Sprachen leben. Kompetenzorientierte Aufgaben in den modernen Fremdsprachen.* Band 1. Berlin: Cornelsen.

ISB (Staatsinstitut für Schulqualität und Bildungsforschung München)/Behörde für Bildung und Sport, Hamburg/Thüringer Kultusministerium/Fachhochschule Rosenheim (Hrsg.) (2005/2006). *Entwicklung und Umsetzung eines Evaluationskonzeptes für die KMK-Fremdsprachenzertifikatsprüfungen zur Sicherung der Vergleichbarkeit der Standards.* https://www.isb.bayern.de/berufliche-schulen/materialien/e/eu-konzert-entwicklung-und-umsetzung-eines-evaluat/ (15.03.2016).

Ishihara, Noriko (2010). Collecting Data Reflecting the Pragmatic Use of Language. In: Ishihara, Noriko/Cohen, Andrew (2010). *Teaching and Learning Pragmatics. Where Language and Culture Meet.* Harlow: Pearson. 21–36.

Jacobsen, Karen (2013). Un viaje a Galicia. Im Rahmen einer ‚simulierten Reise' die mündliche Sprachmittlungskompetenz aufbauen und trainieren. *Der fremdsprachliche Unterricht Spanisch* 43. 19–25.

Jäger, Gert (1975). *Translation und Translationslinguistik.* Haale/Saale: Max Niemeyer.

Jeske, Claire-Marie (2013a). Sprachmittlung zwischen romanischen Sprachen als Bestandteil einer praxisorientierten Mehrsprachigkeitsdidaktik. In: Reimann/Rössler (Hrsg.) (2013). 244–260.

Jeske, Claire-Marie (2013b). „Te proponemos descubrir que viajar NO es hacer turismo". Eine Unterrichtseinheit zur Sprachmittlung in mehrsprachigen Kontexten. *Der fremdsprachliche Unterricht Spanisch* 43. 26–33.

Jones, Christian/Horak, Tania (2014). Leave it out! The use of soap operas as models of spoken discourse in the ELT classroom. *Journal of Language Teaching and Learning* 4/3. 1–14.

Kachru, Braj (1992). *The Other Tongue: English Across Cultures.* 2. Aufl. Urbana: University of Illinois Press.

Kalina, Sylvia (1998). *Strategische Prozesse beim Dolmetschen. Theoretische Grundlagen, empirische Fallstudien, didaktische Konsequenzen.* Tübingen: Gunter Narr.

Kalina, Sylvia (2000). Interpreting Competence as a Basis and a Goal for Teaching. *The Interpreter's Newsletter* 10. 3–32.

Kalthoff, Herbert (2008). Einleitung: Zur Dialektik von qualitativer Forschung und soziologischer Theoriebildung. In: Kalthoff, Herbert/Hirschauer, Stefan/Lindemann, Gesa (Hrsg.) (2008). *Theoretische Empirie.* Frankfurt/M.: Surkamp. 8–32.

Karavas, Kia (Hrsg.) (2009). *The KPG Speaking Test in English. A Handbook.* http://rcel.enl.uoa.gr/kpg/publications.htm (15.03.2016).

Karbe, Ursula (2000). Übersetzen, Dolmetschen, sinngemäßes Übertragen. In: Karbe, Ursula/Piepho, Hans-Eberhard (2000). *Fremdsprachenunterricht von A bis Z. Praktisches Begriffswörterbuch.* München: Hueber. 261–266.

Katan, David (2009). Translation as Intercultural Communication. In: Munday, Jeremy (Hrsg.) (2009). *The Routledge Companion to Translation Studies.* London/New York: Routledge. 74–92.

Katelhön, Peggy (2013). Sprachmittlung für italienische Jurastudierende. In: Katelhön, Peggy/Costa, Marcella/de Libero, Maria-Antonia/Cinato, Lucia (Hrsg.) (2013). *Mit Deutsch in den Beruf. Berufsbezogener Deutschunterricht an Universitäten.* Wien: Praesens Verlag. 132–151.

Katelhön, Peggy (2015). Sprachmittlung und Textmusterwissen. In: Nied Curcio/Katelhön/Bašič (Hrsg.) (2015). 259–274.

Katelhön, Peggy/Nied Curcio, Martina (2012). *Hand- und Übungsbuch zur Sprachmittlung Italienisch-Deutsch.* Berlin: Frank & Timme.

Katelhön, Peggy/Nied Curcio, Martina (2013). Sprachmittlung – die vernachlässigte Kompetenz in der DaF-Didaktik? Theoretische und sprachpraktische Überlegungen zur Sprachmittlung in der Germanistik italienischer Universitäten. *Deutsch als Fremdsprache* 50/3. 150–158.

Kautz, Ulrich (2002). *Handbuch Didaktik des Übersetzens und Dolmetschens.* München: iudicium.

Keller, Reiner (2007). *Diskursforschung. Eine Einführung für Sozialwissenschaftler.* 3. Aufl. Wiesbaden: VS Verlag für Sozialwissenschaften.

Kelly, Nataly/Zetzsche, Jost (2012). *Found in Translation. How Language Shapes Our Lives and Transforms the World.* New York: Perigee.

Kern, Richard G. (1994). The Role of Mental Translation in Second Language Reading. *Studies in Second Language Acquisition* 16. 441–461.

Kerr, Philip (2011). *The Return of Translation.* http://translationhandout.wordpress.com/2011/11/14/the-return-of-translation/ (15.03.2016).

Kieweg, Werner (2008a). Sprachmittlungsstrategien anwenden. *Der fremdsprachliche Unterricht Englisch* 93. 8–10.

Kieweg, Werner (2008b). Where Are Inline-skates Allowed? Inhalte einer Infobroschüre mündlich sprachmitteln. *Der fremdsprachliche Unterricht Englisch* 93. 28–33.

Kieweg, Werner (2010a). Progression. In: Surkamp, Carola (Hrsg.) (2010). *Metzler Lexikon Fremdsprachendidaktik.* Stuttgart: Metzler. 250–251.

Kieweg, Werner (2010b). Übungsformen. In: Hallet/Königs (Hrsg.) (2010). 182–186.

Kieweg, Werner (2010c). Kontinuierlich Englisch lernen. *Der fremdsprachliche Unterricht Englisch* 103. 42–43.

Kirchhoff, Hella (1976). Das dreigliedrige, zweisprachige Kommunikationssystem Dolmetschen. *Le langage et l'homme* 11/2. 21–27.

Klein, Erwin/Wilneder, Judith (2015). Sprachmitteln in einem europäischen Kontext. Ein fächerverbindendes Lyrikprojekt im fortgeschrittenen Spanischunterricht. In: de Florio-Hansen/Klein (Hrsg.) (2015). 99–125.

Klein-Braley, Christine (1982). Die Übersetzung als Testverfahren in der Staatsprüfung für Lehramtskandidaten. *Neusprachliche Mitteilungen* 35. 94–97.

Kleineidam, Hartmut (1974). Für und wider das Übersetzen. Zur Rolle der Übersetzung in der Ausbildung zukünftiger Fremdsprachenlehrer. *Linguistische Berichte* 32. 80–92.

Klewitz, Bernd (2015). Sprachmittlung als Lernaufgabe. Teaching English through Mediation. In: de Florio-Hansen/Klein (Hrsg.) (2015). 29–58.

Klieme, Eckhard et al. (2003). *Zur Entwicklung nationaler Bildungsstandards. Eine Expertise.* http://www.bmbf.de/pub/zur_entwicklung_nationaler_bildungsstandards.pdf (15.03. 2016).

Klinghardt, Hermann (1892). *Drei weitere Jahre Erfahrungen mit der imitativen Methode (Obertertia bis Obersekunda).* Marburg: Elwert.

Klippel, Friederike (2000). Zum Verhältnis von altsprachlicher und neusprachlicher Methodik im 19. Jahrhundert. *Zeitschrift für Fremdsprachenforschung* 11/1. 41–61.

Klippel, Friederike (2001). Englischunterricht in der gymnasialen Oberstufe: Rahmenbedingungen und Entwicklungsmöglichkeiten eines Kernfachs. In: Tenorth, Heinz-Elmar (Hrsg.) (2001). *Kerncurriculum Oberstufe. Mathematik, Deutsch, Englisch.* Weinheim: Beltz. 195–211.

Klippel, Friederike (2003). New Prospects or Imminent Danger? – The Impact of English Medium Instruction on Education in Germany. *Prospect* 18/1. 68–81.

Klippel, Friederike (2006). Aufgabenorientierung im Fremdsprachenunterricht – wirklich ein neues Paradigma? In: Bausch et al. (Hrsg.) (2006). 109–114.

Klippel, Friederike (2010). Übung. In: Surkamp, Carola (Hrsg.) (2010). *Metzler Lexikon Fremdsprachendidaktik.* Stuttgart: Metzler. 314–317.

KMK (Kultusministerkonferenz) (Hrsg.) (1998/2008). *Rahmenvereinbarung über die Zertifizierung von Fremdsprachenkenntnissen in der beruflichen Bildung.* http://www.kmk.org/ fileadmin/veroeffentlichungen_beschluesse/1998/1998_11_20-RV-Fremdsprachen-berufliche-Bildung_02.pdf (15.03.2016).

KMK (Kultusministerkonferenz) (Hrsg.) (2002). *Einheitliche Prüfungsanforderungen in der Abiturprüfung Englisch.* http://www.kmk.org/fileadmin/veroeffentlichungen_beschluesse /1989/1989_12_01-EPA-Englisch.pdf (15.03.2016).

KMK (Kultusministerkonferenz) (Hrsg.) (2003). *Bildungsstandards für die erste Fremdsprache (Englisch/Französisch) für den Mittleren Schulabschluss.* http://www.kmk.org /fileadmin/veroeffentlichungen_beschluesse/2003/2003_12_04-BS-erste-Fremdsprache.p df (15.03.2016).

KMK (Kultusministerkonferenz) (Hrsg.) (2004). *Bildungsstandards für die erste Fremdsprache (Englisch/Französisch) für den Hauptschulabschluss.* http://www.kmk.org/ fileadmin/veroeffentlichungen_beschluesse/2004/2004_10_15-Bildungsstandards-erste-F S-Haupt.pdf (15.03.2016).

KMK (Kultusministerkonferenz) (Hrsg.) (2012a). *Bildungsstandards für die fortgeführte Fremdsprache (Englisch/Französisch) für die Allgemeine Hochschulreife.* http:// www.kmk.org/fileadmin/veroeffentlichungen_beschluesse/2012/2012_10_18-Bildungsst andards-Fortgef-FS-Abi.pdf (15.03.2016).

KMK (Kultusministerkonferenz) (Hrsg.) (2012b). *Operatoren für das Fach Englisch.* http:// www.kmk.org/bildung-schule/auslandsschulwesen/abitur-im-ausland.html (15.03.2016).

Knapp, Karlfried (2006). Dolmetschen im Fremdsprachenunterricht. In: Jung, Udo O.H. (Hrsg.) (2006). *Praktische Handreichung für Fremdsprachenlehrer.* 4. vollständig neu bearbeitete Aufl. Frankfurt/M.: Peter Lang. 175–180.

Knapp, Karlfried (^{2}2013 [1986]). *Sprachmitteln – Zur Erforschung des Dolmetschens im Alltag.* Essen: LAUD.

Knapp, Karlfried/Knapp-Potthoff, Annelie (1985). Sprachmittlertätigkeit in interkultureller Kommunikation. In: Rehbein, Jochen (Hrsg.) (1985). *Interkulturelle Kommunikation.* Tübingen: Gunter Narr. 450–463.

Knapp, Karlfried/Knapp-Potthoff, Annelie (1990). Interkulturelle Kommunikation. *Zeitschrift für Fremdsprachenforschung* 1/1. 62–93.

Knapp-Potthoff, Annelie (1997). Interkulturelle Kommunikationsfähigkeit als Lernziel. In: Knapp-Potthoff, Annelie/Liedke, Martina (Hrsg.) (1997). *Aspekte interkultureller Kommunikationsfähigkeit.* München: iudicium. 181–205.

Koch, Corinna (2014). Rez. Christoph Bürgel & Dirk Siepmann (Hrsg.) (2013). *Sprachwissenschaft – Fremdsprachendidaktik: Neue Impulse.* Baltmannsweiler: Schneider. *Beiträge zur Fremdsprachenvermittlung* 54. 65–68.

Koch, Peter/Oesterreicher, Wulf (1994). Schriftlichkeit und Sprache. In: Günther, Hartmut/Ludwig, Otto (Hrsg.) (1994). *Schrift und Schriftlichkeit. Ein interdisziplinäres Handbuch internationaler Forschung.* Berlin/New York: de Gruyter. 587–604.

Kolb, Elisabeth (2008a). „Almabtrieb" is something like a cattle drive. Sprachmittlungskompetenz systematisch schulen. *Der fremdsprachliche Unterricht Englisch* 93. 11–19.

Kolb, Elisabeth (2008b). «Se débrouiller avec des ressources limitées». Sprachmittlung im Anfangsunterricht Französisch. *Praxis Fremdsprachenunterricht* 5. 40–44.

Kolb, Elisabeth (2009). Finite Resources – Infinite Communication. Sprachmittlung im Englischunterricht der Unterstufe. *Forum Sprache* 1. 68–86.

Kolb, Elisabeth (2010). Den kommunikativen Ernstfall proben. Aufgabenorientierte Sprachmittlung. *Französisch heute* 41/4. 177–183.

Kolb, Elisabeth (2011). Wie stuft und prüft man Sprachmittlung? Einige Fragen und Antworten aus Forschung und Unterrichtspraxis. *Zeitschrift für Fremdsprachenforschung* 22/2. 177–194.

Kolb, Elisabeth (2012). Christmas, Noël, Rozdestvo. Der Sprachmittler im weihnachtlichen Begriffswald. *Praxis Fremdsprachenunterricht* Basisheft 6. 8–10.

Kolb, Elisabeth (2013a). *Kultur im Englischunterricht. Deutschland, Frankreich und Schweden im Vergleich (1975–2011).* Heidelberg: Carl Winter.

Kolb, Elisabeth (2013b). Kultur und ihre Funktion im Englischunterricht in Ost und West (1946–1989). In: Klippel, Friederike/Kolb, Elisabeth/Sharp, Felicitas (Hrsg.) (2013). *Schulsprachpolitik und fremdsprachliche Unterrichtspraxis: Historische Schlaglichter zwischen 1800 und 1989.* Münster: Waxmann. 79–93.

Kolb, Elisabeth (2014a). Sprachmittlung länderspezifisch oder länderübergreifend prüfen. In: Fäcke, Christiane/Rost-Roth, Martina/Thaler, Engelbert (Hrsg.) (2013). *Sprachenausbildung – Sprachen bilden aus – Bildung aus Sprachen. Dokumentation zum 25. Kongress für Fremdsprachendidaktik der Deutschen Gesellschaft für Fremdsprachenforschung (DGFF), Augsburg, 25.–28. September 2013.* Baltmannsweiler: Schneider Verlag Hohengehren. 91–100.

Kolb, Elisabeth (2014b). Sprachmittlung: Eine Kompetenz mit Zukunft. In: Gehring, Wolfgang/Merkl, Matthias (Hrsg.) (2014). *Englisch lehren, lernen, erforschen.* Oldenburg: BIS. 97–112.

Kolb, Elisabeth (2014c). Rez. Daniel Reimann & Andrea Rössler (Hrsg.). *Sprachmittlung im Fremdsprachenunterricht.* Tübingen: Gunter Narr, 2013. *Journal of Linguistics and Language Teaching* 5/1. 125–129.

Kolb, Elisabeth (2015). Sprachmittlung prüfen: Konstrukt und Bewertungsraster auf dem Niveau B2. In: Nied Curcio/Katelhön/Bašič (Hrsg.) (2015). 53–64.

Koller, Werner (2004). Der Begriff der Äquivalenz in der Übersetzungswissenschaft. In: Kittel, Harald/Frank, Armin Paul/Greiner, Norbert/Hermans, Teo/Koller, Werner/Lambert, José/Paul, Fritz (Hrsg.) (2004). *Übersetzung – Translation – Traduction. Ein internationales Handbuch zur Übersetzungsforschung. An International Encyclopedia of Translation Studies.* Bd. 1. Berlin/New York: de Gruyter. 343–354.

Konecny, Christine/Konzett, Carmen (2013). Wortschatzlernen als Vorbereitung auf Sprachmittlungsaufgaben. Lexemkombinationen und kontrastive Wortschatzdidaktik im mehrsprachigen Unterricht. In: Reimann/Rössler (Hrsg.) (2013). 261–280.

KVFF [Konferenz der Vorsitzenden Fachdidaktischer Fachgesellschaften] (Hrsg.) (1998). *Fachdidaktik in Forschung und Lehre.* Kiel: IPN.

Königs, Frank G. (1982). Zentrale Begriffe aus der wissenschaftlichen Beschäftigung mit Übersetzen. *Lebende Sprachen* 4. 145–150.

Königs, Frank G. (1983). Zentrale Begriffe aus der wissenschaftlichen Beschäftigung mit Übersetzen (Teil 2). *Lebende Sprachen* 1. 6–8.

Königs, Frank G. (1986). Der Vorgang des Übersetzens. Theoretische Modelle und praktischer Vollzug. *Lebende Sprachen* 1. 5–12.

Königs, Frank G. (Hrsg.) (1989). *Übersetzungswissenschaft und Fremdsprachenunterricht. Neue Beiträge zu einem alten Thema.* München: Goethe-Institut.

Königs, Frank G. (2000). Übersetzen im Deutschunterricht? Ja, aber anders! *Fremdsprache Deutsch* 23. 6–13.

Königs, Frank G. (2001). Übersetzen. In: Helbig, Gerhard/Götze, Lutz/Henrici, Gert/Krumm, Hans-Jürgen (Hrsg.) (2001). *Deutsch als Fremdsprache. Ein internationales Handbuch.* 2. Halbband. Berlin/New York: de Gruyter. 955–962.

Königs, Frank G. (2006a). Aufgabenorientierung als Aufgabe. Überlegungen zur aktuellen Diskussion um ein ‚neues' Konzept für den Fremdsprachenunterricht. In: Bausch et al. (Hrsg.) (2006). 115–122.

Königs, Frank G. (2006b). Ein ‚altes' Thema bleibt aktuell. Theoretische Erwägungen und praktische Anregungen zum Übersetzen im Fremdsprachenunterricht. In: Jung, Udo O.H. (Hrsg.) (2006). *Praktische Handreichung für Fremdsprachenlehrer.* 4. vollständig neu bearbeitete Aufl. Frankfurt/M.: Peter Lang. 167–174.

Königs, Frank G. (2007). Übungen zur Sprachmittlung. In: Bausch, Karl-Richard/Christ, Herbert/Krumm, Hans-Jürgen (Hrsg.) (2007). *Handbuch Fremdsprachenunterricht.* 5. Aufl. Tübingen: Francke. 315–317.

Königs, Frank G. (2008). Vom Kopf auf die Füße stellen? Vom Sinn und Unsinn des Sprachmittelns im Fremdsprachenunterricht. In: Myczko, Kazimiera/Skowronek, Barbara/Zabrocki, Władysław (Hrsg.) (2008). *Perspektywy glottodydaktyki i językoznawstwa. Tom jubileuszowy z okazji 70. urodzin Profesora Waldemara Pfeiffera.* Poznań: Uniwersytet im. Adama Mickiewicza w Poznaniu. 297–312.

Königs, Frank G. (2010a). Sprachmittlung. In: Surkamp, Carola (Hrsg.) (2010). *Metzler Lexikon Fremdsprachendidaktik.* Stuttgart: Metzler. 285–287.

Königs, Frank G. (2010b). Sprachmittlung. In: Hallet/Königs (Hrsg.) (2010). 96–100.

Königs, Frank G. (2010c). Übersetzen und Sprachmitteln im Deutsch als Fremdsprache-Unterricht. In: Krumm, Hans-Jürgen/Fandrych, Christian/Hufeisen, Britta/Riemer, Claudia (Hrsg.) (2010). *Deutsch als Fremd- und Zweitsprache. Ein internationales Handbuch.* 1. Halbband. Berlin/New York: de Gruyter. 1040–1047.

Königs, Frank G. (2013). Was hat die Sprachlehrforschung eigentlich gebracht? Plus- und Minuspunkte aus subjektiver Sicht. *Fremdsprachen lehren und lernen* 42/1. 7–21.

Königs, Frank G. (2014). Ein schriftliches Plädoyer für die Mündlichkeit! Überlegungen zur Rolle der Mündlichkeit im Fremdsprachenunterricht. In: Burwitz-Melzer et al. (Hrsg.) (2014). 108–116.

Königs, Frank G. (2015). Sprachen lernen – Sprachen mitteln: Warum das eine nicht ohne das andere geht. In: Nied Curcio/Katelhön/Bašič (Hrsg.) (2015). 29–41.

Kotthoff, Helga/Spencer-Oatey, Helen (Hrsg.) (2007). *Handbook of Intercultural Communication*. Berlin: de Gruyter.

Kräling, Katharina et al. (2013). Eine Lernaufgabe zur mündlichen Sprachmittlung. *Der fremdsprachliche Unterricht Spanisch* 43. 34–41.

Kramsch, Claire (1993). *Context and Culture in Language Teaching*. Oxford: OUP.

Kramsch, Claire (2009). Third Culture and Language Education. In: Cook, Vivian/Wei, Li (Hrsg.) (2009). *Contemporary Applied Linguistics*. London: Continuum. 233–254.

Kramsch, Claire (2014). Teaching Foreign Languages in an Era of Globalization: Introduction. *The Modern Language Journal* 98/1. 296–311.

Krashen, Stephen (1996). The Case for Narrow Listening. *System* 24. 97–100.

Krashen, Stephen (2011). *Free Voluntary Reading*. Santa Barbara: ABC-Clio.

Krathwohl, David R. (2002). A Revision of Bloom's Taxonomy. An Overview. *Theory Into Practice* 41/4. 212–218.

Krause, Alexandra (2013). Dolmetschdidaktische Erfahrungen und deren potentielle Übertragung auf den Fremdsprachenunterricht. *Zeitschrift für romanische Sprachen und ihre Didaktik* 7/1. 83–104.

Krings, Hans Peter (1986). *Was in den Köpfen von Übersetzern vorgeht. Eine empirische Untersuchung zur Struktur des Übersetzungsprozesses an fortgeschrittenen Französisch-lernern*. Tübingen: Gunter Narr.

Krings, Hans Peter (1989). Übersetzen und Dolmetschen. In: Bausch, Karl-Richard/Christ, Herbert/Krumm, Hans-Jürgen (Hrsg.) (1989). *Handbuch Fremdsprachenunterricht*. Tübingen: Francke. 273–280.

Kröger, Rolf J./Lohmann, Christa/Nebert, Deanna/Nerlich, Barbara/Söhrnsen, Thomas (2007). *Exploring History for Bilingual Classes*. Braunschweig: Westermann.

Krogmeier, Lena. *Evaluation schriftlicher Sprachmittlungskompetenz – Aufgabenentwicklung und kriterienorientierte Bewertung von Schülerlösungen am Beispiel des Spanischunterrichts* (AT). Diss. Univ. Hannover.

Krumm, Hans-Jürgen (2001a). Die sprachlichen Fertigkeiten: isoliert-kombiniert-integriert. *Fremdsprache Deutsch* 24. 5–12.

Krumm, Hans-Jürgen (2001b). Aktuelles Fachlexikon: Fähigkeiten – Fertigkeiten. *Fremdsprache Deutsch* 24. 61–62.

Krycki, Piotr (2009). *Die Textsorten Wettervorhersage im Kommunikationsbereich Wissenschaft und Wetterbericht im Kommunikationsbereich Massenmedien. Eine textlinguistische, systemtheoretische und funktional-stilistische Textsortenbeschreibung*. Diss. Univ. Greifswald. https://www.deutsche-digitale-bibliothek.de/binary/UWLS2655ZGADHWPHQKYGEOQY6UQ7DB6O/full/1.pdf (15.03.2016).

Kupsch-Losereit, Sigrid (2002). Die kulturelle Kompetenz des Translators. *Lebende Sprachen* 47/3. 97–101.

Kurtz, Jürgen (2014). Transformative Mündlichkeit. Eine Frage des Taktes. In: Burwitz-Melzer et al. (Hrsg.) (2014). *Perspektiven der Mündlichkeit. Arbeitspapiere der 34. Frühjahrskonferenz zur Erforschung des Fremdsprachenunterrichts*. Tübingen: Gunter Narr. 117–126.

Küster, Lutz (2007). Schülermotivation und Unterrichtsalltag im Fach Französisch. Ergebnisse einer schriftlichen Befragung an Berliner Gymnasien. *Französisch heute* 38/3. 210–226.

Kutz, Wladimir (2002). Dolmetschkompetenz und ihre Vermittlung. In: Best, Johanna/Kalina, Sylvia (Hrsg.) (2002). *Übersetzen und Dolmetschen. Eine Orientierungshilfe.* Tübingen: Francke. 184–195.

Kutz, Wladimir (2010). *Dolmetschkompetenz. Was muss der Dolmetscher wissen und können?* Band 1. Berlin: Europäischer Universitätsverlag.

Kutz, Wladimir (2012). *Dolmetschkompetenz. Was muss der Dolmetscher wissen und können?* Band 2. Berlin: Europäischer Universitätsverlag.

Lange, Imke/Gogolin, Ingrid (unter Mitarbeit von Dorothea Grießbach) (2010). *Durchgängige Sprachbildung. Eine Handreichung.* Münster: Waxmann.

Lange, Ulrike C./Reinfried, Marcus (2014). Editorial. *Französisch heute* 45/1. 4.

Laserstein, Tina (2013). Guy Fawkes and the Gunpowder Plot. Einen englischen Feiertag und seine Hintergründe kennenlernen. *Englisch 5 bis 10* 24. 22–25.

Laviosa, Sara (2014). *Translation and Language Education. Pedagogic Approaches Explored.* New York: Routlege.

Leal, Alicia (2012). Equivalence. In: Gambier, Yves/van Doorslaer, Luc (Hrsg.) (2012). *Handbook of Translation Studies.* Band 3. Amsterdam/Philadelphia: John Benjamins. 39–46.

Ledebur, Ruth Freifrau von (1976). Die Übersetzung im Englischunterricht der DDR. *Der fremdsprachliche Unterricht* 40. 17–28.

Legutke, Michael K. (2010). Kommunikative Kompetenz und Diskursfähigkeit. In: Hallet/Königs (Hrsg.) (2010). 70–75.

Legutke, Michael K. (2016). Theoretische Forschung. In: Caspari/Klippel/Legutke/Schramm (Hrsg.) (2016).

Leitzke-Ungerer, Eva (2005). Interlinguale Unterrichtseinheiten Englisch – Französisch – Spanisch. Konzeption und Aufgaben für ‚Kombi'-Stunden. *Praxis Fremdsprachenunterricht* 5. 12–22.

Leitzke-Ungerer, Eva (2008). Informelles Dolmetschen zwischen zwei Fremdsprachen – Vorschläge zur Mehrsprachigkeit im Unterricht. In: Frings, Michael/Vetter, Eva (Hrsg.) (2008). *Mehrsprachigkeit als Schlüsselkompetenz. Theorie und Praxis in Lehr- und Lernkontexten.* Stuttgart: ibidem. 239–255.

Leitzke-Ungerer, Eva (2014). Rez. Daniel Reimann & Andrea Rössler (Hrsg.). *Sprachmittlung im Fremdsprachenunterricht.* Tübingen: Gunter Narr, 2013. *Hispanorama* 145. 115–116.

Leonardi, Vanessa (2010). *The Role of Pedagogical Translation in Second Language Acquisition. From Theory to Practice.* Bern: Peter Lang.

Leupold, Eynar (2008). Veni, medi, vici.... Mit Lernaufgaben die Mediationskompetenz fördern. *Der fremdsprachliche Unterricht Französisch* 96. 16–19.

Leupold, Eynar (2010). *Französisch lehren und lernen. Das Grundlagenbuch.* Seelze: Kallmeyer/Klett.

Lévy, Danielle/Zarate, Geneviève (2003). La médiation dans le champ de la didactique des langues et des cultures. *Le français dans le monde. Recherches et application*s. *Numéro spécial.* 186–189.

Lewis, Michael (2008). *Implementing the Lexical Approach. Putting Theory into Practice.* London: Heinle.

Liddicoat, Anthony J. (2007). *An Introduction to Conversation Analysis*. London: Continuum.

Lightbown, Patsy M. (2003). SLA Research in the Classroom/SLA Research for the Classroom. *Language Learning Journal* 28, 4–13.

LIS (Landesinstitut für Schule Abteilung Qualitätssicherung und Innovationsförderung Bremen) (2006/07). *Englisch. Aufgabenbeispiele zu den Bildungsplänen. Sprachmittlung. Jahrgang 7/8.* http://www.lehrplan.bremen.de (nicht mehr online).

LISA (Landesinstitut für Schulqualität und Lehrerbildung) (2012). *Hinweise und Musteraufgaben für schriftliche Abiturprüfungen in Sachsen-Anhalt. Kombinierte Aufgaben mit einem Aufgabenteil zur Sprachmittlung (Moderne Fremdsprachen).* http://www.bildung-lsa.de/fi les/d3f05c65b2484051df96f44dab501052/Musteraufg_mod_FS_2011.pdf (15.03.2016).

LISUM (Landesinstitut für Schule und Medien Berlin-Brandenburg) (2006). *Handreichungen zur Sprachmittlung in den modernen Fremdsprachen: Englisch, Französisch, Spanisch.* http://www.kmk-format.de/material/Fremdsprachen/6-1-3_Handreichung_Berlin_ Sprachmittlung_Abitur.pdf (15.03.2016).

LISUM (Landesinstitut für Schule und Medien Berlin-Brandenburg) (2010). *Kriterien für die sprachliche Bewertung schriftlicher Arbeiten in der Qualifikationsphase.* http://bildungsserver.berlin-brandenburg.de/fileadmin/bbb/unterricht/faecher/sprachen/en glisch/pdf/Sprache_Eng_gk_1APRIL_2009.pdf (15.03.2016).

Little, David (2004). Strategic Competence. In: Byram, Michael (Hrsg.) (2004). *Routledge Encyclopedia of Language Teaching and Learning*. London: Routledge. 577–579.

Little, David/Devitt, Seán/Singleton, David (1989). *Learning Foreign Languages from Authentic Texts. Theory and Practice.* Dublin: Authentik Language Learning Resources Ltd.

Lo Bianco, Joseph (2014). Domesticating the Foreign. Globalization's Effects on the Place/s of Languages. *The Modern Language Journal* 98/1. 312–325.

Lörscher, Wolfgang (2012). Bilingualism and Translation Competence. A Research Project and Its First Results. *Synaps – A Journal of Professional Communication* 27. 3–15.

Lück-Hildebrandt, Simone (2009). Sprachmittlung – wozu? *Trait d'union* 1. 16–17.

Lüders, Jochen (2009). *Jochen English. Blog. Englisch und Sport am Gymnasium. Sprachsetzen und übermitteln.* http://www.jochenenglish.de/?p=3584 (15.03.2015).

Luoma, Sari (2004). *Assessing Speaking*. Oxford: OUP.

Lynch, Tony (2012). Traditional and Modern Skills. Introduction. In: Eisenmann, Maria/Summer, Theresa (Hrsg.) (2012). *Basic Issues in EFL Teaching and Learning.* Heidelberg: Carl Winter. 69–81.

Malinowski, Bronislaw (1923). The Problem of Meaning in Primitive Languages. In: Ogden, Charles Kay/Richards, Ivor Armstrong (Hrsg.) (1923). *The Meaning of Meaning: A Study of Influence of Language Upon Thought and of the Science of Symbolism.* New York: Harcourt. 296–336.

Malmkjær, Kirsten (Hrsg.) (1998a). *Translation and Language Teaching. Language Teaching and Translation.* Manchester: St. Jerome.

Malmkjær, Kirsten (1998b). Introduction. Translation and Language Teaching. In: Malmkjær (Hrsg.) (1998a). 1–11.

Marzano, Robert J./Kendall, John S. (2007). *The New Taxonomy of Educational Objectives.* Thousand Oaks: SAGE.

Mayer, Lea Juliane (2014). *Sprachmittlung im Englischunterricht. Effektiv die 5. Fertigkeit schulen. Bestandsaufnahme und Perspektiven. Saarbrücken*: AV Akademikerverlag.

Mecklenburg-Vorpommern Ministerium für Bildung, Wissenschaft und Kultur (2007). *Rahmenplan Grundschule Fremdsprachen*. http://www.bildungsserver-mv.de/download/rahmenplaene/rp-fremdsprache-3-4-gs_2007.pdf (15.03.2016).

Mecklenburg-Vorpommern Ministerium für Bildung, Wissenschaft und Kultur (2011a). *Rahmenplan Englisch für die Jahrgangsstufen 7 bis 10 am Gymnasium und an der Integrierten Gesamtschule. Erprobungsfassung*. http://www.bildung-mv.de/schueler/schule-und-unterricht/faecher-und-rahmenplaene/rahmenplaene-an-allgemeinbildenden-schulen/englisch/ (15.03.2016).

Mecklenburg-Vorpommern Ministerium für Bildung, Wissenschaft und Kultur (2011b). *Rahmenplan Englisch für die Jahrgangsstufen 7 bis 10 des nichtgymnasialen Bildungsgangs. Erprobungsfassung*. http://www.bildung-mv.de/schueler/schule-und-unterricht/faecher-und-rahmenplaene/rahmenplaene-an-allgemeinbildenden-schulen/englisch/ (15.03.2016).

Meißner, Franz-Joseph (2005). Mehrsprachigkeitsdidaktik revisited. Über Interkomprehensionsunterricht zum Gesamtsprachencurriculum. *Fremdsprachen Lehren und Lernen* 34. 125–145.

Meyer, Edeltraud (1975). *Die Übersetzung im neusprachlichen Unterricht*. Frankfurt/M.: o. Verlag.

Meyer, Meinert A. (1986). *Shakespeare oder Fremdsprachenkorrespondenz? Zur Reform des Fremdsprachunterrichts in der Sekundarstufe II*. Wetzlar: Büchse der Pandora.

Michler, Christine (2012). Pour un développement précoce de la compétence de médiation linguistique. L'exemple de l'enseignement du français dans les collèges allemands. *ELA* 167. 341–353.

Michler, Christine (2013). Sprachmittlung im Anfangsunterricht am Beispiel des Französischen. Frühe Strategie- und Kompetenzentwicklung. In: Reimann/Rössler (Hrsg.) (2013). 169–183.

Ministério da Educação Departamento do Ensino Secundário (2001). *Programa de francês. Níveis de continuação e de iniciação. 10°, 11° e 12° anos*. http://www.dge.mec.pt/sites/default/files/Secundario/Documentos/Programas/frances_10_11_12.pdf (15.03.2016).

Mishan, Freda (2005). *Designing Authenticity into Language Learning Materials*. Bristol: intellect.

Möckel, Berit/Rösner, Jutta/Teear, Rachel (2012). *Learning English Green Line New. Mediation für Bayern (Band 1–6) und E2 (Band 1–5)*. Stuttgart: Klett.

Mukherjee, Joybrato (2002). *Korpuslinguistik und Englischunterricht. Eine Einführung*. Frankfurt/M.: Peter Lang.

Müller-Hartmann, Andreas/Schocker, Marita/Pant, Hans Anand (Hrsg.) (2013). *Lernaufgaben Englisch aus der Praxis*. Frankfurt/M.: Diesterweg.

Müller-Hartmann, Andreas/Schocker-von Ditfurth, Marita (2011). *Teaching English. Task-Supported Language Learning*. Paderborn: Schöningh.

Münch, Rudolf (1953). *Prinzipien und Praxis des englischen Unterrichts an deutschen Schulen*. Berlin: Weidmann-Greven.

Munday, Jeremy (2010). Translation Studies. In: Gambier, Yves/van Doorslaer, Luc (Hrsg.) (2010). *Handbook of Translation Studies*. Band 1. Amsterdam/Philadelphia: John Benjamins. 419–428.

Neagu, Maria Ionela (2008). Mediation Skills – Tradition or Innovation in Foreign Language Methodology. http://www.upm.ro/facultati_departamente/stiinte_litere/conferinte/situl_integrare_europeana/Lucrari2/Georgeta_Orian.pdf (15.03.2016).

Neubert, Albrecht (2000). Competence in Language, in Languages and in Translation. In: Schäffner, Christina/Adab, Beverly (Hrsg.) (2000). *Developing Translation Competence*. Amsterdam/Philadelphia: John Benjamins. 3–18.

Neuner, Gerhard (2007). Vermittlungsmethoden: Historischer Überblick. In: Bausch, Karl-Richard/Christ, Herbert/Krumm, Hans-Jürgen (Hrsg.) (2007). *Handbuch Fremdsprachenunterricht*. 5. Aufl. Tübingen: Francke. 225–234.

Neuner, Gerhard/Hunfeld, Hans (1993). *Methoden des fremdsprachlichen Deutschunterrichts. Eine Einführung*. München: Langenscheidt.

Nida, Eugene (1964). *Toward a Science of Translating*. Leiden: E.J. Brill.

Nied Curcio, Martina (2012). Was können Kontrastive Linguistik und Sprachmittlung im Fremdsprachenunterricht leisten? Sprachwissenschaftliche und sprachpraktische Überlegungen zur DaF-Didaktik an italienischen Universitäten. In: Cinato, Lucia/Costa, Marcella/Ponti, Donatella/Ravetto, Miriam (Hrsg.) (2012). *Intrecci di lingua e cultura. Studi in onore di Sandrea Bosco Coletsos*. Roma: Aracne. 223–244.

Nied Curcio, Martina (2014). Rez. Daniel Reimann & Andrea Rössler (Hrsg.). *Sprachmittlung im Fremdsprachenunterricht*. Tübingen: Gunter Narr, 2013. *Fremdsprachen Lehren und Lernen* 43/1. 130–133.

Nied Curcio, Martina (2015). Spielen Wörterbücher bei der Sprachmittlung noch eine Rolle? In: Nied Curcio/Katelhön/Bašič (Hrsg.) (2015). 291–317.

Nied Curcio, Martina/Katelhön, Peggy (2015). Sprach- und Kulturmittlung in Deutschland und Italien. Einführende Bemerkungen zu einem interdisziplinären Dialog. In: Nied Curcio/Katelhön/Bašič (Hrsg.) (2015). 9–26.

Nied Curcio, Martina/Katelhön, Peggy/Bašič, Ivana (Hrsg.) (2015). *Sprachmittlung – Mediation – Mediazione linguistica. Ein deutsch-italienischer Dialog*. Berlin Frank & Timme.

Niedersächsisches Kultusministerium (2006a). *Kerncurriculum für die Grundschule. Schuljahrgänge 3–4. Englisch*. http://db2.nibis.de/1db/cuvo/datei/kc_gs_englisch_nib.pdf (15.03.2016).

Niedersächsisches Kultusministerium (2006b). *Rahmenrichtlinien für das Fach Englisch in der Fachoberschule*. http://www.nibis.de/nli1/bbs/archiv/rahmenrichtlinien/fos_englisch.pdf (15.03.2016).

Niedersächsisches Kultusministerium (2008). *Materialien für kompetenzorientierten Unterricht im Sekundarbereich I. Englisch*. http://www.nibis.de/nli1/gohrgs/materialien/englisch_sekI/1_kompetenzorientierter-eu_unterrichtsbeispiele.pdf (15.03.2016).

Niedersächsisches Kultusministerium (2009). *Rahmenrichtlinien für das Unterrichtsfach Englisch/Kommunikation in der Berufsschule*. http://www.nibis.de/nli1/bbs/archiv/rahmenrichtlinien/eng_bs_an.pdf (15.03.2016).

Niedersächsisches Kultusministerium (2010). *Rahmenrichtlinien für das Fach Englisch in der Berufsoberschule*. http://www.nibis.de/nli1/bbs/archiv/rahmenrichtlinien/eng_bos.pdf (15.03.2016).

Niedersächsisches Kultusministerium (2015a). *Kerncurriculum für das Gymnasium. Schuljahrgänge 5–10. Englisch*. http://db2.nibis.de/1db/cuvo/datei/en_gym_si_kc_online.pdf (15.03.2016).

Niedersächsisches Kultusministerium (2015b). *Kerncurriculum für die Integrierte Gesamtschule. Schuljahrgänge 5–10. Englisch*. http://db2.nibis.de/1db/cuvo/datei/en_igs_si_kc_online.pdf (15.03.2016).

Niedersächsisches Kultusministerium (2015c). *Kerncurriculum für die Hauptschule. Schuljahrgänge 5–10. Englisch.* http://db2.nibis.de/1db/cuvo/datei/kc_englisch_hs.pdf (15.03.2016).

Niedersächsisches Kultusministerium (2015d). *Kerncurriculum für die Realschule. Schuljahrgänge 5–10. Englisch.* http://db2.nibis.de/1db/cuvo/datei/kc_englisch_rs.pdf (15.03.2016).

Nold, Günter/Rossa, Henning (2007). Hörverstehen. In: Beck, Bärbel/Klieme, Eckhard (Hrsg.) (2007). *Sprachliche Kompetenzen. Konzepte und Messung. DESI-Studie.* Weinheim: Beltz. 178–196.

Nord, Britta (2002). *Hilfsmittel beim Übersetzen. Eine empirische Studie zum Rechercheverhalten professioneller Übersetzer.* Frankfurt/M.: Peter Lang.

Nord, Britta (2007). Übersetzen im Fremdsprachenunterricht: Überlegungen zu einem ‚Übersetzungsportfolio‘. In: Freudenfeld/Nord (Hrsg.) (2007). 145–160.

Nord, Britta (2014). „Sprachmittlung" vs. Translation (Übersetzen und Dolmetschen) im DaF-Unterricht. Vortragsfolien. Mailand, 26.09.2014. http://www.deutschlektoren.it/Ressourcen/Jahrestagungen/Nord_Workshop_Sprachmittlg_Praesentation.pdf (15.03.2016).

Nord, Christiane (1989). Loyalität statt Treue. Vorschläge zu einer funktionalen Übersetzungstypologie. *Lebende Sprachen* 3. 100–105.

Nord, Christiane (1997). Leicht – mittelschwer – (zu) schwer. Zur Bestimmung des Schwierigkeitsgrades von Übersetzungsaufgaben. In: Fleischmann, Eberhard/Kutz, Wladimir/Schmitt, Peter A. (Hrsg.) (1997). *Translationsdidaktik. Grundfragen der Übersetzungswissenschaft.* Tübingen: Gunter Narr. 92–100.

Nord, Christiane (2009). *Textanalyse und Übersetzen. Theoretische Grundlagen, Methode und didaktische Anwendung einer übersetzungsrelevanten Textanalyse.* 4., überarb. Aufl. Tübingen: Julius Groos.

Nord, Christiane (2010). *Fertigkeit Übersetzen. Ein Kurs zum Übersetzenlehren und -lernen.* Berlin: Bundesverband der Dolmetscher und Übersetzer.

Nordman, Marianne (1998). The Weather Report in Daily Newspapers. In: Hoffmann, Lothar/Kalverkämper, Hartwig/Wiegand, Herbert Ernst (Hrsg.) (1998). *Fachsprachen. Languages for Special Purposes.* 1. Halbband. Berlin: de Gruyter. 562–567.

Nordrhein-Westfalen Ministerium für Schule und Weiterbildung (2004a). *Kernlehrplan für die Gesamtschule. Sekundarstufe I in Nordrhein-Westfalen. Englisch.* http://www.schulentwicklung.nrw.de/lehrplaene/upload/lehrplaene_download/gesamtschule/gs_englisch.pdf (15.03.2016).

Nordrhein-Westfalen Ministerium für Schule und Weiterbildung (2004b). *Kernlehrplan für die Realschule in Nordrhein-Westfalen. Englisch.* http://www.schulentwicklung.nrw.de/lehrplaene/upload/lehrplaene_download/realschule/rs_englisch.pdf (15.03.2016).

Nordrhein-Westfalen Ministerium für Schule und Weiterbildung (2007). *Kernlehrplan für den verkürzten Bildungsgang des Gymnasiums – Sekundarstufe I (G8) in Nordrhein-Westfalen. Englisch.* http://www.schulentwicklung.nrw.de/lehrplaene/upload/lehrplaene_download/gymnasium_g8/gym8_englisch.pdf (15.03.2016).

Nordrhein-Westfalen Ministerium für Schule und Weiterbildung (2011). *Kernlehrplan für die Hauptschule in Nordrhein-Westfalen. Englisch.* http://www.schulentwicklung.nrw.de/lehrplaene/lehrplannavigator-s-i/hauptschule/englisch/ (15.03.2016).

Nordrhein-Westfalen Ministerium für Schule und Weiterbildung (2014a). *Kernlehrplan für die Sekundarstufe II. Gymnasium/Gesamtschule in Nordrhein-Westfalen. Englisch.*

http://www.schulentwicklung.nrw.de/lehrplaene/lehrplannavigator-s-ii/gymnasiale-obers
tufe/ (15.03.2016).

Nordrhein-Westfalen Ministerium für Schule und Weiterbildung (2014b). *Aufgabenbeispiel Abitur. Englisch Leistungskurs.* http://www.schulentwicklung.nrw.de/lehrplaene/upload/ klp_SII/e/2014-09-04_Sprachmittlung_Englisch_Abitur_LK_AmerikanischerTraum.pdf (15.03.2016).

Nöth, Dorothea (2010). «Le cabinet du médecin est fermé». Texte für Austauschsituationen sprachmitteln. *Der fremdsprachliche Unterricht Französisch* 108. 18–21.

Nunan, David (2004). *Task-Based Language Teaching.* Cambridge: CUP.

Nunan, David (2013). *Learner-Centered English Language Education: The Selected Works of David Nunan.* New York: Routledge.

O'Malley, J. Michael/Chamot, Anna Uhl (1990). *Learning Strategies in Second Language Acquisition.* Cambridge: CUP.

Obeling, Steffen (2011). Sprachmittlung gelingt durch Strategie. Authentische Texte situations- und adressatengerecht mitteln. *Der fremdsprachliche Unterricht Französisch* 114. 8–11.

Oesterreicher, Mario (2013). *Teaching Skills. Mediation.* Berlin: Cornelsen.

Osborn, Tim/Maraun, Douglas (2008). Changing Intensity of Rainfall over Britain. Climatic Research Unit. Info Sheet 15. http://www.cru.uea.ac.uk/cru/info/ukrainfall/ (15.03.2016).

Ostermeier, Christiane (2013). Visita de España. Mündliche Sprachmittlung im Anfangsunterricht. *Der fremdsprachliche Unterricht Spanisch* 43. 12–18.

Ostkamp, Ursula (2006). Zentralabitur Englisch. Wo besteht Klärungsbedarf? *Praxis Fremdsprachenunterricht* 3/5. 8–14.

Otten, Wiebke (2013). „Bei der Sprachmittlung schwebt man stets zwischen zwei Sprachen". Einschätzung von Sprachmittlungsaufgaben durch Italienischlehrende und Stand der Aufgabenentwicklung. In: Reimann/Rössler (Hrsg.) (2013). 131–152.

Oxford, Rebecca (1990). *Language Learning Strategies. What Every Teacher Should Know.* Boston/Mass.: Heinle & Heinle.

Oxford, Rebecca (2004). Communicative Strategies. In: Byram, Michael (Hrsg.) (2004). *Routledge Encyclopedia of Language Teaching and Learning.* London: Routledge. 130–132.

PACTE (2007). Zum Wesen der Übersetzungskompetenz. Grundlagen für die experimentelle Validierung eines Ük-Modells. In: Wotjak (Hrsg.) (2003). *Quo vadis Translatologie? Ein halbes Jahrhundert universitäre Ausbildung von Dolmetschern und Übersetzern in Leipzig: Rückschau, Zwischenbilanz und Perspektiven aus der Außensicht.* Berlin: Frank & Timme. 327–342.

PACTE (2011). Results of the Validation of the PACTE Translation Competence Model. Translation Problems and Translation Competence. In: Alvstad, Cecilia/Hild, Adelina/Tiselius, Elisabet (Hrsg.) (2011). *Methods and Strategies of Process Research. Integrative Approaches in Translation Studies.* Amsterdam: John Benjamins, 317–343.

Paltridge, Brian (1996). Genre, Text Type, and the Language Learning Classroom. *ELT Journal* 50/3. 237–243.

Pantó-Naszályi, Dóra (2011). Alte (?) Besen kehren gut. Gedanken über die Rolle, die Möglichkeiten, die Schulung sowie die Grenzen der Sprachmittlung im kommunikativen DaF-Unterricht in Ungarn. In: GuG/DAAD (Hrsg.) (2011). *Jahrbuch der ungarischen Germanistik.* Ort: Verlag. 267–289.

Pearce, Roy (1983). Realistic and Real English. *English Teaching Forum* 21/3. 19–22.

Pfeiffer, Alexander (2013). Was ist eine sinnvolle Sprachmittlungsaufgabe? Ein Instrument zur Evaluation und Erstellung von Aufgaben für den Fremdsprachenunterricht. In: Reimann/Rössler (Hrsg.) (2013). 44–64.

Pfeiffer, Alexander (2014). Médiation? – Rien de plus simple! Ein Leitfaden für die Konzeption von Aufgaben zur Sprachmittlung. *Französisch heute* 45/1. 19–26.

Philipp, Elke/Rauch, Kerstin (2010a). Verständigung im Austausch. Grundlagen, Bedeutung und Potenzial von Sprachmittlung. *Der fremdsprachliche Unterricht Französisch* 108. 2–7.

Philipp, Elke/Rauch, Kerstin (2010b). Sprachmittlung mit Spiegeltexten. Themengleiche Texte als Wortschatzquelle nutzen. *Der fremdsprachliche Unterricht Französisch* 108. 34–40.

Philipp, Elke/Rauch, Kerstin (2014). Sprachmittlung – neue Herausforderungen für die Sekundarstufe II. *Französisch heute* 45/1. 12–18.

Piccardo, Enrica (2012). Médiation et apprentissage des langues. Pourquoi est-il temps de réfléchir à cette notion? *Etudes de linguistique appliquée* 167. 285–297.

Piepho, Hans-Eberhard (1964). Über die Rolle der Muttersprache im Englischunterricht. *Praxis des neusprachlichen Unterrichts* 11. 40–48.

Piepho, Hans-Eberhard (1976). Untersuchungen zum Übersetzungsverhalten von Schülern der Klassen 7 und 8. *Der fremdsprachliche Unterricht* 40. 29–35.

Plakans, Lia (2009a). Discourse Synthesis in Integrated Second Language Writing Assessment. *Language Testing* 26/4. 561–587.

Plakans, Lia (2009b). The Role of Reading Strategies in Integrated L2 Writing Tasks. *Journal of English for Academic Purposes* 8/4. 252–266.

Plath, Andreas (2014). Was heißt ‚Sprachmittlung‘ im Französischunterricht? *Französisch heute* 45/1. 5–11.

Platt-Fingas, Christiane (2013). New Year's Eve around the world. Fiktiven Austauschschülern aus Senegal Silvestertraditionen erklären. *Englisch 5 bis 10* 24. 14–17.

Pöchhacker, Franz (1999). Situative Zusammenhänge. In: Snell-Hornby, Mary/Hönig, Hans G./Kußmaul, Paul/Schmitt, Peter A. (Hrsg.) (1999). *Handbuch Translation*. 2. Aufl. Tübingen: Stauffenburg. 327–330.

Pöchhacker, Franz (2004). *Introducing Interpreting Studies*. London/New York: Routledge.

Pöchhacker, Franz (2005). From Operation to Action: Process-Orientation in Interpreting Studies. *Meta: journal des traducteurs / Meta: Translators' Journal* 50/2. 682–695.

Pöchhacker, Franz (2009). Issues in Interpreting Studies. In: Munday, Jeremy (Hrsg.) (2009). *The Routledge Companion to Translation Studies*. London/New York: Routledge. 128–140.

Pöchhacker, Franz (2011). Consecutive Interpreting. In: Malmkjær, Kirsten/Windle, Kevin (Hrsg.) (2011). *The Oxford Handbook of Translation Studies*. Oxford: OUP. 294–306.

Pohl, Lothar/Schlecht, Günter/Uthess, Sabine (1982). *Methodik Englisch- und Französischunterricht*. Berlin: Volk und Wissen.

Poïarkova, Elena (2006). Le rôle de la médiation dans l'enseignement des langues étrangères. In: FIPF (Hrsg.). *Dialogues et cultures 53. Actes de Vienne. Le français, une langue qui fait la différence*. 247–256.

Poïarkova, Elena (2009). La médiation et le Cadre européen. *Dialogues et cultures* 54. 117–120.

Polleti, Alex (1999). Didaktische begründete Progressionsplanung für den Französisch-unterricht in Deutschland – une gageure! Oder: Wie halten Sie's mit dem *accord*? *Französisch heute* 30/3. 273–280.

Pontinus, Tina (2013). Christmas Mails from Partner Schools. Weihnachtstraditionen anderer Länder kennenlernen und Partnerschulen über eigene Bräuche informieren. *Englisch 5 bis 10* 24. 8–13.

Praxis Fremdsprachenunterricht 5/2008.

Presas, Marisa (2007). Translatorische Kompetenz. Von der Leipziger Schule bis zur kognitiven Wende. In: Wotjak, Gerd (Hrsg.) (2003). *Quo vadis Translatologie? Ein halbes Jahrhundert universitäre Ausbildung von Dolmetschern und Übersetzern in Leipzig: Rückschau, Zwischenbilanz und Perspektiven aus der Außensicht.* Berlin: Frank & Timme. 353–367.

Prunč, Erich (2002). *Einführung in die Translationswissenschaft.* Band 1. *Orientierungsrahmen.* 2., erweiterte und verbesserte Aufl. Graz: Institut für Translationswissenschaft.

Pruvost, Jean (2012). Avant-propos. La médiation, un maître mot, un mot de maîtres. *ELA* 167. 261–263.

Pulverness, Alan (1999). Context or Pretext? Cultural Content and the Coursebook. *Folio Journal of the Materials Development Association MATSDA* 5/2. 5–9.

Pym, Anthony/Malmkjær, Kirsten/Gutiérrez-Colón Plana, María del Mar (2012). *Translation and Language Learning. An Analysis of Translation as a Method of Language Learning in Primary, Secondary and Higher Education.* http://www.est-translationstudies.org/research/2012_DGT/reports/2012_technical_proposal.pdf (15.03.2016).

Quaglio, Paulo (2009). *Television Dialogue. The Sitcom* Friends *vs. Natural Conversation.* Philadelphia: John Benjamins.

Quetz, Jürgen (2003). Der *Gemeinsame europäische Referenzrahmen.* Ein Schatzkästlein mit Perlen, aber auch mit Kreuzen und Ketten. In: Bausch et al. (Hrsg.) (2003). 145–155.

Quetz, Jürgen (2007). Fremdsprachliches Curriculum. In: Bausch, Karl-Richard/Christ, Herbert/Krumm, Hans-Jürgen (Hrsg.) (2007). *Handbuch Fremdsprachenunterricht.* 5. Aufl. Tübingen: Francke. 121–127.

Raaf, Bettina (2005). *Humor im Englischunterricht.* München: Langenscheidt.

Raith, Thomas (2013a). Sprachmittlung als Lernaufgabe. *Englisch 5 bis 10* 24. 30–33.

Raith, Thomas (2013b). Trampolining – more than just jumping. Anweisungen zu Trampolinsprüngen in einer PE lesson verstehen und vermitteln. *Englisch 5 bis 10* 24. 4–7.

Raith, Thomas (2013c). Talking about basketball. Die Karriere von Dirk Nowitzki aus zwei Länderperspektiven betrachten. *Englisch 5 bis 10* 24. 26–29.

Rampillon, Ute (2001). Das Wörterbuch – unbeliebt, aber unentbehrlich! *Der fremdsprachliche Unterricht Englisch* 51. 4–11.

Rau, Thomas. *Lehrerzimmer. Herr Rau erzählt von sich und der Schule. Ein Lehrerblog.* http://www.herr-rau.de/wordpress/2009/03/was-man-tut-wenn-man-das-richtige-englisch e-wort-nicht-kennt.htm (15.03.2016).

Rega, Lorenza (2015). Sprachmittlung/Mediazione linguistica und professionelle bzw. nicht professionelle sprachlich-kulturelle Tätigkeiten. In: Nied Curcio/Katelhön/Bašič (Hrsg.) (2015). 131–146.

Reimann, Daniel (2010). Von ‚Aurélie' bis ‚Tour de Franz'. Stereotypen erkennen, ein Lied sprachmitteln. *Der fremdsprachliche Unterricht Französisch* 105. 18–22.

Reimann, Daniel (2013a). Evaluation mündlicher Sprachmittlungskompetenz. Entwicklung von Deskriptoren auf translationswissenschaftlicher Grundlage. In: Reimann/Rössler (Hrsg.) (2013). 194–226.

Reimann, Daniel (2013b). Mündliche Sprachmittlung im Spanischunterricht. *Der fremdsprachliche Unterricht Spanisch* 43. 4–11.

Reimann, Daniel (2014a). Wie evaluiert man Sprachmittlungskompetenz? Zur (Weiter-) Entwicklung diagnostischer Instrumente. *Französisch heute* 45/1. 27–33.

Reimann, Daniel (2014b). Von Aurélie bis Tour de Franz. In: ders. *Transkulturelle kommunikative Kompetenz in den romanischen Sprachen. Theorie und Praxis eines neokommunikativen und kulturell bildenden Französisch-, Spanisch-, Italienisch- und Portugiesischunterrichts*. Stuttgart: ibidem. 659–689.

Reimann, Daniel (2014c). Informelles Dolmetschen. „Echt" mündliche Sprachmittlung im Französischunterricht. In: ders. *Transkulturelle kommunikative Kompetenz in den romanischen Sprachen. Theorie und Praxis eines neokommunikativen und kulturell bildenden Französisch-, Spanisch-, Italienisch- und Portugiesischunterrichts*. Stuttgart: ibidem. 691–698.

Reimann, Daniel (2015). Diagnose und Evaluation von Sprachmittlungskompetenz. In: Nied Curcio/Katelhön /Bašič (Hrsg.) (2015). 65–97.

Reimann, Daniel/Rössler, Andrea (Hrsg.) (2013). *Sprachmittlung im Fremdsprachenunterricht*. Tübingen: Narr Francke Attempto.

Reinke, Katharina (1981). Überlegungen zum sinngemäßen Übertragen (1977). In: Bausch/Weller (Hrsg.) (1981). 145–154.

Reiß, Katharina (1977). Übersetzen und Übersetzung im Hochschulbereich. *Die Neueren Sprachen* 26. 535–548.

Reiß, Katharina/Vermeer, Hans J. (1984). *Grundlegung einer allgemeinen Translationstheorie*. Tübingen: Max Niemeyer.

Rheinland-Pfalz Ministerium für Bildung, Wissenschaft und Weiterbildung und Kultur (2000). *Lehrplan Englisch als erste Fremdsprache (Klassen 5–9/10). Hauptschule, Realschule, Gymnasium, Regionale Schule, Gesamtschule*. http://lehrplaene.bildung-rp.de/ (15.03.2016).

Rheinland-Pfalz Ministerium für Bildung, Wissenschaft, Weiterbildung und Kultur (2014). *Grund- und Leistungsfach in der gymnasialen Oberstufe (Mainzer Studienstufe). Anpassung an die Bildungsstandards für die allgemeine Hochschulreife*. http://lehrplaene.bildung-rp.de/ (15.03.2016).

Richards, Jack C./Schmidt, Richard (2002). *Longman Dictionary of Language Teaching and Applied Linguistics*. Harlow: Pearson Education Limited.

Roach, Peter (2004). British English. Received Pronunciation. *Journal of the International Phonetic Association* 34/2. 239–245.

Roche, Jörg (2001). *Interkulturelle Sprachdidaktik. Eine Einführung*. Tübingen: Gunter Narr.

Rogge, Michael (2012). Sagen können, was man zu sagen hat. *Der fremdsprachliche Unterricht Englisch* 116. 2–6.

Rosa Luxemburg Stiftung (o.J.). *Lux Like Comic. (Un)mögliche Bildungswege*. http://studienwerk.rosalux.de/studienwerk/lux-like-comic.html (15.03.2016).

Rössler, Andrea (2008). Die sechste Fertigkeit? Zum didaktischen Potenzial von Sprachmittlungsaufgaben im Französischunterricht. *Zeitschrift für Romanische Sprachen und ihre Didaktik* 2/1. 53–77.

Rössler, Andrea (2009). Strategisch sprachmitteln. *Fremdsprachen lehren und lernen* 38. 158–174.

Rössler, Andrea (2012). Die Aktivität Sprachmittlung als Chance zur Vernetzung von Englisch und Spanisch. In: Leitzke-Ungerer, Eva/Blell, Gabriele/Vences, Ursula (Hrsg.) (2012). *English-Español: Vernetzung im kompetenzorientierten Spanischunterricht.* Stuttgart: ibidem. 137–149.

Rössler, Andrea/Reimann, Daniel (2013). Wozu Sprachmittlung? Zum fremdsprachendidaktischen Potenzial einer komplexen Kompetenz. In: Reimann/Rössler (Hrsg.) (2013). 11–23.

Rost, Michael (1990). *Listening in Language Learning*. Abingdon: Routledge.

Rost, Michael (2015). Teaching and Researching Listening. 3. Aufl. London: Routledge.

Royl, Stefan (2007). Sprachmittlung. *Hotline. Das Magazin für Englisch an Hauptschulen.* Autumn/Winter. 6–7.

Royl, Stefan/Schütz, Michael (2008). *Informationen zu den Abschlussprüfungen im Fach Englisch. Klassen 9 und 10.* http://lehrerfortbildung-bw.de/allgschulen/hs/fo bi_materialien/ hap_englisch/Abschlusspruefungen_Englisch_Gesamte_Praesentation.pdf (15.03.2016).

Saarland Ministerium für Bildung und Kultur (2010a). *Kernlehrplan Englisch Klassenstufen 9 bzw. 9/10 Gesamtschule.* http://www.saarland.de/dokumente/thema_bildung/KLP_ Englisch_Ges_9_.pdf (15.03.2016).

Saarland Ministerium für Bildung und Kultur (2010b). *Kernlehrplan Englisch Klassenstufe 9 Erweiterte Realschule H-Bildungsgang.* http://www.saarland.de/dokumente/thema_ bildung/Englisch_H_9.pdf (15.03.2016).

Saarland Ministerium für Bildung und Kultur (2010c). *Kernlehrplan Englisch Klassenstufen 9 und 10. Erweiterte Realschule M-Bildungsgang.* http://www.saarland.de/dokumente/ thema_bildung/En_M_9-10_ERS.pdf (15.03.2016).

Saarland Ministerium für Bildung und Kultur (2014). *Lehrplan Englisch Gymnasium Erste Fremdsprache.* http://www.saarland.de/7054.htm (15.03.2016).

Sachsen-Anhalt Kultusministerium (2012). *Fachlehrplan Sekundarschule. Englisch.* https:// www.bildung-lsa.de/lehrplaene___rahmenrichtlinien/sekundarschule.html (15.03. 2016).

Sachsen-Anhalt Kultusministerium (2015). *Fachlehrplan Gymnasium/Fachgymnasium. Englisch.* http://www.bildung-lsa.de/lehrplaene___rahmenrichtlinien/gymnasium/lehrpla n_englisch.html (15.03.2016).

Sächsisches Staatsministerium für Kultus (2004a). *Lehrplan Mittelschule Englisch.* http:// www.schule.sachsen.de/lpdb/web/downloads/lp_ms_englisch.pdf?v2 (15.03.2016).

Sächsisches Staatsministerium für Kultus (2004b). *Lehrplan Gymnasium Englisch.* http:// www.schule.sachsen.de/lpdb/web/downloads/lp_gy_englisch_2011.pdf?v2 (15.03.2016).

Sächsisches Staatsministerium für Kultus (2007). *Lehrplan Berufsschule/Berufsfachschule. Englisch.* http://www.sn.schule.de/~sbi/download/bg_lp_bs_bfs_englisch_grundlagen. pdf (15.03.2016).

Sächsisches Staatsministerium für Unterricht und Kultus (2009). *Sprachmittlung (Matrix).* http://www.gsg-freiberg.de/fileadmin/user_upload/pdf/Hengst/Sprachmittlung_Deutsch_ -_Fremdsprache.pdf (15.03.2016).

Saracino, Maria Antonietta (2015). Mondi con/divisi: un progetto di mediazione interculturale. In: Nied Curcio /Katelhön/Bašič (Hrsg.) (2015). 119–130.

Sarter, Heidemarie (2008). Sprachmittlung und sprachliches Handeln. *Praxis Fremdsprachenunterricht* 5. 9–13.

Sarter, Heidemarie (2010). Sprachmittlung und pragmalinguistische Aspekte interkulturellen Fremdsprachenunterrichts. In: Caspari, Daniela/Küster, Lutz (Hrsg.) (2010). *Wege zu interkultureller Kompetenz. Fremdsprachendidaktische Aspekte der Text- und Medienarbeit*. Frankfurt/M.: Peter Lang. 85–102.

Schädlich, Birgit (2012). La mise en œuvre de la médiation linguistique dans l'enseignement des langues vivantes en Allemagne. Instructions officielles, manuels, pratiques de classe. *ELA* 167. 325–339.

Schädlich, Birgit/Ramisch, Friederike (2013). Sprachmittlung und interkulturelle Kompetenz in empirischer Perspektive. In: Reimann/Rössler (Hrsg.) (2013). 153–166.

Schäfers, Stefanie (2006). *Aufgabenstellungen im Deutschunterricht. Eine Anleitung zur Formulierung verständlicher schriftlicher Aufgaben in der gymnasialen Oberstufe aus Sicht der Sprachwissenschaften*. Berlin: Lit.

Scheffler, Paweł (2013). Learners' Perceptions of Grammar-Translation as Consciousness Raising. *Language Awareness* 22/3. 255–269.

Schleswig-Holstein Ministerium für Bildung, Wissenschaft, Forschung und Kultur (1997). *Lehrplan für die Sekundarstufe I der weiterführenden allgemeinbildenden Schulen Hauptschule, Realschule, Gymnasium, Gesamtschule*. http://lehrplan.lernnetz.de/index.php?wahl=127 (15.03.2016).

Schleswig-Holstein Ministerium für Bildung, Wissenschaft, Forschung und Kultur (2015). *Fachanforderungen Englisch Sek I und II*. http://lehrplan.lernnetz.de/index.php?wahl=199 (15.03.2016).

Schlömerkemper, Jörg (2010). *Konzepte pädagogischer Forschung. Eine Einführung in Hermeneutik und Empirie*. Bad Heilbrunn: Klinkhardt.

Schmenk, Barbara (2005). Mode, Mythos, Möglichkeiten oder: Ein Versuch, die Patina des Lernziels ‚kommunikative Kompetenz' abzukratzen. *Zeitschrift für Fremdsprachenforschung* 16/1. 57–87.

Schmidt, Richard (1983). Interaction, Acculturation, and the Acquisition of Communicative Competence. A Case-Study of an Adult. In: Judd, Eliot/Wolfson, Nessa (Hrsg.) (1983). *Sociolinguistics and Language Acquisition*. Rowley/Mass.: Newbury House. 137–174.

Schmitt, Christian (Hrsg.) (1991). *Neue Methoden der Sprachmittlung*. Wilhelmsfeld: Egert.

Schnitter, Tobias (2008). Welcome to Pirate Cove Hotel. In einer Prüfung schriftlich ins Deutsche sprachmitteln. *Der fremdsprachliche Unterricht Englisch* 93. 34–39.

Schöpp, Frank (2010). Mediation als praxisrelevante Kompetenz im Italienischunterricht. *Italienisch* 63. 88–109.

Schöpp, Frank (2015a). Abituraufgaben zur schriftlichen Sprachmittlung im Fach Italienisch. In: Nied Curcio/Katelhön/Bašič (Hrsg.) (2015). 99–115.

Schöpp, Frank (2015b). Rez. Daniel Reimann & Andrea Rössler (Hrsg.). Sprachmittlung im Fremdsprachenunterricht. Tübingen: Gunter Narr, 2013. *Zeitschrift für Romanische Sprachen und ihre Didaktik* 9/1. 165–170.

Schopp, Jürgen (2007). Korrekturlesen – ein translatorisches Stiefkind? *Lebende Sprachen* 2. 69–74.

Schrader, Heide (2013). Schriftliche Sprachmittlung im Abitur Französisch. Eine Aufgabe mit Anspruch. In: Reimann/Rössler (Hrsg.) (2013). 184–193.

Schreiber, Michael (1993). *Übersetzung und Bearbeitung. Differenzierung und Abgrenzung des Übersetzungsbegriffs*. Tübingen: Gunter Narr.

Schrey, Helmut (1952). Deutsche und englische Texte in Übersetzung und Vergleich. *Die Neueren Sprachen* 3. 114–128.

Schrey, Helmut (1961). Grenzen und Möglichkeiten der Übersetzung ins Deutsche. *Die Neueren Sprachen* 1. 38–45.

Schubel, Friedrich (1958). *Methodik des Englischunterrichts für höhere Schulen*. Frankfurt/M.: Diesterweg.

Schubert, Christoph (2008). *Englische Textlinguistik. Eine Einführung*. Berlin: Erich Schmidt.

Schumann, Adelheid/Poggel, Diana (2008). Zum Frankreichbild deutscher Jugendlicher. Eine Umfrage bei 12- bis 16-jährigen Schülerinnen und Schülern. *Lendemains* 33/130–131. 112–127.

Schüwer, Martin (2005). Teaching Comics. Die unentdeckten Potenziale der graphischen Literatur. *Der fremdsprachliche Unterricht Englisch* 73. 2–7.

Seidel, Juliane (2012). *Das Potenzial der Kompetenz „Sprachmittlung" zur Förderung der interkulturellen Kompetenz im Italienischunterricht*. Bachelor-Arbeit, Freie Univ. Berlin. http://edocs.fu-berlin.de/docs/receive/FUDOCS_document_000000015646 (15.03.2016).

Seidl, Monika (2007). Visual Culture. Bilder lesen lernen, Medienkompetenz erwerben. *Der fremdsprachliche Unterricht Englisch* 87. 2–7.

Seidlhofer, Barbara (2005). Key concepts in ELT. English as a lingua franca. *ELT Journal* 59/4. 339–341.

Semmel, Stuart (2004). *Napoleon and the British*. New Haven: Yale University. Press.

Senkbeil, Karsten/Engbers, Simona (2011). Sprachmittlung als interkulturelle Kompetenz – Interkulturelle Kompetenz durch Sprachmittlung. *Forum Sprache* 6. 41–56.

Sepp, Britta (1973). Überlegungen zur Funktionsbestimmung der Übersetzung im Fremdsprachenunterricht. In: Bausch/Weller (Hrsg.) (1981). 81–93.

Sercu, Lies (2004). Exercise Types and Grading. In: Byram, Michael (Hrsg.) (2004). *Routledge Encyclopedia of Language Teaching and Learning*. London: Routledge. 214–216.

Settinieri, Julia/Demirkaya, Sevilen/Feldmeier, Alexis/Gültekin-Karakoç, Nazan/Riemer, Claudia (Hrsg.) (2014). *Empirische Forschungsmethoden für Deutsch als Fremd- und Zweitsprache. Eine Einführung*. Paderborn: Schöningh.

Siebold, Jörg (2008a). Didaktisches Lexikon: Diskurs/Diskurskompetenz. *Praxis Fremdsprachenunterricht* 2. 60.

Siebold, Jörg (2008b). Didaktisches Lexikon: Pragmatik/Pragmatische Kompetenz. 61.

Siepmann, Dirk (2013). Sprachmitteln im Fremdsprachenunterricht: eine kritische Bestandsaufnahme aus übersetzungswissenschaftlicher Sicht und Vorschläge für eine verbesserte Praxis. In: Bürgel, Christoph/Siepmann, Dirk (Hrsg.) (2013). *Sprachwissenschaft – Fremdsprachendidaktik: Neue Impulse*. Baltmannsweiler: Schneider Verlag Hohengehren. 189–208.

Sinner, Carsten (2011). Rez. Vanessa Leonardi (2010). *The Role of Pedagogical Translation in Second Language Acquisition. From Theory to Practice*. Bern: Peter Lang. *Lebende Sprachen* 2. 371–377.

Sinner, Carsten/Hernández Socas, Elia (2012). Wirklich keine Übersetzungen? Einige Überlegungen zum Paralleltextbegriff in der Übersetzungsdidaktik. *Lebende Sprachen* 57/1. 28–52.

Sinner, Carsten/Wieland, Katharina (2013). Eine translationswissenschaftliche Sicht auf Sprachmittlung im Fremdsprachenunterricht. In: Reimann/Rössler (Hrsg.) (2013). 93–113.

Snell-Hornby, Mary (1985). Translation as a Means of Integrating Language Teaching and Linguistics. In: Titford/Hieke (Hrsg.) (1985). 21–28.

Snell-Hornby, Mary (1999). Translation (Übersetzen/Dolmetschen)/Translationswissenschaft/Translatologie. In: Snell-Hornby, Mary/Hönig, Hans G./Kußmaul, Paul/Schmitt, Peter A. (Hrsg.) (1999). *Handbuch Translation*. 2. Aufl. Tübingen: Stauffenburg. 37–38.

Snell-Hornby, Mary (2006). *The Turns of Translation Studies. New Paradigms or Shifting Viewpoints?* Amsterdam/Philadelphia: John Benjamins.

Stadt Ingolstadt (2015). *Bayerische Landesausstellung 2015. Napoleon und Bayern.* http://www.landesausstellung-ingolstadt.de/ (nicht mehr online).

Stark Training Abschlussprüfung 2013 Englisch Hauptschule Niedersachsen. Freising: Stark.

Stathopoulou, Maria (2009). *Written Mediation in the KPG Exams. Source Text Regulation Resulting in Hybrid Formations*. MA-Arbeit. Univ. Athen. http://rcel.enl.uoa.gr/kpg/texts/MA%20thesis_Stathopoulou_mediation.pdf (15.03.2016).

Stathopoulou, Maria (2013a). *Task Dependent Interlinguistic Mediation Performance as Translanguaging Practice: The Use of KPG Data for an Empirically Based Study*. Diss. Univ. Athen. http://phdtheses.ekt.gr/eadd/bitstream/10442/29102/1/29102.pdf (15.03.2016).

Stathopoulou, Maria (2013b). Investigating Mediation as Translanguaging Practice in a Testing Context: Towards the Development of Levelled Mediation Descriptors. In: Colpaert, Jozef/Simons, Mathea/Aerts, Ann/Oberhofer, Margret (Hrsg). *Language Testing in Europe: Time for a New Framework? Proceedings of the International Conference. University of Antwerp, 27.–29. Mai 2013*. Antwerpen: Universität Antwerpen. 209–217.

Stathopoulou, Maria (2015). *Cross-Language Mediation in Foreign Language Teaching and Testing*. Bristol: Multilingual Matters.

Stefanink, Bernd (1993). Übersetzen als fünfte Fertigkeit. *Zielsprache Französisch* 25/2. 82–89.

Steininger, Ivo (2014). Empirische Methoden in der Fremdsprachenforschung. *Zeitschrift für Fremdsprachenforschung* 25/1. 89–100.

Stiefel, Lisa (2009). Translation as a Means to Intercultural Communicative Competence. In: Witte/Harden/Ramos de Oliveira Harden (Hrsg.) (2009a). 99–117.

Stößlein, Hartmut (2004). Forum. Mediation und Hinübersetzen: Eine vernachlässigte Fertigkeit in Bayern? *Mitteilungen des FMF Landesverbandes Bayern* 23/4. 21–29.

Straukamp, Christian (2011). Do You Mean an Apple Spritzer? Sprachmittlungsstrategien in Rollenspielen üben. *Englisch 5 bis 10* 15. 22–27.

Strohmeyer, Hans (1928). *Methodik des neusprachlichen Unterrichts*. Braunschweig: Westermann.

Surkamp, Carola (Hrsg.) (2010). *Metzler Lexikon Fremdsprachendidaktik*. Stuttgart: Metzler.

Swaffar, Janet K. (1985). Reading Authentic Texts in a Foreign Language. A Cognitive Model. *The Modern Language Journal* 69/1. 15–34.

Swales, John (1990). *Genre Analysis. English in Academic and Research Settings*. Cambridge: CUP.

Swan, Michael (2005a). Legislation by Hypothesis. The Case of Task-Based Instruction. *Applied Linguistics* 26/3. 376–401.

Swan, Michael (2005b). Review of Rod Ellis (2003). *Task-based Language Learning and Teaching*. Oxford: OUP. *International Journal of Applied Linguistics* 15/2. 251–256.

Tarone, Elaine (1981). Some Thoughts on the Notion of Communication Strategy. *TESOL Quarterly* 15/3. 285–295.

Taubenböck, Andrea (2007). Sprache kommt von Sprechen. Ein Plädoyer für mehr Mündlichkeit im Englischunterricht. *Der fremdsprachliche Unterricht Englisch* 90. 2–7.

Taylor, C.V. (1972). Why Throw Out Translation? *ELT Journal* 27/1. 56–58.

Tenorth, Heinz-Elmar (2000). Erziehungswissenschaftliche Forschung im 20. Jahrhundert und ihre Methoden. In: Benner, Dietrich/Tenorth, Heinz-Elmar (Hrsg.) (2000). *Bildungsprozesse und Erziehungsverhältnisse im 20. Jahrhundert. Praktische Entwicklungen und Formen der Reflexion im historischen Kontext. 42. Beiheft der Zeitschrift für Pädagogik.* Weinheim/Basel: Beltz. 264–293.

Tenorth, Heinz-Elmar (2010). Arbeit an der Theorie. Kritik, Analyse, Konstruktion. In: Friebertshäuser, Barbara/Langer, Antje/Prengel, Annedore (Hrsg.) (2010). *Handbuch Qualitative Forschungsmethoden in der Erziehungswissenschaft.* 3., vollst. überarb. Aufl. München: Juventa Verl. 89–100.

Tenorth, Heinz-Elmar (2012). Forschungsfragen und Reflexionsprobleme. Zur Logik fachdidaktischer Analysen. In: Bayrhuber et al. (Hrsg.) (2012). 11–27.

Tesch, Bernd (2010). *Kompetenzorientierte Lernaufgaben im Fremdsprachenunterricht. Konzeptionelle Grundlagen und eine rekonstruktive Fallstudie zur Unterrichtspraxis (Französisch).* Frankfurt/M.: Peter Lang.

Thaler, Engelbert (2005). The trend's your ‚Friends‘. Methoden zur Arbeit mit TV-Sitcoms. *Der fremdsprachliche Unterricht Englisch* 75. 36–37.

Thaler, Engelbert (2010). Wider die Kompetenz-Obsession. *Praxis Fremdsprachenunterricht* 6. 6–7.

Thaler, Engelbert (2012). *Englisch unterrichten. Grundlagen, Kompetenzen, Methoden.* Berlin: Cornelsen.

Thaler, Engelbert (2013). *Teaching English with Films.* Paderborn: UTB.

Thillm (Thüringer Institut für Lehrerfortbildung, Lehrplanentwicklung und Medien) (2011a). *Anregungen für die Sprachmittlung im Fremdsprachenunterricht der Sekundarstufe II.* https://www.schulportal-thueringen.de/media/detail?tspi=2465 (15.03.2016).

Thillm (Thüringer Institut für Lehrerfortbildung, Lehrplanentwicklung und Medien (2011b). *Englisch – Sinngemäßes Übertragen vom Deutschen ins Englische, Der Wolf; Klassenstufen 7/8. Impulsbeispiel zur Lehrplanimplementation.* https://www.schulportal-thueringen.de/media/detail?tspi=2549 (15.03.2016).

Thüringer Ministerium für Bildung, Wissenschaft und Kultur (2010). *Lehrplan für die Grundschule und für die Förderschule mit dem Bildungsgang der Grundschule. Fremdsprache.* http://www.schulportal-thueringen.de/lehrplaene/grundschule (15.03.2016).

Thüringer Ministerium für Bildung, Wissenschaft und Kultur (2011a). *Lehrplan für den Erwerb der allgemeinen Hochschulreife. Englisch.* https://www.schulportal-thueringen. de/web/guest/media/detail?tspi=1395 (15.03.2016).

Thüringer Ministerium für Bildung, Wissenschaft und Kultur (2011b). *Lehrplan für den Erwerb des Hauptschul- und des Realschulabschlusses. Englisch.* https://www.schulportal-thueringen.de/web/guest/media/detail?tspi=1387 (15.03.2016).

Thüringer Ministerium für Bildung, Wissenschaft und Kultur (2012). *Thüringer Lehrplan für berufsbildende Schulen. Schulform: Fachoberschule, Höhere Berufsfachschule – zweijährige Bildungsgänge – (außer Kaufmännischer Assistent, Fachrichtung Fremdsprachen), Berufsschule (Berufsausbildung mit gleichzeitigem Erwerb der Fachhoch-*

schulreife). Fach: Englisch. https://www.schulportal-thueringen.de/media/detail?tspi= 3372 (15.03.2016).

Titford, Christopher/Hieke, Adolf E. (Hrsg.) (1985). *Translation in Foreign Language Teaching and Testing.* Tübingen: Gunter Narr.

Tombs, Robert/Tombs, Isabelle (2008). *That Sweet Enemy. The French and the British from the Sun King to the Present.* London: Heinemann.

van Dijk, Teun A. (1980). *Textwissenschaft. Eine interdisziplinäre Einführung.* Berlin: de Gruyter.

van Ek, Jan (1987). *Objectives for Foreign Language Learning.* Bd. 2. *Levels.* Straßburg: Council of Europe.

Viëtor, Wilhelm (1886). *Der Sprachunterricht muß umkehren.* 2. Aufl. Heilbronn: Gebr. Henninger.

Viëtor, Wilhelm (1905). *Der Sprachunterricht muß umkehren.* 3. Aufl. Leipzig: Reisland.

Vogt, Karin (2007). Bewertung interkultureller Kompetenzen. Die Quadratur des Kreises? *Praxis Fremdsprachenunterricht* 6. 7–11.

Volkmann, Laurenz (2010). *Fachdidaktik Englisch. Kultur und Sprache.* Tübingen: Gunter Narr.

Vosswinkel, Annette/Totsi, Loreley (o.J.). *Sprachmittlung. Kommunikative Aufgaben und Aufgabentypologie. Der Workshop und seine Ergebnisse.* http://www.dlv.gr/sin/a-to.pdf (nicht mehr online).

Walter, Heribert (1974). Dolmetschen als Fertigkeit im Fremdsprachenunterricht der Mittelstufe. *Französisch heute* 3. 107–126.

Wapenhans, Heike (2011). Mediation im Russischunterricht. In: Mehlhorn, Grit/Heyer, Christine (Hrsg.) (2011). *Russisch und Mehrsprachigkeit. Lehren und Lernen von Russisch an deutschen Schulen in einem vereinten Europa.* Tübingen: Stauffenburg. 23–31.

Weeke, Annegret (2006). *Invitation to History.* Bd. 1. Berlin: Cornelsen.

Wei, Li (2011). Moment Analysis and Translanguaging Space. Discursive Construction of Identities by Multilingual Chinese Youth in Britain. *Journal of Pragmatics* 43/5. 1222– 1235.

Weinert, Franz E. (2001). Vergleichende Leistungsmessung in Schulen – eine umstrittene Selbstverständlichkeit. In: Weinert, Franz E. (Hrsg.) (2001). *Leistungsmessungen in Schulen.* Weinheim: Beltz. 17–31.

Weissmann, Dirk (2012a). La médiation linguistique à l'université. Propositions pour un changement d'approche. *ELA* 167. 313–324.

Weissmann, Dirk (2012b). Sprachmittlung versus Übersetzung. Zur Anwendbarkeit der Vorschläge des Gemeinsamen Europäischen Referenzrahmens auf Curricula der Auslandsgermanistik. In: DAAD (Hrsg.) (2012). *Zukunftsfragen der Germanistik, Beiträge der DAAD-Germanistentagung 2011.* Göttingen: Wallstein. 182–194.

Weller, Franz-Rudolf (1973). Die Rolle der Übersetzung im neusprachlichen Unterricht der Oberstufe. In: Christ, Herbert (Hrsg.) (1973). *Schriftliche Arbeiten im Fremdsprachenunterricht der gymnasialen Oberstufe.* 2. Aufl. Berlin: Cornelsen-Velhagen & Klasing. 5– 35 und 101–109.

Weller, Franz-Rudolf (1977). Einleitende Bemerkungen. *Die Neueren Sprachen* 5/6. 485– 489.

Weller, Franz-Rudolf (1981). Formen und Funktionen des Übersetzens im Fremdsprachenunterricht. Aspekte einer schulischen Übersetzungslehre am Beispiel des Französischen. In: Bausch/Weller (Hrsg.) (1981). 233–296.

Weller, Franz-Rudolf (1991). Vom Elend schulischer Übersetzungslehre. Anmerkungen zur Rolle der Übersetzung im Französischunterricht. In: British Council et al. (Hrsg.) (1991). 23–47.

Weller, Franz-Rudolf (1993). Aus den Nischen des Turms zu Babel. Neuerscheinungen zur Übersetzungswissenschaft und Übersetzungsdidaktik (Teil 1). *Die Neueren Sprachen* 92/6. 587–607.

Weller, Franz-Rudolf (1994). Aus den Nischen des Turms zu Babel. Neuerscheinungen zur Übersetzungswissenschaft und Übersetzungsdidaktik (Teil 2). *Die Neueren Sprachen* 93/2. 185–211.

Welsch, Wolfgang (1999). Transculturality – the Puzzling Form of Cultures Today. In: Featherstone, Mike/Lash, Scott (Hrsg.) (1999). *Spaces of Culture: City, Nation, World.* London: Sage. 194–213.

Weskamp, Ralf (2008). Mediation – ein neuer Begriff in der Fremdsprachendidaktik. *At Work* 14. 6–7.

White, Hayden (1973). *Metahistory. The Historical Imagination in Nineteenth-Century Europe.* Baltimore: Johns Hopkins UP.

Widdowson, Henry G. (1979). The Authenticity of Language Data. In: Widdowson, Henry G. (1979). *Explorations in Applied Linguistics.* Oxford: OUP. 163–172.

Will, Renate (1998). Übersetzen ins Deutsche – Nur eine lästige Pflichtübung? *Neusprachliche Mitteilungen* 51/3. 161–167.

Willis, Jane (1996). *A Framework for Task-Based Learning.* Harlow: Longman.

Wilss, Wolfram (1981). Das didaktische Potential der Herübersetzung. In: Bausch/Weller (Hrsg.) (1981). 297–313.

Witte, Arnd (2006). Überlegungen zu einer (inter)kulturellen Progression im Fremdsprachenunterricht. *Fremdsprachen Lehren und Lernen* 35. 28–43.

Witte, Arnd (2009). From Translating to Translation in Foreign Language Teaching. In: Witte/Harden/Ramos de Oliveira Harden (Hrsg.) (2009a). 79–97.

Witte, Arnd/Harden, Theo/Ramos de Oliveira Harden, Alessandra (Hrsg.) (2009a). *Translation in Second Language Learning and Teaching.* Bern: Peter Lang.

Witte, Arnd/Harden, Theo/Ramos de Oliveira Harden, Alessandra (2009b). Introduction. In: Witte/Harden/Ramos de Oliveira Harden (Hrsg.) (2009a). 1–12.

Witte, Heidrun (2007). *Die Kulturkompetenz des Translators: begriffliche Grundlegung und Didaktisierung.* 2. Aufl. Tübingen: Stauffenburg.

Wolter, Inge (1961). Zum sinngemäßen Übertragen von in der Muttersprache formulierten Sachverhalten in die Fremdsprache. *Fremdsprachenunterricht* 5. 278–289.

Woodward-Smith, Elizabeth (2014). Enhancing Student Awareness of Cultural Stereotypes. The Languaging of Intercultural Clichés. In: Lankiewicz, Hadrian/Wąsikiewicz-Firlej, Emilia (Hrsg.) (2014). *Languaging Experiences. Learning and Teaching Revisited.* Newcastle/Tyne: Cambridge Scholars. 222–246.

Wunderlich, Jörg (2011). Mediation – das ist Alltag im Englischunterricht. *Best Practice. Das Magazin für den Englischunterricht.* Oktober 2011. http://www.cornelsen.de/lehr kraefte/1.c.3483111.de (15.03.2016).

Young, Richard F. (2011). Interactional Competence in Language Learning, Teaching, and Testing. In: Hinkel, Eli (Hrsg.) (2011). *Handbook of Research in Second Language Teaching And Learning.* Bd. 2. London & New York: Routledge. 426–443.

Zarate, Geneviève/Gohard-Radenkovic, Aline/Lussier, Denise/Penz, Hermine (Hrsg.) (2003). *Cultural Mediation in Language Learning and Teaching*. Council of Europe. http://archive.ecml.at/documents/pub122E2004_Zarate.pdf (15.03.2016).

Zöfgen, Ekkehard (Hrsg.) (1988). Übersetzung und Übersetzen. *Fremdsprachen lehren und lernen* 17.

Zojer, Heidi (2009). The Methodological Potential of Translation in Second Language Acquisition. Re-Evaluating Translation as a Teaching Tool. In: Witte/Harden/Ramos de Oliveira Harden (Hrsg.) (2009a). 31–51.

Zweck, Corinna (2010). Umschreiben, vereinfachen, Beispiele geben. Strategien zur Sprachmittlung trainieren. *Der fremdsprachliche Unterricht Französisch* 108. 8–17.

Zydatiß, Wolfgang (1975). Dolmetscherübungen im Sprachlabor. *Englisch* 10. 41–44.

Zydatiß, Wolfgang (2001). Gesellschaftliche Herausforderungen für den Englischunterricht und Empfehlungen für seine Reform. In: Tenorth, Heinz-Elmar (Hrsg.) (2001). *Kerncurriculum Oberstufe. Mathematik, Deutsch, Englisch*. Weinheim: Beltz. 212–229.

Zydatiß, Wolfgang (2010a). Kompetenzen und Fremdsprachenlernen. In: Hallet/Königs (Hrsg.) (2010). 59–63.

Zydatiß, Wolfgang (2010b). Mündlichkeit und Schriftlichkeit. In: Surkamp, Carola (Hrsg.) (2010). *Metzler Lexikon Fremdsprachendidaktik*. Stuttgart: Metzler. 223–225.

Materialien für Sprachmittlungsaufgaben

Material 1: Wetterberichte aus dem Vereinigten Königreich/den Vereinigten Staaten

a) Lesetexte und Graphiken, z.B. im Daily Telegraph: general situation als Kurztext für das gesamte Königreich und für einzelne Regionen, Karte mit Temperaturen und Symbolen, *European readings*, *British readings*

b) Quellen für Hör-Seh-Texte oder Hörtexte:
   z.B. BBC Fernsehen: http://www.bbc.co.uk/weather/
   oder Radio 4: http://www.bbc.co.uk/programmes/b007rn05

c) Wetterdienste Met Office: http://www.metoffice.gov.uk/ bzw. National Weather Service: http://www.weather.gov/
   weitere Webseiten und Twitter: http://uk.weather.com/; http://www.weather.com/; https://twitter.com/metoffice

Material 2: Wetterberichte aus Deutschland

a) Graphiken und Lesetexte, z.B. in der *Donauwörther Zeitung*: Regional- und Deutschlandwetter, Biowetter, Pollentelegramm, Alpenwetter, Aussichten für die folgenden vier Tage

b) Quellen für Hör-Seh-Texte oder Hörtexte:
   z.B. ZDF: http://www.zdf.de/wetter/wetter-6031206.html
   oder Radiosender: http://www.br-online.de/podcast/ oder http://www.deutschland funk.de

c) Wetterdienst: http://www.dwd.de/, mit Twitter-Account: https://twitter.com/dwd_ presse

d) weitere Webseite: http://www.wetter.de/deutschland oder http://www.wetterdienst. de

Material 3: (Berg-)Wetter in Österreich/Tirol: Karte mit Temperaturen, Kurztext mit Prognose: https://www.zamg.ac.at/cms/de/wetter/wetter-oesterreich

Material 4: Seewetter in den USA bzw. Deutschland

a) Seewetter, z.B. Strömungsverhältnisse und UV-Belastung bei Boston: http://www.ripcurrents.noaa.gov/forecasts.shtml

b) Seewetter für die Deutsche Bucht als Kurztext: http://www.dwd.de/swxno

Material 5: Bergwetter im Snowdonia National Park:

a) Met Office: tabellarische und graphische Darstellung der Wettergefahren mit Kurztexten (*weather hazards*, d.h. *blizzards, heavy snow, storm force winds, gales, severe chill effect, persistent hill fog, thunderstorms, heavy persistent rain, strong sunlight*): http://www.metoffice.gov.uk/public/weather/mountain-forecast/

b) Mountain Weather Information Service: *general summary* und *detailed forecast* als Kurztexte: http://www.mwis.org.uk

Material 6: Wetterbericht mit genauen Angaben zum Wind

a) Deutscher Wetterdienst: Wind in Wilhelmshaven, Angabe von km/h und Windrichtung: http://www.wetterdienst.de/Deutschlandwetter/Wilhelmshaven/

b) Met Office: Wind in Fort Augustus, Angabe von Windrichtung, Windstärke und Böengeschwindigkeit in Meilen pro Stunde: http://www.metoffice.gov.uk/public/weather/forecast/gfhtjdb28#?fcTime=1439596800

Material 7: National Weather Service; Illustration einiger kultureller Besonderheiten (Einheiten, Wortschatz etc.), Wetter in Boston: http://forecast.weather.gov/, z.B. Temperaturangabe in Fahrenheit, *T-storms* (für *thunderstorms*)

Material 8: Twitter-Accounts britischer Meteorologen

a) Dewhurst, Greg. Twitter Account. https://twitter.com/gregdewhurst

b) MacColl, Calum. Twitter Account. https://twitter.com/caluminonimbus

Material 9: Drei Artikel aus *The Guardian* über die belgische Gedenkmünze zum 200. Jahrestag der Schlacht von Waterloo

a) *Belgium defies France as it mints €2.50 coin to mark Battle of Waterloo: Odd denomination released after Paris forces Brussels to scrap thousands of two-euro coins commemorating Napoleon's final defeat*; http://www.theguardian.com/world/2015/jun/08/belgium-france-coin-battle-waterloo-euro-napoleon; weitgehend neutrale Pressemitteilung, die Meinungen aus Frankreich und Belgien wiedergibt und den historischen Hintergrund darstellt

b) *France wins second 'battle of Waterloo' after commemoration coin dropped: Belgium has withdrawn a proposal to mint a €2 coin to honour the victory over Napoleon after French objections*; http://www.theguardian.com/world/2015/mar/12/france-wins-second-battle-of-waterloo-after-commemoration-coin-dropped; Pressemeldung, die auf die Rolle von Geschichte im nationalen Gedächtnis hinweist und im Titel eine Wertung liefert

c) *Euro coin row: France wins the battle, Belgium wins the war. When the French vetoed plans for a €2 coin commemorating Waterloo, the Belgians found a eurozone loophole and minted a €2.50 one instead*; http://www.theguardian.com/business/shortcuts/2015/jun/10/euro-coin-row-france-wins-the-battle-belgium-wins-the-war; Feuilleton-Artikel, der im Frage- und Antwort-Stil gehalten ist und humorvoll bis satirisch mit dem Thema umgeht

Material 10: Thematisch identische Texte in der französischen und belgischen Presse

a) *Une nouvelle bataille de Waterloo autour d'une pièce de monnaie: La Belgique a renoncé à émettre une pièce de 2 euros commémorant la ba-taille de Waterloo, après l'opposition de la France. Le pays devrait néanmoins sortir une pièce de 2,5 euros*; http://tempsreel.nouvelobs.com/monde/20150313.OBS4521/une-nouvelle-bataille-de-waterloo-autour-d-une-piece-de-monnaie.html; Artikel aus der französischen Presse, der Meinungen verschiedener Vertreter wiedergibt und selbst Wertungen äußert

b) *200 ans après Waterloo, la Belgique frappe une pièce de 2,5 euros pour ne pas froisser la France: La Belgique a dévoilé ce lundi une pièce commémorative de 2,5 euros pour célébrer les 200 ans de la bataille de Waterloo. Un événement qui ne réjouit pas vraiment du côté français... Explications*; http://www.bfmtv.com/societe/200-ans-apres-waterloo-la-belgique-frappe-une-piece-de-25-euros-pour-ne-pas-froisser-la-france-893185.html; Artikel von der Webseite eines privaten französischen Fernsehsenders, der Fakten darstellt, Hintergründe erklärt und verschiedene Sichtweisen präsentiert

c) Bicentenaire de la Bataille de Waterloo: les dessous des 2 pièces commémoratives; http://www.lalibre.be/actu/belgique/bicentenaire-de-la-bataille-de-waterloo-les-d essous-des-2-pieces-commemoratives-5575b832357032756272e28e; Artikel aus der belgischen Tagespresse, der neutral von der Gedenkmünze und der Auseinandersetzung berichtet

Material 11: Bewertung Napoleons

a) Quellenangaben zur Wertung von Napoleon/Waterloo (Lexika, Foren)
Was ist das?; http://www.wasistwas.de/archiv-geschichte-details/waterloo-napole ons-letzte-schlac ht.html
Geolino; http://www.geo.de/GEOlino/mensch/weltveraenderer-napoleon-bonaparte-72268.html
Kinderzeitmaschine: http://www.kinderzeitmaschine.de/neuzeit/kultur/franzoesische -revolution/epoche/napoleon/ereignis/kaiserkroenung-napoleons.html?no_cache=1& ht=6&ut1=119&ut2=106
historicum.net; Geschichtswissenschaften im Internet; https://www.historicum.net/ themen/napoleon-bonaparte/
Napoleon Journal; https://napoleonwaterloo.wordpress.com/
Line of Battle, Seekrieg gegen Napoleon; http://www.napoleon-portal.de/
Napoleon Online; http://napoleon-online.de
Napoleonic Wars Forum; http://www.napoleonicwarsforum.com/

b) Textbeispiele aus den Katalogen zur Bayerischen Landesausstellung
Haus der Bayerischen Geschichte (Hrsg.) (2015a). Hier: 36.
Haus der Bayerischen Geschichte (Hrsg.) (2015b). Hier: 309.

Material 12: Rezensionen über Neuerscheinungen zu Waterloo im Jahr 2015

a) Lesetext: Daniel Kuhn, *Rez. Sammelrezension Waterloo 1815*, http://www.hist-verein-pfalz.de/downloads/150518_Waterloo1815.pdf

b) Monologischer Hörtext/Lesetext: Deutschlandradio Kultur: *Neue Bücher über Napoleons letzte Schlacht*, 18.06.2015; http://www.deutschlandradiokultur.de/200-jah re-waterloo-neue-buecher-ueber-napoleons-letzte.1270.de.html?dram:article_id=322 954

c) Dialogischer Hörtext: WDR3: *Zwei Bücher beleuchten Napoleon und die Schlacht*, Gespräch mit David Eisermann, 24.04.2015; http://www.wdr3.de/literatur/napoleon-sachbuecher-100.html

Material 13: Einschätzungen Napoleons/Waterloos durch verschiedene Personen

a) Schriftliches Interview mit Torsten Riotte, Der Bonner Historiker über die Schlacht von Waterloo, *General-Anzeiger*, 15.06.2015; http://www.general-anzeiger-bonn.de/ news/thema/der-bonner-historiker-ueber-die-schlacht-von-waterloo-article1656125. html

b) Radio-Interview, Am Telefon der Radiowelt: Historiker Torsten Riotte, Wofür Waterloo steht, Bayern 2; http://www.br.de/radio/bayern2/politik/radiowelt/waterloo-schlacht-1815-historiker-torsten-riotte-100.html

c) Fernseh-Interview ARD, Druckfrisch: Johannes Willms im Gespräch mit Denis Scheck: *Waterloo – Napoleons letzte Schlacht*, 15.06.2015; http://www.daserste.de/ information/wissen-kultur/druckfrisch/sendung/Waterloo-Willms-102.html

d) SWR 2: *Was heißt hier Waterloo? Vom Siegeszug einer Niederlage*, Diskussion mit: Prof. Dr. Bénédicte Savoy, Leiterin des Fachgebiets Kunstgeschichte der Moderne an der TU Berlin, Prof. Dr. Barbara Schaff, Seminar für Englische Philologie an der Universität Göttingen, Johannes Willms, Historiker und Publizist, Paris, Gesprächs-leitung: Katharina Eickhoff, 11.06.2015; http://www.swr.de/swr2/programm/sen dungen/swr2-forum/was-heisst-hier-waterloo-vom-siegeszug-einer-niederlage/-/id=6 60214/did=15656630/nid=660214/1nb4jmh/index.html

e) Diskussion: Napoleon, http://www.geschichteboard.de/topic,194,-diskussion%3A-napoleon.html

f) Ausschnitt aus: „Machen Sie aus Napoleon mal keinen Hitler". Wie modern war die Wiener Ordnung von 1815? Ein Streitgespräch zwischen dem Historiker Wolfram Siemann und dem Publizisten Adam Krzemiński. *Zeit Geschichte* 2/2015. 94–100. Hier: 94f.

g) Interview mit dem französischen Historiker Jean Tulard: War Napoleon ein Vorbild für Hitler?, *Zeit online*, 31.08.2006; http://www.zeit.de/online/2006/34/zeitge schichte-jean-tulard

h) Interview von Christoph Heinemann mit dem Romancier Bernard Cornwell, Ab-druck des Audio-Interviews: *Der Beginn eines britischen Jahrhunderts*, Deutsch-landfunk; http://www.deutschlandfunk.de/200-jahre-waterloo-der-beginn-eines-briti schen-jahrhunderts.694.de.html?dram:article_id=322913

i) Artikel mit Zitaten aus einem Interview mit Charles Napoléon: Der letzte Bonaparte, *Süddeutsche Zeitung*, 17.05.2010; http://www.sueddeutsche.de/politik/frankreich-der-letzte-bonaparte-1.741001

j) Artikel mit Zitaten aus einem Gespräch mit dem Darsteller von General Blücher beim *re-enactment* von Waterloo 2015, Napoleons gibt es viele – Blücher nur einmal, *Süddeutsche Zeitung*, 18.06.2015; http://www.sueddeutsche.de/politik/jahre-schlacht-von-waterloo-napoleons-gibt-es-viele-bluecher-nur-einmal-1.2512433

Material 14: Episode aus der Serie *Die Deutschen*, hier: „Napoleon und die Deutschen", ZDF; http://www.zdf.de/ZDFmediathek/beitrag/video/619482/Napoleon-und-die-Deutschen

Material 15: (Hintergrund-/Stimulus-)Texte, auf die mit dem Zieltext zur Bedeutung Waterloos reagiert werden soll

a) Interview: Duke of Wellington: I wish my father had lived to see the Waterloo commemorations, *The Telegraph*, 14.03.2015; http://www.telegraph.co.uk/news/uk news/battle-of-waterloo/11469627/Duke-of-Wellington-I-wish-my-father-had-lived-to-see-the-Waterloo-commemorations.html

b) Debatte: *Napoleon the Great?* mit Andrew Roberts, Adam Zamoyski und Jeremy Paxman, 08.10.2014; https://www.youtube.com/watch?v=bxQ4TcTcPbI

Material 16: Bayern 2 Radio Welt (2015). *Auf dem Schlachtfeld wächst heute Getreide.* 18.06.2015; http://www.br.de/radio/bayern2/politik/radiowelt/schlacht-bei-waterloo-na poleon-vor-200-jahren-und-heute-102.html

Material 17: Collinson, Alwyn (2015). WaterWho? http://www.nam.ac.uk/waterloo 200/waterwho/

Material 18: Berichte über den Bildungsweg in unterschiedlicher medialer Form

a) Rodja Uçar: Nächstes Jahr mache ich Abitur (Comic). In: Bitiš, Songül/Borst, Nina (Hrsg.) (2013). *Un_mögliche Bildung. Kritische Stimmen und verschränkte Perspektiven auf Bildungs_ungleichheiten.* Münster: Unrast. 19–25. Hier: 21f.

b) Lesetext: Perspektiven auf meinen Comic – Rojda Uçar: Eine richtige Entscheidung. In: Bitiš, Songül/Borst, Nina (Hrsg.) (2013). *Un_mögliche Bildung. Kritische Stimmen und verschränkte Perspektiven auf Bildungs_ungleichheiten.* Münster: Unrast. 26–29. Hier: 26f.

c) Hörtext/Podcast: Ich mach nächstes Jahr mein Abitur; http://studienwerk.rosalux. de/studienwerk/lux-like-comic.html

Material 19: Niessen, Susan/Broska, Elke (2014). Froschalarm im blauen Haus. In: dies. (2014). *Spannende Englischabenteuer!* München: Langenscheidt. 1–19. Hier: 7.

Material 20: Comic Dagobert Duck/Uncle Scrooge in deutscher und englischer Fassung

a) Walt Disney's Uncle Scrooge, *The Golden River* by Carl Barks, No. 367, 2007, ohne Seitenangaben.

b) Walt Disney, *Die besten Geschichten mit Donald Duck, Der güldene Wasserfall,* Klassik Album 35, ehapa, 1992. 22f.

Material 21: Dialog mit interkulturellem Hintergrund: Asterix und Obelix

a) Goscinny, René/Uderzo, Albert (2005). *Asterix in Britain.* London: Orion House. 15.

b) Goscinny, René/Uderzo, Albert (2002). *Asterix bei den Briten.* Stuttgart: Ehapa. 15.

Material 22: Auszug aus einem zweisprachig abgedruckten Interview mit Orlando Bloom; *Lufthansa Magazin* 9/2014. 63.f.; http://www.lhm-lounge.de/archiv.php

Material 23: Synchronisierte Werbespots

a) Clips von Mercedes: https://www.youtube.com/watch?v=bCRsxLuNId4 und https://www.youtube.com/watch?v=1dVJCJXNMmc

b) Spot von Nespresso What else? mit George Clooney; z.B.: https://www.youtube.com/watch?v=sVoA4sT5W3M

Synopse der Lehrpläne für die Sekundarstufe I

Im Folgenden sind ausgewählte Zitate zur Sprachmittlung aus den 2016 vorliegenden (gültigen, auslaufenden oder genehmigten) Lehrplänen für die Jahrgangsstufe 9 aufgeführt. Für Bundesländer, in denen keine Pläne für diese Jahrgangsstufe existieren, werden alternativ die Lehrpläne für die Jahrgangsstufe 10 oder die Doppeljahrgangsstufe 9/10 wiedergegeben.

Verwendete Abkürzungen

GesS	Gesamtschule	MS	Mittelschule
GS	Grundschule	RS	Realschule
GY	Gymnasium	Sek I	Sekundarstufe I
HS	Hauptschule	WRS	Werkrealschule
KC	Kerncurriculum		

Bundes-land	Schul-form	Jahr	Belegstellen
Berlin	GS, Sek I (7–10)	2006	Sprachmittlung dient der Kommunikation. Sie basiert auf den vier […] traditionellen Fertigkeiten und ist nicht mit Dolmetschen/Übersetzen gleichzusetzen, das spezielle Fähigkeiten voraussetzt, die im realen Leben selten benötigt werden. Sprachmittlung kann nur gelingen, wenn kulturspezifische Unterschiede zwischen der Ausgangs- und Zielsprache bekannt sind und berücksichtigt werden. (2006, 31) 9/10: übertragen aus kurzen Äußerungen in vertrauten Alltags- und Begegnungssituationen sowie aus kurzen, einfach strukturierten Texten die grundlegenden Aussagen in die andere Sprache (2006, 41)
Baden-Württem-berg	GY	2004	10: in zweisprachigen Situationen vermitteln, in denen ihnen vertraute Inhalte zur Sprache kommen; anspruchsvollere Textausschnitte verschiedener Textsorten angemessen ins Deutsche übertragen (2004a, 119)
	RS	2004	10: in Alltagssituationen vermitteln; persönliche und einfache Sachtexte (Beschreibungen, Gebrauchsanweisungen, Bedienungsanleitungen) aus dem Englischen sinngemäß ins Deutsche übertragen (2004b, 79)

Baden-Württemberg	WRS/HS	2012	10: in Alltagssituationen und in einfachen Situationen der zukünftigen Berufswelt mündlich vermitteln; persönliche Mitteilungen und einfache Sachtexte vom Englischen ins Deutsche sinngemäß schriftlich übertragen; in einfachen Situationen auch vom Deutschen ins Englische schriftlich sprachmittelnd tätig werden (2012, 76)
Bayern	GY	2009/2004	Im Bereich der Sprachmittlung üben die Schüler das sinngemäße, freiere Dolmetschen und Übertragen in die bzw. das Zusammenfassen in der jeweils anderen Sprache. Die Übersetzung in die Fremdsprache hingegen wird nur punktuell und gezielt kontrastiv eingesetzt. (2009a)

9: den Inhalt von längeren Gesprächen und etwas anspruchsvolleren schriftlichen Äußerungen aus einem breiteren Spektrum von Themen in der jeweils anderen Sprache zusammenfassend wiedergeben; gelegentlich für den kontrastiven Sprachvergleich geeignete Passagen englischsprachiger Texte ins Deutsche übersetzen und dabei die Besonderheiten der Ziel- und Ausgangssprache erfassen (Vorbereitung auf die Version) (2009a) |
	GY	2016	9: übertragen mündlich in einer Vielzahl von Alltagssituationen Informationen überwiegend spontan in die jeweils andere Sprache bzw. geben den Inhalt auch längerer Gespräche zusammenfassend wieder (z.B. im Rahmen eines auch längerfristigen Schüleraustauschs zu beachtende Regeln und Vorgaben, einfache Diskussionen zu einem Thema der Arbeitswelt); übertragen in schriftlicher und mündlicher Form auch komplexere situativ eingebettete Texte zu einem breiteren Spektrum allgemeiner Themen (z.B. einfacher Artikel zu Folgen der Kolonisalisierung bzw. Globalisierung, Internetseite einer Bildungseinrichtung) sinngemäß bzw. zusammenfassend in die jeweils andere Sprache, wobei sie, je nach Schwierigkeitsgrad ggf. auch selbständig, auf die Auswahl von Informationen achten und Strategien zur Umschreibung und Umformulierung zunehmend flexibel einsetzen (2016)
	RS	2001	10: in Alltagssituationen dolmetschen und dabei Umschreibungsstrategien anwenden (2001, 508)
	MS (HS)	2004	9: in vertrauten Alltagssituationen dolmetschen (2004, 354)
Brandenburg	GS, Sek I (7–10)	2008	9/10: übertragen aus kurzen Äußerungen in vertrauten Alltags- und Begegnungssituationen sowie aus kurzen, einfach strukturierten Texten die wesentlichen Aussagen in die andere Sprache (2008, 37)

Bremen	GY/ Ober-schule	2006/ 2010	einen gesprochenen oder geschriebenen Text ganz oder in Teilen erfassen; den Text sinngemäß oder wörtlich in der Muttersprache so wiedergeben, dass sein Inhalt für den Zuhörer bzw. Leser verständlich wird (2006, 6; 2010, 6) 10 (GY): in Alltags- und Begegnungssituationen schriftliche und mündliche Äußerungen bzw. Texte in der jeweils anderen Sprache so wiedergeben, dass ein durchgängiges Verständnis gesichert ist, als Mittler zwischen deutsch- und englischsprachigen Sprecherinnen und Sprechern aus einem Alltagsgespräch Informationen erschließen und in der jeweils anderen Sprache sinngemäß wiedergeben, den Inhalt von einfachen Sach- und Gebrauchstexten (u.a. Telefonnotizen, Speisekarten, Bedienungsanleitungen, Berichte) in der jeweils anderen Sprache sinngemäß wiedergeben, sofern die Zusammenhänge ihnen vertraut sind (2006, 20; 2010, 22) 10 (OS): in Alltags- und Begegnungssituationen schriftliche und mündliche Äußerungen bzw. Texte in der jeweils anderen Sprache so wiedergeben, dass ein durchgängiges Verständnis gesichert ist, als Mittler zwischen deutsch- und englischsprachigen Sprecherinnen und Sprechern aus einem Alltagsgespräch Informationen erschließen und in der jeweils anderen Sprache sinngemäß wiedergeben, als Mittler zwischen deutsch- und englischsprachigen Sprecherinnen und Sprechern den Inhalt von einfachen Sach- und Gebrauchstexten in der jeweils anderen Sprache sinngemäß bzw. der Textsorte und kommunikativen Absicht entsprechend wiedergeben, sofern die Zusammenhänge vertraut sind (2010, 21)
Hamburg	GY	2011	Sprachmittlung (Rezeption) 10: Die Schülerinnen und Schüler geben als Mittler zwischen deutsch- und fremdsprachigen Sprecherinnen und Sprechern schriftliche und mündliche Äußerungen bzw. Texte in der jeweils anderen Sprache so wieder, dass ein durchgängiges Verständnis gesichert ist (2011b, 23)
	Stadt-teilschule	2011	Sprachmittlung (Interaktion) 9: Die Schülerinnen und Schüler geben in Alltagssituationen Äußerungen von der einen in die andere Sprache wieder, wobei sie unbekannte, aber aus dem Kontext leicht erschließbare Wörter so umschreiben, dass ein allgemeines Verständnis gesichert ist (2011c, 35)

Hessen	GY	2010	Die Sprachmittlung ist ein ganzheitlicher, kreativer Prozess, der insbesondere der interkulturellen Verständigung in der Ausgangs- und Zielsprache dient. So lernen die Schülerinnen und Schüler in zweisprachigen (auch berufs- und studienbezogenen) Situationen mündlich zu vermitteln; deutsche und englische Texte (auch aus dem wirtschaftlichen und naturwissenschaftlichen/technischen Bereich), ggf. unter Nutzung von Hilfsmitteln, schriftlich zusammenzufassen und in die jeweils andere Sprache zu übertragen. (2010, 10) 9: Vermitteln (mündlich/schriftlich) in zwei- und mehrsprachigen Situationen als Synthese der erworbenen sprachlichen Kenntnisse und Fertigkeiten (2010, 28)
	HS	2002	9: vermitteln in zweisprachigen Situationen: in Alltagssituationen als Sprachvermittler auftreten; Gespräche in der Muttersprache zusammenfassen; bei Kommunikationsschwierigkeiten Erklärungen hinzufügen (auch non verbal) (2002a, 44)
	RS	2002	9 Fakultativ: Für die Aussage wesentliche sprachliche Mittel und Gestaltungsmerkmale erfassen (zur Texterschließung und Verständnissicherung schwierige Textpassagen ggf. ins Deutsche übersetzen) (2002b, 25)
	KC HS	2011	Sprachmittelnd Handeln wesentliche Inhalte mündlicher und schriftlicher Äußerungen zu vertrauten Themen von der Zielsprache in die Ausgangssprache sowie mithilfe nonverbaler Ausdrucksmittel einfache Äußerungen sinngemäß von der Ausgangssprache in die Zielsprache übertragen (2011, 18)
Mecklenburg-Vorpommern	GY u. Integrierte GesS/ Regionale Schule	2011	10: mündlich und schriftlich in Routinesituationen zu vertrauten Themen zusammenhängende sprachliche Äußerungen und Texte sinngemäß von der einen in die andere Sprache übertragen (B1); in Alltagssituationen sprachmittelnd agieren; persönliche und einfache Sach- und Gebrauchstexte sinngemäß übertragen (2011a, 23; 2011b, 15)
Niedersachsen	GY/ Integrierte GesS/ HS/RS	2015	Mit Sprachmittlung ist die Fertigkeit des sinngemäßen Übertragens in die Fremd- und Herkunftssprache zur Bewältigung von Kommunikationssituationen gemeint. Dabei geht es weder um eine wortwörtliche Übersetzung noch um Dolmetschen, also nicht um eine detaillierte Wiedergabe des Gesagten (2015a, 21; 2015b, 25) / … noch um eine detaillierte Wiedergabe des Gesagten (Dolmetschen) (2015c, 7; 2015d, 7)

Nieder-sachsen	GY/ Integrier-te GesS/ HS/RS		Mündliche und schriftliche Sprachmittlung zeichnet sich immer durch spezifische Aufgabenorientierung, Situations- und Adressatenbezug aus. Die Richtung der Sprachmittlung und die Komplexität der zu bewältigenden Äußerungen und Situationen richten sich nach den jeweils erreichten Niveaus in den rezeptiven und produktiven Teilkompetenzen (2015a, 21; 2015b, 25; 2015c, 7; 2015d, 7)
	GY/ Integrier-te GesS		Anfangs geben die Schülerinnen und Schüler z.B. die Kernaussagen aus kurzen, einfach strukturierten Alltagstexten auf Deutsch sinngemäß wieder. Im weiteren Verlauf des Sekundarbereichs I wird die Übertragung in die jeweils andere Sprache komplexer, denn sowohl die Materialgrundlagen als auch die Aufgabenstellung werden zunehmend anspruchsvoller. Dies bedeutet, dass Schülerinnen und Schüler unter anderem am Ende des 10. Schuljahrgangs die wichtigsten Aussagen aus Texten zu aktuellen gesellschaftlichen Themen mündlich und schriftlich in die jeweils andere Sprache übertragen (2015a, 21; 2015b, 25)
	HS/RS		10: in Alltags- und Begegnungssituationen mündlich und schriftlich zu vertrauten Themen Äußerungen und Texte sinngemäß von der einen in die andere Sprache übertragen. Sie setzen zunehmend adressaten- und situationsgerechte Strategien und Hilfsmittel ein (2015c, 19; 2015d, 18)
Nordrhein-Westfalen	HS/GesS/ RS/GY	2011/ 2004/ 2004/ 2007	9/10 (HS) bzw. 10 (GesS E-Kurs) bzw. 10 (RS): in einfachen Alltags- und Begegnungssituationen mündliche und schriftliche Äußerungen bzw. Texte in der jeweils anderen Sprache so wiedergeben, dass ein durchgängiges Verständnis gesichert ist, vorausgesetzt, ihnen steht hierfür ausreichend Zeit zur Verfügung (2011, 29; 2004a, 31; 2004b, 35) 9 (GY): können in Alltags- und Begegnungssituationen schriftliche und mündliche Äußerungen bzw. Texte in der jeweils anderen Sprache so wiedergeben, dass ein durchgängiges Verständnis gesichert ist (2007, 28)
Rheinland-Pfalz	HS/RS/ GY/ Regionale Schule/ GesS	2000	Kommunikatives Übersetzen erwerben oder festigen die Fähigkeit, in Alltagssituationen Gesprächsinhalte adäquat zu übersetzen (durch Einbringen all ihrer bis dahin erworbenen sprachlichen Fertigkeiten und Fähigkeiten); Gebrauchstexte (z.B. Spielregeln, Gebrauchsanweisungen, Kochrezepte) und Kurzmitteilungen (z.B. Ansagen, Durchsagen, Nachrichten) sachgerecht zu übersetzen (2000, 40, 55, 71 und 88)

| Rheinland-Pfalz | HS/RS/ GY/ Regionale Schule/ GesS | 2000 | 7–9 (HS B-Kurs): Wie bereits in der Orientierungsstufe wird das **Übersetzen** im Hinblick auf jene alltägliche [sic] Situationen geübt, in denen die Schülerin bzw. der Schüler eine Mittlerrolle zwischen englischsprachigen und nicht-englischsprachigen Personen einnimmt. Das sinngemäße Zusammenfassen von Gesprächsinhalten oder Texten (in der Ziel- oder Muttersprache) dient nicht nur der Sicherung des Verständnisses, sondern im Sinne des Methodentrainings der raschen Erfassung, Zusammenfassung (Verarbeitung) und Weitergabe von Information […] Eine Systematik des Übersetzens, das einen sehr hohen Grad an Sprachbeherrschung erfordert, geht an den Zielsetzungen und Möglichkeiten des Fremdsprachenunterrichts vorbei. Dahingegen wird das Übersetzen von Gebrauchstexten […] oder Kurzinformationen […] als sinnvolle Vorbereitung auf außerschulische Anwendung in lebensechten Situationen aufgegriffen (2000, 40f.)

 7–9/10 (HS A-Kurs): Das Vermitteln zwischen zwei Sprachen (im Sinne einer interkulturellen Kommunikationsfähigkeit) verlangt nicht nur die Kenntnis von Wortschatz und Strukturen sowie die Fähigkeit, diese je nach situativem Kontext adäquat (z.B. adressatengerecht) einzusetzen, sondern darüber hinaus die Einbeziehung der soziokulturellen Gegebenheiten. […] Der Unterricht kann […] durch Simulation von Sprachmittlungssituationen aufzeigen und dafür sensibilisieren, wie wenig eindeutig teilweise die Wortgleichungen sind (und daher nur bedingt hilfreich), welche Eigenheit einer jeden Sprache innewohnt und wie viel Mühe auf den Erwerb von Idiomatik/Redemitteln verwendet werden muss, um einen Gedanken adäquat in der Zielsprache auszudrücken bzw. in die Muttersprache zu überführen (2000, 55)

 7–9/10 (RS): Als eine über die Grundfertigkeiten […] hinausragende Form des Sprachhandelns wird das kommunikative Übersetzen […] weitergeführt. […] Das **sinngemäße Zusammenfassen von Gesprächsinhalten oder Texten** (in der Ziel- oder Muttersprache) dient nicht nur der Sicherung des Verständnisses bzw. der interlingualen Sprachmittlung, sondern im Sinne des Methodentrainings der raschen Erfassung, Zusammenfassung (Verarbeitung) und Weitergabe von Informationen. Als sinnvolle Vorbereitung auf außerschulische Anwendung wird das **Übersetzen von Gebrauchstexten** oder **Kurzinformationen** in lebensechten Situationen aufgegriffen. (2000, 71) |

Rheinland-Pfalz	HS/RS/ GY/ Regionale Schule/ GesS	2000	7–9/10 (RS) und 7–10 (GY): Eine **Systematik** des Übersetzens, die auf ergebnisorientierte Äquivalenz (*correctness*) / ergebnisorientierte Äquivalenz/*correctness* gerichtet ist und die daher einen sehr hohen Grad an Sprachbeherrschung erfordert, geht an Zielsetzung und Möglichkeiten des Fremdsprachenunterrichts vorbei. (2000, 72 und 88)
Saarland	GY	2014	9: Die textnahe Übersetzung spielt im Rahmen einer praxisorientierten Ausrichtung des Englischunterrichts weiterhin keine zentrale Rolle. Realistischer ist die Aufgabe der adressatenspezifischen Sprachmittlung in Form von sinngemäßem Übertragen oder Zusammenfassen von Aussagen oder Inhalten vom Englischen ins Deutsche oder umgekehrt. Wichtig ist dabei, dass der wesentliche Gehalt des Ausgangstextes wiedergegeben wird und ggf. auch kulturell verdeutlicht wird, nicht aber die persönliche Meinung Kern der Botschaft ist. Denkbar ist bei diesem Aufgabentyp auch die sukzessive Wiedergabe mündlicher Aussagen (dolmetschen). Mit dem stetig größer werdenden Repertoire sprachlicher Mittel können die Schülerinnen und Schüler zunehmend besser auch komplexere Informationen verarbeiten sowie wirkungsäquivalente Bedeutungen herstellen und diese weitergeben. Zudem beherrschen sie mit zunehmendem Weltwissen und größerer sozialer Kompetenz auch schon Strategien zur Planung, Ausführung und Bewertung von Sprachmittlungsaufträgen. Interkulturelle Aspekte werden mit wachsender sprachlicher Kompetenz und soziokulturellem Orientierungswissen bei der Sprachmittlung zunehmend bedeutsam. So muss beispielsweise in Vorüberlegungen einbezogen werden, wie Inhalte vermittelt werden können, ohne kulturspezifische Regeln zu verletzen […] in alltäglichen Situationen wesentliche Inhalte mündlicher und schriftlicher Äußerungen und Texte zu weitgehend vertrauten Themen sinngemäß und adressatenadäquat von der einen in die andere Sprache übertragen (2014, 71)
	GesS/ Erweiterte RS	2010	9 (GesS und RS H-Bildungsgang): übertragen mündlich in Routinesituationen einfache sprachliche Äußerungen sinngemäß von der einen in die andere Sprache. […] treten als Sprachmittler in Alltagssituationen auf; übertragen sinngemäß mündlich den Inhalt des Gesagten (2010a, 7; 2010b, 7)

Saarland	GesS/ Erwei- terte RS	2010	9/10 (GesS; A-Kurse) und 9/10 (RS M-Bildungsgang, A-Gruppen): schriftliche Informationen aus Sachtexten und diskontinuierlichen Texten wie Prospekten oder Broschüren in der jeweils anderen Sprache mündlich und schriftlich strukturiert wiedergeben (2010a, 17; 2010c, 7)
Sachsen	MS	2004	7–9: in Alltagssituationen vermittelnd agieren (mündlich oder schriftlich); einfache sprachliche Äußerungen und Texte sinngemäß von der einen in die andere Sprache übertragen (2004a, 17)
	GY	2004 (07/ 09/ 11)	9/10: mündlich – Interaktion: in zweisprachigen Situationen bei ihnen vertrauten Themen vermitteln [...] schriftlich – Interaktion: den wesentlichen Gehalt kurzer ausgewählter Texte angemessen in beide Sprachen übertragen und Textabschnitte mit semantischen und syntaktischen Besonderheiten ins Deutsche übersetzen (2004b, 22) 9/10: Sprachvergleich und Sprachmittlung dienen dem Erwerb von Wissen über Besonderheiten und Parallelen einzelner Sprachen (2004b, 56)
Sachsen-Anhalt	Sekundar-schule	2012	mündlich in Routinesituationen und schriftlich zu vertrauten Themen zusammenhängende sprachliche Äußerungen und Texte sinngemäß von der einen in die andere Sprache übertragen (2012, 5) 9/10 (RS): kurze Äußerungen in vertrauten Alltagssituationen sowie grundlegende Aussagen aus kurzen und einfach strukturierten Texten in die andere Sprache übertragen; den Inhalt einfacher Sach- und Gebrauchstexte in der jeweils anderen Sprache sinngemäß wiedergeben, so dass ein durchgängiges Verständnis gesichert ist; als Mittler aus Alltagsgesprächen Informationen erschließen und in der jeweils anderen Sprache sinngemäß wiedergeben (2012, 19) 9 (HS): aus kurzen, weitgehend sprachlich gesicherten mündlichen und schriftlichen Äußerungen die Hauptgedanken erfassen und in einfacher Form in die jeweils andere Sprache übertragen; aus einfachen Sach- und Gebrauchstexten die wesentlichen Inhalte erschließen und auf Deutsch sinngemäß wiedergeben; in einfachen Alltagssituationen und in Gesprächen mit vertrauter Thematik mündlich vermitteln (2012, 26)

Sachsen-Anhalt	GY	2015	9: Inhalt von Literatur und Sachtexten sinngemäß übertragen und zusammenfassen; Äußerungen in vertrauten Alltagssituationen sowie Aussagen aus gut strukturierten Texten in die jeweils andere Sprache übertragen; als Mittler aus Alltagsgesprächen Informationen erschließen und in die jeweils andere Sprache übertragen; kurze Textabschnitte zu im Wesentlichen vertrauten Themen übersetzen (2015, 19)
Schleswig-Holstein	Sek I	1997	10 (RS): Sie sind in der Lage, unterschiedlichsten Texten informationen zu entnehmen. Sie können Sachverhalte und Zusammenhänge verstehen und versprachlichen. Mit Hilfe dieser Fertigkeiten können sie sich an Gesprächen und Diskussionen beteiligen, ihre Meinung verständlich formulieren und dolmetschen. Sie haben Sicherheit erlangt in Arbeitstechniken, wie […] dem Umsetzen von Sprechabsichten von einer Sprache in die andere (1997, 42)
	Fach-anforde-rungen Sek I	2015	9: mündlich in Routinesituationen einfache sprachliche Äußerungen sinngemäß übertragen; mündlich sehr einfache nichtfiktionale und fiktionale Texte zu vertrauten Themen mit unmittelbarem Lebensweltbezug sinngemäß übertragen. […] Textsorten/Kommunikationssituationen: Sprachmittlung kann im Rahmen aller bei den anderen Teilkompetenzen aufgeführten Kommunikationsanlässe und -situationen erfolgen (2015, 22)
Thüringen	GY/ Regel-schule	2011	Sprachmittlung als kommunikative Aufgabe stellt eine komplexe Form sozialen Agierens in zwei- und mehrsprachigen Situationen dar. Hier vereinen sich Elemente der Textproduktion und -rezeption […] Sachkompetenz: unterschiedliche Sprachmittlungssituationen zu vertrauten Themen seines Interessen- und Erfahrungsbereiches, z.B. im Rahmen eines Schüleraustauschs, mündlich und/oder schriftlich, situations- und adressatengerecht gewältigen; als Hörer oder Leser weitgehend selbstständig sprachlich und thematisch angemessene Aussagen und deren Intentionen verstehen und vermitteln; den Inhalt mündlicher oder schriftlicher, sprachlich und thematisch angemessener Texte in deutscher Sprache oder in den erlernten Fremdsprachen zusammenfassen und sinngemäß übertragen; Textabschnitte mit Aussagen zu bestimmten inhaltlichen Details übersetzen; die jeweilige Zielsprache angemessen verwenden (2011a, 15; 2011b, 13)

Thüringen	GY/ Regelschule	2011	Methodenkompetenz: verschiedene Sprachmittlungsstrategien gezielt einsetzen, z.B. Vereinfachen, Umschreiben; aus Texten, präsentiert durch unterschiedliche Medien, Informationen sichern, z.B. durch Notieren von Stichwörtern; sprachliches, soziokulturelles und thematisches Wissen sowie Weltwissen einbeziehen und nutzen (2011a, 16; 2011b, 13f.)
			Selbst- und Sozialkompetenz: sich bewusst auf die Sprachmittlungssituation einstellen und seine Rolle als Sprachmittler annehmen; den Sprachmittlungsprozess entsprechend der Aufgabe selbstständig bewältigen; Respekt und Toleranz hinsichtlich anderer Verhaltens- und Sprachkonventionen zeigen und somit adressatengerecht agieren; unvoreingenommen mit Authentizität umgehen, d.h. Sachverhalte, Vorgänge, Personen und Handlungen aus der Perspektive anderer betrachten; auf Unbekanntes/Unvorhergesehenes angemessen und konstruktiv reagieren; mit Problemen im Prozess der Sprachmittlung positiv umgehen; bei Unklarheiten gezielt nachfragen; seine Kompetenzentwicklung einschätzen und ggf. dokumentieren (2011a, 16; 2011b, 13f.)
			10 (Sachkompetenz): in simulierten und auch realen, im Wesentlichen vertrauten, zweisprachigen Alltagssituationen funktional angemessen und weitgehend normgerecht vermitteln; den Informationsgehalt von einfachen mündlichen oder schriftlichen, linearen und nicht linearen Äußerungen zu im Wesentlichen vertrauten Themen [...] sinngemäß in die jeweils andere Sprache übertragen; Informationen aus mündlichen oder schriftlichen, linearen oder nicht linearen Texten zu im Wesentlichen vertrauten Themen in englischer bzw. deutscher Sprache / in deutscher, gelegentlich auch in englischer Sprache, zusammenfassen; englischsprachige Wendungen der Unterrichtssprache verstehen und entsprechend handeln (2011a, 47f.; 2011b, 55)
			9 (Regelschule, HS-abschlussbezogener Kurs): [wie 10, nur zusätzlich:] unter Verwendung von sprachlichen und nicht sprachlichen Mitteln und Hilfen (2011b, 46)